何新讲周易

易经入门

何新————著

华东师范大学出版社

图书在版编目（CIP）数据

易经入门：何新讲周易/何新著.—上海：华东
师范大学出版社，2019

ISBN 978 – 7 – 5675 – 9651 – 1

Ⅰ.①易…　Ⅱ.①何…　Ⅲ.①《周易》–通俗读物
Ⅳ.①B221 – 49

中国版本图书馆 CIP 数据核字（2019）第 202861 号

易经入门：何新讲周易

著　者　何　新
责任编辑　乔　健
特约审读　邱承辉
责任校对　胡　静　时东明
装帧设计　吕彦秋

出版发行　华东师范大学出版社
社　　址　上海市中山北路 3663 号　邮编 200062
网　　址　www. ecnupress. com. cn
电　　话　021 – 60821666　行政传真　021 – 62572105
客服电话　021 – 62865537
门市（邮购）电话　021 – 62869887
地　　址　上海市中山北路 3663 号华东师范大学校内先锋路口
网　　店　http：//hdsdcbs. tmall. com

印刷者　三河市中晟雅豪印务有限公司
开　本　710×1000　16 开
印　张　27.5
字　数　393 千字
版　次　2020 年 7 月第 1 版
印　次　2021 年 7 月第 2 次
书　号　ISBN 978 – 7 – 5675 – 9651 – 1
定　价　68.00 元

出版人　王　焰

（如发现本版图书有印订质量问题，请寄回本社市场部调换或电话 021 –62865537 联系）

中华传统与中国的复兴

——何新选集总序

"推倒一世之智勇，开拓万古之心胸。"

一

面对 21 世纪期待复兴的中国，我们有必要抚今思昔，追溯传统。

华夏民族的先史中曾经有一个超越于考古的神话时代，这个时代就是华族所肇始和华夏文明滥觞的英雄时代。

我们华族的祖神女娲，是蹈火补天的伟大母亲——一位女性的英雄！

华族的诸父祖日神伏羲（羲和）、农神神农（历山氏）、牧神黄帝、雷神炎帝以及火神祝融、水神共工，或创世纪，或创文明，或拓大荒，或开民智，或奋己为天下先，或舍身为万世法！

帝鲧与大禹父死子继，拯黎民于水火。蚩尤、刑天九死不悔，虽失败而壮志不屈，天地为之崩裂！

后羿射日、夸父逐日，体现了对神灵的藐视；而精卫填海杜宇化鹃，则象征了对宿命的不驯……

中华民族的先古洪荒时代，是群星璀璨的时代，慷慨悲歌的时代，奋进刚毅的时代；是献身者的时代，殉道者的时代，创生英雄和俊杰辈出的时代！

传说华族是龙与凤的传人，而龙凤精神，正是健与美的精神！故"天行健，君子以自强不息！"

二

然而近世以来，疑古、骂古之风盛行，时髦流行之文化却是媚俗娱世、数典忘祖。不肖之辈早已不知我们原是英雄种族的后裔，我们的血脉中奔流着英雄种族的血系，忘记了我们的先祖原具有一个谱系久远的英雄世系。

"中华"得名源自于日华，所谓"重华"，所谓"神华"；华者，日月之光华也！"汉"之得名源自于"天汉"；天汉者，天上之银河也（按：《小雅·大东》："维天有汉。"《毛传》："汉，天河也。"郑玄云："天河谓之天汉。"《晋书·天文志》曰："天汉起东方。"《尔雅》曰："水之在天为汉。"刘邦以"汉"为帝国之名，本义正是上应天汉也）！

故中华者——日华也（太阳也），天汉者——天河也（银河也），日月光华乃是华族先祖赖以得名的天文图腾。

面对未来，世途多艰，多难兴邦！我们今日正需要慎终追远，回溯华夏的先祖曾怎样艰难地"筚路蓝缕，以启山林"——呼唤而重觅一种英雄的精神！

"打开窗子吧……让我们呼吸一下英雄们的气息！"（罗曼·罗兰）

三

华夏文明是人类历史上所产生过的一切文明中，最优秀、最智慧、最具生命力和创造力的一种渊源于远古的文明。

5000 年来流传有自的世序、历法、文献记载与近百年来地下出土的文物、文献的惊人之印证和吻合，使人可以确信，夏商周文明绝不是建立在所谓原始巫教（张光直）或野蛮奴隶制（郭沫若）基础上；而是建立在当时举世最为先进的天文历法知识、理性宗教哲学和最发达优越的农业及工艺城邦文明基础之上的。

《易经》、《老子》是中国天人学与哲学之源，《尚书》、《左传》、《国语》、《战国策》是中国政治学之源，《孙子》、《孙膑兵法》是中国兵学之源，《论语》、《孟子》、《礼记》是中国伦理学之源，三部《礼》经是中国制度设计之源，《素问》是中国医学之源，《诗经》、《楚辞》则一向被认为是中国文学之源。

然而，这些经典古书数千年间，仁者见仁，智者见智，实际从未真正透彻明晰地被人读通。而读不懂、读不通这些书，就根本没有资格讲论中国文化。

多年来，我不揣愚陋，一直有夙志于全面地重新解读这一系列古代经典。近年来，我又重新整理过去的研究札记，这些文字实为中年时期（1985—1995年）之著作，而间有新知，因此对拙著重新做了全面深入的校订，并撰成此套丛书。此套丛书汇聚了我近三十几年间对经学、朴学之研究成果，其中不同于前人之新见异解殊多。这次重新出版，亦是对以往国学研究的一种自我总结，但学无止境，生有涯而知无涯。回忆自1980年予在近代史所及考古所的斗室之间开始对经部作探索性研究，于今忽忽竟二十五年矣。当年弱苗，如今壮林。树犹如此，人何以堪？感慨系之耳！是为总序。

何　新

2001年5月22日初稿于泸上雨辰斋养庐

2010年5月22日再记于京东滨河苑寓中

2019年记于北京

【目录】

太极周天演化图

太极 ⟶ 两仪 ⟶ 四象 ⟶ 八卦 ⟶ 廿四气 —(24X3)→ 七十二候 —(72X5)→ 360°周天

(8X8) ⟶ 六十四卦 —(64X6)→ 三百八十四爻 —(360+24)→

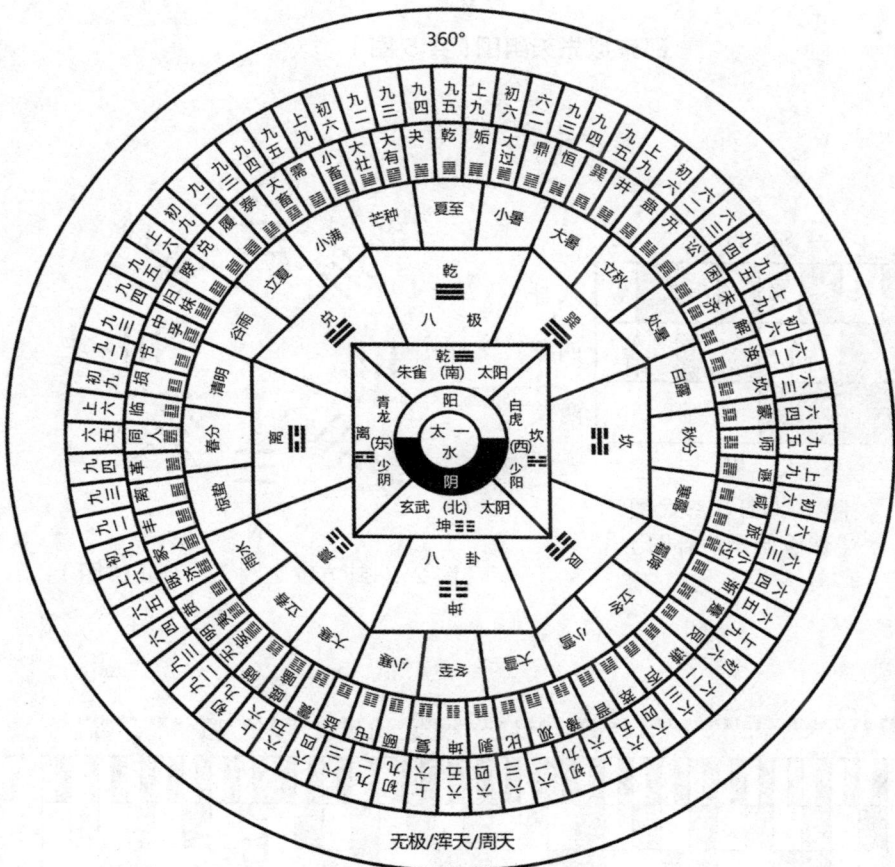

洛书：历书　河图：天河之图　（三五一气）

先天八卦：乾南，坤北，离东，坎西，兑东南，震西北，巽西南，艮西北
后天八卦：震东，兑西，离南，坎北，乾西北，坤西南，艮东北，巽东南

无极/浑天/周天

邵雍拟先天组图（共5图）

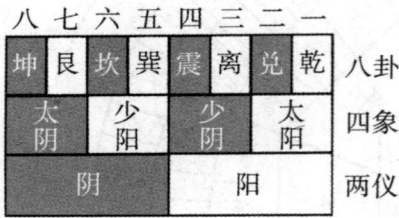

八	七	六	五	四	三	二	一	
坤	艮	坎	巽	震	离	兑	乾	八卦
太阴		少阳		少阴		太阳		四象
阴				阳				两仪
太极								

图1.八卦次序之图
（伏羲始画八卦图）

图2.八卦方位之图（八卦正位图）

乾一　兑二　离三　震四　巽五　坎六　艮七　坤八

坤剥比观豫晋萃否谦艮蹇渐小旅咸遘师蒙坎涣解未困讼升蛊井巽鼎恒大姤复颐屯益震噬无明贲既家丰离同损临节中归睽兑履泰大需大小大夬乾
过　　　　　济　　过　　嗑妄夷　济人　人　孚妹　　畜　畜壮有

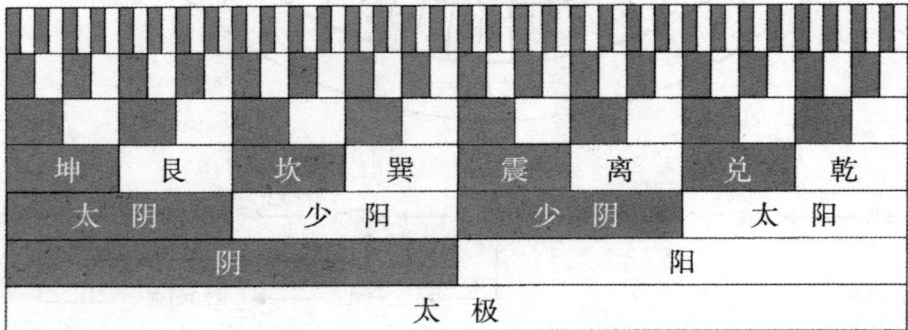

坤		艮		坎		巽		震		离		兑		乾	
太阴				少阳				少阴				太阳			
阴								阳							
太极															

图3.六十四卦次序之图（八卦重为六十四卦图）

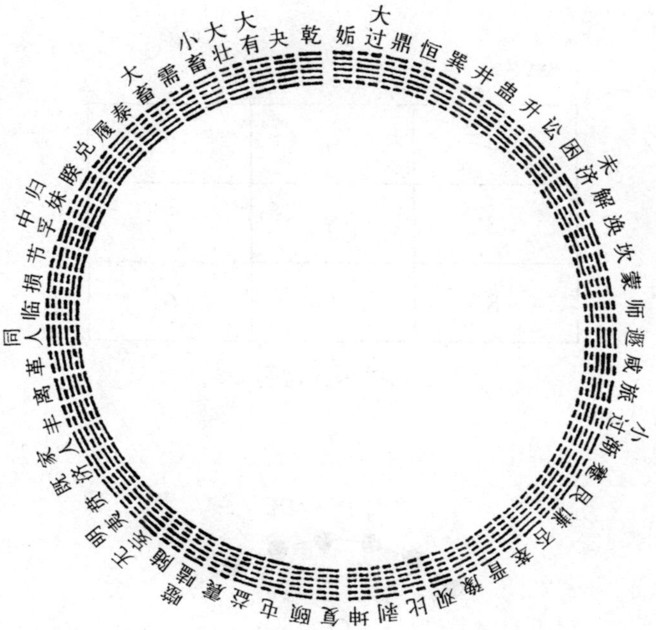

图 4. 六十四卦圆图方位图（六十四卦方圆图）

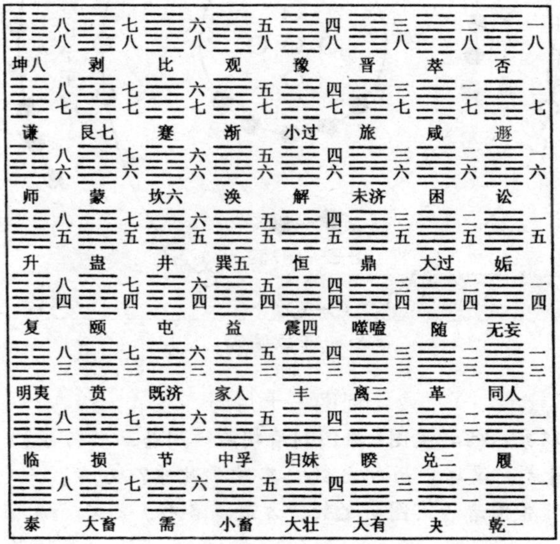

图 5. 方图四分四层图

坤	剥	比	观	豫	晋	萃	否
谦	艮	蹇	渐	小过	旅	咸	遯
师	蒙	坎	涣	解	未济	困	讼
升	蛊	井	巽	恒	鼎	大过	姤
复	颐	屯	益	震	噬嗑	随	无妄
明夷	贲	既济	家人	丰	离	革	同人
临	损	节	中孚	归妹	睽	兑	履
泰	大畜	需	小畜	大壮	大有	夬	乾

3

4	9	2
3	5	7
8	1	6

洛书·九宫图

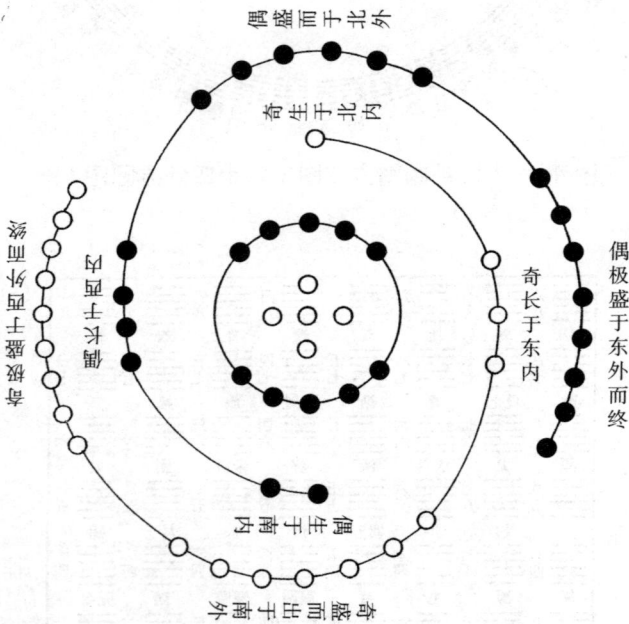

河图·十月历

河图之圆图取象银河之星图(原图刊清胡煦《周易函书约存》)

邵雍曰:"圆者,星也。历纪之数,其肇于此乎?方者,土也。画州井地之法,其仿于此乎?盖圆者《河图》之数,方者《洛书》之文。"

八卦阴阳升降图

邵氏卦气图

5

读《易》入门

《易经》的解读

《易经》包括两个体系。第一体系是《易经》之卦象（蓍与卦）与卦文（卦辞包括卦名和占辞。占辞又称象辞与爻辞。经文之象辞与《易传》的象辞有别）。第二体系是《易经》之"传文"，即《易传》。《易传》总计七种十篇，即《彖辞》（上、下），《象辞》（上、下），《文言》一篇，《系辞》（上、下）及《说卦》、《序卦》、《杂卦》各一篇。

始创《易经》八卦者，据说是华夏远古之太阳王伏羲。改编之的是周文王姬昌。《易传》则创始于孔子，成于子夏等弟子。

本书是我对《易经》（包括《易传》）的诠释及译解。在我之前，先贤从训诂方面对于传统《易经》已做过大量工作，但是，这种工作非常不够。直到今日，《易经》仍然是一本难以通释之书。李学勤曾指出：

清儒崇尚考据的学风，披靡一时，对《周易》研究的影响却很有限。从胡渭开始，一些学者考订《易》图渊源，进而企图复兴汉《易》，做出不少成绩。可是清人最擅长的小学训诂的方法，在《周易》方面的发挥并不很多。有清一代的《易》学作品，仍以义理、术数两派为主，没有开创新的局面。

近世名儒高亨著《周易古经注》后曾说：

清儒尚朴，经学大明，惟于此书，仍多蓇蓇。
《易经》有些辞句，真不易读通，我的注解，自问也非处处满意。

他认为，治《易》之途"应该考释经文，参阅旧说，探索它的原来意蕴"。

本书的目的，就是试图探索《易经》文辞的本来意蕴，使之成为一本可以通读之书。本书拟基本打通通行本《易经》及帛书《易经》文字训诂方面的问题。实际上，帛书《易经》中含有可以勘解《易经》文字之谜的若干钥匙。传世本中由于字讹而失义，考之帛书则豁然贯通。

例如传世本剥卦之初六、六二有文曰"剥床"，"剥床以足"、"剥床以辨"。旧说多从其表面字义，释作剥取（或读"剥"为"支"，曰敲打）睡床，这是根本讲不通的（为什么要剥取或敲打睡床，而且为之卜卦？莫非有精神病乎）。而帛书"床"记作"臧"，通"脏"，动物之脏器也。则"剥床"之本义乃为分解或剥取动物之内脏，从而其义豁然可解。

任何解《易》者都会遇到强为解人之事。如兑卦之上六，只两个字："引兑"。旧注家有说为"引导"，"犹言引导大家和悦"（李镜池）。有释"兑"为"说"，而谓"引兑者，言及于我而我乃说也"，"即有人引我言而我亦言也"（高亨），皆望文生义，不能解而强解，以至荒谬不经之谈。

出土之帛书本"引兑"二字作"景夺"。可知"引"乃"景"之通假。景，影也（景古音"影"，与影双声可通），阴也，隐也，与引音通。而夺，古字异体作"敓"，省体即从"兑"。以是知"兑"乃"敓"，即"夺"之假借。则"景夺"，即"暗夺"、"阴夺"。参之于上文有"和夺"，即和悦而不相争夺；有"章夺"，即强暴抢夺（强、章古义通诂），可知兑卦乃争夺之卦。而高亨以兑训说，是以今义说古言，殊为不妥。

又如屯卦之"利建侯"，旧说皆以封建诸侯为义，亦大荒谬！殊不知"侯"当为"堠"之通假。堠者，堠亭或堠堡也。

小畜、大畜二卦，一为农事之卦曰植（帛书本作"少蓻"），一为畜牧之卦曰殖（帛书本作"泰蓄"）。畜者，财蓄、财富也。《礼记·王制》："问周君之富，数畜以对。"以农事为小财蓄而畜牧为大财蓄，表明《易经》乃畜牧经济居于重要地位之时代产物。而畜之古音近"植"及"殖"，古音读作"止"（说见《周易程氏传》）。蓄者，殖也，即生财与积财也。小畜、大畜，古有专官，即秦汉之"小府"、"大府"也。畜、府皆得训蓄，语源通。故大小畜二卦实即殖产之学，亦即中国远古经济思想之起源也。

本书对《易经》的解释，采用帛书与传世本相参照的方式，力求为《易经》及帛书《易经》两个系统的经文提供一个信、达而平实的新解与新译。本书之译文务求忠实于原文，立新说务求以古训古音义为根据。本书吸纳了历代先儒及当代贤哲的研究成果。希望此书可为三千年来不可通读之《易经》，提供一个基本晓畅的训诂学通解。

此书之初撰，源于多年前笔者读《易》之札记。近十年间易学骤热，成为一时市井之显学。余乃收此稿于秘箧，不作董理而藏于深山。近两年来，《易》学热高潮渐退，恢复一种理性的研究似已可能。遂出版此书，以就教于方家并澄清某些妄言之迷雾耳。

　　岁月悠悠，人生渺渺。欲凿破混沌，发千古之覆，又谈何易焉？有一位治《易》者曾说："读《易》必须廓清过去的迷雾。许多前人的说解，必须毫不犹豫地推翻，重新寻求正确的解释。"这一说法我赞成。但任何创新，首先应当求明于本义。本书虽多立新说，所欲探究者，却正是《易经》之本义。是耶非耶，知我罪我，都交由读者去评论吧。

1996 年 10 月 3 日记

2001 年 10 月 30 日补订于沪上

2010 年 5 月 1 日补订于京东滨河园寓中

2015 年 12 月重订于北京

论《易》

一

今人多视《易》为上古卜筮之书，这是极常见的流行说法，其实是不确切的。《易经》不是一部原始占筮之书。汉儒谓："易道深矣，人更三圣，世历三古。"①

《易·系辞》云："《易》与天地准，故能弥纶天地之道……是以明于天之道，而察于民之故，是兴神物，以前民用。"

《庄子·天下》："易以道阴阳。"董仲舒云："易本天地，故长于数。"

道，推导。易，推演。推导阴阳，以明历变，是乃易学之本义。因此，《易经》不是原始形态的占卜术，也不是一种宗教学说，而是一个隐藏在神秘符号和晦涩词句下的形而上学体系。李约瑟说《易经》是一个含义丰富的"概念库"②，此说是有见地的。

二

从现代学术的立场去分析，我认为《易经》包括四个方面：

第一，图像（卦笔画）的数字意义；

第二，图像的符号学象征性意义（卦象）；

第三，卦辞（象辞）及爻辞文义的理解和解释；

第四，卦辞及爻辞的哲学、政治、宗教及道德人文意义（以上合称义理）。

以上四个层面的解释不同，乃形成象数（1、2）及义理（3、4）两大学术流派。

《系辞》云：

汉武梁祠汉画像石："斗为帝车图"

天帝坐在北斗组成的帝车中，由祥云托着，正接受诸大臣的朝拜，周围有四象围绕，右面的马车是"斗为帝车"的象征

《易》之为书也，广大悉备，有天道焉，有人道焉，有地道焉。兼三材而两之。

《系辞》以天地人为三才。其实所谓"三才"，即宇（地，空间）、宙（天，骤也，时间）与人（主体）之三大存在。天为动（宙），地为静（宇），人在其中。三才也就是中国天人学之三维。

《管子·轻重》：

伏羲作造六峜以迎阴阳，作九九之数以合天道。

俞正燮云：

周王循六峜，则伏羲已有六画卦矣。

《史记·周本纪》云：

其（文王）囚羑里，盖益易之八卦为六十四卦。

《史记正义》云：

太史公言"盖"者，乃疑辞也。

《史记·日者列传》：

自伏羲作八卦，周文王演三百八十四爻而天下治。

三

《易经》经文之所以神秘，原因在于其每一句话的意义并不是本身，而都是一种象征。意象相似的类比是比喻（如言某物圆似月亮），意象没有直接相似性的类比是暗喻或象征。如《左传·襄公七年》记讽喻卫君好色的卫国民谣："如鱼窥尾，横流而彷徉。"疏引郑玄："彷徉，游戏，喻卫侯好淫也。"卫侯之好色与游鱼，两者并没有直接的相似性或可比性。这种设喻，就是象征。《易经》中之意象多为此类之象征。

《易经》之经文文义勘破之后，有些内容实甚浅显。我颇疑著经之人有意设用冷偏字词，使之难以释读，模棱两可，以便于以神道设教，遂使《易经》成为不可解之天书也。

《易经》本经包括 64 篇，一篇称一"卦"。

每卦的内容均由三部分组成：

第一部分是卦名及卦象。卦象的创造者传说为伏羲（太阳神及中华文明的始创者），如"乾"，卦名为"乾"，卦象为"☰"。卦象分为六画，每一画配一句辞曰"一爻"。六爻乃象征阴阳六气及天之六道。

第二部分是卦辞，是一卦内容的提纲。如"乾"卦之卦辞为："元亨，利贞。"卦辞的作者传为周文王。

第三部分是爻辞。爻，字亦作繇，即谣，即歌谣。爻，即谣也。扬雄《太玄》拟《易》称其辞为赞，计 729 赞。《易》则 384 谣（爻）。谣辞的系附者传说是周公。

《易本义》云："易气从下生。易本无形，自微及著，故易逆数也。"

每卦之爻辞分为六句（唯乾、坤两卦为七句）。爻辞以"下读法"（自下而上）读之，所对应之爻位自下而上之顺序为"初、二、三、四、五、上（六）"。

数字"九"代表阳爻，数字"六"代表阴爻。以爻象征阴阳二气之交变。

对应于爻象的每一画，均有一句爻辞。如"乾"之初爻，其辞为"潜龙勿用"，上爻之辞为"亢龙有悔"。综观这些爻辞，内容包括三类：

第一类，隐语或谜语；

第二类，歌谣；

第三类，历史事件。

先有卦及象，再有名及义。卦辞以释名，爻辞以示义，明义而知吉凶。观象玩辞，参其义而明其理，是谓义理学派。王弼舍卦象而纯求义理，是刻舟求剑之举也。

《易经》经文本来的用处在于占卦者在得到爻象后，索引爻辞，然后根据爻辞的意义去理解卦象所象征指示的成败吉凶，悔、吝、休（喜）、咎（灾）。

《易经》中确有历史，而与商周之际史事相关。胡朴安言：

乾坤两卦是《易》之序论，既济未济两卦是《易》之余论。自屯卦至离卦为草昧时代至殷末之史，自咸卦至小过为周初文、武、成时代之史。

《易经》自古流传，传述之本亦有所不同。张燧《千百年眼》卷八记：

唐司户参军郭京作《周易举正》三卷，云曾持王辅嗣、韩康伯手写真本，比较今世流行本，或将经作注，或用注作经，小象中间以下句居其上，爻辞注内移后义却处于前，兼有脱遗谬误者。

代王刘恒入主汉宫成为文帝前，曾占龟卜，得卦曰："大横庚庚，余为天王，夏启以光。"大横，即乾，北斗也。此卦辞亦不见于今本《易经》。

四

八卦符号之起源，实源于结绳。阴、阳二符，一记号纪有绳结，即阴（--）。一记号纪无绳结，即阳（—）。若以三绳，有结、无结相参，即成八卦。若以六绳，有结、无结相参，即成六十四卦。

六十四卦中，其行文用韵之处计二十四卦。其用韵之法不一，有以平正胜者，如：

无平不陂，无往不复，艰贞，无咎，勿恤，其孚，于食有福。（泰九三）

观，国之光，利用宾于王。（观六四）

鸣鹤在阴，其子和之，我有好爵，吾与尔靡之。（中孚九二）

有以奇诡胜者，如：

屯如邅如，乘马班如。匪寇，婚媾。（屯六二）
困于葛藟，于臲卼，曰动悔有悔，征吉。（困上六）
见舆曳，其牛掣，其人天且劓。（睽六三）
震索索，视矍矍。（震上六）

有句法错综变化而仍用韵者，如：

其亡，其亡，系于苞桑。（否九五）
日昃之离，不鼓缶而歌，则大耋之嗟。（离九三）
得敌，或鼓或罢，或泣或歌。（中孚六三）

就以上引例观之，卦爻辞之使用文字，极变化之能事。不特全部组织复杂，即其涉及事象之繁博，辞旨意绪之生动，涉笔取象之精辟，较之商代卜辞之平板无所变化，为进步多矣。

注释 ☰

①三世、三古者，伏羲、周文王姬昌及孔子也。并非无根之谈也。
②《中国科学技术史·导论》。

《易经》要义

原文据马王堆帛书《要篇》。

一

夫子老而好《易》，居则在席，行则在囊。

子赣（贡）曰："夫子它日教此弟子曰：'德行亡者，神灵之趋。知（智）谋远者①，卜筮之蔡（采）②。'赐以此为然矣。以此言取之，《易》，缙（昏）③行之为也，夫子何以老而好之乎？"

夫子曰："君子言以巨方也。前羊（祥）而至者，弗羊（祥）而巧（考）也。察其要者，不趋其德。《尚书》多淹矣。《周易》未失也，且又古之遗言焉。予非安其用也。"

译文

孔夫子老年而爱好《易》学。在家则将其置于座席之上，出行则将其带于行囊。

子贡说："老师当年曾教诲我们弟子说：'只有丧失德行的人，才会趋向于神灵。只有远离智谋的人，才会采信于卜筮。'我一直相信您的话。然而若根据您的这一教诲，相信《易》，就是昏迷糊涂的行为，为什么老师到老年反而会爱好它呢？"

孔夫子说："君子讲话要持守准则（矩方）。在前的现象发生，未发生的现象则有迹可考。知道事物的规律（要）就不会违背它的本性（德）。《尚书》太古老而且很多篇已亡佚了。《周易》则未丧失掉，而且它是古代遗留的言教。我并不是以它作为卜筮工具来用啊。"

二

"赐！吾告女……夫《易》：刚者使知惧，柔者使知刚，愚人为而不忘（妄），奸人为而去诈。文王仁，不得其志以成其虑，纣乃无道，文王作，讳而辟（避）咎，然后'易'始兴也。"……

子赣曰："夫子亦信其筮乎？"

子曰："吾百占而七十当，唯周梁山之占也，亦必从其多者而已矣。"

子曰："《易》，我后（候）其祝卜矣，我观其德义耳也。

"幽（由）赞而达数，明数而达于德，又仁守者而义行之耳也。

"赞而不达乎数，则其为之巫。数而不达于德，则其为之史。

"史巫之筮，乡（向）之而未也，好之而非也。

"后世之士疑丘者，或以《易》乎？吾求其德而已，吾与史巫同途而殊归者也。

"君子德行焉求福，故祭祀而寡也。仁义焉求吉，故卜筮而希也。祝巫卜筮其后（候）乎？"

译文

"赐儿啊④，让我告诉你吧……研习《易》：对于强者可以使他懂得恐惧，对于弱者可以使他变得坚强，对于愚人可以使他变成不糊涂，对于奸人则可以使他变成不敢怀诈。文王之所以成其仁义，正是由于他处在不得志的地位而难以实现他的宏伟抱负，当时纣王不遵守天道，文王韬光养晦而努力避免犯错误，于是形势得到演变而得以振兴。"……

子贡说："那么老师你也相信占筮卜卦吗？"

孔子说："我占卜百次，大约有七十次是应验的。只有周梁山那次占卜是例外，但我总应该相信那些多数吧。"

孔子说："对于《易》我难道是靠它卜筮吗？我注重的是它的本质和意义啊！

"由《易》的赞辞达到理解其数理，再由明了数理而达到理解其内涵的本质（德），坚守于仁爱的原则而行事遵守礼仪（义）。

"虽然念诵其赞辞却不明其数理，那不过是巫士而已。虽然了解数理却不能理解其内涵的本质，那也不过是史官而已。

"史官巫师的占筮，有目标却追求不到，虽然爱好《易》却似是而非啊！

"我想后代那些怀疑孔丘的人，一定是由于我的《易》学吧？我但求认知其本质而已。我与那些史官和巫士们虽然走在相同的道路上，但目标旨趣却完全不同啊！

"君子靠道德的行为而追求福祉，连祭祀都很少。靠仁爱之心和坚持礼仪去寻求吉祥，所以也很少进行卜筮。怎能等待而依靠祷告、巫士和占卜算卦呢？"

三

孔子治《易》，至于"损""益"二卦，未尚（尝）不废书而叹。戒门弟子曰："二参（三）子！夫'损''益'之道，不可不审察也，吉凶之门也⑤。'益'之为卦也，春以授夏之时也，万勿（物）之所出也，长日之所至也，产之室也，故曰'益'。'损'者，秋以授冬之时，万勿（物）之所老衰也，长夕之所至也，故曰损。道穷焉而产道衰焉。

"'益'之始也吉，其冬（终）也凶。'损'之始凶，其冬（终）也吉。'损''益'之道，足以观天地之变，而君者之事已。

"是以察于'损''益'之道者，不可动以忧喜……能者由一求之，所谓得一而君毕者，此之谓也。'损''益'之道，足以观得失矣。"

译文 ☰☰

孔子研治《易》学，每读到损、益二卦，没有一次不放下书而叹息的。他告诫门下的弟子说："各位年轻人！关于损、益、得、失的道理，你们不可以不认真思量啊！因为这是吉事与凶事的大门啊。'益'这一卦啊，发生在春夏之交。这时万物方生长，阳光也在变盛，是滋育生产的季节啊，所以名叫'益'。而'损'这一卦啊，发生在秋冬之交。万物都在走向衰老，而阴气也在变强，所以名叫'损'。天道穷蹙而生机衰落了。

"益卦的开始是吉事，而其结果是凶事。损的开始是凶事，而其结果却是吉事。一损一益的循环之道，可以观察天地的演变，而这正是君长的政事啊。

"所以明察于损与益的规律，就不会为得失而忧喜……有才能的人会统一地来运用这两个规律（损之与益之），所以说掌握规律就能主宰万物，就是指这一点。从损与益的规律，可以理解人世间一切成败得失啊！"

注释

①知：智也。

②蔡：采也。

③缗（昏）：缗、昏古音通。帛书屯卦为"非寇闽厚"，传世本作"匪寇婚媾"。闽昏音通，可证。林义光《文源》："昏音泯。"《说文》云："昏，日冥也，从日氐省……一曰民声。"昏古音从民，与缗（音亦从民）同音。

④赐：子贡姓端木，名赐，字子贡。

⑤本篇略见于《孔子家语》："孔子读《易》，至于损益，喟然而叹。子夏避席问曰：'夫子何叹焉？'子曰：'夫自损者，必有益之。自益者，必有缺之。吾是以叹也。'"李鼎祚《易注序》称："卜商入室，亲授微言。"《隋书·经籍志》记子夏有《易传》二篇传世。所谓"二三子"，卜商、子夏乎？

"易"字考释

《易经》或称《周易》。其名称一直是一个谜。关于《易经》之得名，历代注家好作神秘、迂曲之论。如郑玄谓："易一名而兼三义：变易，简易，不易。"实则《易经》流传自太古（伏羲时代），当时尚未发明文字，而处在"结绳记事"的阶段，又怎能得到如此复杂之语义的命名？因此，对《易经》之得名，有必要从语源学角度重新考索之。

一

《说文》释"易"字语义云："易，蜥易，蝘蜓，守宫也，象形。秘书说曰，日月为易，象阴阳也。"许慎在此指出"易"字包含有两个不同的语源及语义，兹分析如下：

认为"易"字是蜥蜴这种动物的象形字。此说在近代多被否定之，但实际却是确有渊源且极具见地之论。

蜥蜴及与其形态相近而体大的鳄类动物，在古华夏被视为一种被崇拜的神奇动物，均被归为同类。而蜥蜴及鳄鱼，还有一些形态近似的两栖类，如蝾螈，如蛙鳖，均被认为是属于同类的神秘性两栖动物（其神秘在于其生态近水，能吐水雾）。此类动物的总称就是"龙"。

凶悍的海湾鳄鱼被称为蛟龙，或强龙（曾分布于古华北、华南及黄河、长江下游海口区域），形态稍小的扬子鳄称鼍龙，而蜥蜴至今尚称"龙子"（《本草纲目》）。

易为蜥蜴之蜴的本字，在甲骨及金文字中记作：

（《说文》）　（乙5408，乙6549）　（乙442）　（存1.1306）　（毛公鼎）　（文）

此字确是蜥蜴或鳄鱼的象形，亦即"易"之本字。

考之语音，易古音读 xie。章太炎《小学答问》："易借为觋。"其音今存于锡。锡又转读赐。在古文字中，有一字古音字形均与"易"相近，即"豸"字。《说文》："豸，兽长脊，行豸豸然，欲有所司杀形。"按此长脊兽即指鳄类或巨蜥类凶猛爬行巨兽。此字今音读作"zhì"，但古音则近"易"或"它"（参《说文》段注）。又有异音读为解（段注："豸与解古音同部。"解豸，即鳄鱼也）。何按：解即蝎、禹也。

豸又作"廌"，《方言》："廌，解也。"窃以为，易、豸、廌同源字也。《说文》谓："兽长脊。"（《尔雅·释出》则谓"无足谓豸"，则指蟒蛇类也）段注引："《左传》："庶有豸乎？《释文》作廌。"古多假廌为解廌之廌。以二字古同音。豸与解古音同部，是以训解。《释文》引《方言》："豸，解也。"

何按：解豸别名解解（音近"蝎蝎"），实亦蜥蜴之异名也。

《说文》马之古文也从易：

又字形作：

二

实皆为易、豸之变体也。

从古音学知道，易之古音与蜥、蝎及鳄诸字的古音相通。根据汉语古音学的原理，"夫训诂之要，在声音不在文字。声之相同相近者，义每不甚相远"（王引之《周秦名字解诂序》）。因之可以判断，此四字实际均出自同一语源，即蜥蜴之易。

易音之变，作"勿"（物），作"恶"，即"鳄"，又作蟒（无古音莫），又作龙，龙古音异读作"袭"，与豸（锡）同音。《孔子家语》："王事若龙。"郑注:"龙读为袭。"均与易之篆体相似。

黎翔凤说:"龙即蜥蜴,反正可书。"

说龙即蜥蜴是对的。《淮南·精神训》:"禹南省方,济于江,黄龙负舟,舟中之人,五色无主。禹……视龙犹蝘蜓(蜥蜴)。"高诱注:"蝘蜓,蜥蜴也。"《古今图书集成·禽虫典》:"有一物如守宫,长尺余,穿卵而出。秦始皇闻之,曰:此龙子也。"

综古书所记,龙之形态,与守宫即蜥蜴相近。《宋史·礼志》:"〔大中祥符〕十年四月,以夏旱,内出蜥蜴,祈雨法……咒曰:蜥蜴蜥蜴,吞云吐雾,雨令滂沱,令汝归去。"《古今图书集成》:"龙池中蜥蜴能含气出云,神物也。"李时珍《本草纲目》:"石龙子一名泉,一名石蜥。"苏恭曰:"龙子即蜥蜴。""有人见蜥蜴从石缝中出,饮水数十次,石下有冰雹一二升,行未数里,雨雹大作,今人用之祈雨,盖取此义。"

龙子即蜥蜴,蜥蜴能雨雹,能祈雨,功用与龙同。龙字之与易字,在名物上以螭为其通。《汉书·司马相如传》颜师古注:"赤螭,雌龙也。"廖文英《字通》:"《通雅》曰:蜥蜴总曰螭。大者曰山龙子,缘木曰蝘蜓,在草曰蝾螈,在屋曰守宫,捕蝇曰蝎虎,首随十二时变色。"守宫为易之变名,亦有龙之称谓。薛福成《庸盦笔记》:"俗称壁虎,在五毒中亦曰蜥蜴,亦曰守宫,亦曰旋(玄)龙。"蜥蜴中有一类,其形色能随四时季节、环境之不同而变化,俗名"变色龙"。变色龙,即善变易者。故"易"字有演变之义。

实际上,龙的真相是鳄类,鳄类与蜥蜴同属爬虫类,形态极相似(蜥蜴形态与刚出壳之幼鳄甚似,故称"龙子",即龙之子)。

三

易字之形,以形近而与益(溢)字古文之简化体相混讹。在金文中常借益为易字,以代赏赐之赐。

(合,5458)　(德簋)　(德簋)　(合7369)

益，字作盈。《说文》："盈，满器也。"盈、益、溢为同源语。物满曰盈，满溢曰益，溢而换器曰益。音转为"给"（ji）。在今口语中，将满物换置容器，曰"勾"、"予"，皆有变易场所之意。近年一些古文字书中多以"益"之古文作为"易"之本字，然而《易经》古人从不认为可以写作《益经》。以益为易，此实乃不察本源之论也。

人们知道，《易》经在古代常与河图洛书并称。河图洛书，据传说乃来源于神龟之背负图案，即所谓"龟文"。龟，蜥蜴、鳄鱼，在古语言中均被归属为同类动物（详证参看拙著《龙：神话与真相》，上海人民出版社，1989）。

龙，即蜥蜴、鳄鱼及蛙鳖（蟾蜍）之类动物的神话称谓。在古华夏宗教中，龙被认为是雷雨之神。因而与太阳神（以凤凰为象征，即鸵鸟、丹顶鹤一类大型鸟类）一同作为司天及主季节的神灵，受到人们隆重的崇拜。因此，《易经》一书以"易"为名，可理解为"蜥易之经"，亦即"龙之经书"。传说中易经的起源与"龙马"从黄河中负图而出有关。所谓黄河龙马的真相，应指古黄河中曾生存的鳄鱼（河南濮阳新石器时代酋长墓中发现贝石堆砌 6000 年前龙图，其形态是鳄鱼。据宋代人笔记，直到宋代，开封一带的黄河中还有鳄鱼生存）。

原谓"龟文"，实际就是写著于龟甲或鳄甲上的书记。古书《述异记》中有一则重要记载：

> 陶唐之世，越裳国献千岁神龟，方三尺余，背上有文，蝌蚪书，记开辟以来帝命。录之谓之龟历。（《绎史》卷九引《述异记》）

此一则记载极见珍贵，但过去一直未得到重视。实际此正是流传极广的"神龟龙马负图自河出"，"河出图，洛出书"一类神话传说背后的历史真相。因此，《易经》又称龟文、龟书，古三易之商代易称"归藏"，或即龟藏。周原甲骨文龟字写作（周原《甲骨文综述》第 26 页）：

可注意到，此字与"易"字的古文形亦相近。

四

综上所论，我们认为"易经"，本义即"蜥蜴之经"。亦即书记于龟版、鳄甲上的太古书记。

由以上考察，我们对考古所发现的商、周龟版甲骨占卜文字，可以获得新的认知，知道甲骨文确实与太古之《易经》具有深刻联系。

《说文》又指出，汉代纬书认为："易字乃日月合文。"

何按：纬书所言之"易"，此字今记作"昜、旸"，"旸，尚冥也"（《说文》段玉裁注："冥者，幽也……晨旦明也。"），旸字通常记作昕或曦。音从勿，"文拂切"（《类篇》）。又记作"暘"，"日覆云，暂见也。"（《说文》）据《类篇》，此字音晰，读为"施只切"，或读为易，"夷益切"。

易字在古字书中分别为两，但其词义均指半明半暗，明暗相同，即阴阳参合之状，读音相通。故可推断为同源字之分化。此二字与易字字形相近，读音相通，因而发生混讹。纬书家则利用这一混讹，抒发阴阳哲学观念，用以解释《易经》"阴阳为易"的理念。但是这种发挥，显然并不是《易经》得名的初始意义。

《周易》释名

一

对《易经》之名，历代注家好作凿空迂曲之论。实际对"易"字之本义，仍应探诸"易经"之本身。

周，本音为畴（"稠"、"绸"仍从周古音）。畴，"耕治之田也"（《说文》）。甲骨文"周"本字正像栽艺禾苗之田畴。

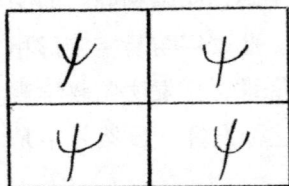

甲骨文、金文周字

周、畴音通，"周"乃"畴"之本字，畴为后起形声之字。周、畴音又与筹通，筹即策也。《史记·历书》云：秦乱后，"畴人子弟分散"。畴人，即策人，策筮卜卦之人也。

"易"字通"演"。《周易尚氏学》总论云："说者（郑玄）以'简易、不易、变易'释之，皆非。"其说甚是。

尚秉和以为，"易"乃动词，意义为"占卜"，并引书证如《史记·大宛列传》："天子发书《易》，云：'神马当从西北来。'"①谓发书卜也。又《武帝轮台诏》云："'易之，卦得《大过》'。易之，卜之也。"其说以"易"为"卜"，认为"易"的词性是动词，因而认为"易"有占卜之义，其说近是。但何以"易"有占卜之义？其说则未达。

实际上，"易"字即"演"字之同源语。

所谓"易"者，即"演"也。易、演一音之转，语义相通。纬书《易纬稽览图》："推易天地人之元术。"所谓"推易"，俗语谓之"推演"。何按："推演"是一个古代早有的词。南北朝北魏宣武帝名"推演"《北史·魏本记》说：因其人多谋，"故号曰推寅（演）。盖俗云钻研之义也"。

综上述，周者，畴也，筹也，筹策也（策者，策筮也）。易者，演也。"周易"者，即筹易，策易，演易，筹演，推演也。《易经》者，演经也。

《周易》者，筹策演变之经也。

二

"易"，本字为蜥蜴（及鳄鱼）之象形，本义即龙。龙（蜥蜴）中有随环境不同而隐形善变色者，俗名"变色龙"。故"易"有变易之义。《玉篇》："易，转也，变也。"《广韵》："易，变易也，改也。"

易古音又与递、代通（喻、定准旁纽，锡部叠韵）。《九辩》："四时递来而卒岁兮。"②

"演"亦有变义，"演"与"衍"为同源字。《说文》释"演"之本义，为水流蔓延，"衍"之本义亦为水流广布或长流。"衍"字从水从行，以水行为会意。演字从水从寅，从寅得音，是形声字。易、演、衍，此三字之音义俱相通（段玉裁《说文解字注》谓"演"之古音读引，与易乃一音之转）。又《系辞》称"大易之数"为"大衍之数"。演、衍及易，三字在上古典籍中常可互用。故唐代僧人一行著《大衍论》，称"大衍之数"为"演天地之数"，亦称"大易之数"。

《大戴礼记》有"易四时"，即"演四时"也。汉纬书有《易阴阳》，即《演阴阳》也。清儒陈梦雷《周易浅述》云"易"有二义：一、交易，阴阳寒暑，上下四方之对峙是也；二、变易，春夏秋冬，循环往来是也。

演，即推演，演算。《史记·太史公自序》："昔西伯拘羑里，演《周易》。"《三国志·魏书》记《易》博士淳于俊曰："包牺因燧皇之图而制八卦，神农演之为六十四。"表明《易经》之名本与演卦有关。《礼记·祭义》："昔者圣人达阴阳天地之情，立以为'易'。易（者），抱龟南面，天子卷冕北面。虽有明智之心，必进断其志焉。"郑玄注："'易'，官名。《周礼》曰大卜。大卜主三兆，三易，三梦之占。"大卜之官，古称"易"官。易者，推演占卜之名也。

三

模拟阴阳天地之情，建立演法，其法有三，即郑玄《礼》注所谓"三易之法"，亦即三演之法也。演者，即演卦。三易之法即三种演卦之法：

一曰连山（历山、黎山、骊山）；二曰归藏（即龟宫、九宫）；三曰周易、周演，即筹演、策易、策筮也。此词现代仍用，"策筮"音转为今语"测算"也。

以筹设卦，其本质乃是以数字占卜。所以最早之易卦，乃为数字之卦（张政烺说）。

历山乃神农之号，即神农之演法，归藏即九宫之演法，《周易》即设筹、策、筮而演算。或曰周易即周（交）旋之演法。所谓交演，叠卦之法也。

但《易》之布卦还有另一传统，即以天文四时之运动而序卦象之演变，以测人事之吉凶。

《春秋纬说题辞》："《易》者，气之节，含五精，宣律历。上经象天，下经计历。"京房传《易》古法则谓："以卦气值日……余考之《易轨》而得其说。盖以坎、震、离、兑四卦，卦别六爻，爻生一气，主二十四气。其余六十卦，三百六十爻，爻主一日。余五日四分日之一，以通闰余。"（桂馥《札朴》）

《易经》之策数与天文历法数有关。《系辞》："二篇之策万有一千五百二十，当万物之数也。"汉张衡《灵宪》："中外之官，（星）常明者百有二十四，可名者三百二十……微星之数盖万一千五百二十。"星数与爻策之数相同。

故易术又称"大衍之术"，本身实际上是一部以观测天文运动为模型，以卦画为阴阳二气之符号，推变演算，用以历计推占时日及事件的预测之术。《易经》则是记录其占象与卜辞的上古经典。

因"易"之基本内容是"演"，即演数及演筮为卦，所以此书古人称其为"易经"，亦即"演经"——推变演算之古经。

《易》的演算有两个目的：一是以计算结果求数，以数配成卦。二是以计算的方法推算时辰和所值神位。所得卦象，结合爻辞，而预占行事之成败吉凶。所以在《易》的演算中包含两个传统，这就是数占和天文占（占星术）。这两种传统本是独立的，似在商周之际而汇合。

此二术在汉以后，由于天文学的进步和专门化而再度分离。式占（星占）逐步衰微，而数占则一直保存下来。东汉魏晋以下盛行的是数占（如管辂），星占在唐宋后重新引起学者们的兴趣。

邵雍、陈抟发现"河图"所复兴的，实际是天文占。《易经》学绝非如近世人之所妄言，是所谓"原始巫术性占筮"③，而是一种具有高级思辨形态的数理和天文神秘演算体系。它的形成依托于一个数千年的传统，而记录了早期华夏文明演进的历程。

易术产生于筮策，起源于演数。《礼记·曲礼》："龟为卜，为筮。"段玉裁引作"策"。策，即古代计数的工具。或以竹，或以蓍草，或以骨为之。故策、卜、筮，本为一事也。《左传》僖公十五年："龟，象也。筮，数也。物生而后有象，象而后有滋（增）④，滋而后有数。"谓龟取于象，筮策取于数⑤。

西周懿王时铜器癲盨皿，铭文有易筮之实录："佳四年二月既生霸戊戌，王才（在）周师录（灵）宫（即鹿台/灵台），各（至）大室，即立（位）。司马共右癲，王乎（呼）史年册易。"册（策）、筮古字通，册易即筮易。又，癲壶："佳三年九月丁子，王才奠，乡醴，乎虢叔召癲易，羔俎（郊俎）。"作壶之臣名"癲"，即为专事易（演）策之人，易毕即作壶而记录其事也。

四

"周易"一名，其名始见于《左传·庄公二十二年》："有以'周易'见陈侯者。"司马光《说玄》："周者，复也。""复者，返也。"返复其道曰"周"，"周"有回转之意。

环圆曰围，沿环而动曰周。环而复始，即周而复始，故周又有反复不穷之义。复者，返也。返复其道亦曰"周"。故《广雅疏证》曰："周，施也。"施，即旋也。

概而言之，周者，既有筹划、筹算之义，又有反复、交替、循环、周旋诸义。筹划推演、周覆变易，即称"周易"。也就是说，所谓"周易"，即反复循环之推演、演变、演算，即"周演"之义。

《淮南子·原道训》："钧旋毂转，周而复帀（读如师，始也）。"⑥此言天体之运转，亦正为"周易"或"周演"之本来意义。唐经学家孔颖达云："《周易》以纯乾为首，乾为天，天能周匝于四时，故名《易》为《周易》也。"此说颇合古义。

后世或以"周"为周朝之名，而谓"周易"即周朝之易学，以区别于商易及夏易。其说虽勉强亦可通，但夏易今不可见。商之"归藏"，其卦名与"周易"多近同，经文似亦近同。唯演法与卦序有所不同。故以"周易"为代名之说，似不如以之为交覆变易之名更为达诂。

五

程颐释《易大传》云：

易之行，于何见之？见之于四时行、百物生。见之于消息、盈虚，动静、开闭。见之于往来、上下、进退、存亡。见之于变化、无为、出处、语默——无往而非"易"也。

在这里，列出了12组对立相：

①消—息（灭—生）　②盈—虚　③动—静　④开—闭
⑤往—来　⑥上—下　⑦进—退　⑧存—亡　⑨变—化（质变）
⑩无—为（有）　⑪出—处（止）　⑫语—默（沉默）

所谓"易之行"，就是运动变化于这些相互对立的矛盾范畴之中。由此观之，所谓"易之行"，即"矛盾演变"之义。

所谓无往而非"易"——即无往而非变易、演变。无往，即无处不在。

履卦上九："视履考祥，其旋元吉。"《周易本义》释之云："周旋无亏，则得元吉。"此说甚佳。故，《易》中之履、谦、复、恒、损、益、困、井、巽九卦，为孔子所特重（元张理谓："夫子三陈九卦之义"）。

《易坤灵图》引孔子曰：

丘序曰：《天经》曰："乾元享利贞。"爻曰："飞龙在天，利见大人。"

称乾卦为"天经"，则坤卦为"地经"也。

夫《易》之为书，小之明人事之吉凶，大之则阐天道之变化。圣人观象设卦，无非表示物变之分位，依分位则能辨其吉凶之由，明其变化之理。仲尼称"易"中具君子之道四焉：

以言者尚其辞，以动者尚其变，以制器者尚其象，以卜筮者尚其占。

要之，《易经》即演卦之经，亦即论变之经。

易之为道也屡（数）迁。变动不居，周流六虚。上下无常，刚柔相易，不可为典要，唯变所适。(《易·系辞》)

而"周易"兼寓周旋变易、循环交错、生生不休变易之义，是乃为"易经"及"周易"之确诂。

注释

①《汉书·张骞传》。

②递：更易也。《周礼·考工记》释文："易，改也。"

③巫术与宗教有本质之不同。巫术者，原始神秘文化也。宗教者，高级文明之意识形态也。近世学人多不明其分别。

④滋：增也，长也，大也。

⑤这正是辩证法所谓"质量互变律"。象者，形态，质也。滋者，增长，量也。

⑥帀：即师之本字，旗帜也。以音近借为始。

八卦释名

乾☰ 巽☴ 离☲ 兑☱ 震☳ 艮☶ 坎☵ 坤☷

八卦每卦分上中下三爻。三爻分别象征地人天：

外卦（地）＞空间　过去
中位（人）＞人德　现在
内卦（天）＞时间　未来

八卦起源，乃八种记号。或契之于木，或纠结而束之于绳。盖上古八卦本为计时之八种符号，以记八种时节。以音求义，其语源如下：

1.☷坤：川也。川，大水也。冬至，至阴，雨季。阴极，是为至阴之象（又坤，由也，块也，所谓大块即大地也。坤之卦象，大水至阴当为本义，大块及土地则是后生义）。

2.☵坎：读为沉，地水涌出曰沉。又沉水可读为降水即雨水。二阴中分于一阳，初阳生，春分之象。

3.☳震：从辰。辰、电古音通①。震即雷、电。始雷，在春初，称"启蛰"，即"启震"。古农谚："二月二，龙抬头。"阳犹微弱，故居下位，但蓄势待发而渐强，故曰"震"。震者，振也。

4.☱兑：读为泽（古音铎，与兑音通）。大水所淹皆曰泽（湖、海、湿地、沼泽），水包陆地曰泽。水不能漫地，地干而水退，寓阳强阴退之象。

5.☰乾：干也，旱旸也，是为至阳之象。夏至，至阳，天时少水进入干旱之季。阳极（乾，音又通建，大建，北斗之名。北斗为天纲，故乾卦象天。干旱为乾卦之本义，大建及天罡为后生义）。

6.☲离：读为燎，燥火自生曰燎。燎有焦义，秋季也。二阳中分于一阴（酷暑极则至于"秋"。秋，本义乃焦也。故为秋分之象）。阳在外，阴在内。

7. ☴巽：嘘也，嘘气也，气动则生风。四季风，曰四方风（见甲骨文），即中国大陆性之季风。阴虽弱而渐强之象。

8. ☶艮：读为冈，山冈。又音转通岳，山岳。外阳内阴，阳不掩阴之象。

八卦卦象显示了一个阴阳变化之周期。震、离、乾、兑、巽、坎、坤、艮以此为序。盖以八卦记序八季节及相关的自然物候，乃渔猎时代产生八卦符号之起源也。

重卦的天文意义

盖天论之天运论认为，宇宙如龟盖覆于正方形大地（方舟）之上。方地周边则为四海（大瀛海）所环绕。

地有八柱支撑天地间形成八极（八卦）。八柱之间，即八天门，天门出气，是为季风（八风）。

八风之间有二十四气，每三气生一风。二十四气分配三百六十日，每十五日变换一气，是为一候。所谓气候，即以此得名也。

易学以上卦（外卦）象征方地，下卦（内卦）象征天圆。每卦六爻，一爻象征一日。

天动地不动。大地不动（上卦），而天盖旋动（下卦），则天之八卦（角）与地之八角，在每一点间有八次重合，共可得 64 种组合。天圆盖周行八极六十四卦，以中心轴星为极（北极星）。在下者曰"内"，在上者曰"外"。这八种组合，即为 8 宫、64 卦。周行一圆，即一周年，象征天盖循环一次。64 卦，每卦 6 爻，64×6 合计 384 爻，相应于 360 日及 24 节气。

《周髀算经》："冬至日出东南入西南，夏至日出东北入西北。""春秋二季，日出正东入正西。"

《乾凿度》："天道左旋，地道右迁。二卦十二爻而期一岁。乾，阳也，坤，阴也，并治而交错行。乾贞于十一月子，左行阳时六。坤贞于六月未，右行阴时六，以奉顺成其岁。岁终次从于屯、蒙。"

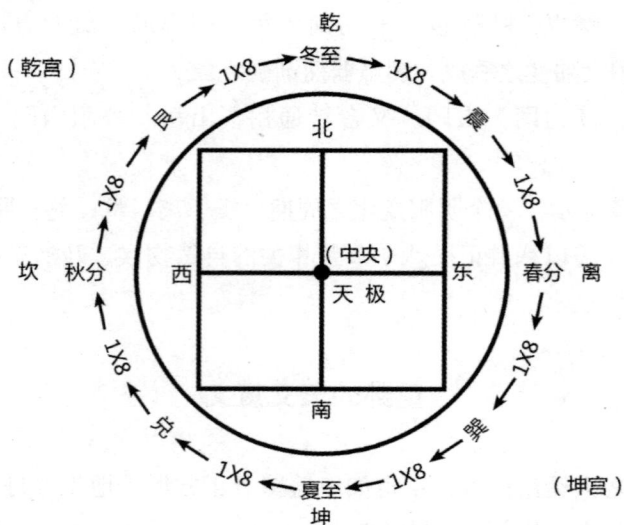

春夏秋冬：四至　　东西南北：四维　　八卦：八风

注释 ☷

①辰、电：陈、田古字通用，古音相通。辰、电亦然。

《易经》及八卦爻辞的起源

一

《易经》是一本神秘的书。其神秘首先是由于其来源的神秘。

关于《易经》的起源，《系辞》中有一个重要的说法，认为《易经》起源于上古伏羲时代的结绳记事："上古结绳而治，后世圣人易之以书契。"又云："古者包牺氏之王天下也，仰则观象于天，俯则观法于地……于是始作八卦，以通神明之德，以类万物之情。"

《周易·系辞》中的这段话人们耳熟能详，但其真义，历代治《易》者却未能解释。问题在于，所谓"结绳而治"——以及人们常说的"结绳记事"，其究竟与《易经》以及八卦有什么关系？实际上，所谓结绳而治，不是讲政治（以结绳治理国家，那是讲不通的）。所谓"治"，乃是"志"，志，记事也。结绳而治，即结绳而志，即结绳记事。

关于上古结绳记事之说，自古有之，但这里特别值得注意的是关于结绳记事的方法及其与《易经》及八卦的关系。《易纬》言："卦者，挂也，言悬挂物象以示于人，故谓之卦。"指出"八卦"的本源似乎来自结绳记事。但怎样记事呢？

郑玄解释为：在绳索上，有大事打个大结，小事则打个小结。"事大，大结其绳。事小，小结其绳。"（唐孔颖达《周易正义》引郑玄）

这就是说，结绳记事的方法，就是悬挂绳索，以绳结为符号，象征物象而示于人。这挂起来的绳索，就是"卦"（挂）。通常有八条绳索，因此亦称作"八索"①或"八卦"。于省吾说："古称绳为索，八索即八条绳子。"

但是，由此就有几个问题：一是这种八卦的绳索与占卜及政治有何关系？二是八条绳索的八卦，与《易经》中作为八种记号的八卦有何关系？对这两个问题，历代治《易》者均未能说明。

二

古人结绳记事的方法，今已失传。"礼失而求诸野"。柳诒徵《中国文化史》云："欲知太古结绳之法，当求之今日未开化之人种。古今人类思想，大致相等，惟进化之迟速不同耳。美洲之秘鲁，亚洲之琉球，皆有结绳之俗。吾国古代之结绳，当亦与之相近。"

16世纪西班牙殖民者初到南美洲，看到秘鲁这个国家广泛使用结绳来记数和记事，方法是用较细的绳子系在较粗的绳子上，有时用不同颜色的绳表示不同的事物。这种记事绳有一个专名叫作"基普"，印加时代的基普有的还保留到今天。这种结绳制度在秘鲁高原一直盛行到19世纪。

下面是一个典型的印加记数基普，现藏在纽约美国自然史博物馆。绳上打了许多结，表示符号和数字。

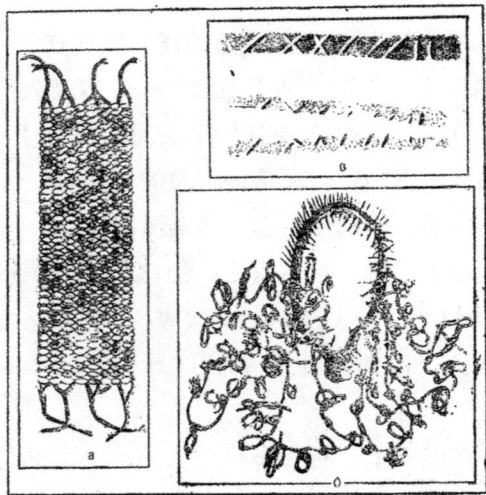

某些小岛如首里（Shuri）、八重山列岛（Yaeyama Islands）等至今也还在使用这种结绳记数的古老方法。

台湾学者林尹指出："我国上古之有结绳，是很可信的。据严如熤《苗疆风俗考》、林胜邦《涉史余录》的记载，苗胞、琉球同胞也有结绳为记的风俗。在非洲、美洲，也发现土人有结绳记事的事实。我们可以说，世界各地民族在未有文字之前都有结绳助忆的阶段。"

关于我国苗族与琉球及秘鲁结绳记事的方法，有关记载如下：

苗民不知文字，父子递传，以鼠、牛、虎、马记年月，暗与历书合。有所控告，必请士人代书。性善记，惧有忘，则结于绳。为契券，刻木以为信，太古之意犹存。(《苗疆风俗考》)

琉球所行之结绳，分指事及会意两种。凡物品交换，租税赋纳，用以记数者，为指事类。使役人夫，防护田园，用以示意者，则为会意类。其材料，多用藤蔓、草茎或木叶等，今其民尚有用此法者。(《涉史余录》)

秘鲁国土人，不知文字……凡人民之统计，土地之界域，各种族及兵卒之标号，命令之宣布，刑法之制定，以及死者之墓志，莫不赖之。甚至有远省来者，无论观风、进贡或宣战策，必须带结子以为通告之符信。其法以一主绳系有定距离之各色绳子，因事之种类，而各异其结，且以各种颜色以代表等等事项，如：红色代表军事及兵卒；黄色指明黄金；白色表明银，及和睦；绿色象征禾等类。又单结表示十，双结为二十，重结为百，二重结为二百，余类推。古秘鲁各城中皆有专门讲解结子之官吏，名为结子官。此种官吏对于结子讲解之技艺极为娴熟，惟须借口语之助，始能将意思达出，现今秘鲁南方之印第安人，尚有精通于古代所遗留之结子者。[2]

概括而言，"结绳文字"的主要部分是一根粗绳，连着一些带有大结小结的细绳，细绳和结的数目、大小、位置和颜色都含有一定的意义。例如：如果细绳不带色就用来记数或者用来记住有重大意义的日期，有颜色的细绳用来表示更复杂的信息。例如：黑色表示死亡、灾祸、战争，白色表示和平，黄色表示金子，绿色表示五谷。美国史学家 G. la Vega（其母出生于印第安）记印第安人的结绳方法谓："为了表示战争、徭役、贡赋，使用不同的结绳。每一种结绳有许多结并系有不同色线——红线、黑线、白线等。我们用不同方式把英文中的 26 个字母排列组合以表达不同音素时，能够分清它们的含义。印第安人如我们所做的一样，他们利用结绳的不同排列及不同颜色而表示不同的意义。"

据报道，结绳记事之方法实际上遍及世界各地，不仅古代中国、印加帝国、希腊、波斯、罗马、中东地区及伊斯兰国家都有记载或实物标本。与中国早期文明有渊源关系的古埃及字母及巴比伦楔形文字等亦与结绳有关。

这些记载显示，人类在没有文字或者不知文字以前，关于生活中各方面的大大小小事情皆以结绳为记事方法，其作用与文字记事方法相同，俨然形成公认的一种制度。先民生活在尚无文字或不知符号文字的岁月中，用结绳记事是当时公认的制度，亦即实质存在的习惯法（Customary law）。

值得注意的是，在进一步的演变中（由于结绳的复杂性及携带不便），印第安人的结绳方法后来逐渐演变为在木棍上契刻刻痕和记号的记事方法。所谓"上古结绳记事，后世圣人易之以书契"，书契就是在木棍上书写或契刻记号。

三

《易》云："上古结绳而治（志）。"唐李鼎祚《周易集解》引九家易："古者无文字，其有约誓之事。事大，大其绳。事小，小其绳。结之多少，随物众寡。各执以相考，亦足以相治也。"这说明传说上古乃以绳之大小及结之多少作为标记和符号，传递信息，记录事件。

这种记事的方法，与印第安人的结绳记事方法非常相似。两相比照，可以使我们对于我国上古结绳而治有所了解。

"殷之先人，有册有典。"实际上，册与典都是结绳记事的产物。册，就是竹木简策。册、策、栅、筭（算）这几个字，在古汉语中音义相通。册的本义，是竹或木简，就是远古的记事工具，以细竹条或木条削成，连缀于一条绳索。事件则记于竹、木条上。竹策、典册显然是由结绳记事演进而来的。

《周礼·春官·内史》："以简策书王命。"郑玄注："策，简也。"策、册字通，策（册）上所记之辞，就是史事。《尚书·金滕》："史乃册祝。"《尚书大传》郑注："史为册书祝辞也。"杜预《春秋左传序》："大事书之于策，小事简牍（即方板）而已。"《释文》："策，异本作册。"典字字形从册在几上，书册陈布于几案，就是"典"。典其实就是远古的记事档案，所以《说文》云："典，五帝之书也。"

四

由册与典的由来，我们可以探知《易经》及卦爻辞的来源。所谓八索，即几根绳索。"八索，八卦也。"（《周易正义》引马融）"五帝时名八索。坤（之）索，于乾而得之男。乾之索，于坤而得之女，遂成八卦。八八相索，生六十四。"（《经典释文》注）《左传·昭公十二年》："索，本又作素。"素，即系绳也。每条绳索系八结（结古音正与卦同），一结即一卦。结与结间系有六只竹（木）简为记事，其辞即系辞，称为谣（歌谣），又称"爻辞"。爻字的本义，是绳索的绞接、绞索。爻绞叠韵相通。绞编于绳索上的记事之辞，就是爻辞。

《左传·定公四年》："启（继）以商政，疆（经）以周索。"周索，其实就是周易（宋《玉海》引《勾微》）。

古结绳之法，今已失传。但大体可以推测如下：

有两种结：一种结为单数结，称阳结；一种结为偶数结，称阴结③。结自绳索之下端而向上结扎，第一结称"初"，最上者称"上"。

8道绳索，每索上系为经绳，横系。一横经上再缀系8根垂绳，是为"纬"。每根纬绳上有6个结，结有单结及偶结两种。

$8 \times 8 = 64$，$64 \times 6 = 360 + 24 = 384$ 爻（结）（爻辞附记于上）

《易纬·乾凿度》：☰（乾）古天字，☷（坤）古地字，☲（离）古火字，☴（巽）古风字，☳（震）古雷字，☶（艮）古山字，☵（坎）古坎字，☱（兑）古泽字。但考索先秦古文字及甲金文、契刻符中均不见此类文字。高亨云："此以八卦为文字，汉人之说也。"纬书之说多存上古之义。以二元符号"—""∧"组词即结绳符号，"—"为单结，"∧"为三结。单结之三结，即天；双结之三结，即地；其余可类推之。

在分为两组的8根（每组各4）的绳子上，不打结代表阳爻，打结代表阴爻。后来有了象形文字，就把这种记事编码的图像刻画下来，此即"后世圣人易之以书契"的画卦。

近人已指出，这种打结（∧）与不打结（—），实际组成一种二元编码系统。莱布尼兹说："这恰恰是二进制算术……在这个算术中，只有两个符号：0和1。用这两个符号可以写出一切数字……阴爻就是'0'，阳爻就是'1'。"

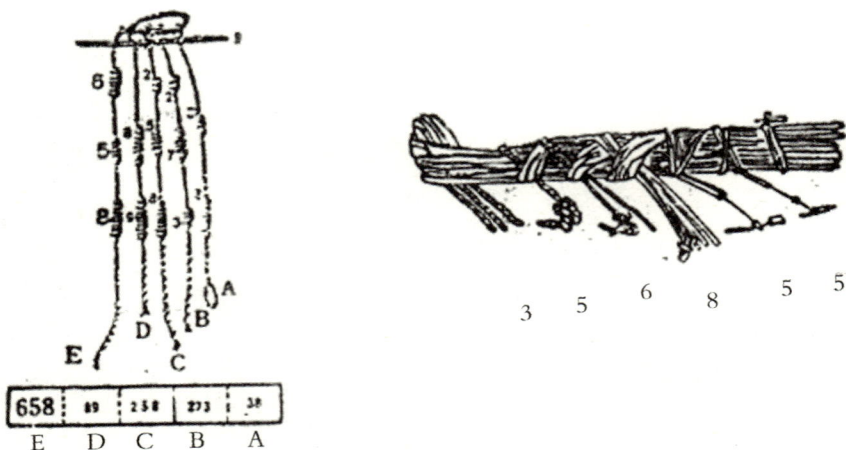

原始"八卦"——结绳记数（印第安人的结绳法）

从信息论的观点看，莱布尼兹对《易经》符号的这种解释是非常有意思的，因为任何消息（事物）不管多么复杂，事实上都可以只用 0、1 这两个不同的符号组成编码序列来传输。只要在编码时将要传递的消息（事物）给定一个号码 i（i=1，2，…，n）就可以了。因为以 0 和 1 两个符号可以组合成无限大的任何数字。

在文字尚未发明的远古（即《易·系辞传》"作结绳而为网罟，以佃为渔"的伏羲氏时代），先民采用这样一种二元编码组成的符号系统——结绳语言来传递和记录信息，是非常高明的。

五

无文字时以结绳记事。所谓记事，首先是计时，悬绳为期，一事系一结汇集而成系。历法的本质是天文周期。天文周期即中国古代哲学所常说的"道"——天道。先民对这种天文周期的认识经历了不同的阶段。最早是结绳，后来是契刻，最后发展到观天象而计时。

结绳的方法也许是最早的方法，从某一个夏天（或冬天）开始，每过一天在绳子上打一个结，一直到第二个夏天（或冬天）的来临。然后再从第二个夏天（或冬天）开始计算到第三个夏天（或冬天），如此等等，日积月累地做下去，人们就发现了一定的规律，那就是相邻的两个夏天（或相邻的两个冬天）其间所打的绳结数目差不多。这样，根据绳结的数目就可以大致预见到是哪个季节的来临。这种结绳式的历法，甚至在 20 世纪初还被某些偏僻地方的民族所采用。直到 19 世纪末，在西伯利亚，还流行着在木棍上砍记号的木制历法。当然，这种原始的历法是极其粗糙的，它所定年的长度与真正年的长度可以差到四五十天之多。

文字发明后，易之以书契，将记事契刻于竹木简片上，每日一记，所记即"日书"。以绳相连贯，将单片的竹木册（策），连之如栅（篱笆），其名即册。

一年而过，另置新绳。旧册撤去，置于几上，此即为"典"，所以世典亦可称世系。这就是典册的由来。

每年编有一典，以一根经绳相系，系字别体记做"经"，又记做"继"。系、经、绠（纲）、继是同源词。一典一经（系），这也就是经典的由来。所以经典起源于上古记事的竹册历史。《易经》经文也来源于记事之史。

六

20 世纪以来，大批竹木简牍相继出土，一批古代历书及日书实物陆续呈现在世人面前。出土历书给研究工作提供了可信的第一手资料。

从编制形式来说，有学者曾将汉简历谱分作四种类型，即：单板横读月历谱、单板直读月历谱、单板直读简便年历谱、编册横读日历谱。形式不同，却都以实用为首要特征。其中编册横读日历谱恐怕最具代表性，如汉宣帝《神爵三年（公元前 59 年）历谱》。这种历谱一般由 31 枚竹简编册而成，最右一枚从上到下连续书写一年的月份，其余 30 枚由右至左，顶端书写日期，每简一日，从一日到卅日，然后在各月该日内容中书写记日干支以及相应的历法（二十四节气、三伏、腊、建除、干支等），实际相当于一个表格，使用起来极为便利。敦煌石窟所出《北魏太平真君十一年（450 年）、十二年历日》的形式，相当于汉简的简便年历谱；吐鲁番出土的《高昌延寿七年（630 年）历日》，其形式同前述汉简编册横读日历谱一脉相承。从现存材料看，汉至南北朝历日形制未起太大的变化。

七

由上述，我们即可以解开《易经》中遗留的一些重大疑惑。

爻之本意：关于爻及爻辞来源，《说文》曰："爻，交也，象易六爻头交也。"爻，初文乂。乂即结绳。绳结曰绞，"爻"正是绞绳的象形。爻辞又称系辞，即系于绳结上的记事之辞。

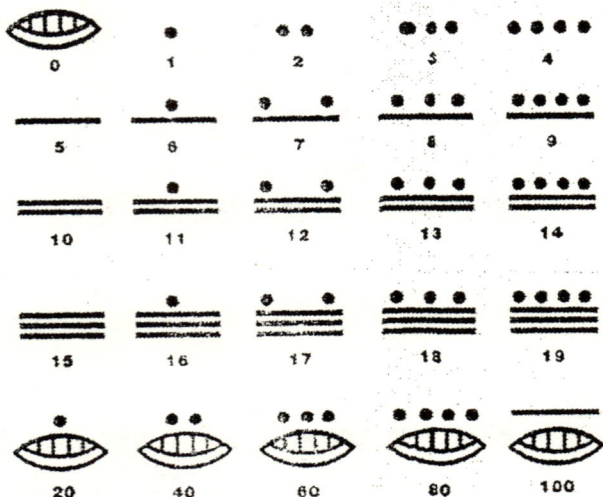

八卦之原型——玛雅人的计数符号

（0，·一，··二，—五）

《系辞》："爻也者，效天下之动者也。" 384 是古年历法。360 是整年日数，这种历数与古玛雅历法相似，为十月太阳历（1 个月 36 日，10 个月共计 360 日）。余 24 爻，或为闰，即殷甲骨文历法中之"十三月"。

古人云："上古结绳记事，后世圣人易之以书契。"可知最早记事的"史"是系于绳上。又参证以古文字：

学：学习结绳（爻者，绕也，绞也）。教：教"子"结绳。

所以《易经》正是系在结绳上的史事。

结绳记数，系辞记事，学即学习结绳，教即教授结绳。

结绳记事之终束法：即冬，即终，即穷，即尽（结）。

《史记·太史公自序》："《易》著天地阴阳四时五行，故长于变。"

八

我们知道，《易经》的形成在传说中经历了四个阶段：

（一）伏羲/黄帝，太古历法天文八时（八节）计时及记事的时代。此即传说中的伏羲时代，结绳记事而作八索、八卦（经），这是起源。这种八索记事的方法，又经历了"后世圣人易之以书契"，也就是说将八索上的绳结符号转变为书面符号，刻之于竹简或木简。这种刻符，是二元编码，即阳符为"—"，阴符为"∧"。

（二）周文王时代，文王因于羑里，以八卦为记日记之工具。很可能正是文王为记时日事及大事的需要，而将八卦重叠为64卦，每卦6爻，共384爻。

$64 \times 6 = 384$。$384 = 360 + 24$（其中360，一年日数。$24=4 \times 6$，四季及二十四节气数）

《史记·高祖本纪》正义引古微书《合试图》："水火土金木各居一方，一岁三百六十日，四方分之，各得九十日。土居中央并索四方各十八日，俱成七十二日。"（此360日历法之遗迹，并见《管子》之书）

爻数与历法数密合无间。一爻，一策，"策以记日"。当与二十四节气（《夏小正》）同时代也。故384爻的出现，应设定于夏历二十四节气发明之后。

易之六十四卦，384爻，其中360为年日数，24为闰数（闰月数），这一巧合并非偶然。

一爻即一策，"策以记日"。在上古原以分乘作为计日记之方法，一爻为一日并记其大事，占验以卜之。每日一占，后面记事以验之，这应是爻辞最初的起源。一爻为一日，并记其大事，占卜而预测。每日一卜，卜后则记其事以验之。记事即"史"["史"又为颁布月令（历）之吏]。这也就是各卦爻辞的起源。

（三）周公重新编录卦爻辞，并引进结合周初史事，以传教成王，使之学习历算，同时不忘历史。故《易经》中爻辞之来源盖有三类：

①古歌谣。

②结绳记事所系之辞，即为占验而作的记事（类如甲骨卜辞记事）。辞系之于绳，以证验占验结果（洛书、历书、古史）。

六十四卦圆图之原型：玛雅阿斯德加人太阳历石

历石用火山岩雕成。中心为太阳神，四角星为四维。四维内有四季太阳神名（与中央太阳神合为"五帝"）。周边所刻为太阳周巡之历法符号

历石 1790 年出土，现藏墨西哥人类学博物馆，距今一千年

③圣人加以重新编纂。重新编纂者，一为周文王，二为孔子。

（四）系辞，亦即竹简之起源。

记事于竹木简片，一结一辞（一记事）。一结即一束，多束为一串绳结，称一系册，即一编，结即记。

九

《周易》爻辞，即谣辞，皆是隐语。

沈括《梦溪笔谈》记："古之卜者，皆有繇辞。《周礼》：'三兆，其颂

皆千有二百。'如：'凤凰于飞，和鸣锵锵。间于两社，为公室辅。''……一熏一莸，十年尚有臭。''如鱼窥尾，横流而方羊。裔焉，大国灭之，将亡……''大横庚庚，余为天王，夏启以光'之类是也。今此书亡矣。"（象数一）

易之爻辞，即谶辞也（摇签）。谣者，寓也。贞者，谶也，占也。二者皆为隐语、谜语。"甲骨"为史，"周易"为谶。汉代之纬书亦皆此类，即寓言。谶书即预言。

筮辞起源于记事。古人认识到天道周期，认为人事当顺应天道之周期，记事成败系于日历，有事则考日历，而验其吉凶。日积月累，抽象之即"日书"及"月历"。在《礼记》则名曰"月令"。郑玄："名曰月令者，以其记十二月政（贞/正）之所行也。"（《礼记·月令》注）

卦辞、爻辞是周史官长期占辞的积薪式的记录。一卦或一爻中辞义每不连属，叙述毫无通例。历时甚久，颇有断烂，故文字不免讹夺错误。

古代有卜筮资料存档制度。《周礼·春官》："凡卜筮，既事，则系币以比其命。岁终，则计其占之中否。"《系辞》说《易》有"藏往知来"、"彰往察来"的功用。可见古人十分珍视筮辞——鬼神给人们的指示，每次占筮所得的筮辞，都由卜官谨慎地存档，每年年终还要把全年积累的筮辞整理一次，统计其应验情况，作为"察来"的参考。这种制度与商人对待卜甲卜骨的态度是一致的。时间越久，筮辞档案积累越多，人们为了参考方便，对之加以挑选编排，便形成《周易》的筮辞。这就是《周易》爻辞的形成途径。传说古有"三易"，《周易》之外还有《归藏》、《连山》，也都可能是这样形成的。《归藏》之称明显地表示其内容为所藏龟甲卜辞。

古代贵族进行卜筮，一般都留下记录以备考察。龟卜和骨卜的记录可以直接写刻在占卜用的龟甲和兽骨上（商周时代的"甲骨文"，绝大部分就是占卜记录），也可以另写在竹帛上。筮所用的工具应当是竹策，后来简化为蓍草等，但蓍草不适于书写，筮占的记录应该都是另写在竹帛上的。

《周礼·春官·占人》："凡卜筮，既事，则系币以比其命。岁终，则计其占之中否。"汉儒杜子春认为"系币"是用帛记上占卜结果"系之于龟"，郑玄则认为"币"指礼神之币，"命龟之事"和兆的吉凶是另记在简册上而和币合藏的。《尚书·金縢》记周公为武王疾病祷告先王，愿以身代武王，并为此进行了占卜。占卜后，"公归，乃纳册于金縢之匮中"。郑氏认为周公所纳的册就是"命龟书"（龟书即《易经》）。

十

从湖北望山1号墓简文所记的占卜工具如"宝豪"、"小筹"等来看，似乎当时主要是用筮或与筮相类似的方法来占卜的。龟卜大概使用得不很多，只是有时在筮过以后再用"黄灵"重复占卜一次。郑玄注《周礼》只提到龟卜有册。贾公彦《周礼》疏补充说："即筮，亦有命筮之辞及卦……不言可知。"这是正确的。望山1号墓竹简主要就是记录命筮之辞和卦的吉凶的。

这批竹简包含多次占卜的记录，可惜由于竹简残碎，没有一次占卜的记录是完整的。但通过残简的缀合以及对相关简文的参互比较，占卜之辞的格式大致还可以看出来。通常最先记录筮问的日期，如"郙客囷刍问王于裁郢之岁，刑尸之月，癸未之日"。不过并不是每次筮问都记年。例如简首完整的2号、9号简就不记岁名而只记月日。日期之后照例记某人以某种占卜工具"为××贞"。"贞"字以下是记所问事项之辞，即所谓命辞。以关于疾病的命辞为例，通常先举出病情，然后用"尚毋死"，"尚毋以其故有大咎"一类话结束。命辞之后是根据筮的结果判断吉凶之辞，可以称为占辞。占辞通常先说"占之吉"或"占之恒贞吉"，接着就讲"吉"的具体内容，如"不死"、"无大咎"等。绝大多数占辞还指出墓主仍然有祸祟，应该采取哪些措施加以襄除。

简文中有不少关于祭祀鬼神之辞，多数显然属于占辞，意思是说为了解除祸祟该用什么方法来祭祀哪些鬼神，或是说如果祸祟得以解除，应该如何答谢鬼神。但是其中也许有一些是祭祀鬼神的记录。

跟命辞紧接的以"占之吉"或"占之恒贞吉"开头的占辞，都不记占人之名。大概做出这种占辞的人就是问卦的人自己。有些占辞之后，又出现"某某占之曰吉"的话，这种占辞大概是由另一个人做出的。也有可能"某某占之曰吉"是"某某习之黄灵（或其他占卜工具）占之曰吉"的省文。

从现存竹简中的筮占日期看，这批简文似乎记录于分属两年的三个月份之中，即客问王之岁的刑尸之月（夏历正月）和爨月（夏历八月）以及齐客问王之岁的献马之月（夏历九月）。这两年估计是相次的。

根据贞问之事的内容，这批卜筮记录的内容大体上可以分为三类。

一类问走趋事王、大夫能否"得事"；另一类问"出入侍王"之事；还有一类问疾病的吉凶，这一类简文数量最多。

注释 ☰

①八索：《尚书序》："八卦之说，谓之八索。"《左传》昭公十二年云：楚左史倚相能读"三坟，五典，八索，九丘（九州）"，皆谓上古之遗书也。

②蒋善国：《中国文字之原始及其构造》，武汉古籍书店1987年版。

③结：音转读为绞。绞，交也，即爻。

论阴阳

阴阳之概念，本始于日与夜之交替循环。阴者，隐也，暗也，晦也，夜也。阳者，明也，日也。日夜交运而浑然一体，是为人类最早可直观之时间观念也。进而推广及于寒（阴）、暑（阳）、阴、雨、晴、旱之季节交替及历法推演。

《后汉书·律历志·历法》云：

昔者圣人之作历也，观璇玑（指北斗）之运，三光（日、月、星）之行，道之发敛，景之长短，斗纲所建，青龙所躔，参伍以变，错综其数，而制术焉。

天之动也，一昼一夜而运过周，星从天而西，日违天而东。日之所行与运周，在天成度，在历成日。居以列宿，终于四七，受以甲乙，终于六旬。日月相推，日舒月速，当其同所，谓之"合朔"。舒先速后，近一远三，谓之"弦"。相与为衡，分天之中，谓之"望"。以速及舒，光尽体伏，谓之"晦"。晦朔合离，斗建移辰，谓之"月"。

日月之行，则有冬有夏；冬夏之间，则有春有秋。是故日行北陆谓之冬，西陆谓之春，南陆谓之夏，东陆谓之秋。日道发南，去极弥远，其景弥长，远长乃极，冬乃至焉。日道敛北，去极弥近，其景弥短，近短乃极，夏乃至焉。二至之中，道齐景正，春秋分焉。

日周于天，一寒一暑，四时备成，万物毕改，摄提迁次，青龙移辰，谓之岁。岁首至也，月首朔也。至朔同日谓之章，同在日首谓之蔀，蔀终六旬谓之纪，岁朔又复谓之元。是故日以实之，月以闰之，时以分之，岁以周之，章以明之，蔀以部之，纪以记之，元以原之。然后虽有变化万殊，赢朒（nǜ 亏缺）无方，莫不结系于此而禀正焉。

极建其中，道营于外，璇衡追日，以察发敛，光道生焉……日有光道^①，月有九行，九行出入而交生焉……日、月、五纬各有终原，而七元生焉……故阴阳有分，寒暑有节，天地贞观，日月贞明……

论曰：《易》有太极，是生两仪。两仪之分尚矣，乃有皇牺。皇牺之有天下也，未有书计。历载弥久，暨于黄帝，班示文章，重黎记注，象应著名，始终相验，准度追元，乃立历数……

此段记述极其重要，实际已说明了关于阴阳及易学起源所根据的天文模型。

键、建、乾，即建星（《山海经》中称为"建木"即建牡），乃是北斗星之古名。按北斗七星之图案，恰相似于一巨大之男性牡器，故古人名之为"大键"、"大极"（即"太极"）。古人认为，天体似车轮，以斗为轴运行不息。

《周髀算经》："度元之始，日月仅起于建星。"注："建六星在斗上也，日月起建星，谓十一月星。冬至日也，为历者度前。牵牛前五度，则建星其近也。"《国语·周语》："我姬氏出自天鼋……有建星及牵牛焉。"天鼋者，天元，即天宇也。束皙《文选·崇丘诗》："恢恢大圆，茫茫九壤。"吕向注："大圆，天也。"天为大圆，即大元，又称泰元。

指极星称斗，是因为其形又像古马车之车斗（坐厢）。斗七星与东方天龙七宿的组合，古人认为是天马与天车，此天车乃上帝之车。《史记·天官书》所谓"斗携龙角"，"斗为帝车"。在中国上古天文学中认为北斗是上帝（太阳神）所乘坐的神车——"斗为帝车"。大建（斗）及龙星的运动与旋转，决定了太阳的位置及季节的转换。象辞："大哉乾元……大明终始，六位时（是）成，时（日）乘六龙以御天。"即指此。"大明"指太阳。在建星（北斗）主宰的半年中，气候以干旱为主（上古中原气候，以每年十一月、十二月、一月、二月、三月，四月的半年为少雨之旱季）[2]。

坤字晚出。汉碑《易经》尚无坤字。坤字汉石经书作巛，即古川字。

《说卦》："坤，顺也。"顺古音从川。故川与顺可相假，坤字古音读如川[3]。

汉碑坤字或体作圳或作甽，圳即田原土地也。川（甽、圳）有原野之义，故古地名多有称川者，如渭河平原古称八百里秦川。坤古音读川，故坤、川二字可相通假，并皆有土地之义。

川字初义为大水，《白虎通·五行》云："水，太阴也。"川、渊、洋、汉、泉，古字通。上古宇宙观认为大地浮于大瀛（洋）海中，地、水本为一体。故坤之卦，为川，为水。《广雅·释名》："川，顺也。"顺即坤之古音，音转为肾、屎（古音读水），皆女阴之古称。又转为"也"，《说文》："女阴之名。"也加土即地字，故坤有土地之义（中原气候，五月、六月、七月、八月、九月、十月为雨季半年）。

《周易集解纂疏》："寻乾贞于十一月子，故为寒。坤贞于六月未，故为暑。一朝谓《乾》初，息三成《泰》。一夕谓《坤》初，消三成《否》。一阳始子，历六阳时而成《乾》，一阴始未，历六阴时而成《坤》。"

建本为牡器（雄性性器）之名。《礼记·月令》："〔孟冬之月〕修键、闭。"郑玄注："键，牡。闭，牝也。"牡即雄性阳具，牝即雌性阴具。今俗称男阴为"鸡"，女阴为"屄"，与古语音仍相近。键，通行本作乾。健通建，建异体作极，建极音通，古文可相假。

乾亦有牡器之意义。《系辞》："乾道成男，坤道成女。""夫乾，其静也团（专），其动也直。是以大（达）生焉。夫坤，其静也翕，其动也辟。是以广生焉。""乾，阳物也。坤，阴物也。"这些古训，意义极其明白，乾、健本义是男性牡器（又称阳具或阳物），而坤即女性生殖器。所谓坤宫即子宫也。子宫主收藏亦孕产育。由此可知，乾阳之象征符号"—"及坤阴之象征符号"∧"，初始意义，均确为模拟男性及女性生殖器的象征性符号[4]。

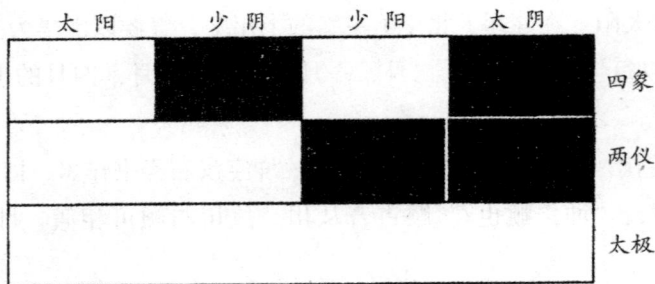

太极两仪生四象图

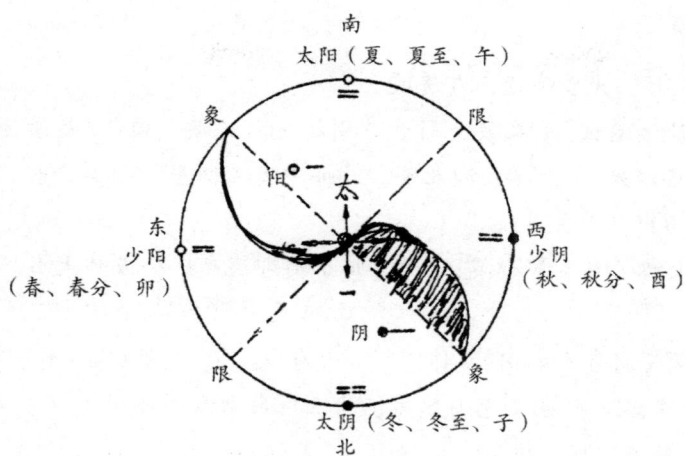

老少阴阳四象图

上图是太极两仪生四象图，下图进一步将老少阴阳与季节、方位的关系示出

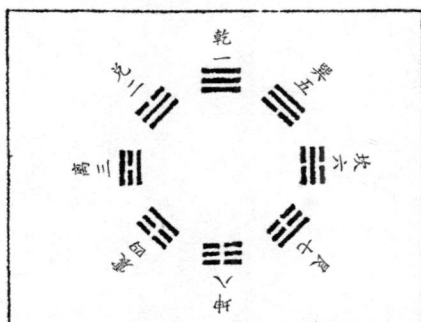

伏羲八卦方位

中国古法上面是南方，下面是北方，左边东方，右边西方。伏羲八卦也称先天八卦

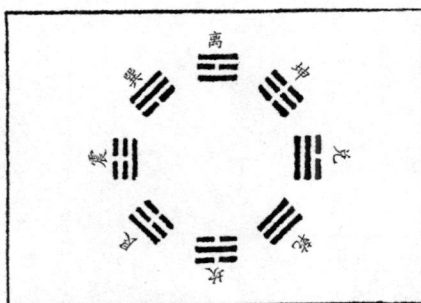

文王八卦方位

文王八卦也称后天八卦，其方位排列亦为上南下北，左东右西

注释 ☰☲

①光道：何按：光黄字通，即黄道。

②沈括《梦溪笔谈》（象数）引古"周礼"之"颂"曰："大横庚庚，余为天王，夏启以光。"大横，即北斗。北斗中有玉衡星，即玉皇也。《尧典》："在旋机玉衡，以主七政。"

③《诗·大雅·皇矣》郑笺："串（川）夷即混夷……或作犬夷。"可证。

④阜阳汉简《周易》卦画阴爻作"八"。大有作："☰"，林（临）作"䷒"。阳，"一"也。阴，"八"也（包山楚简、马王堆帛书卦画亦同）。一，男阳也，即"乾"（读奸、建、极）。八，女阴也。

《易经》帛书本及传世本序目对勘

帛书本卦序		传世本卦序		传世本卦序		帛书本卦序	
1	键	1	乾	1	乾	键	1
2	妇	12	否	2	坤	川	33
3	掾	33	遯	3	屯	屯	23
4	礼	10	履	4	蒙	蒙	13
5	讼	6	讼	5	需	襦	18
6	同人	13	同人	6	讼	讼	5
7	无孟	25	无妄	7	师	师	37
8	狗	44	姤	8	比	比	19
9	根	52	艮	9	小畜	少薮	58
10	泰蓄	26	大畜	10	履	礼	4
11	剥	23	剥	11	泰	奈	34
12	损	41	损	12	否	妇	2
13	蒙	4	蒙	13	同人	同人	6
14	繁	22	贲	14	大有	大有	50
15	颐	27	颐	15	谦	嗛	35
16	箇	18	蛊	16	豫	馀	27
17	习赣	29	习坎	17	随	隋	47
18	襦	5	需	18	蛊	箇	16
19	比	8	比	19	临	林	36
20	蹇	39	蹇	20	观	观	59
21	节	60	节	21	噬嗑	筮盍	55
22	既济	63	既济	22	贲	繁	14
23	屯	3	屯	23	剥	剥	11
24	井	48	井	24	复	复	39
25	辰	51	震	25	无妄	无孟	7

帛书本卦序		传世本卦序		传世本卦序		帛书本卦序	
26	泰壮	34	大壮	26	大畜	泰畜	7
27	馀	16	豫	27	颐	颐	15
28	少过	62	小过	28	大过	泰过	48
29	归妹	54	归妹	29	习坎	习赣	17
30	解	40	解	30	离	罗	49
31	丰	55	丰	31	咸	饮	44
32	恒	32	恒	32	恒	恒	32
33	川	2	坤	33	遯	掾	3
34	泰	11	泰	34	大壮	泰壮	26
35	嗛	15	谦	35	晋	潽	51
36	林	19	临	36	明夷	明夷	38
37	师	7	师	37	家人	家人	63
38	明夷	36	明夷	38	睽	乖	53
39	复	24	复	39	蹇	蹇	20
40	登	46	升	40	解	解	30
41	夺	58	兑	41	损	损	12
42	夬	43	夬	42	益	益	64
43	卒	45	萃	43	夬	夬	42
44	钦	31	咸	44	姤	狗	8
45	困	47	困	45	萃	卒	43
46	勒	49	革	46	升	登	40
47	隋	17	随	47	困	困	45
48	泰过	28	大过	48	井	井	24
49	罗	30	离	49	革	勒	46
50	大有	14	大有	50	鼎	鼎	56
51	潽	35	晋	51	震	辰	25
52	旅	56	旅	52	艮	根	9
53	乖	38	睽	53	渐	渐	60
54	未济	64	未济	54	归妹	归妹	29
55	筮盍	21	噬嗑	55	丰	丰	31
56	鼎	50	鼎	56	旅	旅	52
57	算	57	巽	57	巽	算	57

帛书本卦序		传世本卦序		传世本卦序		帛书本卦序	
58	少藝	9	小畜	58	兑	夺	41
59	观	20	观	59	涣	涣	62
60	渐	53	渐	60	节	节	21
61	中复	61	中孚	61	中孚	中复	61
62	涣	59	涣	62	小过	少过	28
63	家人	37	家人	63	既济	既济	22
64	益	42	益	64	未济	未济	54

《易经》卦名对照

（传世本、帛书本、归藏本、竹简本、帛书《系辞》、汉石经）

传世本	帛书本	归藏本	阜阳竹简本	帛书《系辞》	汉石经残字
1 乾	键	乾	～	键	乾
2 坤	川	鲧	川	川	川
3 屯	屯	屯	肫	肫	屯
4 蒙	（蒙）	蒙	～	～	蒙
5 需	襦	溽	～	嬬	～
6 讼	讼	讼	～	容	讼
7 师	（师）	师	帀	师	师
8 比	比	比	比	比	比
9 小畜	少蓺	小毒畜	～	小蓄	～
10 履	礼	履	履	履	履
11 泰	□	泰	～	～	泰
12 否	妇	否	～	妇	否
13 同人	同人	同人	同人	～	～
14 大有	大有	大有	大有	大有	大有
15 谦	嗛	兼	～	嗛、溓	履
16 豫	馀	分	豫	余	豫
17 随	隋	徒	隋	隋	～
18 蛊	箇	蜀	～	～	～蛊
19 临	林	林祸	林	林	～
20 观	观	观	观	观	观
21 噬嗑	筮（盍）	噬嗑	筮闸	筮闸、筮盍	噬□

传世本	帛书本	归藏本	阜阳竹简本	帛书《系辞》	汉石经残字
22 贲（傅氏作斑）	蘩	荧惑（火星）	贲	～	贲
23 剥	剥	仆	僕	剥	剥
24 复	复	复	复	复	复
25 无妄	无孟	母亡	无亡	无孟	～
26 大畜	泰畜	大毒畜	～	大畜	～
27 颐	颐	颐	颐	～	颐
28 大过	泰过	大过	大过	大过	～
29 习坎	（习）赣	荦	～	～	欿
30 离	罗	离	离	罗	离
31 咸	钦	钦	～	～	～
32 恒	恒	恒	恒	恒	恒
33 遁	掾	彖	椽	～	～
34 大壮	泰壮	耆老	泰壮	大庄、大床、□壮	泰壮
35 晋	溍	晋	～	～	
36 明夷	明夷	明尸	明□	明夷	～
37 家人	家人	散家人	～	家人	家□
38 睽	乖	瞿	～		睽
39 蹇	蹇	蹇	蹇	～	
40 解	解	荔	～	～	解
41 损	损	损	损	损	损
42 益	益	諴	～	益	益
43 夬	夬	规	～	～	决
44 姤	（狗）	夜	～	均、句	～
45 萃	卒	萃	～	～	萃
46 升	登	称	登	登	升
47 困	困	困	～	～	困
48 井	井	井	井	井	井

传世本	帛书本	归藏本	阜阳竹简本	帛书《系辞》	汉石经残字
49 革	勒	革	～	～	革
50 鼎	[鼎]	鼎	鼎	～	鼎
51 震	辰	厘	～	～	震
52 艮	根	狠	艮	根	艮
53 渐	渐	渐	～	～	渐
54 归妹	归妹	归妹	～	归妹	归昧
55 丰	丰	丰	～	～	豊
56 旅	旅	旅	旅	～	旅
57 巽	筭	巽	～	～	巽
58 兑	夺	兑	～	说	兑
59 涣	涣	奂	～	奂	～
60 节	节	节	节	～	节
61 中孚	中复	大明	～	～	节
62 小过	少过	小过	～	少过	小过
63 既济	既济	岑	～	既齎	～
64 未济	未济	未济	～	未齎	～

　　历代治《易》之家甚多，研究《易》的著述更是不胜枚举。1973 年，长沙马王堆汉墓出土写于汉初的帛书《易》，不久安徽阜阳双古堆出土汉竹简《易》(计有残片 700 多个)。可惜文物不完整。最长的几片约在 15 厘米左右，写有 20 字。据推测，原简可能长约 26 厘米，现第 135 号简残存一简头，上编绳之上有 15 厘米的空白；第 134 号简残存一简尾，下编绳之下有 15 厘米的空白。第 48 号简、143 号简等有的字与字之间有较大的空间，有编绳残痕，可知原简册大概有上、中、下三道编绳，而且是先将白简编联成册然后才抄写的。书写时，易卦的卦画写在简头的位置，残存的卦画有：大有、林(临)、贲。卦名写在上编绳之下，接着再写卦辞和爻辞。每一条卦辞和爻辞之后，都有附属的卜事之辞，这种卜事之辞，多以"卜"字起头，但也有一些不用"卜"字起头。一条卦辞或卜辞连同所属的卜事之辞写完后，用一个圆点隔断。帛书及竹书《易》本文中未见

《十翼》的内容。

又，其卦画阴爻作"八"，马王堆帛书阴爻作"ハ"，皆与通行本不同。

由于残破严重，竹书《易》已不可属读，64卦排列次序不得而知；但从残文中仍能看出竹书《易》同其他各种本子的《易》在卦名、卦辞、爻辞等许多地方都有所不同。以上试将几种本子的卦名作一比较。我们用通行的唐石经本64卦顺序排次，帛书《易》的卦名有些是利用卦辞、爻辞里的字补出的。

摘自胡平生《阜阳汉简周易概述》，笔者做了增补

《易经》之训诂

一

本书解读《易经》经文的方法，是根据训诂学的方法。训诂学之本源，是汉语语言及语义的考古学。这门学术的目的，是寻求书面文字记载的语言辞源和语源，即由文字及语音层面而深入探求语言词义及语源。

中国古代文字语言的研究，有三个系统：

一是许慎《说文解字》所代表的系统，主要根据字形去解说字义，这是形象文字的系统（形义学，近世以罗振玉、王国维、郭沫若说字之学为著）；

二是《尔雅》①所代表的系统，采取以同义、近义词归类的方法，此乃汉语语义学的系统（此为孔子所开创。《尔雅》，孔子释讲上古经典之语义辞典也）；

三是刘熙《释名》所代表的从语音追溯语源及语义的系统（为明清考据学派及近世章太炎、黄侃、陆宗达之学所承授）。

三个系统，代表三种方法。本书兼而用之，但以声义与语义归类方法为主。

汉字之所以称"字"，许慎说："字"者，"乳"也，孳乳而浸多。而孳乳的纽带是语音。清儒曾概括汉儒郑玄的语言训诂学方法而指出：

> 古书传世，初凭口授，后始著之竹帛。传闻异辞，移写异体，故文字多不一致。郑玄尝论其事：其始书之也，仓卒无其字，或以音类比方假借为之，趋于近之而已。受之者非一邦之人，人用其乡言，同音异字，同字异言，于兹遂生矣。"

清代史学家、经学家邵晋涵亦指出：

声音宣而文字著焉。字日孳而声亦渐转，得其声始，则屡转而不离其宗。由是审音以定义，昭晰于制字之原，则互训反训，展转相训，亦屡变而不离其旨。

我们看《易经》帛书与传世本，在文字上歧异甚多，而语义则多音近相假，可知先儒之说确为深刻之论！

一种世俗流行说法，认为汉字是象形文字。此说始倡于19世纪西方汉学家，此辈不懂中华文化，故生此浅妄之说。20世纪初的一些中国学者亦信从之。此谬说流传多年，积非成是。但实际上，商周以下，汉字早已脱离象形文字阶段。

大约从商代开始，假借字（别字）已在汉字使用实践中居主导地位。"据统计，甲骨卜辞中的假借字约占70%，周金文的情况也差不多。"②

汉字不同于西方的拼音字，亦不同于埃及的象形字。汉字是独特的形音义综合文字，而以音义为主，综合为一个表达能力极强、信息容量极其丰富的符号系统。汉字既不是拼音文字，亦不是象形文字，而是综合象形、拼音文字的优点的一种信息量最丰富、应用上亦最方便，属于第三类的文字体系。

二

自孔子以下，《易经》的经文，可以说从来未被真正读通读懂过，因此而引来浩如烟海的注释。但基本上属于盲人摸象，各以一肢一爪片面臆测为说。

清代汉学大昌，主要成就在训诂学，但唯独易学，成就甚少。

乾卦卦辞"元亨利贞"四字，数千年来说者穿凿难通。其实，"元亨"读为"元享"，元、大，古字通用，"元享"即"大享"，即大献享。利贞，即利征，利于征行。贞、正、征之通用，可参泰、否二卦：

拔茅茹以其汇，征吉。（泰初九）
拔茅茹以其汇，贞吉。（否初六）

知道"贞"可训为"征"，则坤卦卦辞"利牝马之贞"，即"利牝马之征"，即利于骑乘牝（母）马出行，豁然贯通。而此句两千年来多释"贞"为占卜，旧释"利于以母马为占卜"，或释为"正固"，谓"有利于母马的正固"，诸说皆殊为奇怪而不通。

贞字在《易》中多见，或借作"占"，或借作"征"，或读为"直"（引申为德、得），未可一律。唯旧之解《易》者往往不究本源，泥于字面文义而作穿凿附会之谈。浪解奇出，观之可笑。

又如贲卦，"贲其趾"，旧说或以"贲"为文饰，曰："文饰其脚丫，舍车而徒步。"殊不知贲乃奔之借字。《诗·鄘风·鹑之奔奔》，鲁齐两家《诗》，"奔奔"均为"贲贲"。"贲其趾"，即"奔其止"，亦即"奔走"之所止耳。

又如需卦，昔人不明"需"（帛书作襦）即"溽"（《归藏》）、"濡"之通假。"需于沙"即雨之"濡（润）于沙"。又不明"蒙"即濛之假借，困于蒙即困于雾濛。"击蒙"，即"启蒙"，雾散之意，因而种种妄异之说奇多。

此类妄说，在《说卦》中已出现，到魏晋之际遇玄学家王弼而更增形上之玄谈。盖《易经》来源太古，即使我们承认《易经》之爻辞是周公之所作，则到孔子时代，也已历经五百年以上。所以孔子时代已以读《易》为艰。孔子说："《尚书》多淹矣，周《易》未失也，且又古之遗言焉。"（帛书《易经》"要篇"）又说："假我数年，五十以学《易》，可以无大过矣。"

西汉学者刘歆尝谓扬雄言："今学者有禄利，然尚不能明'易'。"可见汉代人已昧于"易"之本义。而到王弼时代，《易经》则流传已近千年。其古义淹失，而经师门派不同，传述亦分歧，甚至明白畅达之义，也被一些曲解妄说导入迷途。

如师卦象辞："地中有水，师（湿）。""师"乃"湿"字之假，故云"地中有水，湿"。本来简单明白。而陆绩则曰："坎在坤内，故曰地中有水。师，众也。"坎本通沈也。沈者，水洼。地中有沈，故"湿"。读"师"为"众"，是根本讲不通的。陆氏乃三国时人，解象已失古义。何况后人之曲解乎？

几千年来，语言的变化，方言的混淆，重重误解的堆积，使得《易经》经文之真义扑朔迷离。阮元《周易正义校勘记序》曰：

《易》之为书最古，而文多异字。

盖《易经》之爻辞，本口耳相传，记录者记音不记字，故卦名及卦爻辞古文、今文、帛书各不同。若泥于表层文字之字义求解，必陷入无边之迷惘。

孙诒让《札迻序》谈古书之文字变迁云：

竹帛梨枣，钞刊屡易，则有三代文字之通假，有秦汉篆隶之变迁，有魏晋正草之混淆，有六朝唐人俗书之流失，有宋元明校椠之羼改。逾径百出，多歧亡羊。

王国维指出：

《诗》、《书》为人人诵习之书，然于六艺中最难读。以弟之愚暗，于《书》所不能解者殆十之五，于《诗》亦十之一二。此非独弟所不能解也，汉魏以来诸大师未尝不强为之说，然其说终不可通，以是知先儒亦不能解也。其难解之故有三：讹阙，一也。古语与今语不同，二也。古人颇用成语，其成语之意义，与其中单语分别之意义又不同，三也。

清人焦循著《周易用假借论》指出：

近者学《易》十许年，悟得比例引申之妙。乃知彼此相借，全为《易》辞而设，假此以就彼处之辞，亦假彼以就此处之辞……各随其文以相贯，而声近则以借而通。

杨树达论《尚书》云：

《尚书》文字博奥，读者每苦其难通，深求其故，实以通假字多，不易得其本字耳。苟得其字，未尝不明白易解也。

以上道理，应用于《易经》亦皆然耳。

<h2 style="text-align:center">三</h2>

古音、古语今已不传。今日之"雅言"、普通话（北京话），其语源乃

多受宋辽以来东胡语系语音之影响，绝非宋元以前之"雅言"也。汉唐以前汉语之古音古词久佚，今残存或仍存于晋陕方言及闽粤客家语中。明人陈第《毛诗古音考》通过古文献语言中之同音、近音字的书证，而寻绎古语音之流变，开近世汉语古音学之先河。

故训诂学——汉语语源考古学的重要原理是以声音，即以自然语言之古音作为寻绎文字语义的根本。其追溯语言流变之根据，主要在文献之古音之书证上。从而以声求义，以义理形，而不是以字形为根本，据字形而求意义。

钱大昕云：

古人训诂，寓于声音。字各有义，初无虚、实、动、静之分。好恶异义，起于葛洪《字苑》，汉以前无此分别也。（《十驾斋养新录》）

王引之云：

训诂之要，在声音不在文字。声之相同相近者，义每不甚相远。（《经义述闻》）

戴震指出：

疑于义者，以声求之。疑于声者，以义正之。

王念孙云：

凡叠韵之字，其意即存乎声，求诸其声即得，求诸其文则惑。

章太炎云：

治小学者，在于比次声音，推迹故训，以得语言之本。

洪亮吉《汉魏音序》：

古之训诂即声音。《易》说卦：乾，健也。坤，顺也。《论语》曰：政者，正也……展转相训，不离初音。汉儒音经，咸遵斯义。以迄刘熙《释名》、张揖《广雅》，魏晋以来《声类》、《字诂》诸作，靡不皆然。声音之理通，而六经之旨得矣。

邓廷桢说：

古双声叠韵之字，随物名之随事用之，泥于其形则龃龉不安，通乎其声则明辨以析。

说经者不求之于声，而泥于形以诂义，鲜有不迁曲者也。（《双砚斋笔记》）

以上诸前儒大师所论，皆乃训诂学的根本方法：循义辨音，以音统形；而古音则当以文献书语为证据。此乃是清代训诂语言学者勘读古籍的密钥，也是我们重新研治及释读《易经》的根本方法。

《帛书》64 卦及 8 纯卦多与传世本不同卦名，表明以往根据传世本表面字义对卦名的考释多不足信。盖卦名之义在声义，而不在文字外形，不可根据文字之形而泥之也。

注释

①《尔雅》一名，古无达诂。以余谬见，"尔"古音"泥"，粘连也。"雅"，义也。所谓"尔雅"，即一连串近、同义词的粘连、归类和互释。

②刘又辛：《通假概说》，巴蜀书社 1988 年版。

《易经》解说

1 乾（1键）

≡ 乾　（111/111 纯阳）❷ 元亨。利贞。

初九　潜龙，勿用。

九二　见龙在田，利见大人。

九三　君子终日乾乾，夕惕。若厉，无咎❸。

九四　或跃在渊，无咎。

九五　飞龙在天，利见大人。

上九　亢龙，有悔。

用九　见群龙，无首，吉。

潜龙	在田	刚健	跃渊	在天	天纲	见群龙
䷁	䷁	䷁	䷁	䷁	䷁	䷀
初九	九二	九三	九四	九五	上九	用九

译文 ≡

乾：大献享。利出行。

初爻阳：潜伏之龙，蛰藏莫动。

二爻阳：龙现身于田野，利于朝觐大人。

三爻阳：君子白天矫健，夜晚警惕。纵有危厉，无须畏惧。

四爻阳：可能腾跃于深渊，无忧。

五爻阳：飞龙升天，利于朝觐大人。

上爻阳：骄亢之龙，将有悔恨。

---

❶ 乾/键中左方卦名为传世本《易经》卦名，右方卦名为帛书本《易经》卦名。左方数字为传世本卦序，右方括号中数字为帛书本卦序。）

❷ 数码"1"表示阳爻"—"，"0"表示阴爻"‑‑"。左三位数表示上卦，右三位数表示下卦。下卦为内，为正（贞）卦。上卦为外，为反（悔）卦。

❸ 此句旧断句皆作"夕惕若，厉无咎"，谬。

通阳（阳将变阴）：群龙通现，不见其首领，吉祥。

解说 ☰☰

"乾"为卦名，帛书本卦卦名为"键"。从乾、坤到既济、未济，《周易》共有64卦。"☰"为卦象，由阳爻和阴爻组成。"—"为阳爻，"- -"为阴爻。"元亨。利贞"为卦辞，卦辞是说明该卦的文辞，也是全卦的断语。"初九：潜龙，勿用"到"用九：见群龙，无首吉"为爻辞，爻辞是说明爻义，《周易》64卦每卦有六爻，每爻都有爻辞。只有乾卦多出"用九：见群龙，无首，吉"和坤卦多出"用六：利永贞"。

帛书		通行本	
键：元亨。利贞。		乾：元亨①。利贞②。	
初九	浸龙，勿用。	初九③	潜龙，勿用④。
九二	见龙在田，利见大人。	九二	见龙在田⑤，利见大人。
九三	君子终日键键，夕沂。	九三	君子终日乾乾⑥，夕惕⑦。
	若厉，无咎。		若厉，无咎⑧。
九四	或跃在渊，无咎。	九四	或跃在渊⑨，无咎。
九五	翡龙在天，利见大人。	九五	飞龙在天⑩，利见大人。
尚九⑪	抗龙，有悔。	上九	亢龙⑫，有悔。
迥九⑬	见群龙无首，吉。	用九	见群龙无首，吉⑭。

帛书记作键，通行本记作乾。乾乃北极星之名。北极星古称"极星"。极、乾通。《周礼·考工记·匠人》："夜考诸极星，以正（定）朝夕。"极星又称北极、北辰、天枢。《吕氏春秋·有始览》又称天极。《史记·天官书》又称"璇玑"（旋机）。见《说苑·辨物》。上古极、斗合体。古斗亦称极，称大建。

《新唐书·天文志》："云汉自坤抵艮为地纪，夫北斗自乾携巽为天纲，其分野与帝车相直，皆五帝墟也。"北斗古称"斗建"，又称"建斗"，省称"建"。乾，中古音渠焉切，音近于坚、建。《说卦》："乾，健也。"健，坚也，寓强壮之义。《易纬乾凿度》："乾训健，壮健不息。"字又作键。乾、健、键三字，音近义通。李镜池说："乾，斡都指北斗星，北斗星是天的枢纽（何按：此说不确，北斗乃天纲，枢纽乃北极星），象征天体。"《广雅·释键》为"户牡"，即启闭门户的门闩。《系辞》："是故阖户谓之坤，辟户谓之乾。"即关门谓坤，开门为乾。何按：坤古音近关，乾古音近开，《系辞》之说乃音训也。

键，就是门键。键，亦为牡器（雄性性器）之名。《礼记·月令》："〔孟冬之月〕修键、闭。"郑玄注："键，牡。闭，牝也。"今俗称男阴为"鸡"，女阴为"屄"。键、鸡一音之转，与古语音仍相近。女子阴户古语称"脽"（脽即也。《说文》："也，女阴。"也、脽古音相通），脽、顺（坤）古音近相通（帛书《系辞》："易与天地顺"，通行本"顺"作"准"。准、脽古音通）。

《史记·天官书》："北斗七星，所谓旋玑玉衡，以齐七政。"齐，携也。七政，日、月、金、木、水、火、土，北斗携之而运转于天。故北斗乃天之大纲，天之纲维。纲，建也。建星又名旗星。建、纲古音通。古音极、梁亦通，故：建、纲、极、梁皆相通转。

天建即天极、天纲、天梁。我疑天纲、天梁本指银河，银河随四时旋转于天，而以北斗为其轴键。故北斗名"斗建"。乾卦主四时，象征时间。

帛书《二三子》："键，阳物也。川，阴物也。阴阳合德而刚柔有体。"

帛书《系辞》："键道成男，川道成女。"今本《系辞》："乾道成男，坤道成女。""夫乾，其静也专，其动也直，是以大生焉。夫坤，其静也翕，其动也辟，是以广生焉。""乾，阳物也。坤，阴物也。"这些古训，意义极其明白，皆谓乾、键本义是男性牡器（又称阳具或阳物），而坤即女性牝器。由此可知，乾阳之象征符号"—"，以及坤阴之象征符号"∧"，本义确实都是男性及女性生殖器的象形符号。

郭沫若最早指出，乾坤及"—"、"∧"阴阳符有生殖崇拜之意义。夏含夷释此则更详，其说略曰："《系辞》上第六章云：'夫乾，其静也专，其动也直，是以大生焉。夫坤，其静也翕，其动也辟，是以广生焉。'读此象，知其近取诸身，确为具体象征。乾为纯阳，于身上即阳物之象；坤为纯阴，于身上即阴户之象。阳物安静未激之前，其形乃弯曲，故曰'其静也专'（专，《经典释文》作'抟'，《说文》云'抟，圜也'。下文翕与辟相对，此句专与直亦必相对，可证专为弯曲之义）；激动欲交之时，其形乃直立，故曰'其动也直'。阴户安静未激之时，其外阴部乃翕合，故曰'其静也翕'，激动欲交之时，其外阴部乃辟开，故曰'其动也辟'。乾坤相交，大广生焉，亦即阳物阴户相接，万物生焉。'一阴一阳之谓道……百姓日用而不知'，非指此更有何宜乎!"其说甚确亦颇形象。键，通行本作乾。键、建通。建异体作犍。犍从乾音，一读若干，一读若奸（建）。

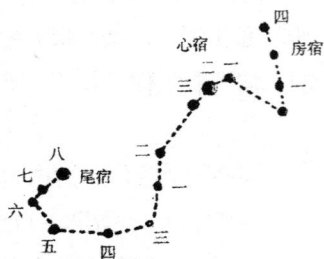

"苍龙"星座

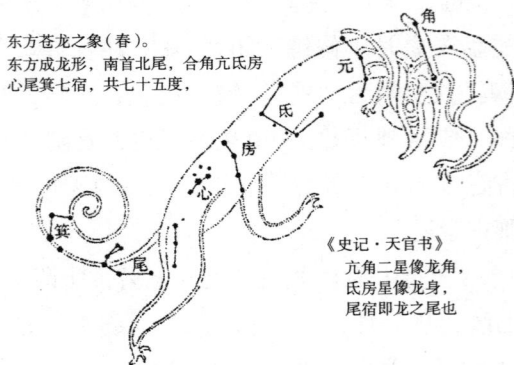

东方苍龙之象（春）。
东方成龙形，南首北尾，合角亢氏房心尾箕七宿，共七十五度，

《史记·天官书》
亢角二星像龙角，
氐房星像龙身，
尾宿即龙之尾也

东方苍龙

键、乾本义确为男性生殖器断无疑义。但何以古人认为键、乾是天体之象征呢？

何按：键、建、乾，即建星（《山海经》中称为"建木"，亦可读作"建牡"），乃是北斗星之古名。曾侯乙墓出土天文绘北斗书作聿，即建。北斗，又称威斗，威，岁也，斗即岁星、太岁、大岁、大戉、大越、大斧也。商甲骨文："酒（祭祀名）于岁。"此太岁只能是北斗❶。《汉书·王莽传》："威斗者，以五石铜为之，若北斗，长二尺五寸，欲以压胜众兵。"何按：北斗七星之图案，恰相似于一在天上之巨大男性牡器，故古人名之为"大键"、"大极"（或作"太极"）。古人已认识到，天体似车轮，以北极星为中轴而运行不息。虞翻："精刚自生，动行不休，故健也。"李道平纂疏："乾，健也，言天之体，以健为用，运行不息，应化无穷，故圣人则之。"又，蟾蜍有子名"蝌蚪"。蝌蚪即建斗之音转，盖建斗与蝌蚪形相似也。北斗又称招摇、大招（韶）。出土玉器中多神器作斧斤形，应即太岁之象征。

闻一多认为，乾卦中的龙，乃是指青龙宿即东宫苍龙之星。中国上古

---

❶ 陈遵妫：《中国天文学史》，上海人民出版社2006年版。

所谓的"龙"，本义乃鲸、鳄之神。大龙即大熊、大能。龙、能古字形近，能读以音，以、易、鳄音通。

北斗及青龙星宿，古称太岁。《淮南子·天文训》："天神之贵者，莫贵于青龙，或曰天一，或曰大阴。"《太平御览》引《尚书考灵耀》郑注："青龙，岁也。"《汉书·王莽传》："岁在寿星、仓龙。"服虔曰："仓龙，太岁。"太岁，即大戊，本为北斗之名。青龙，天驷也。《尔雅》："寿星，角、亢也。""天驷，房也，大辰。房，心尾也。大火谓之大辰。"夏至，太阳在南中"心"星位，故心名大火。《广雅》："乾，健也。健行不息也。"《说卦》："天行健。"此健，又当训疾也。

卦中多言的"大人"，旧说以为是君侯贵人，其说似过于表面。从天象言，大人似或指太阳。即龙星与太阳的交会。在建星（北斗）主宰的半年中，气候以干旱为主。

章太炎《八卦释名》："乾字从倝，异体作旰（读干），即旱。"闻一多说："乾为干（乾）湿之干（乾）的本字。"乾卦所主的半年，秋、冬为旱季。甲骨文表明，商以前历法为春秋两季之历法。殷历之十月至次年三月为春，雨季。四月至九月为秋，旱季。春之雨季，即坤（水），而秋之半年则为乾（旱）。

《易》中言大人者，乾之九二、九五，讼、师、否之六二、九五，蹇上六，升、困及巽卦等，凡13处（钱世明《易象通说》认为大人乃指妇女。其书中许多观点我不赞成，但此说则似可信）。大人即夫人，大、夫古字通。所谓利见大人，即利会夫人。或即《周礼》中所言"会合男女"也。

乾之本字，当为车轮之键轴，以音求之，键即轴也。

乾乃冬至，以乾为岁首，周（夏）历也；坤乃夏至，以坤为岁首，殷历也。帛书《易》以坤为首，属于商《易》系统。而传世《易》以乾为首，属于周《易》系统。又《易》中多见"七日来复"及"月几望"语，反映出周代四分月法之痕迹，商历有四象。二十八宿乃月历月相周期（28天），必起于周。周用太阴历（阴历）托名夏历也。"商代之夏至，即大火昏降南中。"（参看《尚书·尧典》）

《象辞》言"时"，日也。古时、日，音义相通。《附考》引异文作"明乘六龙以御天"，明，大明即时，皆谓太阳。

北斗之神即黄帝。黄帝名神斗（《汉书·郊祀志》颜师古注）。

乾坤就是宇宙，即时间与空间。乾为天，天极曰建，即乾。天极旋转而生四季，即时间。坤是大地，即空间。

陈久金说：

初九，潜龙——龙星在地平下。

九二，见龙在田——二月春分，龙角现于东方地平，"龙抬头"也。

九三，终日乾乾——龙形毕现。

九四，或跃在渊——渊，河汉也。飞龙横亘南北。

九五，飞龙在天——五月夏至，初昏时苍龙在正南"日永星火，以正仲夏"（《尧典》）。

上九/用九，群龙无首——《礼记·月令》："仲秋之月，日在角。"秋分初昏，日与角隐没于西，不可见。龙体无首。阳气已尽，将转为阴。

《尔雅》："析木谓之津。箕斗之间，汉津也。"《诗·小雅·大东》："维南有箕，不可以簸扬。维北有斗，不可以挹酒浆。"

《夏小正》的正月黄昏时，苍龙在东方地平线下。

陈久金说："乾卦即阳卦，在季节上相当春分至秋分的半年。秋分至春分之间，阴气盛，阳气藏，故乾卦勿用。东方苍龙七宿，在春分黄昏时，现于东方，随季节之推移，其方位逐步向西方移动，至秋分时，隐没于西方地平下。龙卦之一爻位对应一个时节。相当于正、二、三、四、五、六、七月。太阳所在之位与龙星相近，太阳即'帝'（旦）。而北斗之斗柄亦随之旋转。此即斗为帝车之意。"

其说录以备考。

代王刘恒入主汉宫为文帝。行前命龟卜，得卦："大横庚庚，余为天王。"大横，即大乾，北斗也。此辞不见于今本《易》，未知何来，或为《连山》。

乾卦主天，象征天体。北极在正北，此后天之说。建木在昆仑，昆仑在西北，故先天以乾为西北。

注释 ☰☰

①帛书元亯，今本作元亨。《说文》无亨字，有亯（言）。"亯，献也。"从高省，字像进熟物形。《尔雅·释诂》舍人注："献食物曰亯，亯即高。""小篆变为亨，又加火为烹，实一字也。"

朱熹说："元亨利贞，当初只是说大亨，利于正，不以分配四时。"高亨云："元，大也。亨即享字，祭也。"古有大享之祭。亨、享形近，古音义通。汉碑中亨字常写作享。元亨，异文作"元享"（徐芹庭《周易异文考》："汉碑元亨字皆作元享"）或作"长享"（孔庙碑）、"永享"（华山碑）。元亨、享、亨，均《易》中常见之断辞。此字意义非一，分析如下：

（1）元亨：长享，元善，大好。享，好也，亦即善（靳极苍：《周易卦辞详解》，山西古籍出版社2002年版）。

（2）享：饷也，馈也，献也。甲骨文有辞"庚寅……今秋其享"。"享，祀也。"（《国语·楚语》韦昭注）敬神之欢宴美食曰"享"，此其本义。《周礼·春官·大宗伯》："以肆献祼享先王，以馈食享先王。"《说文》："享，献也。象进熟物形。"《易·文言》："亨者，嘉之会也。"嘉，喜也，嘉会即今语喜宴也，喜宴称"享"。新出"易传"之《缪和篇》："亨者，嘉好之会。"盖喜嘉之盛会，曰元享、元亨。引申幸福喜乐，亦可曰"享"。

元，大也（《周易本义》）。故元享，即大享。元享、永享、大享即金文中之"大享年"，此乃古之吉祥成语。金文"吴王光鉴"："用享用孝，眉寿无疆。"用享，亦即"永享"语转。即"永享永孝，眉（长）寿无疆。"

何按：旧说多释"亨"义为"通"（《周易本义》），盖亨与行（háng）古音相通，假借而有通行之义，但此非本爻辞义也。

②贞，德，得也。利，割禾曰利。甲文中有一字，裘锡圭释为"刈"，谓"刈"的专用字，即利之初文。甲文卜辞中已有"吉"、"不吉"之语。即吉利、不吉利也。利贞，利德，得利，利有所得。利，割禾。文言："利者，义之和也。"即"刈之禾"也。朱骏声说："利，和也，如刈禾。顺而使之也。"

贞与正相通（《周易集解》）。正，征也（《经典释文》："正，亦作征"）。在《易》中，贞有九义：（1）德（直）；（2）得；（3）正（征，行）；（4）止，定；（5）占卜，贞、占一音之转；（6）贞通为兆，亦一音之转；（7）贞通正，《广雅·释诂》："正，君也。"（8）所谓"贞固"，是以贞假为坚也，义即坚固；（9）贞："置也，措置也。"（《周礼·大司寇》郑注）

征，远行，长行也。利贞，即利远行。贞、征二字通用，在《易》中有明文。泰初九："拔茅茹，以其汇，征吉。"否初六："拔茅茹，以其汇，贞吉。""征吉"又作"贞吉"，征通贞，此乃《易经》中之文例也。

旧注《易》者，多知“贞”之训“正”。却不知“正”亦得训“征”，甚且还可以训相反意义的“止”、“定”(坤卦)(“秦公簋”有字作鼎，即贞之本字。铭文：“鼎宅禹棗”，即“定宅禹迹”，鼎、贞即读为定)，以致数千年以来，乾坤二卦卦辞的真义，可以说基本上是不明的。

概言之，利贞有三义：(1)利征，(2)利定，(3)利占(卜)。高亨：“利贞犹言利占也。”[1]

③初九：初，指从卦之下位向上数之第一爻，其余类推。九：在《易经》中，凡阳爻均称作“九”，阴爻均称作“六”。九即阳之符号，六即阴之符号。“九”，古音与几、吉、居、鸡通，男阴称鸡，《书》作“雎”。“六”，古音读膫、陆以及门(卯)，六音又与“膫”字音通。今北方俗语，阴户犹或称“膫”或“膫子”，故“六”本亦女阴之称。

④潜龙勿用。浸(濬)，卷后逸书作侵，今本作潜。浸、侵、潜音近相通。崔憬曰：“潜，隐也。”(纂疏引)《尔雅·释文》：“潜，深也。”《吕氏春秋》高诱注：“浸渊，深渊也。”《说文》：“潜，藏也。”潜、浸音义通，均有深藏不现之义。用，古字作甬。甬，踊也，跃也，踊跃。金文吴王钟：“隹王正甬屯吉日”，甬通月，屯通春。勿用，即勿跃也。本卦说“龙”，均指龙星(说详见闻一多论。然明人徐体乾著《周易不我解》亦谓乾六龙为龙星，以坤为牛为牺牲。说见俞樾《九九消夏录》卷一)。“潜龙比喻人隐居不出，静止勿动。”(高亨)

天龙，龙星。《隋书·律历志》引王莽新铜铭文：“岁在大梁，龙集戊辰，戊辰直定天命有人。”汉以前，天象言龙，盖指龙星。用，踊也，跃也，踊跃，跃动也。勿用，即不宜跃动也。

“龙下隐地，潜德不彰。是以君子韬光待时，未成其行，故曰勿用。”(李道平)

⑤“见龙”之见，《释文》：“音贤通反。”读为现身之现，显现之现。王弼：“出潜离隐，故曰现龙。”见，现，显也。处于地上，故曰在田。田，甸，地位。大人，君长。师上六：“大君有命”，大人即人君。此卦以龙喻龙星，则大人亦为天神，即太阳也。龙，龙星。《说文》：“龙，春分而登天，秋分而潜渊。”潜龙，秋分之龙星。

---

[1]“贞”可通：占、直、值，又通徝、德、循、行、旋，辗转生义。

田：天田，星名，位于龙星左角。《汉书·郊祀志》张晏注："龙星左角曰天田，则农祥也。"天田即农神之星（社星）。

⑥键键：通行本作乾乾，旧说读为悁悁（闻一多说），"忧思貌也"（《一切经音义》）。《诗·陈风·泽陂》："寤寐无为，中心悁悁。"《周易集解》引干宝："故君子忧深思远，朝夕匪懈。"此旧说大略。

键键，语通作兢兢。《尔雅·释训》："兢兢，戒也。""战战，动也。"今语战战兢兢，源此。"中心悁悁"，今作拳拳，即团团，缩动之貌。悁悁，即今语抑郁，郁郁不乐，忧郁也。

"乾乾"亦读作"兢兢"。乾古音读若坚，与兢一音之转。兢兢，战战兢兢，畏惧之态也。"终日乾乾"即终日戒惧也。君子，指周武王。《诗·周颂·清庙之什·执竞》："执竞武王，无竞惟烈。"《诗·周颂》："我其夙夜，畏天之威"（《我将》）；"庶几夙夜，以永终誉"（《振鹭》）；"维予小子，夙夜敬止"（《闵予小子》）。战国以后说此卦，谓乾卦之本义强健，即"天行健，君子以自强不息。"是以健读为强健之健，健健音转即矫矫，雄健健，即雄矫矫，矫健之义也。故颜师古说："乾乾，自强之义。"（《汉书·王莽传》注）孔颖达疏："健健自强，勉力不有止息。"乾音转亦得为坚，坚亦强义。

健、矫，双声叠韵，其连绵词即矫健。矫，强也。"君子和而不流，强哉矫。"（《中庸》）"矫矫虎臣，在泮献馘。"（《诗·鲁颂·泮水》）矫矫、健健、坚坚，皆强健之义。此词又记作"赳赳"，所谓雄赳赳，即雄健健，"赳赳武夫，公侯干城。"（《诗·周南·兔罝》）《广雅·释训》："乾乾，健健也。"谓威武雄健之貌。概之，悁悁、健健、竞竞、敬敬、矫矫，皆同一词根之连绵语，兼有警策戒备忧虑自强之义。古以警惧为礼。所谓"戒之敬之，夙夜无违命"（《仪礼·士婚礼》）此言与此卦同义。又，《说卦》："天行健，君子以自强不息。"健，读为疾。《易纬·乾坤凿度》："乾训健，壮健不息，日行一度。"

⑦帛书作夕沂，今本作夕惕。《说文》所引与今本同。惕即警惕。惕音从易，古读易、畏音通。畏，卫也，警备也。郑玄："惕，惧也。"《说文》："惕，敬也。"惧而设卫，即警备、警惕。古以持敬惧之心为礼仪。故干宝云："君子忧深思远，朝夕匪懈。"高亨："《易》言君子者，计：乾九三，坤、屯六三，小畜上九，谦初六、九三，观初六、九五、上九，剥上九，

遁九四，大壮九三，明夷初九，解六五，夬九三，革上六，未济六五。言小人者，师上六，大有九三，否六二，观初六，剥上九，遁九四，大壮九三，解六五，革上六。君子，有爵位之贵族，小人，无爵位之劳人（力）。"

《仪礼·士虞礼》："夙与夜处，小心畏忌。""齐侯镈钟铭"：小心畏忌。"陈昉簠"：毕辈畏忌。畏忌即今语畏惧。

⑧若厉：旧注及断句皆误。"若，有也。"（《经传释词》）厉，厉鬼，即鬼蜮。《史记·范睢列传》中有"漆身为厉"，厉，鬼也。即黎人、黑人、黎母。又为疫厉。娄机《班马字类》："厉音濑，今字作癞。"字又作各，灾害。《公羊传》庄公二十年："大灾者何？大瘠（饥）也。大瘠者何？"广义之厉，则为灾害。

咎：此辞在《易》中多义，一训灾害，二训畏惧，三训忧虑（疚，病也），均通。《云梦睡虎地秦简·日书》有"诘咎，鬼害。民罔行，为民不祥"（872简）。诘咎，亦名穷奇。咎，鬼言通。《后汉书·礼仪志》："大傩逐役十二神……揽诸食咎。"跃，跳跃也。"言九九阳气渐进，似若龙体欲飞，犹疑惑也。"云无咎者以其迟疑进退，犹豫，迟疑。

⑨跃：帛书卷后逸书作沦，今本作跃。以沦为是。龙星沉沦也。渊：音转即瀛、洋，大海。

⑩今本作飞。帛书竹简中从非之字如蜚、翡等多见，与飞字音近相通。

⑪尚九：今本尚作上。《广雅》："尚，上也。"

⑫亢：异文作伉。《汉书·宣帝纪》颜师古注："强也。""亢，高昂也。"（《说文解字诂林》）亢，又读作强，又读作僵，闻一多读为直。《史记·天官书》："东宫苍龙……不欲直，直则天王失计。"龙星曲则吉，直则凶。故曰亢龙有悔。悔，晦也。"悔，恨也。"又通返、反。伉：骄伉，亢厉。《穀梁传》桓公十八年注："夫人骄伉不可言及。"《释文》："伉又作亢。"《淮南子·齐俗训》："傲世轻物，不污于俗，士之伉行也。"本爻寓有物极必反之义。老子云："强梁者不得其死。"强梁与亢龙义通，即化用此爻义。帛书《二三子》："孔子曰：为上而骄下，骄下而不殆者，未之有也。"

帛书"抗龙"，今本作亢龙，卷后佚书作"炕龙"。抗、炕并从亢声，即强龙、强梁。

"有悔"与"无悔"相对言。"无悔"一词见于商代金文"北子大母辛卣"。

悔：晦也，病也，今语有"倒霉"，语源于"得霉"、"晦气"。霉，病也。

⑬迵九：迵即通字，键（乾）、川（坤）两卦六爻皆九，或皆六，故称通九、通六。今本作"用九"。

用九：帛书本作"迵九"，即"通九"。用与通为同源字（于省吾说）。《庄子·齐物论》："用也者，通也。"通，变也。六阳皆变，故曰用九。黎翔凤说："九为男阴，孳乳为尻（居）。六即牝户，音转为豚（古读陆）。"

何按：黎氏此说今人多不以为然。然而确乎不可易。马王堆帛书《易之义》云："九也者，六肴（爻）之大也。为九之状，浮（俯）首兆（朝）下，蛇身倭曲，亓（其）为龙类也。"所谓俯首朝下，蛇身倭曲，如龙形类，正是男子阳具未竿之形。又云："易又（有）名曰川，雌道也。故曰牝马之贞。"

通九：即全部（通）是九。九为阳数代表，"通九"指本卦全卦为纯阳之卦。通九，即纯九。

⑭见群龙无首吉，可释为："见君龙元首，大吉。"又可释为："见尹（隐）龙无首，大吉。"无首：元首，圆，旋也。旋首，返归也，返于坤阴也。《春秋传》蔡墨曰："乾之坤曰：见群龙无（元）首，吉。""是六爻变则为坤，亦古义也"。

《左传》僖公五年："甲午晋侯围上阳，问于卜偃曰：吾其济乎？对曰：克之。公曰：何时？对曰：童谣云'丙之晨，龙尾伏辰。均服振振，取虢之旂'。"

龙尾（星）伏辰，即群龙无首象。又，群字从君，可读为尹，通隐。群龙句或可释为"隐龙，无首"。神龙见尾不见首之象，喻韬晦之道也。

吉：喜也。字像吐舌作喜。吉、古（苦）同源语。吉、古音通，犹如句、勾古音通。又鞠、躬，巨、工，皆为同音语分也。苦、甘皆有佳味之意。古字象吐舌，甘字如含物，吉字亦取吐舌之象。

2 坤（33 川）

坤 （000/000 纯阴）元亨。利牝马之贞。君子有攸往，先迷，后得。主利。西南得朋。东北丧朋。安贞，吉。

初六　履霜，坚冰至。

六二　直方，大。不习，无不利。

六三　含章，可贞。或从王事，无成有终。

六四　括囊，无咎无誉。

六五　黄裳，元吉。

上六　龙战于野，其血玄黄。

用六　利永贞。

履霜	直方	含章	括囊	黄裳	龙战	永贞
初六	六二	六三	六四	六五	上六	用六

译文

坤：大献享。利于骑乘母马出行（或：利于牝牡马交配）。君子如远行，先迷失，后到达。对主人有利。向西南方，顺风。向东北方，逆风。安居不出，吉祥。

初爻阴：已降霜，坚冰将随之而至。

二爻阴：巡游四方，通达。无危险，无不利。

三爻阴：韬藏光芒，可以出行。如追随王者做事，不能成功，但有结果。

四爻阴：束结行囊（杜门不出），无毁无誉。

五爻阴：光明上扬，大吉。

上爻阴：龙相斗于原野，流出乌黄之血。

通阴（阴将变阳）：利远征。

解说 ☷

帛书	通行本
川：元亨。利牝马之贞。君子有攸往，先迷，后得。主利。西南得朋。东北亡朋。安贞，吉。	坤：元亨。利牝马之贞①。君子有攸往②，先迷，后得③。主利。西南得朋④。东北丧朋。安贞，吉⑤。
初六　礼霜，坚冰至。	初六　履霜⑥，坚冰至。
六二　直方，大。不习，无不利。	六二　直方，大⑦。不习⑧，无不利。
六三　合章，可贞。或从王事，无成有终。	六三　含章⑨，可贞。或从王事，无成有终。
六四　括囊，无咎无誉。	六四　括囊⑩，无咎无誉⑪。
六五　黄常，元吉。	六五　黄裳⑫，元吉。
尚六　龙战于野，其血玄黄。	上六　龙战于野⑬，其血玄黄。
迥（用）六　利永贞。	用六　利永贞⑭。

乾乃天极、天纲，坤乃天水、天河。古水字形作巛，与坤形近。坤，古本作巛，读顺。《说卦》："坤，顺也。"《释名》："坤，顺也。上顺乾也。"顺、申一音之转。《玉篇》："巛，古坤字。"巛，帛书本记作㊣，其字像毛覆女阴之形。坤，巛，古川字，亦水字。巛字省体作⋀。《说文》："〈，水小流也。"读古泫切，今字作涓。《说文》："涓，小流也。"川即〈之汇流也。"丘陵为牡，溪谷为牝。"（《大戴礼记·易本命》）水性柔顺，故坤为水名。顺乃川之古音，与水一音之转。川乃星系名，即银河、天河。天河之水下行，是为雨及雨季。

坤，字音又通作"凷"（读 kuài），即块、土地、土块。李白"大块假我以文章"，注谓大块即大地。坤、凷、块乃一音之转。闻一多对此曾有详说：

按《西溪易说》引《归藏》坤作奭，《碧落碑》作叟，《焦氏笔乘》作奭……《说文》黄之古文作叟，其字金文作申，或作奭。叟即奭之讹……是《归藏》以下均以叟若贵为坤也。此最得造字之本源。寻叟本像双手捧物。凷形当即古块字。故其孳乳字，贾训盛土之器，《汉书·何武王嘉师丹传》赞注，训"黉障江河"。《周礼》注：黉又与出通。(《礼记·礼运》注、《明堂位》注)。而古曰富贵，本即受命有土之谓。坤从申，即史之初文。于声坤史(贵)对转，于字申史同源，是史、奊、奭、界等即古坤字无疑……坤从土从申，实即由之别构，故《晋语》四曰："坤，土也。"(《左传》庄公二十二年)古曰土，今曰地，故《说卦传》曰："坤为地。"《说文》由之重文作块，由、坤同字，则块、坤亦同字，故《乾凿度》曰："一块之物曰地。"《文选》张茂先《答何劭诗》注曰："大块谓地也。"坤之为地，犹块之为地耳。因知《象传》"坤厚载物"，犹《庄子·大宗师》篇"大块载我以形"也。《象传》"地势坤，君子以厚德载物"，言地势块然而厚大，故能载物也。若夫《系辞》下传曰："夫坤隤然示人简矣。"以隤释坤，例取声训，尤坤从申犹从史(贵)之佳证。《乾坤凿度》曰："太古变乾之后，次凿坤度，圣人法象，知元气隤委，固甲作捍捂，孕灵坤。"亦以隤释坤。虞翻训隤为安，则似仍读为块。《荀子·君道》篇"块然独坐，而天下从之如一体"，谓安然独坐也；《谷梁传》僖公五年："块然受诸侯之尊。"《疏》引徐邈曰"块然，安然也。"块字一作魁。《庄子·庚桑楚》篇"犹之魁然"；《释文》及《疏》并云"魁，安也"。要之，坤、史、由、块本系一字，或作史、奊、奭、界，皆史之小变……《说文》：坤从申酉之申，云"土位在申"，其字形已误，宜其说解亦谬也。

闻一多先生考释坤、块、地义通之语源，甚为精密，可谓发千古之覆。又，川、除一言之转，相通。"乾(建)坤(川)"即"建除"之转语。

清儒雷学淇云："水星虚宿，北方七宿皆水星之列星。虚是北宿之中星。"《传》曰："卫，颛顼之虚也，其星为大水。《尔雅》曰：颛顼之虚，虚也。"(《古经天象考》)故坤、巛亦为水星之代号。

虚、墟、须、史音通，须史为连绵词。川、坤古音通。《诗·大雅·皇矣》："串夷载路。"郑玄笺："串夷即昆夷，西戎国名。"串读为昆，即川之读坤。

乾卦象征时间，坤卦象征空间。坤卦主阴水，地在水上，故坤卦亦象征大地。

《越绝书》记勾践请教范蠡如何刷新政治、安定民生、富国强兵。范蠡要求勾践"节事者与地"，即效法大地，顺时养生，抚民保教，力图振兴，以待吴国可乘之隙。他说："惟地能包万物以为一，其事不失。生万物，容畜禽兽，然后受其名而兼其利。美恶皆成，以养其生。时不至，不可强生；事不究，不可强成。自若以处，以度天下，待其来者以正之，因时之所宜而定之。同男女之功，除民之害，以避天殃。田野开辟，府仓实，民众殷。无旷其众，以为乱梯。时将有反，事将有间，必有以知天地之恒制，乃可以有天下之成利。事无间，时无反，则抚民保教以须之。"

注释 ☰

①利牝马之贞：此句之释有歧义。其一，可读为利牝牡（马读为牡）之德。牝，母马。牡，雄马。指利配种马牝牡。其二，贞可读为正，读为征行之征，利于乘骑母马出行。

《周礼·春官·牧师》："中春通淫。"郑注："中春，阴阳交万物生之时，可以合马以牝牡也。"《礼记·月令·季春》："乃合累牛腾马游牝于牧。"

②攸：甲文作敆，从人从攵，像以手持棒打人形，乃打之本字，古音读若"迪"，与打亦音近相通。今读若悠，通遥，遥远。有攸往：攸，悠也，或读"逖"，长也。悠远，指遥远。

③迷：迷失，喻曲折。得借为达：抵达。先迷失，后抵达。即"先迷，后得"。

④主利：主顺利。朋，旧注解读为朋伴，不确。朋，风也。《说文》："凤，古文朋。"凤、风古字通用。得风，即顺风，失风，即逆风。得风有助，失风无助，兼有得朋，得盟友之义。中国大陆气候受季风影响甚巨，冬季为东北风，夏季为西南风。此卦利向西南，不利向东北，似为夏季之卦。帛书《二三子》："岁之义，始于东北，成于西南。君子见始弗逆，顺而保谷。《易》曰：'东北丧朋，西南得朋。吉。'"

⑤安贞：贞古字与鼎同形。鼎，定也。《释名·释言语》："贞，定也。"定，止也。贞，通"正（征）"，亦通"止"。正、止甲骨文、金文同字。正，从一、止。止，之也。同词反义互训，训止亦训行。正，训征（出发），训正位（停止）。贞，既有出行之意，又有安止之意。此即"语言中一种奇特现象，同一词具有相反的含义。"（列宁《哲学笔记》引黑格尔语）此卦辞贞当读为止。安贞，即安止不出。

⑥帛书本礼霜，今本作履霜。《释文》："郑读履为礼。"履通于莅，训来、降、临。履霜，即来霜。《诗·小雅·颊弁》："如彼雨雪，先集维霰。"笺云："将大雨雪，始必微温。雪自上下，遇温气而抟，谓之霰。久而寒盛，则大雪矣。"霰即霜。先暖而降霜，而后则有大冰雪。

霜，古人认为是太阴之液。郑玄《月令章句》："霜，阴液也。释为露，结为霜。"《诗·魏风·葛屦》："纠纠葛屦，可以履霜。"（又见《大东》）履，踩踏也。履霜，秋月之象。坚冰，冬日之象。

⑦直方：闻一多说应读为"省方"，确切无疑。直方，卜辞常作"方"。"癸未贞，唯乙酉方。癸未贞，于木月方。"直方又称德方（直、德金文字通）。金文有德方鼎。直方，古文直、省同字。直方即省方，即巡方（巡视方邦）。省方，周金文又作视方、循方、巡方。后世称作视察。荀爽《九家易》释方为四方。《易·象传》："先王以省方观民设教。"（观卦）"后不省方。"（复卦）《淮南子·精神训》："禹南省方。"甲骨文中亦有省方之辞多片。省方，即巡狩四方。省、循、巡一音之转（详参闻一多说，见《璞堂杂识》）。

大读达。序卦："临者，大也。"亦读大为达。大，达也，四通谓之达。达之古文字形从大，甲骨文作𫞥（佚429）。《说文》："达，行不相遇也……或从大。"（佚429）

金文中亦有"大"训"达"之文例："齐三军围莱，冉子执鼓，庚，大，门（斗）之。"

"庚辛日乘舟，大莒，从河，以巫伐燕□丘"（齐庄公时庚壶铭文），文中大训作达。旧说或读为入，不确。张政烺释为"大"，见《文史》第36辑。但仍未悟大当读为𫞥，即达。

⑧不习：此句有歧义。

第一，习，与雪古字通用（唐兰《殷墟文字考》）。甲骨文"习"字，胡厚宣释为雪，杨树达释为彗，雪（霅）字从彗声（《积微居甲文说·杂考》）。不习，可释作不雪。何按：《说文》有霰："霰，稷雪也。"《埤雅》："稷雪，闽俗谓之米雪。言其覆粒如米。"习、霰音近。

第二，习坎，即陷坎。习、陷古字通（详见坎卦注④）。故不习亦可释作不陷、不险，即无危险。旧从表面字义释不习为不学习，朱熹注本卦云："内直外方而又盛大，不待学习而无不利。"完全根据文学表象为释。

所谓"不待学习，而无不利。"读之令人发笑！

帛书《易之义》引此句作："不习，吉。"

⑨含章：帛书作合章，今本作含章。孔疏："以阴包阳，故曰含章。"章，《尚书·尧典》："平章百姓。"郑注："章，明也。"（张舜徽《郑雅》，214 页）章有光明之义。"章，光也。"（《类篇》）"章，光明也。"（《仪礼·士冠礼》郑玄注）含章，即含光，即收敛光芒、韬光养晦。

《老子》："和其光，同其尘，是谓玄同。"和光亦即含光，帛书作合光，合光即和光同尘，正用此爻之义也。《象辞》有"含弘光大"。《周易异文考》引张寿碑作"含弘内光"，亦为"含章"之义。又，含章亦北极枢星名。章、轴通，含、旋通，旋轴、旋机也。《楚铜铭》有"戋戟"字。

⑩括囊：括，裹也。束结，包裹。"括，结也。"（《集解》引虞翻）《说文》："絜，括也。"《大学》"是以君子有絜矩之道"郑玄注："絜，犹结也。"囊，行囊。古旅行用行囊，束结行囊喻杜门不出。《老子》："塞其兑（即洞，隧），闭其门，挫其锐，解其纷。"结囊，与塞洞闭门之义同。

⑪无咎：咎，灾也。《尚书·大禹谟》："天降之咎。"《释文》："咎：灾也。"咎在《易》中有三义：第一，灾咎，灾害。第二，畏惧，咎、惧音转。第三，忧虑。随文而定，不专一义，不可过泥也。

⑫裳：常，今本作裳。黄裳：黄，光也（《说文》）。裳，尚也。释：光明上升，或光照衣裳。黄裳，此爻与六三爻"含章"相对反。黄裳，即黄尚，尚通上，即扬光、光明上扬之义也。含章，即隐光。

⑬战：田也。田、战古同字，均为狩猎之义。龙战于野：即贵人有田战之举，流血玄黄，战不吉也。玄，乌黑色。黄、赤古以为同色（闻一多说）。玄黄即褐色。古代龙有实物，即古鳄类（详说可参看拙著《龙：神话与真相》，上海人民出版社 1990 年版）。《左传》昭公十九年："郑大水，龙斗于时门之外洧渊。国人请为禜焉，子产弗许。"是春秋时中原尚有见龙记载之实例也。《九家易》曰："血以喻阴也。"侯果说："坤，十月卦也。"

⑭永贞：永，长也，义通于远。《尚书·尧典》"日永星火"注："永，长也。"《尔雅·释诂》："永，长也。"《说文》："永，水长也。""利永贞"之贞，或可释征，出行也。永贞即长征，远行也。又：永贞，亦作永终。《归妹·象》："泽上有雷，归妹，君子以永终知敝。"永终，即用中也。中、

终古音义通。《春秋繁露》："中者，天下之终也。"《礼记·乡饮酒义》："冬之为言中也。中者，藏也。"终、冬古同字。用中，即守中。《老子》："天地之间，其犹橐籥乎？虚而不屈，动而愈出，多言数穷，不如守中。"守中，即收藏、藏而不露也。

《易》中多"永贞"之占。比卦辞："永贞无咎。"贲九三："永贞吉。"益六二："永贞，吉。"萃九五："永贞悔亡。"艮初六："利永贞。"小过九四："勿用永贞。"以上永贞，皆训远征。

3 屯（23 屯）

☷☳ 屯 （010/001 坎上震下）元亨，利贞。勿用有攸往。利建侯。
初九　磐桓。利居贞，利建侯。
六二　屯如邅如，乘马班如，匪寇，婚媾。女子贞，不字。十年乃字。
六三　即鹿无虞。惟入于林中。君子几，不如舍。往，吝。
六四　乘马班如，求婚媾。往，吉，无不利。
九五　屯其膏。小贞吉，大贞凶。
上六　乘马班如，泣血涟如。

屯（团）：大献享。不宜作远行。利建堡垒。
初爻阳：团圆。利安居，利建堡垒。
二爻阴：团团转啊，纵马奔旋。不是盗匪，是来求配偶。女人被奸，不能生育。十年后才生育。
三爻阴：追逐鹿子（应是女人的象征），不获。遂深入于密林。君子虽然饥饿，还是不如放弃。继续追逐，将有祸害。
四爻阴：骑马奔驰，欲求婚配。去吧，很吉祥，无不利。
五爻阳：肥美的丰臀。对小子们，吉祥。对老人们，凶恶。
上爻阴：乘马奔驰，泪血涟涟（此卦之爻辞，说者以为是上古婚俗之抢掠婚）。

屯：古异音从缗（今音 tún，古音 chūn），萌也。屯似即萌芽之萌的本字（敦煌旧钞《楚辞》残卷《离骚》注"因妻之以二女而邑于纶"，残卷"纶"作"缗"。纶、屯、缗、昏音通）。《说文》："楎，读若易卦屯之屯。"楎，今字作轮。轮，古通圆；圆，团通。屯、团一音转。故屯卦，即团卦，有团圆和合义也。

帛书	通行本
屯：元亨，利贞。勿用有攸往。利律侯。	屯：元亨，利贞。勿用有攸往。利建侯①。
初九　半远。利居贞，利建侯。 六二　屯如坛如，乘马烦如，非寇，闽厚。（女）子贞不字。十年乃字。 六三　即鹿毋华。唯入于林中。君子几，不如舍。往，吝。 六四　乘马（班）如，求闽厚。往吉，无不利。 九五　屯其膏。小贞吉，大贞凶。 尚六　乘马烦如，汲血连如。	初九　磐桓②。利居贞③，利建侯。 六二　屯如邅如④，乘马班如⑤，匪寇，婚媾⑥。女子贞，不字⑦。十年乃字。 六三　即鹿无虞⑧。惟入于林中⑨。君子几⑩，不如舍。往，吝⑪。 六四　乘马班如⑫，求婚媾⑬。往，吉，无不利。 九五　屯其膏⑭。小贞吉，大贞凶⑮。 上六　乘马班如，泣血涟如⑯。

　　《序卦》："屯者，万物之始生也。"屯，脽也。脽今字作臀。脽之本字作吕，即像人后臀。屯，动也。屯又音纯，音通蠢（虫），蠢蠢欲动，"物之始生"。《说文》："屯，难（读若堆）也，象草木之初生，屯然而难（推），从中贯一……一，地也，尾曲。《易》曰：屯，刚柔交而难生。"据此，屯之音义通于顶。草在土中，顶土欲生曰屯。释为难之屯，今字作顿，今语"困顿"即"困难"。

　　屯又作钝，刀器不锐曰钝，但此似非屯之本义。屯，字又得义于性交。音转为"对"（脽）。章太炎说：屯、准古字通用。准，推也。其字异体颇多。

　　屯：《说文》读如轮，又读如遁。又屯、顿，有停顿、流连之义。与蝉联、婵娟、缠绵皆叠韵连绵之转语。《释名》："论，伦也，有伦理也。""纬，围也，反复围绕以为经。"诸义皆有回旋之义。

　　屯，婚也。此卦乃婚媾之卦。《左传》闵公元年："初，毕万筮仕于晋，遇屯之比。辛廖占之，曰：吉。屯固，比入，吉孰大焉？其必蕃昌。"此正屯之古义，亦说明屯卦与生育婚媾之事有关。

《象》："云雷屯，君子以经纶。"卦有水云之象。屯，春也。春之言屯，端也。端曰"春"，终曰"冬"。《说文》："春，推也。"《序卦》："屯者，物之始生，始生必蒙（萌），难。"（"难"当为堆字，或浅人妄增）

《文献通考》记乌桓婚俗曰："其嫁娶先私通，掠将女，或半岁或百日，然后遣媒人送马牛羊以为聘币。"屯卦所记上古婚俗，与此有所相似。

恩格斯云："抢劫妇女的现象，已经表现出向个体婚制过渡的迹象。当一个青年男子，在朋友们的帮助下劫得或拐得一个姑娘的时候，他们便轮流同她发生性关系。但是在此以后，这个姑娘便被认为是那个发动抢劫的男子的妻子。"（恩格斯：《家庭、私有制和国家的起源》，单行本第 45 页）要之，屯，团，团圆，屯卦主婚姻。

注释

①建侯：侯，堠也。侯者，本非贵称，而为军事职称。起源于古代守候望警之官。堠，堡垒也，又通"候"。《史记·律书》："今匈奴内侵……愿且坚边设候，结和通使，休宁北陲。"设候，即"利建侯"。侯、候古书字常相假。侯，又称烽堠，即望敌楼也。《明史·兵志》："古北口、居庸关、长峰口、松亭关烽堠九百六十处。""自宣府迄山西，峻垣深濠，烽堠相接。"魏焕《皇明九边考》："今边城以烽火为候。"《三国志·魏志·张既传》："酒泉……筑障塞，置烽候邸阁以备胡。"章怀注："亭，候敌之所也。又称亭候。"《后汉书·匈奴传》："大筑亭候，修烽火。"又称"警候"。《文苑英华》卷六四一："幽并警候，灵夏驰烽。"以警候与驰烽对举。烽火所在，自有候楼也。又称候望，《流沙坠简》："主亭燧候望，通烽火，备盗贼为职。"知侯即守候望敌之楼堡。汉代乡官犹遗其制。《后汉书·百官志》引《汉官仪》："十里一亭，亭长，亭候……索绳以收执贼。"

侯亦亳社之称。《礼记·祭法》："诸侯为百姓立社曰国社，诸侯自为立社曰侯社。"《尚书·康王之诰》："乃命建侯树屏，在（德）我后之人。"侯古文字形从尸从矢或从交从大。屋字从尸从至。侯、屋二字金文形义相近。清汪鉴《尔雅正名》引《释文》以及《玉篇》："侯本作矢，侯与矢同。"侯古音从矢。矢，室也。

疑后、侯本同字。象下子生产形。下、后古亦同音。公侯之"侯"，本字为"后"。后，王也，君也。

②"磐，大石也。"（《文选·海赋》李注引《声类》）桓借为垣，"墙也"。（《说文》）《诗·大雅·板》："大师维垣。"磐桓，可释为以巨石为墙垣。又异说："盘桓，即盘旋。"（《经典释文》引马融）盘环，"折盘，舞貌。"（《文选·南都赋》注）音转即婆娑。荀爽曰："盘旋者，动而退也。"

③居贞："君子慎密而不出"，"不出户庭"（纂疏）。

④邅：即运转。《广雅·释诂》："邅，转也。""转字通作邅"（《炳烛编》）。

⑤乘马班如：班，奔也。如，语气词，读为然，通"矣"，亦通"然"。马融说：班，绊也，"踬也"。

⑥婚媾：所谓劫掠婚（Marriage by Capture），抢掠婚源于两性隔绝制度及掠奴制度。《说文》："娶，取妇也。"取者，抢也。《礼·郊特牲》："昏时取妇，以合妇人也。"被劫而刘师培云："古代劫掠妇女，必待夫家不备，而以昏夜为便。"《白虎通》："婚姻者，何谓也？昏时行礼，故曰婚。"至秦汉后严禁之。汉《杂律》："强略人以为妻及助者，斩左趾以为城旦。"

⑦女子贞："贞，干也"（《经典释文》）。干与奸通。"干，犯干"（《说文》），即奸。男犯女，曰奸。女子贞，即女子被奸。旧说多释此贞为贞洁，与后文文义不符。

不字，即不子、不孕。虞翻说："字谓妊娠。"甚确。《山海经·中山经》："其实如兰，食之不字。"郭注："字，生子也。""字，乳也。"《说文》："妊娠也。"贞而不字，即受奸而不产子。寇："谓群行攻剽者也。"（《一切经音义》卷七三一）

⑧即鹿：即，通及，逐也，追逐。无虞：帛书作"毋华"，华、获双声音转。虞，遇也。《说卦》说为虞人。不确。

⑨惟入于林中：惟，深也。惟古音哦，通奄。奄，深也。

⑩几：通饥，饥饿。舍，舍弃。

⑪吝：汉石碑作遴，《说文》："行难也。"难行不进曰遴。即今语之"累"（行困曰累）。《班马字类》："力追返，赢病貌。"《广雅·释诂》："遴，难。"

又吝者，通厉。厉，疠，痢，皆病疠。

⑫乘马：本卦言乘马，皆有性交之意象。今俗俚语俗称女性配偶曰

"马子"，性交射精曰"跑马"。

⑬婚媾：婚异本作昏，帛书作闵，闵通为冥，昏、冥皆谓夜晚。

媾，交媾，性交曰媾。此卦乃走访婚（或说为抢夺婚）。掠夺婚姻的情形，《东川府志》有一段记载爨（彝族的古称）人婚俗的话："爨之父母，将嫁女前三日，持斧入山，伐带叶松，树于门外。结屋，坐女其中，旁列米浙数十缸。集亲族，持械瓢杓，列械环卫。婿及亲族，新衣黑面，乘马持械，鼓吹至，两家械而斗。婿直入松屋中，挟妇乘马疾驱走。父持械杓米浙浇婿，大呼亲族同逐女。不及，怒而归。新妇在途中故作坠马状，新郎挟之上马凡三，则诸爨皆大喜，父母亦以为是爨女也。"

⑭屯其膏：屯，臀也。《周礼·乡师》："巡其前后之屯。"郑玄注："屯故书作臀。"膏，肥腴。

⑮小贞、大贞：贞假借为子，即小子、大子。子为古代男子之称。大子，即老人，成年人。洪迈《容斋随笔》解贞为政（卷十一）："谓当以渐而正之。"小贞，小政。大贞，大政。亦备一说。

⑯泣血涟如：涟，落也。异文作"泣涕涟如"。《诗·小雅·雨无正》毛传：哭而"无声曰泣涕"。血、涕，似皆为精血之暗喻。

4 蒙（13 蒙）

䷃ 蒙 （100/010 艮上坎下）亨。匪我求童蒙，童蒙求我。初筮告，再三渎，渎则不告。利贞。

初六　发蒙，利用刑人，用说桎梏。以往，吝。

九二　包蒙，吉。纳妇，吉。子克家。

六三　勿用取女。见金夫（矢），不有躬（弓）。无攸利。

六四　困蒙，吝。

六五　童蒙，吉。

上九　击蒙，不利为寇，利御寇。

译文 ䷃

蒙（濛）：献享。不是我招来浓雾，而是浓雾降于我。（占卜）只问测一次则灵。反复问测就是渎神，渎神则不吉祥。利出行。

初爻阴：雾蒙初起。使用罪徒收割，却通通逃脱桎梏。已经逃走，不利！

二爻阳：浓雾包围，吉祥。娶妇女，吉祥。男子可以成家。

三爻阴：不要娶女人。虽有金箭，却无弓，不能得利（此爻的另一种译法是："不宜娶这种女人，见了精壮男子，即不守礼仪，不得利。"详说见本卦注释⑩）。

四爻阴：被困于浓雾，艰难。

五爻阴：重重浓雾，吉祥。

上爻阳：连续降大雾，不利于进军袭敌，但利于防御敌寇。

解说 ䷃

帛书卦名残，据卦、爻辞补。今本作"蒙"与帛书同。

蒙，雾濛也，即雾也。《史记·宋微子世家》索隐："雾，音蒙。"蒙、濛二字通。《诗·豳风·东山》："零雨其蒙。"此诗《楚辞章句》卷十二引作"零雨其濛"。《尔雅·释地》："西至日没之所为大蒙。"《释文》蒙作濛。《天问》中"次于蒙汜"，《西京赋》作"濛汜"。"濛，雾凇也。"有浓雾则天不明，故谓之蒙。字亦作"霿"，《说文》释作"地气"。

帛书		通行本	
（蒙）：亨。非我求童蒙，童蒙求我。初筮吉，再参牍，牍即（则）不吉。利贞。		蒙：亨。匪我求童蒙①，童蒙求我。初筮告②，再三渎③，渎则不告。利贞。	
初六	废蒙，利用刑人，用说桎梏。已往，蔺。	初六	发蒙④，利用刑人⑤，用说桎梏⑥。以往，吝。
九二	枹（包）蒙，吉。入妇，吉。子克家。	九二	包蒙⑦，吉。纳妇，吉⑧。子克家⑨。
六三	勿用取女。见金夫，不有躬，无攸利。	六三	勿用取女⑩。见金夫，不有躬，无攸利⑪。
六四	困蒙，蔺。	六四	困蒙⑫，吝。
六五	童蒙，吉。	六五	童蒙⑬，吉。
上九	击蒙，不利为寇，利所寇。	上九	击蒙⑭，不利为寇，利御寇。

《释名·释天》："雾，冒也。气蒙冒覆地之物也。"今闽南语犹谓雾为蒙。

蒙，音通冥。幽冥，语转即夜昧也，又即暗昧。大蒙、大冥、大茫、大荒，以及大海（晦）皆出于同一语源，即茫茫黑暗之所在。蒙，本义为帽，象形，古形与门近，音亦通，启蒙即启门。

黄侃《说文声类考》："童蒙、敦蒙、梦梦、沌沌、玄冥、混沌皆同源词。"

《序卦》云："蒙，物之稚也。"此乃童蒙（幼小）之引申义，非其本义。由此又引申：

1. 蒙、弥、米、眇、渺，小也。"蒙，幼小之貌。"（《疏》）

2. "蒙，萌也。"《说文》："萌，草生芽也。"即"芒"。于节气则应于"芒种"。但旧说或以为"蒙，正月卦。"又谓："蒙为八月，于消息为正月

卦也。"（干宝）

3．蒙，萌也。萌，民也。民之本义为盲、矇、蒙。

以蒙为正月，又以为八月，此反映出不同的历法制度。若十一月为正月，则七月为年终，则八月乃正月，此与十月历法似相合（参看陈久金等《彝族十月历》）。

蒙，雾濛。蒙，渺也、迷失、迷茫，主气象。

《晋书·天文志》："凡连阴十日，昼不见日，夜不见月，乱风四起，欲雨而无雨，名曰'蒙'。"

蒙，所记乃伊尹史事。伊尹继汤位自立为帝，称黄（衔）帝。放汤子太尹（伊尹乃其舅也）。太尹杀伊尹，天大雾。断其首贬之为"蚩尤"（赤妖）。《论衡·感类》引张霸《百两篇（尚书）》："伊尹死，大雾三日。"《竹书纪年》逸文："太甲元年，伊尹放太甲桐宫。七年，太甲潜出杀伊。天大雾三日。"（据郝懿行《竹书纪年校正》）

注释 ☰☷

①匪：帛书作非。求：就也，召求，降临。

童蒙：童，音通团。蒙即雾。团雾，即浓雾。童蒙：字又作敦蒙、东蒙、重蒙、胧朦、朦胧、迷乱、冒乱等。引申义为糊涂，语转"颠冥、东明、屯悢、怠慢、呆慢、呆笨、蒙登"等（上说详见《义府续貂》），语转即"蒙童"。宋人诗有"解作无根树，能描濛鸿（懵懂）云"。濛、蒙冲、蒙童、朦朣皆此语转。又引申为童蒙、儿童。郑玄注："未冠之称。"浓雾混沌，引申义糊涂。儿童亦曰童蒙。此词演变复杂，又音转颠冥、东明、顿悢、怠慢、呆慢、呆笨、蒙腾、蒙登、朦胧等。《义府续貂》又为天文。童蒙语转旃蒙，《尔雅》："太岁在乙曰旃蒙。"《淮南子》高注："万物遇蒙甲而出，故曰旃蒙。"《汉书·扬雄传》："天降生民，倥侗颛蒙。"郑玄注："童蒙无所知也。"章太炎注："旃蒙即颛蒙，《史记·历书》作端蒙。"又转语即颛顼。《白虎通·五行》："颛顼者，寒缩也。"凡万物缩软不前者，亦曰颛蒙。颛顼与浑沌为同义异名之神，即无头之神北方兵主蚩尤。颛蒙，音转又作东明，而为东蒙、昧谷（蒙古）、重蒙，皆发于同一语源童蒙。

②告：《玉篇》："语也。"或释作吉。

③渎：字亦作黩。《说文》："握持垢也。"郑玄："亵也。"

④发蒙：发，兴起也。雾之初起，曰发蒙。

⑤利：犁器，收割，指农事。利用刑人：割谷使用刑徒。刑人指奴隶。利，读为刈割之刈。《说文》："利者义之和也。"应读作"利者刈之禾也"。利本义为割谷。

⑥用说：用读为甪（通），说读为脱，逃脱。

⑦包蒙：包，笼罩。

⑧吉：帛书作入妇，娶妻也。

⑨子：男子也。克：可也。家：成家，指婚姻。

⑩勿用：不能。取：娶。夫，读矢（闻一多说）。又解：金读为精。精者，即精壮男子。

⑪躬：读弓。闻一多说："夫当为矢（《周礼·乐师》中有'燕射，帅射夫以弓矢舞'，故书射夫为射矢，此矢夫互讹之例）。躬当为弓，亦字之误也。金矢即铜矢，谓铜镞之矢。"又解：躬，鞠躬，礼节。"不有躬，即不作躬，不守礼仪也。"（《周易义证类纂》）无攸利：无得利。攸读为敌，通得。

⑫困蒙：困，受围，被封锁。

⑬童：读重。

⑭击蒙：马融读击为"系"（《经典释文》）。"系，续也。"连续大雾。击，或读为启。启蒙，即启明，雾散去。说亦可通。

5 需（18 襦）

䷄ 需 （010/111 坎上乾下）有孚，光亨。贞吉。利涉大川。

初九　需于郊。利用恒，无咎。

九二　需于沙。小有言，终吉。

九三　需于泥。致寇至。

六四　需于血。出自穴。

九五　需于酒食。贞吉。

上六　入于穴，有不速之客。三人来，敬之，终吉。

译文 ䷌

需（濡）：有福，大献享。出行吉。利于渡涉大江河。

初爻阳：雨水濡润郊野。利于种植园圃，无灾害。

二爻阳：雨水濡润沙滩。小有灾害，最终吉祥。

三爻阳：雨水濡润沼泽。可以阻滞寇敌。

四爻阴：雨水浸濡（润）沟洫。流出于洞穴。

五爻阳：雨水濡润酒食。出行吉。

上爻阴：（雨水）进入洞穴。将有不邀自来之客。是亲人来了，敬待之，会有吉祥（三人，释为亲人，三释亲，说详见本卦注⑪）。

解说 ䷌

本卦名帛书作襦，今本作需。襦、缡、濡字通。既济六四："缡有衣袽"，王弼注："袽，缡也。"袽乃缡之异文。《说文》云："需，䃽也。遇雨不进，止䃽（息）也。"据此，避雨栖息曰需。休、息、䃽、歇皆与需为一音之转。

此卦《归藏》作溽。溽，濡也。二字同纽双声，阴入对转。"溽，而禹切；濡，人朱切，日纽虞韵，为侯屋阴入对转，又同纽双声。"濡、润一音之转。李镜池说此卦之名，需即濡之本意。需字从雨从而，而当是天字之隶变。雭，讹变即需也。《说文》需字引《易》：“云上于天，需（雨）。”是需即雨也。

帛书		通行本	
繻：有复，光亨。贞吉。利涉大川。		需：有孚①，光亨②。贞吉③。利涉大川。	
初九	繻于茭。利用恒，无咎。	初九	需于郊④。利用恒⑤，无咎。
九二	繻于沙。少有言，冬吉。	九二	需于沙。小有言⑥，终吉。
九三	繻于泥。致寇至。	九三	需于泥⑦。致寇至。
六四	繻于血。出自穴。	六四	需于血⑧。出自穴⑨。
六（九）五	繻于酒食。贞吉。	九五	需于酒食。贞吉。
尚六	入于穴。有不楚客。三人来，敬之，终吉。	上六	入于穴。有不速之客⑩。三人来⑪，敬之，终吉。

干宝：“需，坤之游魂也。云升在天而雨未降，翱翔东西，须之象也。”《象》曰：“云上于天，需。”本卦卦象水汽上升，乌云在天。需，濡，雨露。

需，濡，润也。需乃小雨之卦，临乃大雨之卦。

注释

①有孚：有孚乃《易经》中之常见语。甲骨文中孚、保乃同源字。《说文》：“𤓽，古文孚。从呆。呆，古文保。”唐兰说初文像人负幼子形。保、孚古同音（钱大昕）。甲骨文中有“有保、弗保”之辞（饶宗颐《楚帛书通考》）。何按：“有保”即《易》之有孚，乃商周成语。“孚”、“保”均为佑护之义，字像背负子形（于省吾《甲骨文字诂林》第174页）。孚，在金文中用作俘获之意，特别是获金。仲称父鼎：“仲称父伐南淮人，孚金。”师寰簋：“征淮夷……俘吉金。”过伯簋：“过伯从王伐反荆俘金，用作宗室尊彝。”则有孚，又有有俘，有俘获之意。孚之本义乃为俘获，字像以爪抓小子之形。但参以文义，则意义殊为多歧。大略有：

第一，有孚：有灾象。孚字通酺，郑玄说：“酺者，为人物灾害之神也。”（《郑学丛著·郑雅》）又可训罚、训祸。

第二，有孚，孚可读否，读痞。“痞，闭也。血气闭塞不通，以致内痛也。"（同上）有孚即有疾也。

第三，孚可通覆、倾覆。通弊，"败也"（《礼记·王制》郑玄注）。

第四，孚可读复，"归也"，"反也"（《郑学丛著·郑雅》），变也。

第五，孚可训福、训保，又可训成，而有美满之义。

第六，孚可训获。

在《易经》中，有孚之意义往往随文而定。旧释孚字义为"信"，乃极不明本源之论。孚字与符音近义通。符，即虎符，用兵之印信也。以故可借为符字，而有信用之义。但此非本义，在《易经》中亦无义可当（《汉书·艺文志》："春秋以断事，信之符也。"符，孚通，此乃孚训信之罕见文例。前人旧说多谬言也）。

②光亨：光，大也，广也。王引之《经义述闻》："光之为言，犹广也。"光亨即光享，亦即广享，即遍享群神，亦大享之义也。

③贞吉：贞通征，亦通兆，可释征兆，亦可释作征行。随文而定，不专一义也。革卦："征吉，无咎"，征亦释"征兆"。

④郊：帛书作茭，通行本作郊。茭，即芜之异文。《说文》："芜，远荒也。"《诗》曰："至于芜野。"芜野即郊野。

⑤利用恒：恒，读为垣，通于园，园圃也。

⑥小有言：闻一多说："言读作愆，灾害，灾愆。"但我以为此处言仍当释本义，帛书云少有言，即少发言也。

⑦泥：沼泽。《周易正义》："泥者，水傍之地，泥溺（汙）之处。"《释名·释丘》："水潦所止曰泥丘。"水留不去，成泥沼也。

⑧血：洫，沟洫。"遂、沟、洫、浍，皆所以通水于川也。"（张舜徽《郑雅》引郑玄）

⑨出自穴：上古北方及西北以深掘之洞穴为人居处，类似今日西北之窑洞也。《诗·大雅·绵》："陶复陶穴。"毛传及郑笺："复者，复于地上，凿地曰穴。"覆今字作房。穴指洞穴。陶，掏也，打洞之义。《礼记·月令》郑注："古者复穴。"孔疏："复穴者，谓窟居也。"《系辞》："上古穴居而野处。"自，可读为滋；滋，浸也。

⑩不速之客：速，读为须，等待。未被邀请，不期而至之客，曰不速之客。

⑪三：可读为亲。黄侃《说文笺识》："三，读乞，通作钦，亲也。"何按：三，古音参（shēn）；身，亲也。

6 讼（5讼）

䷅ 讼（111/010 乾上坎下）有孚，窒惕。中吉，终凶。利见大人，不利涉大川。

初六　不永所事，小有言，终吉。

九二　不克讼，归而逋其邑人三百户，无眚。

六三　食旧德，贞厉，终吉。或从王事，无成。

九四　不克讼，复即命。渝安，贞吉。

九五　讼，元吉。

上九　或锡之鞶带，终朝三褫之。

译文

讼（哄闹）：有坏事，要警惕。中间似吉，终局则凶。利于拜见大人，不利于渡涉江河。

初爻阴：做事不顺利，有小灾害，但最终吉祥。

二爻阳：不宜争论，归来赦免封地农奴三百户，无灾害！

三爻阴：吃老本，出行有险，最终吉祥。如为王者做事，则不成功。

四爻阳：不可争论，归而顺其自然。快乐而安宁，吉祥。

五爻阳：唱颂，大吉祥。

上爻阳：君王赏赐一条宽大衣带（又可解作：散朝时亲自为他佩戴。详见注释⑫），一早上三次脱落。

解说

讼，哄也。乱，热闹。"讼，诤也。"（郑玄）《说文》："讼，争也。""以手曰争，以言曰讼。"讼，众声曰讼，字又作哄，又作颂。郑玄注："讼谓以财货相告者。"《周礼·大司徒》郑玄注："争财曰讼。"

讼，《史记·吴王濞列传》："讼共禁弗予。"《史记集解》引如淳曰：

"讼，公也。"《淮南子·兵略》："天下讼见之。"高诱注："讼，公也。"公音通攻，故有攻击之意。

"凶，讼也。"（《史记·五帝本纪》正义）"汹，讼也。"（唐本）

帛书		通行本	
讼：有复，洫宁，克吉，冬凶。利用见大人，不利涉大川。		讼：有孚，窒惕①。中吉②，终凶。利见大人，不利涉大川。	
初六	不永所事，少有言，冬吉。	初六	不永所事③，小有言④，终吉。
九二	不克讼，归而逋其邑人三百户，无省。	九二	不克讼，归而逋其邑人三百户⑤，无眚⑥。
六三	食旧德，贞厉，冬吉。或从王事，无成。	六三	食旧德⑦，贞厉，终吉。或从王事，无成。
九四	不克讼，复即命，俞安，贞吉。	九四	不克讼，复即命⑧。渝安⑨，贞吉。
九五	讼，元吉。	九五	讼，元吉⑩。
尚九	或赐之般带，终朝三撵之。	上九	或锡之鞶带⑪，终朝三褫之⑫。

讼、攻、诉、嚭、哄、争论，众说纷纭。

《说文》："言，直言曰言，论难曰语。"《释名》："言，宣也。宣彼此之意也。语，叙也，叙己所欲说也。"王逸："出言曰言，相答曰语。"

此卦似与盘庚迁都众讼事有关。"今汝聒聒，起信（言）险肤（浮），予弗知乃所'讼'！"（《尚书·盘庚》）

注释 ☰

①窒："怪，惧也。"（《广雅·释诂》）窒惕，闻一多说："窒读为怪。训为惧。惕亦训惧。"怪惕：畏惧，即今语警惕也。窒，古音近疾，是疾亦有惧意。

②中：得也。帛书文为克吉，即可吉，亦得吉之义。

③永：读为允、元、圆。不永：不允，即不成功。不永所事：永，允也，成也。

④言：衍也。言：谮，谗言，或通愆。

⑤逋：荀爽注谓"逃也"。闻一多读逋为赋。何按：当读作"复"。复者，免赋税。邑人：国人。黄侃《说文同文考》："邑，同国。"

⑥无眚：无辜。眚，读精，一音之转。马融：眚，灾也。《仪礼·子夏传》：妖祥曰眚。故曰"无眚"。又，帛书作无省，省、直甲文同字，直、德、得也。无省或可释无得，无所得。

⑦德：得。

⑧复即命：即，就也。复，服也。

⑨渝安：愉安。

⑩讼：读为颂，唱颂。元吉：元读为大。闻一多谓读为虞，无也。

⑪鞶：马融：庞，大也。鞶带：大衣带。

⑫三：参，亲也。黄侃《说文笺识》："三，读乞，通作钦，亲也。"又释：散朝后亲自为他佩戴。旦至食时为终朝。

褫：异文作"撴"，郑玄本作扡，通脱。王肃说："解也。"即脱解。又音通堕（duò），坠落也。又，扡有夺义。《淮南子·人间训》："扡其衣被。"高注："扡，夺也。"

7 师（37 师）

䷆ 师 （000/010 坤上坎下）贞。丈人吉，无咎。
初六 师出以律，否臧凶。
九二 在师中，吉，无咎。王三锡命。
六三 师或舆尸，凶。
六四 师左次，无咎。
六五 田有禽，利执言，无咎。长子帅师，弟子舆尸，贞凶。
上六 大君有命：开国承家，小人勿用。

译文

师：出征。大人吉祥，无须畏惧。

初爻阴：出师奏乐，听乐而辨知其吉凶。

二爻阳：（王者）主宰部队，吉祥，无畏惧。王者要亲自颁发命令。

三爻阴：在军车上睡卧的人，凶。

四爻阴：部队行走偏道，无灾害。

五爻阴：战斗擒获俘虏，利于问讯供词，可免灾。长子率师作战，弟兄卧于战车，征战凶。

上爻阴：先君大人有遗训：开国兴家，不可任用小人。

解说

帛书卦名残，据今本补。师：军队，军事之卦。师、帅本同源字。师祭，出兵之祭。《尔雅》："是禷（类）是祃，师祭也。"《诗·大雅·皇矣》孔疏："初出兵之时，于是为类祭。"《序卦》曰："师者，众也。"《诗·大雅·文王》："殷之未丧师。"《毛传》："师，众也。"

《象》曰："而况建侯行师乎。"《九家注》："坤为行师。"何晏云："师者，军旅之名。"

《广雅·释诂》："师，忧也。"兵事起则必有夷伤，非多谋虑，则有杀身祸，故不可轻视。上卦坤，坤者顺也，众心同则顺。下卦坎为险。率众出征，如赴汤蹈火，动于险中，故《杂卦》云："比乐，师忧。"

《周礼》云："二千五百人为师也。"师、帅通。

师，帅也。军旗曰"币"，曰师曰帅（帅旗）。古军旅以旗帜为标志。旗下之众曰旅。执掌令旗者曰帅。

帛书		通行本	
（师）：贞，丈人吉，无咎。		师：贞。丈人吉①，无咎。	
初六	师出以律，不臧凶。	初六	师出以律②，否臧凶③。
九二	在师中，吉。无咎。王三汤命。	九二	在师中，吉，无咎。王三锡命④。
六三	师或与尻（尸），凶。	六三	师或舆尸⑤，凶。
六四	师左次，无咎。	六四	师左次⑥，无咎。
六五	田有禽，利执言，无咎。长子率师，弟子舆尸，贞凶。	六五	田有禽⑦，利执言⑧，无咎。长子帅师⑨，弟子舆尸，贞凶。
尚六	大君有命：启国承家，小人勿用。	上六	大君有命：开国承家⑩，小人勿用。

师之本义，师、帅古字通。《说文》："帅，佩巾也。"军旗，即施，又作斾、旜，又作识、帜。《周礼·司常（裳）》："通帛为旜。""师都建旗。"

张舜徽说："伍、两、卒、旅、师、军，皆众之名。五人为伍，二伍为什。什伍，士卒部曲也。军法：百人为卒，五人为伍，五百人为旅，五旅为师。"（《郑学丛著·郑雅》）

师卦主军事。《史记·周本纪》："九年，武王上祭于毕，东观兵，至于盟津，为文王木主，载以车，中军。武王自称太子发，言奉文王以伐，不敢自专……是时，诸侯不期而会盟津者八百诸侯。诸侯皆曰：'纣可伐矣。'……武王遍告诸侯曰：'殷有重罪，不可以不毕伐。'乃遵文王，遂率戎车三百乘、虎贲三千人、甲士四万五千人，以东伐纣。十一年十二月戊午，师毕渡盟津，诸侯咸会。"

商制有三师，周制六师。《殷契粹编》第 597 片："王作三吕（师）。"周金文有"成周八师"、"六师"。

古代军事制度，大师之出，必有隆重军乐相伴奏。《左传》襄公十一年："诸侯之师观兵于郑东门，郑人使王子伯骈行成……凡兵车百乘、歌钟二肆，及其镈磬，女乐二八。"

注释

①丈人：执杖之人，大人、老人。令丈人，尹也。

②师出以律：古代用兵行军以音乐统一步伐、鼓舞士气，故可以根据行军的音乐，而知悉军队的士气。《史记·律书》："六律为万事根本焉，其于兵械尤所重。故云望敌知吉凶，闻声效胜负，百王不易之道也。"《周礼·太师》："太师执同（一作铜）律以听军声而诏（贞，占）吉凶。"以，用也。甲骨文中有"师惟律用"句，此与本爻"师出以律"可相印证。

《左传》宣公十二年邲之战，知庄子曰："执事顺成为臧（强），逆为否，众散为弱，川壅为泽，有律以如己也，故曰律。否臧，且律竭也。盈而以竭，天且不整，所以凶也。"

上古以乐为教，听音乐而知政治之好坏。吴季札观乐之事，世多知之。《淮南子·氾论训》："禹之时，以五音听治，悬钟、鼓、磬、铎，置鞀以待四方之士。为号曰：'教寡人以道者击鼓，谕寡人以义者击钟，告寡人以事者振铎，语寡人以忧者击磬，有狱讼者摇鞀。'"这五种乐器都有它的特殊意义。鼓的产生最早，近年山西襄汾县（地在夏墟范围）陶寺遗址有鼍鼓、特磬出土，距今为 4130±95 年（《考古》1983 年第 1 期）。鼓是军乐中的主要乐器。《史记·律书》："武王伐纣，吹律听声，推孟春以至于季冬，杀气相并，而音尚宫。"具见《周语》伶州鸠之说。

③否：闻一多说："否读为不，释作辨或卜。"何按：从否之字如痞，今仍存古音。否、卜音转。臧：善，喜也。韦昭《国语·晋语》注："臧，善也。"臧，即吉，或读为强。听声亦称曰"辨声"。行师吹律，以占候吉凶之术，自古有之。《周礼·春官·典同》："掌六律六同之和，以辨天地四方阴阳之声。"故律可以知阴阳，晓天时。《淮南子·本经训》："风雨之变，可以音律知也。"高注："律知阴阳。"

阳为律而阴为吕。六吕于《周礼》称为六同，在《国语·周语》称为六间。所云"为之六间，以扬沉伏而黜散越也"。《汉书·律历志》记律、吕之作用，大意谓："阳、律：统气类物。阴、吕：旅（助）阳宣气。"《周礼·春官·大师》："太师执同律以听军声而诏（占）吉凶。"辨阴阳之声。师旷之学，即其一例。《国语·晋语》平公说新声，师旷曰："……夫乐以开山川之风也，以耀德于广远也……"春秋以来，配以五行，《左传》昭公十八年，梓慎论"融风，火之始也"（杜注：东北曰融风。融风，本也。木为火母，故曰火之始也）。后世如李淳风《乙巳占》有十二辰配五音，有听声配五音。"必远有所自，今不复及。"（以上具引饶宗颐说）

④锡命：诗书成语。《左传》庄公元年："王使荣叔来锡桓公命。"杜注："锡，赐也。"锡命，即秦汉以后所言授命、册命、策命。帛书"锡"作"汤"，皆从"易"音，锡，赐也。《象》曰："王三锡命，怀万邦也。"上右有"锡命"之礼，即册立诸侯，封建邦国也（参看齐思和《周代锡命礼考》）。

⑤舆尸：尸，卧人也。旧说以武王征商故事，文王死，武王载尸以行。尸，帛书作屧；屧，伛也。亦伛偻而卧之义。

⑥左次："戎车之贰（副）曰佐。"（《礼记·檀弓》郑注）

⑦田：读为战。禽：读为擒。虏获曰擒。

⑧执言：闻一多说："言读为讯；讯，俘讯也。"执讯：诗书成语。金文"虢季子白盘"："执讯五十。""兮甲盘"："折（斩）首执讯。"《诗·小雅·出车》："执讯获丑。"《诗·大雅·皇矣》："执讯连连。"讯字本义即俘虏。金文中讯字皆像人被俘铐手之形。生擒者曰执讯（或记为执言）。金文"虢季子白盘"有"折首五百，执讯五十"的战斗记录。折首即斩首，执讯即生擒。《千百年眼》据唐本谓"执言"或应作"执之"。然汉帛书亦作执言。

⑨帅师：率师。帅、率古音通。《仪礼·聘礼》郑注："古文帅皆作率。"《周礼·乐师》郑注："故书帅为率。"

⑩大君：国君。开国：封地。国、邑同义，建立城邦也。承家：承，兴也。家与邑同。《周礼·夏官·家司马》郑注："家，卿大夫采地。"甲骨卜辞作邑，又记为家（乙，1873）。帛书作"启国承家"。启，继也。避刘启（汉景帝）讳，今本作开。

8 比（19 比）

䷇ 比 （010/000 坎上坤下）吉。原筮，元（享）。永贞，无咎。不宁方来，后夫凶。

初六　有孚比之，无咎。有孚盈缶，终来有它，吉。

六二　比之自内，贞吉。

六三　比之匪人，（凶）。

六四　外比之，贞吉。

九五　显比，王用三驱，失前禽，邑人不诫，吉。

上六　比之无首，凶。

译文 ䷁

比（弼，辅弼）：吉祥。顺从筮占，大献享。守于中，无灾害。国事正不安，未来将有大凶。

初爻阴：有人辅佐，无须惧。甘雨充盈瓦罐，冬日来蛇一条。吉祥。

二爻阴：内有辅弼，出行吉。

三爻阴：辅佐不应辅佐者，凶。

四爻阴：外有辅弼，出行吉。

五爻阳：丧失辅弼。大王之车驾，用三马奔驱，失却了导向的辕马。但驾车者仍不松懈，吉祥。

上爻阴：辅佐于无道者，凶。

解说 ䷁

比者，《类篇》："比（频脂切），和也，相次也。"大比，古选贤"比核"考试之制也。"古者三年大比，举其贤能，直达于王。"《周礼·地官·小司徒》："及三年则大比。"《周礼·地官·乡大夫》："三年则大比。考其德行道艺，而兴贤者、能者。"比，古音读弼，即辅弼。《说文》：

"比，密也。二人为从，反从为比。"何按：此有误讹。反从非比，当作北也。二人为从，从则为比，反从则北，即背也。《彖辞》："比，辅也。"《尔雅·释诂》："比，俌也。"郭注："俌犹辅。"比卦乃辅弼、匹配、和合之卦。

帛书	通行本
比：吉。原筮，元（享）。永贞，无咎。不宁方来，后夫凶。	比：吉。原筮，元（享）①。永贞，无咎。不宁方来，后夫凶②。
初六　有复比之，无咎。有复盈缶，冬来或沱，吉。	初六　有孚比之③，无咎。有孚盈缶④，终来有它⑤，吉。
六二　比之（自内），贞吉。	六二　比之自内⑥，贞吉。
六三　比之非人，（凶）。	六三　比之匪人⑦，（凶）。
六四　外比之，贞吉。	六四　外比之，贞吉。
九五　显比，王用三驱，失前禽，邑人不戒，吉。	九五　显比⑧，王用三驱，失前禽，邑人不诫⑨，吉。
尚六　比无首，凶。	上六　比之无首⑩，凶。

比，弼也。弼，即辅弼、辅佐、辅伴、陪伴。《象》曰："比，辅也。"《说文》："弼，辅也。"《尚书大传》："古者天子必有四邻，前曰疑，后曰丞，左曰辅，右曰弼……天子之佐也。"甲骨文："贞，毕叶王事。"毕叶，即比协、辅佐。

辅弼者，王之佐助也。《国语·吴语》云："昔吾先王世，有辅弼之臣，以能遂疑计恶，以不陷于大难。"卦上坎为艰难，卦下坤为臣。《易·遁卦》："畜臣妾。"虞翻注："坤为臣。"九五当位为王，互体为艮，艮为观，以临下坤，如君王抚临天下。故《象》曰："比，先王以建万国，亲诸侯。"

甲骨文中有"奭"字，有释为弼，亦即比也（王贵民：《甲骨文奭字解》，《殷都学刊》1991年9期）。商周首辅重臣多称奭。如伊尹称黄奭、伊奭。召公称召奭、君奭。

比之反为大有，比与大有旁通。虞翻："以五阴比一阳，为比。以五阴顺一阳，故吉也。比伏大有，故与大有旁通。"

《周礼·秋官·小司寇》："以八辟丽邦法，附刑罚：一曰议亲之辟，二曰议故之辟，三曰议贤之辟，四曰议能之辟，五曰议功之辟，六曰议贵之辟，七曰议勤之辟，八曰议宾之辟。”辟者，比也。又，比为星名，字曰毕（毕宿）。毕，武事之星。《河图括地象》：“天左动起于牵牛，地右动起于毕。”《史记索隐》：“毕，天星之名。毕星主兵，故师出而祭毕星也。”毕宿主雨。甲文：“贞，毕受年。皆舞雨。”《诗 · 小雅 · 渐渐之石》：“月离（位）于毕，俾滂沱矣。”朱熹注：“离，月所宿也；毕，星名。”《史记 · 天官书》：“毕……月宿之则多雨。”

比通嬖，性交。《史记 · 殷本纪》：“〔帝纣〕好酒淫乐，嬖于妇人。”

此卦所言史事似与伊尹有关。伊尹，商汤之太辅也。《楚辞 · 天问》：“初汤臣挚，后兹承辅。”

注释

①原筮：初筮。原，读为川。川、原、初同字。川，顺也。原筮，即顺从所筮。元，大也。高亨引《左传》昭公七年所引比卦文，指出元下当有享字脱落。

②后夫凶：后有大凶。夫，大也。

③孚：读为辅。比读为弼，匹配的意思。孚比，即辅弼。

④孚：金文中常用为俘获、获得。仲称父鼎：“仲称父伐南淮人，孚金。”师寰簋：“征淮夷……俘吉金。”过伯簋：“过伯从王伐反荆，孚金，用作宗室尊彝。”则有孚即有俘获也。盈：固体满器曰盈，液体满器曰溢。盈、溢、扬、昂、漾，皆同源语。有孚盈缶：《后汉书 · 鲁恭传》引此句云：“言甘雨满我之缶，诚来有我而吉已。”此古义，以孚为甘雨，则此句之“孚”，当读作“霈”，甘霖也。

何按：甲骨文中孚、保乃同源字（同音、同形）。《说文》：𤓰，古文孚，古文保。唐兰谓保之初文像人背负幼子之形。保、孚古音通（钱大昕谓古无轻唇音，曾论此）。甲骨文中有“有保、弗保”之辞为对贞（参见饶宗颐《楚帛书通考》）。卜辞“有保”，即《易》之“有孚”，乃商周成语。“保”义为祐、护。于省吾亦谓保字像背负子形（《甲骨文诂林》第 174 页）。

⑤终来：终，可读为“冬”。它，蛇。有它：《说文》：“它，虫也……从虫而长。上古草居患它，故相问无它乎？”蛇冬眠动物。冬日有蛇，乃暖冬也。甘雨大降，冬日有蛇，本卦以为吉兆。或读它为怡，喜悦也。

⑥比之自内：自，于也。

⑦匪人："罪人"（闻一多说）。《释文》引王肃本："比之匪人，凶。"

⑧显比：显，闻一多读为鞻，马之护胸带。比，读为剥，胸带断绝。余谓"显比"：显读为湿，失也。古车用驷马，失配马，仅余三驱。前禽，前驱也。

⑨邑人：御人。邑、御古音通。不诫：诫，《说文》："戒，警也。"通懈、不惧。诫，俞樾读为骇，训惊骇、惊惧。亦可从。

⑩比之无首：闻一多说首应读为道。确然。比：辅弼，辅佐。

此卦象地行水中，有地中之象。有孚，易中恒语，多见之，而义不同。孚，保也。有孚，有保也。保，字本作杲，同俘，初文作孚。古无轻唇音，孚保音通。故孵蛋亦称抱（保）蛋。

9 小畜（58 少薮）

☰ 小畜（110/111　巽上乾下 ）亨。密云不雨，自（古音鼻，与蔽庇音通）我西郊。

初九　复自道，何其咎，吉。

九二　牵复，吉。

九三　舆说辐，夫妻反目。

六四　有孚，血去，惕出，无咎。

九五　有孚挛如，富以其邻。

上九　既雨既处，尚德载，妇贞厉。月几望，君子征，凶。

译文 ☷

小畜：顺利。浓云不雨，遮蔽我城邦的西郊。

初爻阳：归返自家之路，走得多么快速，吉祥。

二爻阳：牵畜归返，吉祥。

三爻阳：车轮崩脱，夫妻翻脸。

四爻阴：有病，放血去疾，无须畏惧。

五爻阳：得俘虏，缩成一团。富强要借助邻居。

上爻阳：一阵雨一阵停，上天降灾啊！妇人出行不利。月亮将消亡，君子出行，有凶。

解说 ☷

通行本卦名小畜，帛书记作少薮。古文少小通用。畜本为农事之称。《说文》："畜，田畜也。淮南王曰：玄田为畜。""畜从田从兹。兹，益也。"兹田，即植田。又作薮田。薮今记作艺，即园艺、农艺，种植及除草。薮本义为植，古文作执。《说文》："执，种也。"薮又有锄草之义。《诗·大雅·生民》："薮之荏菽，荏菽旆旆。"《说文》："薮，草木不生也。"引申为养植、蓄养。薮、折通畜，《说文》："折，断也。从斤断草。"亦为锄草之义。又记作"薙"。《说文》："薙，除草也。"《说文音义》："本又作蓄，积也，聚也，养也。"何按：畜古音与植、殖通。总之：畜，植也，种也，储也。小畜，即农事之初植也。

帛书		通行本	
少薮：亨。密云不雨，自我西芡。		小畜：亨。密云不雨，自我西郊①。	
初九	复自道，何其咎，吉。	初九	复自道，何其咎②，吉。
九二	坚复，吉。	九二	牵复③，吉。
九三	舆说辐，夫妻反目。	九三	舆说辐④，夫妻反目。
六四	有复，血去，汤（出），无咎。	六四	有孚⑤，血去，惕出⑥，无咎。
九五	有复挛如，富以其邻。	九五	有孚挛如⑦，富以其邻。
尚九	既雨既处，尚得载，女贞历。月几望，君子正，凶。	上九	既雨既处⑧，尚德载⑨，妇贞厉⑩。月几望⑪，君子征，凶。

"畜，养也。"（《广雅·释诂》）又《左传》成公八年："武从姬氏畜于公宫。"注："畜，养也。养，生也。"小畜，即小育。大畜，即大养。

又，小畜即秦汉少府之官（畜、府义通）。"少府：秦官，掌山海池泽之税，以给供养。"（《汉书·百官公卿表》）大畜即大司畜、大司牧，以及汉以后之大司农之官。

注释 ☰☰

①亨：读为行，通也、顺利。密云：即乌云，密乌音转。自我西郊：自，在也、载也、覆载、覆盖。又，载，兹也。《孟子》："今兹未能。"黄侃记兹为载（《说文段注小笺》注第143页）。又，自，古读鼻。可借为蔽覆。或释不为播，自为滋。即：浓云播（布）雨，滋（润）我西郊。

②咎：疾也。快捷曰疾。

③牵复：牵亦可读为将。将返。复，返也。

④舆说辐：辐异文作輹，亦作复。舆异文作车。《周礼·考工记》："舆人为车。"郑注："车以舆为主也。"大畜："舆说輹。"《释文》："车旁作复，

音服，车下缚也。"《老子》云："三十辐共一毂。"复自道，牵复，车脱复，尚德载，四条皆与车事有关。

⑤孚：痞，痹也，病也。

⑥血去，惕出：闻一多说："惕通瘍。"《广雅·释诂》："瘍，病也。瘍，疾也。"血去瘍出，此放血疗病之术。又见涣上九："血去逖出，无咎。"血去惕出：《汉书·李广苏建传》："凿地为坎，置煴火，覆武其上，蹈其背，以出血。"蹈或作搯，叩击也。

⑦有孚挛如：挛，马融曰连也。子夏易传作恋。挛如：连连，恋恋，联绵词也。孚，此词或读为福。意为有福连连，富及其邻。

⑧既雨既处：既，读若即。处：俞樾训为止。

⑨尚德载：载读为哉，虚词。尚读为上，上天。

⑩妇贞厉：妇女占卜有灾害。

⑪月几望：《仪礼·子夏传》"几"作"近"。顾炎武《日知录》："古书近、几同一字。"望：此假作"亡"（"既死魄"）。或说望月即满月，望（旺）、满古音亦通。所谓"反义互训"之例也。

10 履（4礼）

☰☱ 履 （111/011 乾上兑下）履虎尾，不咥人，亨。

初九　素（错）履，往，无咎。

九二　履道坦坦，幽人贞，吉。

六三　眇能视，跛能履。履虎尾，咥人，凶。武人为于大君。

九四　履虎尾，愬愬，终吉。

九五　夬履，贞，厉。

上九　视履，考祥。其旋，元吉。

译文 ☷

履：挥舞虎尾，虎不吃人。献享。

初爻阳：步履交错。走吧！无灾害。

二爻阳：步履平坦。邀人出行，吉祥。

三爻阴：盲目而视，跛足而行。挥舞虎尾，虎吃人，凶！武夫做了国家大君。

四爻阳：挥舞虎尾，小心翼翼！结果吉祥。

五爻阳：快步疾舞，止定，危险。

上爻阳：观其步履，知其吉凶。步履周圆者，大吉祥。

解说 ☷

卦名帛书作礼，今本作履。舞、无古同字。《说文》："无，丰也。"丰、礼古同字。履卦，即舞蹈之卦。履，舞也。舞古音与乐通。乐、履一音之转。《说文》："舞，乐也，用足相背（比）。"《礼记·乐记》："比音而乐之，及干戚羽旄，谓之乐。"古言"乐"多指舞。手之舞曰舞，足之舞曰蹈，即履。履，作动词音通蹅、陆，跳跃也。《诗大序》："言不足，故嗟叹之，嗟叹之不足，故咏歌之。咏歌之不足，不知手之舞之，足之蹈之。"部族乐舞在远古乃重大集会及礼仪,即"礼乐"。

帛书		通行本	
礼:礼虎尾,不真人,亨。		履:履虎尾,不咥人①,亨。	
初九	错礼,往,无咎。	初九	素履②,往,无咎。
九二	礼道亶亶,幽人贞,吉。	九二	履道坦坦,幽人贞③,吉。
六三	眇能视,跛能利。礼虎尾,真人,凶。武人迥于大君。	六三	眇能视④,跛能履。履虎尾,咥人,凶。武人为于大君⑤。
九四	礼虎尾,朔朔,终吉。	九四	履虎尾,愬愬⑥,终吉。
九五	夬礼,贞,厉。	九五	夬履⑦,贞,厉。
尚九	视礼,巧翔。其睘元吉。	上九	视履,考祥。其旋元吉。

　　《说文》:"礼,履也。所以事神致福也。"《尔雅·释言》:"履,礼也。"郭璞注:"礼,可以履行。"《白虎通·情性》:"礼者,履也。履道成文也。"《礼记·祭义》:"礼者,履此者也。"《释名·释衣服》:"履,礼也。饰足所以为礼也。"《序卦》云:"物畜然后有礼,故受之以履。"履、礼古音同,《易·坤卦》:"履霜,坚冰至。"《释文》:"履,郑读履为礼。"履之所以释礼,是因为履可读为舞。舞,古之大礼也。履,礼,舞也。履古读有舞音,犹丽之古音与美、妩、媚通。

　　本卦辞义似与舞蹈之礼有关。

　　另有,商汤名履。

注释 ☰☱

　　①履:第一,踏、踩。第二,舞,舞动。咥,啖也,食。《释文》:"咥,龁也。"《说文》:"啖也。"异本作噬。帛书以真借为咥,音近而通。

　　②素履:帛书作"错履",从之。闻一多说:"素为丝,素履即丝履。"《周礼·天官·屦人》:"掌王及后之服屦……素屦、葛屦。"注:"素屦,丝屦。"屦,履也。亦备一说。

　　③坦坦:即今语堂堂、荡荡、平坦宽大。幽,通邀。又,幽人,隐者高士(汉儒之说)。

④眇：眛、盲。"能，而也。"（《经传释词》）

⑤为：读为位、王。帛书作迥。迥："通也"（《玉篇》）。武人为于大君，为读为位、王。

⑥愬：肃肃。《尔雅·释诂》："敬貌。"闻一多：肃读为缩，畏缩之貌。

⑦夬：快之本字。快速。又说：夬，趹，或读缺，坏破也。夬，帛书作史，字可读为失。失履，失步也。

11 泰（34 奈）

䷊ 泰 （000/111 坤上乾下）小往，大来。吉，亨。

初九　拔茅茹，以其汇。征吉。

九二　包荒，用冯河，不遐遗。朋亡，得尚于中行。

九三　无平不陂，无往不复，艰贞无咎。勿恤，其孚，于食有福。

六四　翩翩不富，以其邻。不戒，以孚。

六五　帝乙归妹，以祉（齿）。元吉。

上六　城复于隍。勿用师，自邑告命。贞吝。

译文 ䷊

泰：小者去，大者来。吉祥，宜献享。

初爻阳：拔茅茹作献祭，是由于它们美。出行吉祥。

二爻阳：大葫芦，用之渡河，不幸而沉溺。失去朋伴，但到中流，失而复得。

三爻阳：任何平地，都有凹坡。任何直路，都有曲折。行路艰难，无害处。莫畏惧，即将反变，有食有福。

四爻阴：贫穷不富，是因为有坏邻居。不戒备，有祸。

五爻阴：帝乙要嫁妹，祈祷吧。大吉。

上爻阴：高墙倾覆于深池。不可用巫师，亲自揖拜祈祷吧。预兆凶险。

解说 ䷊

帛书卦名残，据《系辞》补。泰，大也。《序卦》："泰者，通也。"《广雅·释诂》："泰，通也。"此乃读泰为太，即达也，故可训通。

《荀子·不苟》杨注："通者，不滞之谓也。"《系辞》："推而行之谓之通。"本卦坤上乾下，外柔内刚，阴阳交合故谓之通。

泰：帛书《系辞》记作叟，即腊。甲文有叙字，即叙，为祭名。《汉书·郊祀志》："冬塞祷祠。"今称作"岁"。一年称一岁，年终曰岁。岁本为祭祀之名。时在寒冬，故有寒（塞）之意。

帛书		通行本	
[奈]：小往，大来。吉，亨。		泰：小往①，大来。吉，亨。	
初九	拔茅茹，以其胃（汇）。	初九	拔茅茹②，以其汇。征吉。
九二	贞吉。	九二	包荒③，用冯河，不遐遗④。
九三	枹妄，用冯河，不假遗，弗忘，得尚于中行。		朋亡，得尚于中行⑤。
	无平不波，无往不复，根贞无咎。勿恤，其复，于食有福。	九三	无平不陂，无往不复，艰贞无咎。勿恤，其孚，于食有福⑥。
六四	翩翩不富，以其邻。不戒以孚。	六四	翩翩不富，以其邻。不戒⑦，以孚。
六五	帝乙归妹，以齿。元吉。	六五	帝乙归妹⑧，以祉（齿）。元吉。
尚六	城复于湟，勿用师，自邑告命。贞蔺。	上六	城复于隍⑨，勿用师⑩，自邑告命⑪。贞吝。

孔子曰："泰者，正月之卦也。阳气始通，阴道执顺，故因此以见汤之嫁妹，能顺天地之道，立教戒之义也。至于归妹，八月卦也。阳气归下，阴气方盛，故复以见汤妹之嫁，以天子贵妹而能自卑，顺从变节而欲承阳者，以执汤之戒。是以因时变一用，见帝乙之道，所以彰汤之美，明阴阳之义也。"（《乾凿度》）

注释 ≡

①小：阴气。大：阳气。"小谓阴也，大谓阳也。"（《周易集解》引蜀才）《周易本义》："言坤往居外，乾来居内。"

②茅茹："茅蒐、茹藘，人血所生，可以染绛。"（《说文》）又名茜草。《诗·郑风·东门之埤》："茹藘在阪。"《周礼》谓"染草"，"入药能补血"。

旧说：汇，类也。帛书作胃，亦类也。清儒宋翔凤说："汇，通伟，美也。"（宋翔凤《过庭录》）其说可从。

③包：匏也。荒：瓠也，菰也，壶也。合语即今语之葫芦。闻一多说："包荒即匏瓠，大瓢或独木舟。"古以葫芦连缀而浮于河。冯河：溯河，浮河。"徒涉也"，"无舟渡河"（《说文》）。古者以匏（枹）济渡。《诗·邶风·匏有苦叶》："匏有苦叶，济有深涉。""匏、瓠（壶，葫）互训。"（《说文》）《庄子·逍遥游》："今子有五石之瓠（壶），何不虑以为大樽，而浮于江湖？"《淮南子·说林训》："抱壶而渡水。"《鹖冠子》："中流失船，一壶千金。"《古今注》："白首狂夫，披发提壶，乱流而渡。"又，北斗名"葆光"（《庄子·齐物论》），音转摇光，亦谓大匏（大瓢）也。

④遐：胡也（《礼记·丧记》郑注）。又，遐亦通祥，或释不祥。郑玄《笺》云："厉、假皆病也。"假、瑕通。不瑕，不祥也。

不遐：诗书成语。《诗·大雅·抑》："不遐有愆。"《诗·大雅·下武》："不遐有佐。"释作不想、不料、不祥、不幸。

唐公房碑："厉蛊不遐。"《诗·大雅·思齐》："烈假不瑕。"遐：即瑕，害也。

遗：闻一多说："溺也。"遗：坠落。不遐溺：不幸沉溺了。

⑤尚：王引之说：助也。此读为"偿"。

⑥恤：通惜。其孚：孚通复。于：用也（王引之）。此句大意：不必吝惜其所获，用食可有福（勿恤其孚，于食有福）。

⑦翩：读为贫。贫贫，即贫穷。又：不戒，戒备。孚：否，弊，祸也。又：戒，可读为懈。孚可读为福（富）。不松懈，能得富。此又一解，存而备考。

⑧帝乙归妹：帝乙，太乙。异说又以帝乙为星名，归妹为星归位。可解作"太乙星已归位，祈祷吧"。以祉："祉，祀也。"帛书本作"以齿"。齿，笑也。

⑨复：倾覆。隍：湟也。"城堑也，异文作湟。"《说文》："隍，城堑也。"

⑩师：指巫师。

⑪邑：通挹，揖也。《荀子·议兵》："拱挹指麾。"同书《富国》作"拱揖"。揖，拱手而拜貌，谦敬之礼也。告命：祈祷。

12 否（2妇）

䷋ 否 （111/000 乾上坤下）（妇）否之匪人，不利君子。贞。大往小来。

初六　拔茅茹，以其汇，贞吉。亨。

六二　包承，小人吉，大人否亨。

六三　包羞。

九四　有命，无咎。畴离祉。

九五　休否，大人吉。其亡，其亡，系于苞桑。

上九　倾否，先否后喜。

译文 ䷁

否（妇）：娶妇不得其人，不利于君子。出行。大者去，小者来。

初爻阴：茅茹被拔掉，是由于它们美。出行吉。宜献享。

二爻阴：炖肉，小人欢喜，大人不可享用。

三爻阴：烹调鲜美。

四爻阳：自有天命，无须畏惧。相配得福祉。

五爻阳：失去伴侣，大人欢喜。去哪里？去哪里？归依在扶桑。

上爻阳：水瓶（瓢）倒了，先悲后喜。

解说 ䷁

卦名帛书作妇。妇、否古音近。否，古音通匹（痞从否，今音四）。《尔雅·释虫》："蟠鼠负。"《释文》："负，本作归，又作妇。"《易·解卦》："负且乘。"虞翻注："负，倍（背）也。"倍字古从否声，故知妇、否古音近，可相通假。否，匹也。"匹，娉也。择女为匹偶也。"（《郑学丛著·演释名》）《汉书·刘向传》："在下位则思与其类俱进。《易》曰拔茅，茹以其汇。"

帛书		通行本	
妇：妇之非人，不利君子。贞，大往小来。		否：否之匪人，不利君子。贞。大往小来。	
初六	拔茅如，以其茑（汇），贞吉。亨。	初六	拔茅茹，以其汇①，贞吉。亨。
六二		六二	包承②，小人吉，大人否亨。
六三	枹承，小人吉，大人不亨。	六三	包羞③。
九四	枹忧	九四	有命，无咎。畴离祉④。
九五	有命，无咎，梼罗齿。	九五	休否⑤，大人吉。其亡⑤，
	休妇，大人吉。其亡，其亡，击于枹桑。		其亡，系于苞桑⑦。
尚上	项妇，先不后喜。	上九	倾否⑧，先否后喜。

同类相聚，故谓之"匹"，匹配，亦即"否"、"妇"。

妇者，附也，副也。妇配，陪附也。妇，即女。《说文》："女，妇人也。"《说卦》云："妇，服也。"从顺之意。本卦卦象乾上坤下。《说卦》云："坤，顺也。"《释名》："坤，顺也。上顺乾也。"乾外坤内，坤有闭藏之象，此与否意正合。《释文》："否，闭也，塞也。"《系辞》云："是故阖户谓之坤。"虞翻注："阖，闭窗也。"《说文》："阖……一曰闭也。"是知卦名"妇"与"否"者，取意于上乾下坤。否，闭，即阴伏也。

否：闭。天门关闭，阳之极也。伏，阴藏伏于内也。

又，否，桴也。"桴"即"瓢"之语转。

注释 三

①其：猬也，猬集，亦汇集之义。虞翻："汇，类也。"《经典释文》："汇……古文作茑。"以，及也。（虞翻）以，用也。

②承：胾也，蒸肉。包，庖。《说文》："庖，厨也。"《淮南子》高注："庖，宰也。"张舜徽《郑学丛著·演释名》："庖，炮也。炮炙食物之所也。"又说：承，蒸也。"蒸，美也。"（《广雅·释诂》）

③羞：馐也，鲜也。美食曰羞鲜。《尔雅》："羞、饯、丞，进也。"进献。《左传·隐公三年》："可荐于鬼神，可羞于王公。"

④畴：通俦，偶也，匹配也。离，"丽也"。(《系辞》)离，既训为分别，又训为附丽。祉，吉也。异说，《周易集解纂疏》引《汉书·律历志》："畴人子弟分散。"李寄注"畴"："同类之人。"是畴为类。

又，《象传》曰："离，丽也。"训离为附。谓附着也。祉，福也。离祉：离吉，即得吉也。

⑤否：痞也。休，止也。先否后喜：否，读如痞，释为悲也。

⑥亡：去也。其，何也。

⑦苞桑：丁山说："苞桑读为榑桑。"榑桑即榑木。《吕氏春秋·求人》："禹东至榑木之地。"《淮南子·地形训》："旸谷、榑桑在东方。""榑桑即扶桑、扶木。"(《山海经》)系，结也。

⑧否：桴、栖也。桴即瓢。栖，瓶，皆容器也。

13 同人（6 同人）

☰ 同人 （111/101　乾上离下） 同人于野，亨。利涉大川，利君子贞。

初九　同人于门，无咎。

六二　同人于宗，吝。

九三　伏戎于莽，升其高陵，三岁不兴。

九四　乘其墉，弗克攻，吉。

九五　同人，先号咷而后笑，大师克相遇。

上九　同人于郊，无悔。

译文 ☷

同人：会合众人于原野，享宴。利于渡涉大江河，利于君子远行。

初爻阳：会众于社门，无灾害。

二爻阴：会众于宗庙，不利。

三爻阳：埋伏武士于丛林，欲夺敌国之高陵，三年不举兵。

四爻阳：（敌人）已增高墙垒，不可进攻。吉祥。

五爻阳：会集众人，先悲而后笑。大军将会师。

上爻阳：会众于郊原，无灾害。

解说 ☷

《左传》襄公二十五年记子产之言：“天子之地一圻，列国一同。”《周礼·考工记·匠人》：“方百里为同。”由此可知：“同”乃是古代方圆区划的单位之名。同人：乡人，即国人也。

同，《说文》：“合会也。”“同，合也。”“同，聚也。”同，统也。统，聚也，总也。故同人即统人、聚众。

《诗·豳风·七月》：“同我妇子，馌彼南亩。”郑笺：“同，聚也。”聚众合会，即"同人"。

《周礼·春官·大祝》："大会同，造于庙。"《周礼·春官·大史》："大会同，朝觐，以书协礼事。"

帛书		通行本	
同人：同人于野，亨。利涉大川，利君子贞。		同人：同人于野，亨①。利涉大川，利君子贞。	
初九	同人于门，无咎。	初九	同人于门②，无咎。
六二	同人于宗，蔺。	六二	同人于宗③，吝。
九三	服容（于）莽，登其高（陵），三岁不兴。	九三	伏戎于莽，升其高陵④，三岁不兴⑤。
九四	乘其庸，弗克攻，吉。	九四	乘其墉⑥，弗克攻，吉。
九五	同人，先号桃后笑，大师克相遇。	九五	同人，先号咷而后笑⑦，大师克相遇⑧。
尚九	同人于芰，无悔。	上九	同人于郊，无悔。

召集族众大会（公民大会、部落大会），古语谓之"同"，即"同人"。春秋以前，列国大事（嗣君、易君、祀与戎）皆须召集国人大会"民主"而定。《左传》哀公元年（公元前494年）记："吴之入楚也，使召陈怀公。怀公朝国人而问焉，曰：'欲与楚者右，欲与吴者左。'"此是一次春秋时代之"同人"，即召集国人大会确定一国外交方针的事例。

古希腊亦有城邦公民集会之俗："即会众或被招来听取行政长官讲话的公民集会，在罗马共和国时称为 Concio。"（霍布斯《利维坦》）

同、统音义通。"时见曰会，殷见曰同。""殷，众也。"《论语·先进》"如会同。"郑注："诸侯时见曰会，众曰同。"

同，又为古之兵制。《汉书·刑法志》："殷周以兵定天下矣……立司马之官，设六军之众，因井田而制军赋。地方一里为井；井十为通；通十为成，成方十里；成十为终；终十为同，同方百里；同十为封；封十为畿，畿方千里。"

又，同与通音义亦相近。《山海经·海内经》："伯陵同吴权之妻。"郭注："同，犹通，言淫之也。"

《黄帝十六经·五政》："男女毕逈，何患于国？"注："逈读为同。《国语·周语》：'其惠足以同其民人。'注：'同，犹一也。'"毕逈即同心。

何按：旧说不确。"逈"当读为通，《黄帝十六经·观》："夫民之生也，规规生食与继。不会不继，无与守地；不食不人，无与守天。"注曰："会，交配。继，生育。"

"观天于上，视地于下，而稽之男女。夫天有干，地有恒常。合此干常，是以有晦有明，有阴有阳……阴阳备物，化变乃生。"（《黄帝十六经》）

"男女毕逈（通），何患于国？"《黄帝经》与训"交配"之"会"，意同。《广雅·释诂》："通，淫也。"《左传》："公子庆、公子牙通乎夫人。"注曰："通者，淫通。"此文意即是说男女皆能交通，于国有何患呢。男女毕通，于国有益，不致造成"不会不继，无与守地"。

注释

①同人：统人，统合众人。《尔雅·释地》："邑外谓之郊，郊外谓之牧，牧外谓之野。"郊：田野。牧：牧场（野）。野：荒野，未垦之地曰野。又远地曰野。亨：或释献享，或释享宴。

②门：朝门、国门、社门，皆称"门"。《周礼·大司徒》："若国有大故，则致万民于王门。"

③宗：宗社。《说文》："宗，尊祖庙也。"

④戎：兵也（《诗·小雅·雨无正》《毛传》）。戎，从戈从甲（十，甲也），持戈之武士也。"惕号，暮夜有戎，勿恤。"同此。莽，郑玄："丛木也。""大阜曰陵。"升：登也，训得。

⑤兴：举也。不兴：不成功。

⑥乘：闻一多说："加也，增也。"墉：城墙。《说文》："墉，城垣也。"弗克：莫克。闻一多读作曷，可也。

⑦号咷：号啕。《经典释文》："号咷，啼呼也。"先悲后喜，否极泰来，死地后生之义。

⑧遇：会合，会师。

14 大有（50 大有）

☲ 大有　（101/111 离上乾下）元亨。
初九　无交害，匪咎。艰，则无咎。
九二　大车以载，有攸往，无咎。
九三　公用亨于天子，小人弗克。
九四　匪其彭，无咎。
六五　厥孚交如，威如，吉。
上九　自天祐之，吉，无不利。

译文 ☲

大有：大享宴。
初爻阳：无狡虫为害，无须畏惧。虽艰难，无须畏惧。
二爻阳：用大车装载，作远行，无害。
三爻阳：公田所获奉献于天子，小人不可得。
四爻阳：把大的分与众人，无害。
五爻阴：所收获又大又高，吉祥。
上爻阳：有天相助，吉祥，一切顺利。

解说 ☲

卦名帛书与今本同。有：手（又）持肉曰有，本义"有祭"，为祭祀之名。有：櫹。櫹即秋之本字。大有，大秋也，丰收节日。献尝之祭曰"有祭"。大有（之祭），即上古秋收之丰收祭礼也。

《诗·鲁颂·有駜》："岁其有。"毛传："丰年也。""大有"即"大有年"之省语，即大丰收年也。《诗·小雅·甫田》："自古有年。"《谷梁传》谓"五谷皆熟为有年"。五谷大熟，大丰收，谓之大有之年。

《庄子·人间世》："是以人恶有其美也。"《释文》："有，崔本作育。"

《广雅·释诂》："育，生也。"《说文》："育，养也。"大有即大育，即大生，《系辞》云："夫乾，其静也专，其动也直，是以大生焉。"上离与下乾合体，卦有二乾之象，如阳性精刚自动，化生万物。

帛书		通行本	
大有：元亨。		大有：元亨。	
初九	无交禽（害），非咎。根，则无咎。	初九	无交害，匪咎①。艰，则无咎。
九二	泰车以载，有攸往，无咎。	九二	大车以载②，有攸往，无咎。
九三	公用芳于天子，小人弗克。	九三	公用亨于天子③，小人弗克。
九四	（非其）彭，无咎。	九四	匪其彭④，无咎。
六五	阙复交如，委如，终吉。	六五	厥孚交如⑤，威如，吉。
尚九	自天右之，吉，无不利。	上九	自天祐之⑥，吉，无不利。

离乾同舍于南，乾为天，离为日，卦象明日在天，光被四表，惠泽百物，故名曰"大有"。

《诗·周颂·丰年》："丰年多黍多稌，亦有高廪，万亿及秭。为酒为醴，烝畀祖妣。以洽百礼，降福孔皆。"《诗·小雅·甫田》："食我农人，自古有年。"

注释 ☷

①交：通狡，狡虫。《山海经》："有兽焉，其状如犬而豹文，其角如牛，其名曰'狡'。"读为蛟，即鳄鱼。《说文》："蛟，龙之属也。"段注："蛟似蛇，四足，龙属。"狡、蛟皆为猛虫。匪，非也。《经籍篹诂》释"匪"字有多义：（1）非也；（2）不也；（3）彼也；（4）斐也（文章貌）；（5）匪，分也；（6）匪，飞也。

②车：异本作舆。宋翔凤说："舆在轮上，车为轮之总名。"

③用享：用，有也。有，作也。享，京房曰："献也。"帛书之芳，读为奉，亦与献意通。克读为可。弗克：弗可，不可也。

④匪：《周礼·考工记·梓人》郑注："匪读为分。"匪、分音通彭，庞

也。彭：异本作旁、尫。

⑤孚：俘获。交，积也，加也，大也。此卦六五与家人卦："有孚威如"近同。如，读然。

威如：巍然，高大也。孚，《经籍纂诂》中有多义：（1）信也。诚信也；（2）卵化曰孚。孚，生也；（3）孚读为浮，或扶，或附，或付；（4）俘获；（5）孚，布也。《左传》庄公十年："小信未孚（溥，普也）。"（6）孚，伴侣也；（7）孚又读为符，符，符信也。此外，孚又读布，读方。

⑥自：读兹，此也。祐：通佑，助也。

15 谦（35嗛）

䷎ 谦 （000/100 坤上艮下）亨，君子有终。

初六　谦谦君子，用涉大川，吉。

六二　鸣谦，贞吉。

九三　劳谦，君子有终，吉。

六四　无不利，㧑谦。

六五　不富，以其邻。利用侵伐，无不利。

上六　鸣谦，利用行师，征邑国。

译文

谦：献享。君子（行事，有始）有终。

初爻阴：君子忧思慊慊，可以渡涉大江大河，吉祥。

二爻阴：明智而谦敬，吉祥。

三爻阳：勤劳而谦敬，君子永远吉祥。

四爻阴：无往不利，处事谦和。

五爻阴：不得富是由于有坏邻居。利于举兵征伐，无往不利。

上爻阴：明智而谦敬，利于行军，征服敌人城邦。

解说

卦名今本作谦，帛书卦名残缺，据爻辞补。谦、嗛古同字，汉代多写作嗛。《汉书·司马相如传下》颜师古注："嗛，古谦字。"（古书中从言之字或从口）谦音从兼，与敬、㑃音近义通。折腰弯躬曰敬。折腰卑立，谦也。王肃释谦为："谦，自谦，损也。"（《史记·乐书》："故礼主其谦。"）"谦是卑退之意。"（《左传》昭公五年）"谦者，屈躬下物，先人后己。"（《易·谦卦》疏）

《说文》云："谦，敬也。"《国语·鲁语》韦昭注："恭为谦。"恭者，佝（古音勾）也。卦象坤上艮下，坤为顺，艮为节，敬顺而有节止，谦恭之象也，故卦名曰"谦"。满则招损，谦则受益，君子持礼而让，则永受多福，故释卦云："君子有终。"

帛书		通行本	
（嗛）：亨，君子，有终。		谦：亨，君子有终。	
初六	嗛嗛君子，用涉大川，吉。	初六	谦谦君子①，用涉大川，吉。
六二	鸣嗛，贞吉。	六二	鸣谦②，贞吉。
九三	劳嗛，君子有终，吉。	九三	劳谦③，君子有终，吉。
六四	无不利，㧑嗛	六四	无不利，㧑谦④。
六五	不富，以其邻，（利用侵伐，无）不利。	六五	不富，以其邻⑤。利用侵伐⑥，无不利。
尚六	鸣嗛，利用行师，征邑国。	上六	鸣谦⑦，利用行师，征邑国。

谦：音通于闲，空也，虚也。闲：从容也，又通间。闲，亦贤也。

谦："自少也"，"自损也"（孔子）。

今语"自卑"（即自贬）。自我贬抑谓之谦。弗洛伊德（及阿德勒）均以自卑人格为人生之主要动力，此乃居低位者之自卑。而《易》之"谦"，则以自卑为美德，乃是高贵者即君子的自卑。

注释 ☰☰

①谦谦：小心翼翼貌，与"君子终日乾乾"同义。《说文》："谦，敬也。"

②鸣谦：鸣，明也。谦，廉也，洁也。谦从兼，兼有美义。《孟子·公孙丑》："王馈兼金一百。"赵注："兼金，好金也。"《史记·秦始皇本纪》："秦法，不得兼方不验辄死。"如淳注："兼方，良方也。"

③劳谦：谦读为慊。《说文》："慊，疑也。"或读为贤。劳谦：勤劳贤明。

④㧑读如挥，宋翔凤说读为"宜"。

⑤不富，以其邻：以，读与也。与：给予，助人也。

⑥利用侵伐：用读为有，作也。

⑦谦：异说，谓谦读为针，镝也，乐器，或读为馘。

16 豫（27 馀）

䷏ 豫 （001/000 震上坤下）利建侯，行师。

初六　鸣豫，凶。

六二　介于石，不终日。贞吉。

六三　盱豫，悔。迟有悔。

九四　由豫，大有得。勿疑，朋盍簪。

六五　贞疾。恒不死。

上六　冥豫。成有渝，无咎。

译文

豫（乐、悦）：利于建筑城堡，行军。

初爻阴：自鸣得意，凶。

二爻阴：栖身岩石，不能长久。出行，吉祥。

三爻阴：骄而乐，会后悔。迟早有悔。

四爻阳：谨慎犹豫，大有好处。不疑虑，不能克捷。

五爻阴：出行有疾。归则不死。

上爻阴：暮夜作预防。城郭有人偷袭，不需畏惧。

解说

　　豫、馀，为同源字。今本作豫，帛书作馀。豫、为、有，同源字，牵象曰为，有象曰豫，有肉曰有，本义为裕。豫、为古音通，正如羽、尾古音通。豫，有也，即富裕、富有之裕、有的本字。字像牵象之形，有象者，"豫"（裕）也。驭象者，"为"也。如右图。

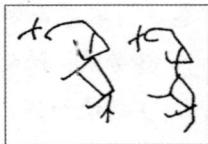

　　馀、豫古音通，馀从余声，豫从予声，音近而通。象豫古音通，闻一多说古本为一字。又，未发之为豫，即预也。《礼记·学记》："大学之法，禁于未发之谓豫。"郑注："未发，情欲未发，谓年十五时。"豫者，预也，裕也。豫者，乐也。大豫，郊庙之乐，又称"大予"。《隋书·音乐志》："大予乐，郊庙上陵。"西汉太乐令，东汉明帝时称太豫令。豫："利建侯行师。"《象》曰："雷出地奋，豫。先王以作乐崇德，殷（音）荐之上帝，以配祖考。"

帛书		通行本	
馀：利建侯，行师。		豫：利建侯，行师。	
初六	鸣馀，凶。	初六	鸣豫①，凶。
六二	济于石，不终日。贞吉。	六二	介于石②，不终日。贞吉。
六三	杅馀，悔。迟有悔。	六三	盱豫③，悔。迟有悔。
九四	允馀，大有得。勿疑，崩甲谗。	九四	由豫④，大有得。勿疑，朋盍簪⑤。
六五	贞疾，恒不死。	六五	贞疾。恒不死⑥。
尚六	冥馀，成或谕，无咎。	上六	冥豫。成有渝⑦，无咎。

《墨子》："武王胜殷杀纣，环天下自立以为王，事成功立……因先王之乐，又自作乐，命曰象。"《春秋繁露》："武王受命，作象乐。"《礼记·文王世子》郑注："象武王伐纣之乐。"象、豫古字通。《说文》："豫，象之大者。"象乐，《宋书·乐志》记作"大予之舞"，又记作"大武"。即大武之乐，又记作"大豫"。闻一多考此甚详。

金文"匡尊"："隹四月初吉甲午，龏王才射庐，乍（作）象舞。匡甫二。王曰：休。匡拜乎稽首，对扬天子不显休。"（何按：不显即伏羲之转语，乃伟大太阳神之义也）

《说文》云："馀，饶也。"《吕氏春秋·辩土》："亦无使有馀。"高诱注："馀，犹多也。"《逸周书·籴匡解》："馀子务艺。"孔晁注："馀，众也。"饶、多、众同义。

馀又可读为余。《尔雅·释天》："四月为余。"李注："四月万物皆生枝布叶，故曰余。余，舒也。"《礼记·曲礼下》："予一人。"郑玄云："予，余古今字。"

卦名亦可读为舆，《一切经音义》卷十九："豫，古文作舆。"舆者，车也。《说卦》云："坤为大舆。"《国语·晋语》韦昭注："车，震也。"《易·贲卦》："舍车而徒。"虞翻注："坎为车。"居、车古同音。《礼记·礼运》："天子以德为车。"郑玄注："车或为居。"《庄子·徐无鬼》："若乘日之车。"《释文》："车，元嘉本作居。"豫卦像坎，坎卦兼车之象，故亦可读为"舆"。

注释 ☰

①豫，《尔雅·释诂》："乐也。"通娱、虞、乐、悦。豫古音通武。《释文》："马融云：豫，乐。"《周易集解》引郑玄注："喜佚说乐之貌也。"韦昭注："豫，乐也。"又，大武之乐古称"豫"（《象乐》）。《墨子》："武王胜殷杀纣，环天下自立为王，事成功立，无大后患，因先王之乐，又自作乐，命曰象。"鸣豫异说或谓："明豫，明武也。"（《释文》）炫耀武力，凶。

②介于石：林义光读介如愒、偈，息也。张舜徽《郑雅》："介，舍也。"又，郑玄说："中古未有釜甑，释米捭肉，加于烧石之上而食之耳。"（《礼记·礼运》注）

③盱豫：宋翔凤说读如睢盱（《过庭录》），小人喜悦之貌也。盱，《说文》："张目也。""小人得志骄蹇之貌。"张衡《西京赋》："睢盱跋扈。"注："骄横貌。"

④由豫：宋翔凤说即犹豫，多疑也。

⑤朋盍簪：簪，异本作撍。王引之说："撍，捷也。"

⑥恒：读如亘，"亘，求回也。从二，从回。回古文回。象亘回之形。上下所求物也。"亘，杨树达说即漩，字像回水，旋涡也。恒，桓也。桓通训为旋，回环也。

⑦冥豫：郑玄读冥为鸣。豫，闻一多说："豫者，两木相积（击），以行夜也。"即梆子，击更者。冥豫，成有渝：冥夜作豫（乐），示人有备，即有偷城者亦无咎。渝：偷也，逾城而偷袭也。或、有古字通用。域从或音，与有近通。

17 随（47 隋）

䷐ 随 （011/001 兑上震下）元亨。利贞，无咎。
初九　官有渝。贞吉。出门交有功。
六二　系小子，失丈夫。
六三　系丈夫，失小子。随，有求，得利。居贞。
九四　随，有获，贞凶。有孚在道。以明，何咎？
九五　孚于嘉，吉。
上六　拘系之，乃从。维之，王用亨于西山。

译文

随（追）：大献享。好兆头，无灾害。
初爻阳：官府将有变故。预兆吉祥。出门将有功。
二爻阴：捉住小子，跑掉大人。
三爻阴：捉住大人，跑掉小子。焚田，搜求，有利。宜安居。
四爻阳：焚田而有收获，但预兆有凶。有坏事在道路上。但既已
知道（则可避免），又何须畏惧？
五爻阳：归复于自家，吉祥。
上爻阴：要捆紧他，（他）才会听命。看住他，大王要（将其）献祭于
西山。

解说

此卦《归藏》曰"随"。随：追也，追随；逐也，及也，提也。六二、
六三有追逐之义。随，《广雅》训顺，《释文》训从。《系辞》："服牛乘马，
引重致远，以利天下，盖取诸随。"随，从也。随：追踪，跟踪。闻一多
说："随为祭名，随祭也。"帛书随作隋。隋：字或作随，作绥、挼，作堕
（堕训坠，随从之义本此）。

隋，段玉裁《说文解字注》："裂肉，谓尸所祭之余也。"《周礼·春官·小祝》"赞隋"注："隋，尸之祭也。守祧既葬，则藏其隋。"注："尸所祭肺脊黍稷之属。""以肉设祭曰隋也。"

帛书	通行本
隋：元亨。利贞，无咎。	随：元亨。利贞，无咎。

	帛书		通行本
初九	官或谕。贞吉。出门交有功。	初九	官有渝①。贞吉。出门交有功②。
六二	系小子，失丈夫。	六二	系小子，失丈夫。
六三	系丈夫，失小子。隋，有求，得利。居贞	六三	系丈夫，失小子。随，有求，得利③。居贞④。
九四	隋，有获，贞凶。有复在道。已明，何咎。	九四	随，有获，贞凶。有孚在道。以明⑤，何咎？
九五	复于嘉，吉。	九五	孚于嘉⑥，吉。
尚九	枸系之，乃从，鬻之，王用芳于西山。	上六	拘系之，乃从。维之⑦，王用享于西山⑧。

卦象上兑下震。尚秉和云："震为春，兑为秋。周而复始，故曰随。"

何按：兑为水，震为雷，雨从雷至，故曰"随"。雷电，火也。兑，泽也。火伏于泽曰随。

随：遂、燧也。火祭曰"遂"。《礼记·郊特牲》："季春出火，为焚也。"郑说："谓焚莱也……君亲誓社誓吏士以习军旅。"既而"遂（燧）田，以祭社也"。古有改火之节：春出火焚草莱，"火种"也。以草灰肥田。秋出火焚野，猎兽。冬内火旺灶而取暖。

随，顺从。随，由之也，自由也。王弼注："得时则天下随之矣。随之所施，唯在于时也。时异而不随，否之道也，故随时之义大矣哉！"

注释 ☰

①官：通馆、宫馆。渝：变故（李镜池）。

②交：通作将。高亨释作俱。《小尔雅·广言》："交，俱也。"俱者，皆也，交皆音通。又，交："空也。"（《广雅·释诂》）

③随：祭名，隋祭（闻一多说）。随：燧，焚田。

④居贞：贞，读止，定也。居定：宜定居，在家平安。

⑤以明：帛书本作已明。

⑥孚于嘉：孚，帛书作复。嘉，家也。复于家，归返其家也。《说文》："反，复也。"则复，反也。反、复音转。

⑦维之：维，捆缚。

⑧西山：岐山。周文王东迁于丰，岐山在丰之西。

18 蛊（16箇）

䷑ 蛊 （100/110 艮上巽下）元亨。利涉大川。先甲三日，后甲三日。

初六　干父之蛊。有子考，无咎。厉，终吉。

九二　干母之蛊，不可贞。

九三　干父之蛊，小有悔，无大咎。

六四　裕父之蛊，往，见吝。

六五　干父之蛊，用誉。

上九　不事王侯，高尚其事。

译文 ☰☰

蛊（古、故）：大献享。利于渡涉大江河。时间在先甲三日（辛壬癸），后甲三日（乙丙丁）。

初爻阴：顺循于父辈之古道。为子孝考，无灾害。即使有灾难，最终也会吉祥。

二爻阳：顺循于母辈之古道，行不通。

三爻阳：顺循于父辈之古道，即使小有过失，亦无大灾害。

四爻阴：违背父辈之古道，向前，有灾害。

五爻阴：顺循于父辈之古道，会得到赞誉。

上爻阳：不要去服侍王侯，而要高尚自身的德行。

解说 ☰☰

帛书"箇"，卦名本字也，今本作"蛊"，盖汉儒改之。瞿宣颖《中国社会史料丛钞》引燃犀道人《驱蛊燃犀录》云："易，山下有风蛊，似无后世所谓蛊义。汉儒之说，则蛊为虫之致疾者也。"箇，固，从古。闻一多说："蛊，古也，故也。"王引之训为故："蛊，犹故事也。"《尚书大传》："乃命五史以书五帝之蛊事。"郑注蛊事，即古事、故事。旧说以为蛊虫，谬。《诗·小雅·蓼莪》："哀哀父母，生我劬劳……无父何怙，无母何恃？"《论语·学而》："父在，观其志。父没，观其行。"此卦言孝道也。

帛书		通行本	
箇：（元）吉，亨。利涉大川。先甲三日，后甲三日。		蛊：元亨。利涉大川。先甲三日，后甲三日①。	
初六	干父之箇，有子巧，无咎。厉，终吉。	初六	干父之蛊②。有子考③，无咎。厉④，终吉。
九二	干母之箇，不可贞。	九二	干母之蛊，不可贞⑤。
九三	干父之箇，少有悔，无大咎。	九三	干父之蛊，小有悔，无大咎。
六四	浴父之箇，往，见闻，	六四	裕父之蛊⑥，往，见吝。
六五	干父之箇，用舆。	六五	干父之蛊，用誉。
上九	不事王侯，高尚其德，凶。	上九	不事王侯，高尚其事⑦。

　　商周之际，乃母系向父系制度嬗变之际，然母系之遗俗至春秋未绝（说详见牟润孙《春秋时代母系遗俗公羊证义》）。牟氏云："礼，妇人无外事，但得命诸父兄师友，称诸父兄师友以行耳。母命不得达，故不得称母通使文，所以远别也。此重父权之故也。男子娶妇，依宗法社会礼俗，当由父命之，自无母命之理。"本卦云：干（贯）父之蛊，吉；干（贯）母之蛊，不吉。正此制度转变之观念反映也。

　　《一切经音义》引《字林》云："蛊、假古通。"《诗·大雅·思齐》："烈假不瑕。"《汉唐公房碑》引作"厉蛊不瑕"。假、瑕古音皆与从"古"音之字声通。如《诗·商颂·那》："汤孙奏假。"《尔雅·释诂》注引作"汤孙奏嘏"。

　　蛊又可读为贾。《白虎通·商贾》云："贾之为言固也，固其有用之物以待民来，以求其利者也。"贾云："止曰贾。"《周礼·太宰》云："商贾，阜通货贿。"郑玄注："行曰商，处曰贾。"

　　《尔雅》："康（糠）谓之蛊（谷）。"蛊：祜也。《诗·小雅·桑扈》："受天之祜。"祜，佑也。祜有孝循之古义。《魏书·礼志》记拓跋氏祭祖文："王业之兴，起自皇祖。绵绵瓜瓞，时惟多祜。"

又，箇：诂也，言教也。箇，《说文》云："竹枝也。"《方言》："箇，枚也。"《史记·货殖列传》正义引《释名》云："竹曰个，木曰枚。"上卦艮为坚多节，竹之象也。下卦巽，帛书作"筭"。筭者，筹也，古以木竹之短枝为之，由此知卦又名箇者，即取于此义。

蛊：古。古亦星名，即织女星。古又称姑、皇姑星，又称河鼓。

《夏小正》："汉案户……初昏织女正东向。"

《夏小正辑注》："织女，黄女也。又名黄姑。"楚月名中有"姑"、"辜"，即鼓星也。

《左传》僖公十五年："蛊之贞，风也。其悔，山也。"蛊卦，立言孝道。孔子曰："夫孝者，善继人之志，善述人之事者也。"

刘季高《斗室文史杂著》言："禹之孝，为补父之过。武王之孝，为继父之善……由夏禹周武之行观之，其所以昭示后人者，则人之过失，虽及身未能改，其子孙可以补救焉，不致以死亡而遂固定也。人之志业，虽及身未能成，其子孙可以继续焉，不致以死亡而遂断绝也。增强人之继续性，以弥补生命之短促，相率入于进化之途，而一归之于孝，此实吾先民独创之创获也。"于先秦之"孝"德，可谓别具只眼矣！

注释

①先甲三日，后甲三日：十干数：甲乙丙丁戊己庚辛壬癸。古以十干循环计日。先甲三日：辛壬癸。后甲三日：乙丙丁。加甲则为七日：辛壬癸甲乙丙丁，共七日。此七日利涉大川。

②干："读如贯"（闻一多说）。依顺也，遵循也。

③考：孝也。《论语·学而》："三年无改于父之道，可谓孝矣。"

④厉，终吉；厉，无咎，乃同一句式。

⑤贞：直也。又作惠（德），省文作直，行路。征行。

⑥裕：牾也，违也。

⑦事：帛书作德。

19 临（36 林）

䷒临 （000/011 坤上兑下）元亨。利贞。至于八月，有凶。

初九 咸临，贞吉。

九二 咸临，吉，无不利。

六三 甘临，无攸利。既忧之，无咎。

六四 至临，无咎。

六五 知临，大君之宜。吉。

上六 敦临，吉，无咎。

译文

临（霖）：大献享。利于出行。在八月间，有灾害。

初爻阳：新雨降，预兆吉祥。

二爻阳：新雨降，吉祥，无不利。

三爻阴：连连霉雨，不得利。虽有忧患，不致灾害。

四爻阴：大雨降，但不致灾。

五爻阴：预知云雨，是王君之职责。吉祥。

上爻阴：暴雨降，吉祥，无须惧怕。

解说

卦名今本作临，帛书卦名残缺，爻辞作“林”。林、临古字通。《左传》定公八年：“林楚御桓子。”《公羊传》作“临南”。

临：闻一多说：即瀶，读为霖，又作淋。霖，雨也。

临：典籍中常与霖互借而通用。《庄子·大宗师》：“霖雨十日。”《释文》曰：“霖又作瀶。瀶：读为临。”瀶与霖同，瀶、霖古当同字。《字说》淋古文作瀶。张舜徽《郑学丛著·郑雅》：“淫，霖也。雨三日以上为霖。”

《说文》：“淋，以水沃也。”《史记·司马相如列传》：“滂濞泱轧洒以林离。"滂霈，即滂沱、瓢泼。林离今作淋漓。

帛书卦名作"林"，《归藏》亦同。楚历有林月，即殷墟甲骨文之"木月"，皆谓雨月、雨季。乐有林钟，当应此月也。

帛书		通行本	
（林：元亨）。利贞。至于八月有凶。		临：元亨。利贞。至于八月，有凶①。	
初九	禁林，贞吉。	初九	咸临②，贞吉。
九二	禁林，吉，无不利。	九二	咸临，吉，无不利。
六三	甘林，无攸利。既忧之，无咎。	六三	甘临，无攸利③。既忧之，无咎。
六四	至林，无咎。	六四	至临④，无咎。
六五	知林，大（君之宜，吉）。	六五	知临⑤，大君之宜。吉。
上六	敦林，吉，无咎。	上六	敦临⑥，吉，无咎。

殷墟历组卜辞中"木月"亦作"林月"。林从木音，古来母与莫母音通，如令—命、来—麦、龙—尨，卜辞中有关于木（林）月卜雨条：

己丑卜，木月雨。

□辰员，□木月其雨。

霖异体作陸，字近于降、隆。

闻一多："我国雨量，率以夏秋间为最厚。"《孟子·离娄》："七八月之间雨集，沟浍皆盈。"《庄子·秋水》："秋水时至，百川灌河。"《战国策·齐策》："至岁八月，降雨下，淄水至。"降雨当即雨，亦即霖雨。淄水，灾水也。此皆与《易·临卦》"至于八月，有凶"若合符节。

注释

①至于八月，有凶：《战国策·齐策》："至岁八月，降雨下，淄水至。"降雨，即霖雨。淄水即洪水。

②咸临：鲜临、新临。咸读为鲜、新，亦读为甘。帛书作禁林（淋、霖）。疑禁读为"即"，亦即为新。新霖，指初春新雨。又名甘露，即甘雨。

《尸子·仁意》："甘雨时降，万物以嘉。"此嘉雨也。

③甘临：连阴雨亦名甘临，即梅雨。《论衡·是应》："雨霁而阴曀者谓之甘雨。"无攸利：攸，读为迪，得也。

④至临：至，古有到音，敦也，大也（闻一多说）。

⑤知临：知雨霖之时。

⑥敦临：敦有大意。闻一多说：敦，读为怒。怒，暴也。敦临即暴雨也。暴雨又谓之冻雨（《尔雅·释天》）。字又作霮。《玉篇》："霮，大雨也。"

20 观（59 观）

☷ 观 （110/000 巽上坤下）盥而不荐。有孚，颙若。

初六 童观，小人无咎，君子吝。

六二 窥观，利女贞。

六三 观，我生进退。

六四 观，国之光。利用宾于王。

九五 观我生，君子无咎。

上九 观其生，君子无咎。

译文

观（盥）：行沐浴之礼而不诚敬。会有灾，小心。

初爻阴：独自盥洗，小人无害，君子则不宜。

二爻阴：于暗中盥洗，利于女子贞德。

三爻阴：盥洗中，我身进退。

四爻阴：盥沐大礼，国家的荣光。（礼后）利于邀聘各国君王。

五爻阳：灌（盥）洗我身，君子不惧。

上爻阳：灌（盥）洗其身，君子无灾。

解说

观：字通盥，又作灌，古代祭社之大礼曰观礼，或曰观社之礼。观字又作盥、灌。甲文有"盥示"一词，疑即观社之礼。灌礼今尚存于云南少数民族之泼水灌身之风俗（风俗即先古之"礼"）。连劭名谓卦象门阙之形，《说文》："阙，门观也。"下坤为土，象门之两阙，上横巽木，与卜辞门字相似，故名曰观。

"阙"古又称"象魏"。《吕氏春秋·仲冬》："涂阙庭门闾。"高诱注："阙，门阙也，於周礼为象魏。"古者帝王颁布法令，皆悬于象魏为万民可观，《汉书·五行志》上："阙，法令所从出也。"卦上巽为风，下坤为众，为万民。卦象民观法于门阙，故名曰观。观有观察之义，故《象》曰："观，先王以省方观民设教。"

帛书	通行本
观：盥而不尊。有复，颙若。	观：盥而不荐①。有孚，颙若。②
初六 童观，小人无咎，君子蔺。 六二 窥观，利女贞。 六三 观，我生进退。 六四 观，国之光。（利）用宾于王。 九五 观我生，君子无咎。 尚九 观其生，君子无咎。	初六 童观③，小人无咎，君子吝。 六二 窥观④，利女贞⑤。 六三 观，我生⑥进退。 六四 观，国之光。利用宾于王⑦。 九五 观我生，君子无咎。 上九 观其生，君子无咎。

郑玄云："互体有艮，艮为鬼（魏）门，又为宫阙。地上有木而为鬼门宫阙者，天子宗庙之象也。"

马融云："王道可观，在于祭祀。祭祀之盛，莫过初盥降神，故孔子曰：'禘自既灌而往者，吾不欲观之矣。'"连劭名说：卦上巽为白茅，下坤为地，下互坤为水，下互艮为止。茅在地上，以酒灌之，止于茅中，缩酒之象。由此知观亦可读为灌。灌者，祭名也。德方鼎："裸自蒿（郊）。"何尊："裸自天。"皆观社之礼的实录。灌，裸，敬神前必洗浴斋戒。洗浴之礼名灌。钱大昕《十驾斋养新录》卷一："观卦之观，相传读去声。"（即灌）

由此可知，观，祭名。读灌，字亦作裸（读果）。在金文中记作盥。即今南俗之泼水节，古之祓禊之祭。

孔子云："禘自既灌而往者，吾不欲观之。"闻一多说：观，即灌尸之祭。"以鬯酒灌，除垢灾"。王弼曰："王道之可观者，莫盛乎宗庙。宗庙之可观者，莫盛于盥也。"

"迎来宾而馆之曰宾"（闻一多）。祭社之大礼有二：一曰禘，一曰祫。禘：献尝也，庆丰收之礼。祫，即灌礼。灌礼有二步：一曰盥，二曰荐。盥者，裸而浴。荐者，与尸女（神女）"合和"也。

黎翔凤说："观卦为尸女，为庙合。有女性之秘密。故窃观之而观我之生殖与人生殖之状。"

观礼：灌礼，是上古宗社祭祀中之大礼。其重要仪式是斋戒及净身。《周礼·春官》："女巫掌岁时祓除衅浴。"（女巫即尸女、神女）

郑注："岁时祓除，如今三月上巳如水上之类。""以香薰草药沐浴。"在金文中，盥字字形像"两手奉盛水之器，从头上倾注，淋水洗浴形"（朱芳圃《殷周文字释丛》）。在这种礼仪中，洗浴之后要熏香。

张舜徽《郑雅》："裸之言灌也。灌以郁鬯，谓始献尸求神时也。祭先灌，乃后荐腥荐熟。"（《周礼·大宗伯》）汉后荐为荐肉也，已失古义。

注释

①盥：读裸（音从果）。"灌，洗浴之礼。"（《释文》引马融）或曰灌酒之礼。观，典籍中常借为盥（灌）。《说文》："盥，澡手也。"郑注古文作浣。《集韵》作灌，又读为裸，《周礼·大行人》郑司农注："裸读为灌。"李鼎祚《周易集解》："进爵灌地以降神也。"

盥而不荐：王肃本作"盥而观荐"。荐：献，献身。音又通于交合之交。宋玉《高唐赋》："以荐枕席"交之枕席也。

②孚：弊。颙，读 yóng，敬也。颙若，敬也。若，然也。《正义》：严正之貌。颙：有大象，《说文》："大头也。"（今字作偶）《诗·小雅·六月》"其大有颙"，毛传："大貌。"

③童观：独也。马融："童，独。"

④窥观：《系辞》："窥观女贞，亦可丑也。"

⑤利女贞：贞，可读为正。贞德，贞洁也。

⑥我生：生，身也。

⑦宾："嫔也，娉也。"（张舜徽《郑学丛著·郑雅》）

21 噬嗑（55 筮盍）

䷔ 噬嗑 （101/001 离上震下）亨。利用狱。
初九　屦校，灭趾。无咎。
六二　噬肤，灭鼻。无咎。
六三　噬腊肉，遇毒。小吝，无咎。
九四　噬干胏，得金矢。利艰，贞吉。
六五　噬干肉，得黄金。贞厉，无咎。
上九　何校，灭耳。凶。

译文

噬嗑（吃啃）：宜献享。利于用作御（迎神）之祭。

初爻阳：曲其（祭肉）胫骨，食其脚趾。无须惧。

二爻阴：咬其皮肤，食其鼻子。无须惧。

三爻阴：啃吃腊肉，可能遇毒。虽有小灾，终无大害。

四爻阳：吃啃带骨之干肉，有如得到黄金制的箭矢。利于作艰难的远征，吉祥。

五爻阴：吃啃干肉，有如得到黄金（帛书：遭遇毒害）。出行有灾，但无须惧。

上爻阳：想啃胫骨，却咬到耳朵。糟糕。

解说

此卦所言乃腊（猎）节之祭祀后分享祭肉之事。噬嗑，即啮（吃）啃之转语。虞翻："噬，食也。"嗑，啃也。《序卦》："嗑，合也。合口为嗑。"

李鼎祚《周易集解》曰："颐中有物，曰噬嗑。"《系辞》："日中为市，致天下之民，聚天下之货，交易而退，各得其所，盖取诸噬嗑。"

帛书		通行本	
（筮盍：亨。）利用狱。		噬嗑：亨。利用狱① 。	
初九	句校，灭止，无咎。	初九	屦校② ，灭趾③ 。无咎。
六二	筮肤，灭鼻，无咎。	六二	噬肤④ ，灭鼻。无咎。
六三	筮腊肉，愚毒，少闰，无咎。	六三	噬腊肉⑤ ，遇毒。小吝，无咎。
九四	筮干壇，得金矢，根，贞吉。	九四	噬干肺⑥ ，得金矢⑦ 。利艰⑧ ，贞吉。
六五	筮干肉，愚毒，贞厉，无咎。	六五	噬干肉，得黄金。贞厉，无咎。
尚九	荷校，灭耳，凶。	上九	何校⑨ ，灭耳。凶。

注释 ☵

①狱：通御。御：迎神之祭。《诗·小雅·甫田》："琴瑟击鼓，以御田祖。"

②屦：帛书本作"句"。《说文》："句，佝曲也。"即佝。或训为娄，拖曳（李镜池）。佝偻乃叠韵连绵词。校：胫骨，字又作骸。《说文》："骸，胫也。"段注："凡物之胫皆骸，礼书多假校为之。"厉：灾也。《左传》襄公三十一年："盗贼公行，而天厉不戒。"注："厉犹灾也。"贞厉：有厉，兆有灾。

③灭：即殁，音属明母物部。吻：明母，文部，双声，物文入阳对转叠韵，音近而通。

④噬：《说文》："噬，啗也。"咬吃，即贪吃，今字作馋。噬：吃，啮，咬啮。嗑：啃也。尚秉和曰："噬，啮也。嗑，合也。"

肤：马融注："柔脆肥美曰肤。臀肉曰肤。"或说为鲜肉，《仪礼·聘礼》注："肤，鲜鱼鲜腊。"

⑤腊肉：马融："晞（晒）于阳而炀于火曰腊肉。"腊肉即熏晒晾制成之干肉。

⑥肺：马融："有骨谓之肺。"脊肉也。郑玄：读弟。字或作胏，夹脊肉也。

⑦金矢："矢通屎，亦作沙、碎、屑也。"（闻一多语）

⑧艰：很。《说文》："很，行难也。"

⑨何：呵也，即嗑，即啃。

22 贲（14 蘩）

☲ 贲 （100/101 艮上离下）亨。小利有攸往。

初九　贲其趾，舍车而徒。

六二　贲，其须。

九三　贲如，濡如。永贞，吉。

六四　贲如，皤如。白马翰如，匪寇，婚媾。

六五　贲于丘园，束帛戋戋。吝，终吉。

上九　白贲，无咎。

译文 ☷☷

贲（奔）：献享。不利作远行。

初爻阳：奔向那里，弃车而徒步。

二爻阴：速奔，哪能休息。

三爻阳：飞奔啊，出汗了。守中，吉祥。

四爻阴：奔跑啊，盘旋啊。那高又壮的白马，不是敌寇，是求婚媾。

五爻阴：奔驰田园，彩旗飘飘。虽有困难，终会吉祥。

上爻阳：飞奔吧，无须畏惧。

解说 ☷☷

帛书卦名残缺，据爻辞补。今本作"贲"贲：卦象为喷，火山喷发、喷薄而出。

爻辞借为奔。贲读与奔同，"言为猛兽之奔。"（《汉书·百官公卿表》颜注）。奔、贲古字通（同上）。俞樾《群经平议》："贲通作奔。"（释涣卦九二）《诗·鄘风·鹑之奔奔》："鹑之奔奔。"鲁齐诗，"奔奔"作"贲贲"。奔、贲均从卉声，故相通。

帛书贲字作蘩。贲可读为纷，《左传》宣公十七年中有"贲皇"，《国语·晋语》作"梦皇"，《说苑·善说》作"蘩皇"。纷者，繁多之意，故卦名可曰"蘩"。旧说多释贲为华饰，但贲字无华义，是以贲为"芬"，即"芬华"之借字也。"芬华"，音转而"繁华"。芬有涂饰意，今涂白墙曰"粉墙"，是其转语也。

帛书		通行本	
（蘩：亨，小利）有攸往。		贲①：亨。小利有攸往。	
初九	蘩其趾，舍车而徒。	初九	贲其趾②，舍车而徒。
六二	蘩，其须。	六二	贲，其须③。
九三	蘩茹，濡茹，永贞，吉。	九三	贲如，濡如。永贞，吉。
六四	蘩茹，蕃茹，白马翰茹，非寇，闽诟。	六四	贲如，皤如④。白马翰如⑤，匪寇，婚媾⑥。
六五	蘩于丘园，束帛戋戋，闽，终吉。	六五	贲于丘园，束帛戋戋。吝，终吉⑦。
上九	白蘩，无咎。	上九	白贲⑧，无咎。

《说文》："蘩，白蒿也。"又名"终葵"（《尔雅·释草》郭注、邢疏）。此卦归藏作"荧惑"。荧惑，即火星、鹑火也。南方火神，主夏，丙丁为荧惑。又流星似火，古名"奔星"。

贲有龟卜意。《尔雅·释鱼》："龟，三足贲。"贲有败意。《礼记·射义》："贲军之将，亡国之大夫，与为人后者，不入。"贲，败也。

注释

①贲：古有闻音（参《汉书·儒林传》韩婴条下淮南贲生音注）。闻，文也。所谓文饰一义本此。贲，通奔。《宋书·百官志》"虎贲"作"虎奔"。《礼记》："鹑之贲贲。"《诗》作"鹑之奔奔"。《周书·大诰》"敷贲"，《汉书》引作"弗奔"。《史记集解》："孔安国曰：'虎贲，勇士称也。'若虎贲（奔）兽，言其猛也。"贲：奔也。《汉书·晁错传》："戍者死于边，输者偾于道。"偾、贲，奔也。《千百年眼》引唐郭京校本谓小当作不。有，作也。

②其：何也。趾，异文作止。又，止，道也。通址，家室也。郑玄注："趾，足。"又《诗·周南·麟之趾》《毛传》："趾，足也。"

③其：于也。须，止也。息也，止息，又作栖（《说文》）。

④贲：飙。蟠如，宋翔凤说："马作足横行曰蟠。蟠亦作蟠，盘旋也。"异说："蟠，斑白。"（朱骏声）

⑤翰如：翰，白色马。"翰通干，高也。"（闻一多）《礼记·檀弓》："夏后氏尚黑……戎事乘骊。殷人尚白……戎事乘翰。"翰音从羽。唐兰谓羽雪古同源语，则翰如，雪如也。又：翰，皓也。亦有白义。又，马融说："翰，高大也。"

⑥婚：帛书闻，通行本作婚。《说文》："礼，娶妇以昏时。妇人，阴也，故曰婚。从女昏，昏亦声。"清汪宪《说文系传考异》："昏，本字作昏。"《礼记》："娶妇以昏时入，故曰婚。"（《一切经音义》卷二引）昏音从民，与闽（古音读民，亦读文）音同，相通。

⑦贲：跛也，跛涉。戋戋，蹁跹。吝，即遴、累，难行。

⑧白贲：白通飞。白：并母，铎部。飞：帮母，微部，帮并旁纽双声，故相通。

23 剥（11 剥）

䷖ 剥 （100/000 艮上坤下）不利有攸往。

初六　剥床以足。蔑贞，凶。

六二　剥床以辨。蔑贞，凶。

六三　剥之，无咎。

六四　剥床以肤，凶。

六五　贯鱼，以宫。人宠，无不利。

上九　硕果不食，君子得舆，小人剥庐。

译文

剥：不利作远行。

初爻阴：剥戕（他人）而自足。不必占卜，凶。

二爻阴：剥戕一切。不必占卜，凶。

三爻阴：剥开它，不要怕。

四爻阴：剥戕（他人）而自肥，凶。

五爻阴：一条条鱼，吞了鱼钩。进了鱼篓，无不利。

上爻阳：大果实不要自己吃，君子团结，小人分家。

解说

帛书与今本同。卦上九一阳临其下五阴。剥者，皮也（皮有波音）。卦象正像阴实外附阳之皮，阴抑阳之象也。《后汉书·董卓传》注云："剥，乱也。"上卦艮为止，下卦及上下互体皆为坤，艮为少子，坤为小人，少子亦小人也。此卦之象如后宫（妇人）为乱，故《彖辞》曰："小人长也。"

剥卦《归藏》作仆。仆，隶臣也，古之服贱役者为仆。剥、仆古同音，《诗·豳风·七月》云："八月剥枣。"毛传："剥，击也。"（盖读剥为扑也，即"攴"）

帛书		通行本	
剥：不利有攸往。		剥①：不利有攸往。	
初六	剥臧以足。蔑贞，凶。	初六	剥床以足②。蔑贞③，凶。
六二	剥臧以辨。蔑贞，凶。	六二	剥床以辨④。蔑贞，凶。
六三	剥，无咎。	六三	剥之，无咎。
六四	剥臧以肤，凶。	六四	剥床以肤⑤，凶。
六五	贯鱼，食宫，人笼，无不利。	六五	贯鱼⑥，以宫⑦。人宠，无不利。
尚九	石果不食，君子得车，小人剥芦。	上九	硕果不食⑧，君子得舆⑨，小人剥庐⑩。

《广雅·释诂》："剥，离也。"《楚辞·招魂》云："离榭修幕。"王逸注："离，列也。"《管子·侈靡》："昭穆之离。"尹注："离谓位次之别也。"又，《离卦》云："剥，烂也。"《后汉书·延笃传》注："涣烂，文章貌也。"上卦艮为眼，下卦坤为地，天地与时偕行，地生万物，纷然成文，君子观之，知盈虚之数，故《彖辞》曰："顺而止之，观象也，君子尚消息盈虚。"

注释

①剥：孔颖达：剥，剥落也。剥，扒也，分也，分解曰剥。剥，斧也。《杂卦》：剥，烂也。剥极而复。复，整合也。扒，通擘，通拨。《广韵》："扒，拨也。"剥，通支，叩击。今语作"梆"。《诗·豳风·七月》："八月剥枣。"八月敲（梆）枣。以足，或训以止。

②床：创，戕。床，帛书作臧。臧、藏、脏字通。《汉书·王吉传》："吸新吐故以练臧。"（异本作"藏"）颜师古注："五臧，五脏六体。"《汉书·艺文志》作"五脏六府"。

③蔑贞：莫贞，或莫征。

④辨："辨，遍也。"（郑玄《礼记·乐记》注）

⑤肤：肤，肥也。读若肥，脂肪。郑玄："膴，膺肉。""胖，皆谓夹脊肉。""礼家以胖为半体。""麋、鹿、豚皆有胖。"（《郑学丛著》）

⑥贯鱼：贯，串也。串鱼，即狎（戏）鱼。《尔雅》："闲，狎、串、习也。"以，邀也。此似姜太公渭水钓鱼故事。贯鱼：闻一多以为性交隐语。

《正义》曰："贯鱼，谓众阴也，骈头相次，似若贯穿之鱼。"比，配也。《周易集解》引何妥："鱼为阴物，以喻众阴也。"李煜《木兰花词》："晚妆初了明肌雪，春殿嫔娥鱼贯列。"贯鱼即鱼贯之倒词。鱼贯，鱼排成串游戏。《左传》哀公十七年："其繇曰：如鱼颏尾，衡流而方羊。"疏引郑注："鱼劳则尾赤，方羊，游戏。喻卫侯好淫。"以鱼戏喻淫纵，则鱼乃男性性器之隐语也。

⑦宫：借为钩。帛书本作食宫，即食钩、上钩。人宠，帛书作"人笼"。"人"当为"入"之讹。笼，鱼篓也。

⑧硕：大也，壮也。物壮则老，故通缩也，老也。郑玄："硕，石也。"石果，坚果也。

⑨得舆：舆，与也，助也。"君子得舆"，即"君子得助"。

⑩剥：剥者，扒也。扒者，八者。八者，分也，分者（古音扮），半也。分有碎义，"剥极而复"，即分至极而复合也。剥庐：又作剥芦，剥读为别，分异也。庐，家室也。或释为避路，即荜路、薛荔之语转。薛荔，荆棘也。

24 复（39复）

☷ 复 （000/001 坤上震下）亨。出入无疾。朋来无咎。反复其道，七日来复。利有攸往。

初九 不远复，无祗悔。元吉。

六二 休复。吉。

六三 频复。厉，无咎。

六四 中行，独复。

六五 敦复，无悔。

上六 迷复，凶。有灾眚。用行师，终有大败，以其国君，凶。至于十年，不克征。

译文 ☰☰

复：献享。出入从容。有大风来，无灾害。往返道路，七日一来回。利作远行。

初爻阳：不远而归返，不致有悔。大吉。

二爻阴：喜而归。吉祥。

三爻阴：悲而归。有危险，无须惧。

四爻阴：行于中道，独往独来。

五爻阴：速归返，无悔恨。

上爻阴：归而迷途，凶。有灾害。用兵，将有大败，擒其国君，凶。以致十年内不能再战。

解说 ☰☰

帛书卦名与今本同。《说文》云："复，往来也。""复，反也。"（《杂卦》注）复，字亦作復。復，从彳夏声。又作夏。夊，古文乃躞之初文。异体作夌。《说文》："行夌夌也。从夊，阙。读若仆。"仆复、仆服、仆伏、仆俯，皆叠韵联绵之词，曲折归返之意也。

易道之发生，阴阳阖辟，往来不穷而谓之通。卦初爻为阳，以一阳临五阴，寓阴盛之象。"冬至一阳生"，象阳气返还，震动于坤土之内，故名为"复"，有所复生也。

帛书	通行本
复：亨。出入无疾，堋来无咎。反复其道，七日来复。利有攸往。	复①：亨。出入无疾。朋来无咎。反复其道，七日来复。利有攸往。
初九　不远复，无提悔，元吉。 六二　休复，吉。 六三　编复，厉，无咎。 六四　中行，独复。 六五　敦复，无悔。 尚六　迷复，凶。有兹省。用行师，终有大败，以其国君，凶。至十年，弗克正。	初九　不远复，无祗悔②、元吉。 六二　休复③，吉。 六三　频复④，厉，无咎⑤。 六四　中行⑥，独复。 六五　敦复⑦，无悔。 上六　迷复，凶。有灾眚。用行师，终有大败，以其国君，凶。至于十年，不克征。

《易·泰卦》："无往不复。"虞翻注："复谓息内。"《说卦》云："震……其于稼也为反生。"阳气动则万物复苏，草木萌发，反生于土内，故卦名曰复（连劭名说）。

《系辞》云："复，德之本也。"天地之大德为生，生生之谓易，反复无穷，往还不息，终而复始，故复有再生、新生之意。

《史记·乐书》云："复乱以饰归。"《正义》："复者，伏也。"卦一阳伏于五阴之下，如良士隐居，静观世变，即所谓"静以观复"。震得乾之初爻，《易·乾卦》初九："潜龙勿用。"卦象龙蛰伏于水中，以待腾飞之时，故复亦蛰伏也。

《尚书·泰誓》周公曰："复哉复哉！"自复之初九向上，二阳为"临"，三阳开"泰"。

注释

①复：回复。七日来复：《周易》常以数七为周期。或说：我国出土

的青铜铭文中，保留有一种现存文献失载的周初纪日说，即按月亮盈亏规律，分每月为四期，每期七日，从月初至月末取名为初吉、既生魄、既望、既死霸（见王国维《生霸死霸考》）。据此，七日正为月行周期转化之数（黄寿祺《周易评注》）。

郑玄："返也。"归也。《说文》："复，往来也。"王弼注云："阳气始剥尽，至来复时，凡七日。"七日为一周期，乃起源于古巴比伦。达尔文认为与海潮有关。七日一小潮，每月有四个天文大潮（8、15、22、29日）。

尚秉和云："阳自姤而消，消至剥上，六日（自姤至坤终遯、否、观、剥共六卦，亦即姤之六爻每爻依序变阳为六卦，一爻代表一日共六日），反复则七日（坤后即复，复初爻变阳，一爻代表一日作六日）。自复而息，息至夬上，六日，反姤仍七日。循环不已，故曰'反复其道'，'七日来复'。"（《周易尚氏学》）

②祗：致。无祗悔：不致悔。

③休：喜也，美也。《经义述闻》卷六："《诗》我心则喜，又作我心则休。""休，喜也。"郑笺："休休。"犹欣欣，亦语之转也。

④频：愁苦也，凝眉也。即颦，悲（旧说频复为频繁，不确）。

⑤咎：读恙。《说文》："恙，悔意。"无咎与无悔同义。

⑥中行：中道行，直行，正行。

⑦敦复：马融："敦，速也。"

25 无妄（7 无孟）

☰☳ 无妄 （111/001 乾上震下）元亨。利贞。其匪正，有眚。不利有攸往。

初九　无妄，往，吉。

六二　不耕获。不菑畬。则利，有攸往。

六三　无妄之灾，或系之牛，行人之得，邑人之灾。

九四　可贞，无咎。

九五　无妄之疾，勿药，有喜。

上九　无妄行，有眚，无攸利。

无妄（迷妄）：大献享。利出行。若行事不正，有灾殃。不利作远行。

初爻阳：不要糊里糊涂地前往，吉祥。

二爻阴：不耕而收获。不垦而田熟。得利，宜远行。

三爻阴：出乎意料的灾害，有牛系于路边，（牵走牛的）过路人得，（丢失牛的）村人受灾。

四爻阳：可出行，无灾。

五爻阳：糊里糊涂而生疾病，不必用药，有喜。

上爻阳：糊里糊涂而出行，有灾害，不得利。

帛书卦名"无孟"，今本作无妄。无孟即无明。清人《古经天象考》卷一引《虞史》："伯夷曰：明，孟也。"《史记·春申君列传》："春申君相二十五年，楚考烈王病，朱英谓春申君曰：'世有毋望之福，又有毋望之祸，今君处毋望之世，事毋望之主，安可以无毋望之人乎？'"引作"毋望"。所谓"无望""无明"，皆意想不到，不可料度也。

帛书		通行本	
无孟：元亨。利贞。非正，有省。不利有攸往。		无妄：元亨。利贞。其匪正①，有眚②。不利有攸往。	
初九	无孟，往，吉。	初九	无妄，往，吉。
六二	不耕获，不菑余，利有攸往。	六二	不耕获。不菑畬③，则利，有攸往。
六三	无孟之兹，或系之牛，行人之得，邑人之兹。	六三	无妄之灾④，或系之牛⑤，行人之得，邑人之灾。
九四	可贞，无咎。	九四	可贞，无咎。
九五	无孟之疾，勿乐，有喜。	九五	无妄之疾，勿药⑥，有喜。
尚九	无孟之行，有省，无攸利。	上九	无妄行⑦，有眚，无攸利。

《尔雅·释训》："梦梦，讹讹，乱也。""儚儚，洄洄，昏也。"皇侃云："梦声转作瞀。"瞀梦、无孟、无妄，义皆谓糊涂也，亦即《尔雅》之梦梦、儚儚、混混沌沌也，以及今语之"糊糊涂涂"也。

《汉书·陈胜项籍传赞》如淳注云："虻，古文萌字。"虻、亡古音通。萌从明声，《周礼·职方氏》郑玄注："望诸，明诸也。"疏云："明诸即宋之孟诸。"又，《大戴礼记·诰志》："明，孟也。"

《史记·历书》云："明者，孟也。"由此可知，亡、孟、明等字古音通，孟可通妄、通明。《尔雅·释诂》："孟，勉也。"《尚书·洛诰》注："皆训勉。"

无孟，或释为占梦之卦。《诗·小雅·正月》："召彼故老，讯之占梦。"阮元《揅经室集》："孟与梦同音义。"

无妄：恶梦。云梦秦简"梦"条："人有恶梦，梦觉，乃绎发西北面坐，祷之曰：'皋（祝）！敢告尔豹觭。某，有恶梦，走归豹觭之所。豹觭强饮强食，赐某大幅（福），非钱乃布，非茧乃絮。'则止矣。"（《礼运》正义："皋，引声之言。"注文："礼祝曰皋。"《士丧礼》郑注："皋，长声也。"）楚帛书："曰好"，好音通皋，《尔雅释天》"五月为皋"。

无妄，《释文》引旧注皆作无望，谓无希望也。尚秉和云："此训最古。"《汉书·谷永传》云："遭无妄之卦运。"卦象震伏乾内。同传注应劭曰：

"天必先云而后雷，雷而后雨，而今无云而雷。无妄者，无所望也。万物无所望于天，灾异之最大者也。"

何按：先儒解此卦，皆偏于一义。无妄、无望、无明、无名、无意，皆相通之语。非意之想曰无望，或记作"无妄"。无望乃诗书成语。《诗·陈风·宛丘》："洵有情兮，而无望兮。"无望者，出乎意想也。

又，无妄者，荒芜也。妄、荒皆从亡声。大旱则草木禾稼皆荒芜，故六二云："不耕获。不菑畲。"农田皆废，故云荒芜。

无妄者，芜荒也。荒芜、荒茫亦其转语。《诗·唐风·蟋蟀》云："无已大康，职思其居，好乐无荒，良士瞿瞿……无已大康，职思其外，好乐无荒，良士蹶蹶……无已大康，职思其忧，好乐无荒，良士休休。"述君子戒慎之意，可与此卦相发明，上卦乾为君子、为良士，下卦震为惊惧、为君子安不忘危之象。

又，无妄、无孟亦可释为噩梦。妄，灾殃也，读如殃。《广雅·释诂》曰："乱也。"妄亦为烦闷，《左传》襄公十四年云："不与于会，亦无瞢焉。"

无妄：妄帛书作孟，通瞢，目不明。瞢瞢不明，无能见也（《太玄·瞢》注。《太玄》："瞢腹啖天，无阂"）。

概之，无妄有以下诸义：

①无孟：无闷、无愁闷；

②无妄：意外、糊涂；

③无妄：恶孟、噩梦；

④无孟：无勉、不努力、不勤于力。

"妄与愍、闵、闷为双声，阳真二部韵亦通谐。无妄即金文之亡敃，卜辞之亡悯。妄与愍、悯通，犹芒、萌与民通。"（李平心语）

无妄（糊涂）又有守拙抱冲之象。《易·文言》："不成乎名，遁世无闷，不见是而无闷，乐则行之，忧则违之。确乎其不可拔，潜龙也。"《系辞》："泽灭木，大过。君子以独立不惧，遁世无闷。"

《说文》："闷，懑也。"《广雅》作悗，懑训烦，烦即忧烦。妄、孟，名也。帛书作孟，音通于名、明。妄，惘也。无孟，又作无孟、无虞、无虑也。

注释 ☰☷

①匪："非也。"(《广雅·释诂》)

②眚："目病生翳也，从目生声。"(《说文》)眚，读如星，通于省，帛书作"省"。《尚书·盘庚》释文："省本作眚。"《仪礼·子夏传》："伤害曰灾，妖祥曰眚。"

③菑：董遇说："反(翻)草也。"锄草曰菑。畬田，孳耕之熟田曰畬。

④无妄之灾：即不料、不意之灾。妄：望、惘、迷惘、无明。

⑤或系之牛：或，读为有(《经传释词》)。

⑥药：疗也。《诗·大雅·板》："不可救药。"《韩诗外传》作"不可救疗"。

⑦妄：孟，读若明。《说文》："梦，读若萌。"孟、梦，音与明通。

26 大畜（10 泰蓄）

☰ 大畜 （100/111 艮上乾下）利贞，不家食。吉。利涉大川。

初九　有厉，利巳。

九二　舆说輹。

九三　良马逐，利艰贞。日闲舆卫，利有攸往。

六四　童牛之牿，元吉。

六五　豮豕之牙，吉。

上九　何（行）天之衢，亨。

译文 ☷

大畜：利出行，不宜做家事。吉祥。利于渡涉江河。

初爻阳：有危险，利祭祀。

二爻阳：车轮脱离车厢。

三爻阳：选择良马奔逐，利于行走艰难之路。每日操练战车及武士，利于发动远征。

四爻阴：童牛壮而生角，吉祥。

五爻阴：公猪生出獠牙，吉祥。

上爻阳：行走于朝天四达之路，通畅。

解说 ☷

小畜即少府，大畜即大府，汉以后为大司农也。帛书泰蓄，今本作"大畜"，《释文》云："畜，本又作蓄。"帛书卷后古《易说》引作"大蓄"。

小畜言农事，大畜则言畜牧之事。《汉书·西域传》："发畜食迎汉军。"颜师古注："畜谓马牛羊等。"《逸周书·大聚》："六畜有群。"孔晁注："六畜，牛马猪羊犬鸡。"《礼记·曲礼下》："问国君之富，数地以对……问庶人之富，数畜以对。"畜牧社会，以有畜为储备，以畜之多少别贫富。此卦乃畜牧经济主导时代之产物也。

帛书		通行本	
泰蓄：利贞，不家食。吉。利涉大川。		大畜：利贞，不家食①。吉。利涉大川。	
初九	有厉，利巳。	初九	有厉，利巳②。
九二	车说镇。	九二	舆说镇③。
九三	良马遂，利根贞。日阑车（卫），利有攸往。	九三	良马逐④，利艰贞。日闲舆卫⑤，利有攸往。
六四	童牛之鞠，元吉。	六四	童牛之牿⑥，元吉。
六五	哭豨之牙，吉。	六五	豶豕之牙⑦，吉。
尚九	何天之瞿，亨。	上九	何天之衢⑧，亨⑨。

蓄，有积财、储财之义。《说文》："积蓄也。"大畜即太仓（秦）、大藏，财政也。种谷、农事曰小蓄。畜牧曰大蓄。畜，植（蓺）也，殖也。畜古音有止音，说见《周易程氏传》。《左传》宣公四年杜注："畜，养也。"《孝经援神契》："畜者，含蓄为义。"小畜即少府，帝王私藏也。

大畜、小畜皆上古职官之名。至秦汉后，大畜即大仓、大府，"掌财货"。小畜即少府，"掌山海池泽之税，以给供养。"应劭曰："少府所管，以给私养，少者小也。"颜师古说："大司农供军国之用，少府以养天子也。"大畜为公藏，小畜为天子私藏。

注释 ☰

①食：事也，二字古通。《三国志·华佗传》："佗恃能，厌食事。"注："食，事也。"

②巳：祭祀。即困九五："利用祭祀。"损之初九，虞翻本巳作祀。困九二："利用享祀"，简称即"利享（亨）"，或"利巳（祀）"。

③镇：辐也，《说文》谓之轮辏，在轮内。字或作辐。

④逐：交配。

⑤日闲舆卫：《尔雅》："闲，狎，串，习也。"帛书作"阑"，练也。马融："闲，习也。"闲，演习操练。郑玄："日习车徒。"舆，车士。卫，

徒步武士。

⑥牿：角。之：为"长"，生长。童牛生角，与下文豮豕（幼猪）生牙（獠牙）相对而言。杨树达说："牛鸣曰牿，虎鸣曰唬，犬鸣曰吠，豕鸣曰啄，鸟鸣曰鸣。"

俞樾："六四、六五皆言阳将奋上，牿之互之，前所谓能止健大，正像所谓有喜庆也。"

⑦牙：生新牙（《尔雅·释兽》）。豮，帛书释者隶定为哭。哭，读如恐、孔。豕：封豕、封豮、巨豕，或说幼豕（俞樾）。《尔雅·释兽》："豮为豕子。"杨向奎："豮豕是幼猪。"（《文史》卷二）误，豮当读为彭，大也。

⑧何天之衢：何通行。天、大古同文。大，休，达也。《说文》："衢，四达谓之衢。"

⑨亨：通也，顺利之意，或读祥。李镜池说："何借为荷。衢，通作休也，佑也。"行达之衢，即四达之衢，通行无阻，故曰"亨"。

27 颐（15 颐）

☶ 颐 （100/001 艮上震下）贞吉，观颐。自求口实。

初九　舍尔灵龟，观我朵颐。凶。

六二　颠颐，拂经，于丘颐。征凶。

六三　拂颐，贞凶。十年勿用。无攸利。

六四　颠颐，吉。虎视眈眈，其欲逐逐。无咎。

六五　拂经，居贞。吉。不可涉大川。

上九　由颐，厉。吉。利涉大川。

译文 ☶

颐（牙）：知吉（凶），观其牙齿。自（牙口）进饭食。

初爻阳：不照管神龟，只顾自我的舌头和牙口。凶。

二爻阴：初生壮牙，未久，即变成空牙。象征有凶。

三爻阴：不长牙者，预兆凶。十年内不可用（其人）。不得利。

四爻阴：牙齿盛壮，吉。（其人）虎视眈眈，欲火灼灼。无须惧怕！

五爻阴：未经历事者，宜于安居。吉祥。不可以渡涉大江河。

上爻阳：牙齿动摇，有阅历。吉祥。利于渡涉大江河。

解说 ☶

帛书卦名残，据爻辞补。颐，即牙之音转。《释名·释形体》云："颐，或曰辅车，或曰牙车，或曰颊车，凡系于车者皆取在下载上物也。"郑玄云："颐者，口车辅之名也。"闻一多说："戴齿之骨谓之颐。齿亦谓之颐。《易》颐字谓齿也。卦画作☶，侧视之，正像口齿形。《说文》古文曰，并与卦画同。"

何按：颐训齿，颐、牙一音之转。观颐知兆，以人齿为卜也。

帛书		通行本	
颐：贞吉，观颐，自求口实。		颐①：贞吉，观颐，自求口实。	
初九	舍而灵龟，观我掫颐。凶。	初九	舍尔灵龟，观我朵颐②。凶。
六二	曰颠颐，拂经，于北颐。正凶。	六二	颠颐③，拂经④，于丘颐⑤。征凶。
六三	拂颐，贞凶。十年勿用。无攸利。	六三	拂颐，贞凶。十年勿用。无攸利。
六四	颠颐，吉。虎视沈沈，其容笛笛。无咎。	六四	颠颐，吉。虎视眈眈，其欲逐逐⑥。无咎。
六五	拂经，居贞。吉。不可涉大川。	六五	拂经，居贞。吉。不可涉大川。
尚九	由颐，厉。吉。利涉大川。	上九	由⑦颐，厉。吉。利涉大川。

颐卦外实中虚，正为口像，下卦震为动，上卦艮为止，一动一止，一开一合，如人之口。颐卦，有颐养之义。

《礼记·祭义》："有虞氏贵德而尚齿，夏后氏贵爵而尚齿，殷人贵富而尚齿，周人贵亲而尚齿。"尚齿，尚老也，尊老也。

注释 ☰

①颐：《释名·释形体》："颐，或曰辅车，或曰牙车，或曰颊车。"郑玄："颐者，口车辅之名也。"颐即牙。《尔雅·释天》："戴齿之骨谓之颐。""在丁曰强围。"闻一多说："在丁曰牙。"字像吐舌之形。

②尔：汝也（《诗·卫风·氓》郑笺）。"尔"古音读"你"，此人称语千古未变（吾即今语我。伊即今语他，他今音也，古音伊）。《周易姚氏学》姚配中说："灵龟犹神龟。舍尔灵龟，谓舍尔灵龟不卜。朵：动也（郑玄）。观我朵颐，谓观我动颊而谈。人遇有疑事，不用龟以卜，而听人之口谈，是凶矣。"又，钱大昕谓："朵颐，楹颐。"（《潜研堂集》卷十一）

③颠颐：颠倒，颠齿也。人生颠齿，入壮年之象。闻一多说："颠，古字作龈。"《仪礼》疏："左龈右龈，谓牙两畔最长者。"省体作"真"。《素问》注："真牙，牙之最后生者。"音近转作丁，壮年为"成丁"、丁男、丁女。盖丁、龈音近，丁牙即壮齿。"夫古人以齿判年寿，故称曰齿曰龄。"

颠颐：长出壮牙。古《易》言颠颐为壮年之象征也。

④拂经：拂，通弗；经，读为继。于：虚词，焉。弗继：没有后继者。弗继焉：喻为不久之意。

⑤丘：空也（尚秉和）。丘颐：丘颐对颠颐而言。《广雅》："丘，空也。"丘本字当作颐。《说文》："齝，老人齿如臼也。"丘音转义通。《礼记·曲礼上》："百年曰期颐。"期颐，即"丘颐"也（安期生，别记作安丘丈人）。期颐、丘颐，老人齿落，口中空，故呼百年曰丘颐也。

"弗经于丘颐，犹言历年弗至于老寿，故曰贞凶。"（闻一多）

⑥虎视眈眈：眈眈，盯盯也，注目如钉。《周易本义》："虎视眈眈，下而专也。"其欲逐逐：逐逐，灼灼也（《诗》：桃之灼灼），目灼如火也。欲，贪也（《说文》）。

《仪礼·子夏传》作"攸攸"（音迪），即笛笛。又作悠悠、扬扬、洋洋，远志也。

⑦由：游也，摇也。

28 大过（48 泰过）

☰ 大过 （011/110 兑上巽下）栋桡。利有攸往，亨。

初六　藉用白茅，无咎。

九二　枯杨生稊。老夫得其女妻，无不利。

九三　栋桡。凶。

九四　栋隆，吉。有它，吝。

九五　枯杨生华。老妇得其士夫，无咎无誉。

上六　过涉灭顶。凶，无咎。

译文 ☰

大过（祸）：栋梁弯折。利于远行，献享。

初爻阴：以白茅铺座席，可免灾害。

二爻阳：枯杨老树抽生新芽。老夫得少女为妻，无不利。

三爻阳：栋梁弯折。凶。

四爻阳：栋梁高耸，吉祥。有蛇，小心。

五爻阳：枯杨老树开花。老妇得嫁少男，无灾，亦无欢喜。

上爻阴：渡江河被大水没顶。凶，但不可恐惧（何按：恐惧慌乱则灭顶矣）。

解说 ☰

卦名今本作大过，帛书为泰过。泰、大古通。过、祸字通。《礼记·大学》："见不善而不能退，退而不能远，过也。"郑玄注："过，祸也。"朱骏声《说文通训定声》："过假借为祸。"《云梦睡虎地秦简》载："正行修身，过去福存。"过，祸也。祸，害也，祸害（古音近胡）音通。大过，大祸也。故汉人多以大过为死卦，盖因四阳为二阴所锢，有困灭之象。下巽为木，上兑为折，故卦辞云："栋桡。"栋为屋脊，折则屋倾而颠。巽顺而兑悦，故卦辞云："利有攸往。"卦中虽有险象，终可解脱，故卦辞"亨"。亨者，行也。

帛书		通行本	
泰过：栋辇，利有攸往。亨。		大过①：栋桡。利有攸往，亨。	
初六	籍用白茅，无咎。	初六	藉用白茅②，无咎。
九二	苦杨生萈。老夫得其女妻，无不利。	九二	枯杨生稊③。老夫得其女妻④，无不利。
九三	栋桡。凶。	九三	栋桡⑤。凶。
九四	栋辇，吉。有它，闻。	九四	栋隆⑥。吉。有它⑦，吝。
六五	苦杨生华。老夫得其士夫，无咎无誉。	九五	枯杨生华。老妇得其士夫⑧，无咎无誉⑨。
尚九	过涉灭钉。凶，无咎。	上六	过涉灭顶。凶，无咎。

注释 ☷

①大过：大祸、大害。

②白茅：祭祀用草，贵重之草，古祭天用白茅为藉席（荐席）。商人尚白，以白茅为贵。《礼记》："封诸侯以上，藉用白茅。"《庄子·达生》："十日戒，三日齐，藉白茅。"《庄子·在宥》："筑特室，席白席。"又藉，马融："在下曰藉。"藉，荐也。

③稊：帛书作萈，萈，芽也。稊，宋翔凤说："稊，杨之秀也。郑玄本作萈。萈，梗生。"萈即芽之音转。

④女：少女。古之女性未婚称女，已婚曰妇，生子曰母。男性未婚称子，壮者称士，已婚称男，有子曰父（伯、甫）。贵族称君子，平民称小人。《千百年眼》引唐郭亨校本，谓士乃少字之讹。可信。

⑤栋：栋梁。《系辞》："上古穴居而野处，后世圣人易之以宫室，上栋下宇，以待风雨。"桡：曲，亦通挠。《释文》："挠，曲折。"本卦之卦象正取象于"栋桡"也。

⑥隆：隆起，高耸。

⑦有它：《说文》："上古草居患它，故相问无它乎？"它，蛇也。

⑧士夫：士，少也。黄生《义府》："士乃少男之称。"

⑨誉：虞，乐也。欢乐，欢喜。

29 习坎（17 习贛）

䷜ 习坎 （010/010 坎上坎下）有孚。维心，亨。行有尚。

初六　习坎，入于坎窞。凶。

九二　坎有险。求小得。

六三　来之坎坎，险且枕。入于坎窞，勿用。

六四　樽酒，簋贰。用缶，纳约自牖，终无咎。

九五　坎不盈，祇既平。无咎。

上六　系用徽纆，寘于丛棘。三岁不得，凶。

译文 ䷜

习坎（陷坎／坠入陷阱）：有祸。小心，献享。还能得救。

初爻阴：进陷坑，坑中又有坑。凶。

二爻阳：坑中有险。求救很难。

三爻阴：进入陷坑，坑险且深。入于陷阱，无路可通。

四爻阴：（穴中）有一樽酒，两只盘。可以用罐子，从洞口进出取食。终于未被害。

五爻阳：坑虽未填满，灾难已平定。不再可怕。

上爻阴：系于绳索，置于荆棘。三年冤屈不得平反。凶。

解说 ䷜

　　卦名帛书作习贛，今本作坎。习坎：即陷坎，即坎坷。习，重也（《经典释文》）。卦上下皆为坎，重而叠之，故名"习贛"。又，"习，袭也"（闻一多）。袭，入也。《淮南子·览冥训》："袭穴。"高注："袭，入也。"袭穴即习坎。习、陷一音之转。贛，有陷义。《尚书》马注："贛，陷也。"坎，《说文》："陷也。"坎，坑洼，字又作欿。坎为猎坑，捕兽之阱。陷坎，又称陷穴，古又称"阱"或陷阱。陷阱是上古猎获大兽的主要手段之一。

《尚书·费誓》："杜乃擭，敜乃阱，无敢伤牿。"

帛书		通行本	
习赣：有复，篙心，亨，行有尚。		习坎：有孚①。维心②，亨。行有尚③。	
初六	习赣，入赣阎，凶。	初六	习坎④，入于坎窞⑤。凶。
九二	赣有讥，求少得。	九二	坎有险。求小得。
六三	来之赣赣，险且讥。入于赣阎，勿用。	六三	来之坎坎⑥，险且枕⑦。入于坎窞，勿用⑧。
六四	草酒，巧诀，用缶，入药自牖，终无咎。	六四	樽酒，簋贰⑨。用缶⑩，纳约自牖⑪，终无咎。
九五	赣不盈，塩既平。无咎。	九五	坎不盈⑫，祗既平⑬。无咎。
尚六	系用诽缰，亲之繶勒。三岁弗得，凶。	上六	系用徽缰⑭，寘于丛棘⑮。三岁不得⑯，凶。

坎陷亦为地名。刘昭《续汉书郡国志》注补："（洛阳）县南有坎陷聚。"《水经注·洛水》："巩东地名坎陷。"《春秋》："王出入坎陷。"

坎，《释文》云："本亦作欿。"汉石经作"欿"。马注："赣，陷也。"赣、坎、陷音近相通，坎、欿皆为坑也。坎坷，本字作陷轲，东行不利也，人不得志，亦曰坎坷。《太玄·寡》："其腹坎坎。"坎坎亦坎坷转语，又转悬空。

又，坎、亢字形近，反义互训。亢乃东方亢宿之名。亢字像男具亢起之形。

注释 ☵

①有孚：帛书作有复。古人居覆。覆，穴居之半地下窨洞也。陷、穴通。

②维心：维有多义，第一，"维，系也"（《广雅·释诂》）。第二，"维，念也"（《诗·周颂·维天之命》释文）。第三，维，度也，思考。《史记·秦楚之际月表》："维万世之安。"《史记索隐》："维训计度。"维心，计度于心。

③尚：王引之说："佑也，助也。"

④习坎：陷坎也。闻一多说：习读为袭。经籍席、习、袭通用。《周礼·胥师》："袭其不正者。"注："故书袭为习。"袭有入意。《公羊传·僖公十四年》何休注："袭，陷入也。"

又，习，《易》异文作習。《说文》："坎中更有坎也。"《易·坎卦》虞注："坎中小穴称。"《易·系辞》："上古穴居而野处。"《诗·大雅·绵》："陶复陶穴。"陶、土一音转。陶复，即土覆、土穴。陶，窑也。掏掘曰陶。《礼记·月令》孔疏："复穴者，谓窟居也。"坎，即人居之地穴。坎之初文作凵（杨树达：凵象坎陷之形，乃坎之初文）。坎，坑也。

⑤窞：《说文》："坎中更有坎也。"

⑥来：来，各，入也。

⑦枕：深也（俞樾）。

⑧用：甬也，通也。用读为有。

⑨樽酒，簋贰：簋贰，当作贰簋。簋，《周礼·舍人》郑注："圆曰簋，盛黍稷稻粱器。""簋，敦也，受黍、稷器。"（《郑雅》）

又，朱熹：晁氏云先儒注"樽酒簋"为一句，"贰用缶"为一句。

⑩缶：陶器也。"方曰簠，圆曰簋，盛黍稷稻粱器。"（《周礼·舍人》注）

⑪纳约：闻一多说，约，训取也。约，取送。牖："凿地为宫，牖在室上，如今之天窗然。"牖：地穴之天窗（闻一多）。

⑫坎不盈：《孟子·离娄下》："原（源）泉混混，不舍昼夜，盈科而后进。放乎四海。"赵注："盈科，盈满科坎。"科，坷也，即坎。坎坷，地洞深有泉水生。不，可读为丕。不盈读丕盈。坎不盈，亦盈满科坎之意。

⑬祗既平：祗，于省吾释作"灾"。灾难已渡过。祗：坻，小丘也（《释文》引郑玄）。

⑭徽纆："三股曰徽，两股曰纆，皆索名。"（《释文》引刘表）徽纆，绳索。三股之绳为徽，两股为纆。

⑮寘于丛棘："寘，针也，扎也。古执罪人围之以荆棘。阻吓之也。"《礼记·王制》："大司寇听之棘木之下。"

⑯得：直也。直、得古音通（《闻一多全集》第十卷）。

30 离（49 罗）

☲ 离 （101/101 离上离下）利贞，亨。畜牝牛，吉。

初九　履错然。敬之，无咎。

六二　黄离，元吉。

九三　日昃之离，不鼓缶而歌，则大耋之嗟，凶。

九四　突如，其来如，焚如，死如，弃如。

六五　出涕沱若，戚嗟若。吉。

上九　王用出征，有嘉折首，获匪其丑，无咎。

译文 ☲

离（亮）：利出行，献享。购买母牛，吉祥。

初爻阳：步履错乱。戒备之，不需畏惧。

二爻阴：晨光明亮，大吉。

三爻阳：日出之黎明，若不鼓乐而颂歌，怕它被食而蹉跌，灾凶。

四爻阳：突然而降临，猛烈而焚烧，顷刻而死灭，消失而无踪。

五爻阴：为之流泪，悲伤叹息。吉祥。

上爻阳：大王举兵出征，有功斩首，捉获匪首，无灾害。

解说 ☲

卦名今本作离，帛书作罗。《方言》云："罗谓之离，离谓之罗。"《史记·五帝本纪》："罗日月星辰。"《史记索隐》云："离即罗也。"罗为纲罟，《系辞》云："作结绳而为罔罟，以佃以渔，盖取诸离。"离为渔猎所用网罟，故又可名曰罗。

《广韵》曰："爐，帏中火。"隔帏视火，其光迷离，故谓之爐，爐与离通。"日昃之离"，之犹而也（见《古书虚字集释》），言日西昃时迷离无光也。《左传》庄公二十五年、庄公三十年、文公十五年并云："日有食之，鼓用牲于社。"《左传》庄公二十五年曰："凡天灾，有币无牲，非日月之眚，不鼓。"《左传》文公十五年传曰："日有食之，天子不举，伐鼓于社，诸侯用币于社，伐鼓于朝……古之道也。"（《左传》昭公十七年说略同）

帛书		通行本	
罗：利贞，亨。畜牝牛，吉。		离①：利贞，亨。畜牝牛，吉。	
初九	礼昔然，敬之，无咎。	初九	履错然②。敬之，无咎。
六二	黄罗，元吉。	六二	黄离③，元吉④。
九三	日褪之罗，不鼓缶而歌，即大经之髭，凶。	九三	日昃之离⑤，不鼓缶而歌⑥，则大耋之嗟⑦，凶。
九四	出如，来如，纷如，死如，弃如。	九四	突如⑧，其来如，焚如，死如，弃如。
六五	出涕沱若，戚髭若，吉。	六五	出涕沱若⑨，戚嗟若⑩。吉。
尚九	王出正，有嘉折首，获不载，无咎。	上九	王用出征⑪，有嘉折首⑫，获匪其丑⑬，无咎。

何按：缶亦鼓之类，古谓之土鼓。日离击缶，与日食伐鼓，古有其俗。《论衡·顺鼓》曰："夫礼以鼓助号呼，明声响也……大水用鼓，或时再（灾）告社，阴之大盛，雨湛不霁。阴盛阳微，非道之宜。口祝不副，以鼓自助，与日食鼓用牲于社，同一义也。俱为告急，彰阴盛也。事大而急者用钟鼓，小而缓者用铃狻（铛）。"

离亦星名。在北宫室宿，《史记·天官书》："营室为清庙，曰离宫。"《晋书·天文志》："离宫六里，天子之别宫。"（离、罗，亦娄宿。日之春分至娄宿）

离，渔事之卦。《系辞》："而为网罟，以佃以渔，盖取诸离。"本卦为日食之卦。

宋翔风《过庭录》卷十引刘献说："震为雷，离为电。"电，字又用霆。雷霆即雷电。

注释

①离：丽、亮、光明也。《序卦》："离者，丽也。"离为火，火正称黎［其

名多变，又记作：祝融、罗祖、离祖、黎山（骊山）母、嫘祖、蓐牧、蓐收]。

②错然：错落有致。

③黄离：光明的黎明。光明如纱罗。离：黄离，日昃之离。

④元吉：大吉。

⑤日昃之离：日遮的黎明。昃，或读仄，侧也；或读遮，日食。日遮如纱罗。昃：《说文》引作"厏"，训为日在西方时侧也。昃，旧或以为日落，或以为日食。日初生亦在低侧。音近通于昕，日初升也。日出于黎明，黎明迎日而歌。礼见《尧典》。《类篇》："日侧。"闻一多注："之训为而。日昃，日食也。"

⑥鼓缶而歌：《周礼·女巫》曰："凡邦之大灾，歌哭而请。"《周礼》曰："有歌者，有哭者，冀以悲哀感神灵也。"何按：贾疏曰："此云歌者，忧愁之歌。"是"歌哭"谓且歌且哭。郑意以为群巫或歌或哭，微失经旨。《易》"鼓缶而歌"，亦谓忧愁之歌。日离为天之灾变，故必鼓缶哀歌，以诉于神灵而救之。

⑦嗟：蹉也，蹉跌。耊（dié），闻一多注：读为咥，食也。或音通为跌。缶，《说文》："瓦器，所以盛酒浆。秦人鼓之以节歌。""大耊之嗟"，《释文》引耊作经，蜀才易注作咥。何按：当为咥，即跌字，《太玄》有"大跌"之语。嗟当为蹉。此之字亦训而。"大耊之嗟"即大跌而蹉。

《尚书·无逸》中有"自朝至日昃"，《疏》曰："昃亦名昳，言日蹉跌而下。"《左传》昭公五年注"日昳为台"，《疏》曰："日昳谓蹉跌而下也。"此言日西昃时，昏暗无光，若不叩缶哀歌以救之，则必猝然蹉跌而下。

⑧如：语气词，训然或训呀。陈立夫："此卦九四写日出，红日突然涌现，天际一片彩霞如火光，繁星隐没，暗夜消失如弃。"王弼："处于明道始变之际，昏而始晓，没而始出，故曰突如其来如。其明始进，其炎始盛，故曰焚如（日出迎日，朝歌）。"如，今语然、啊，相当于《楚辞》之"兮"。

⑨出涕沱若：即泣血涟如。若如通。注：异文作池，又作沲，与连通。

⑩戚嗟若：戚，悲戚、悲感交集之状。嗟如，咨嗟也。

⑪王用出征：用，读作有。

⑫有嘉折首：嘉，功也，喜也。嘉、功古音通。有嘉即有战功也。折首即斩首。折，斩也。折首，金文"虢季子白盘"："折首五百，执讯五十。"

⑬获匪其丑：丑，读为酋，首领也。

31 咸（44钦）

䷞咸 （011/100 兑上艮下）亨。利贞。取女，吉。

初六　咸其拇。

六二　咸其腓，凶。居，吉。

九三　咸其股。执其随，往，吝。

九四　贞吉，悔亡。憧憧往来，朋从尔思。

九五　咸其脢，无悔。

上六　咸其辅、颊、舌。

译文 ☰☰

咸（衔/亲吻）：献享。利于出行。娶女，吉。

初爻阴：亲她的手指。

二爻阴：亲她的小腿，凶。停止，吉祥。

三爻阳：亲她的大腿。托起她的臀部，再进行，则不利。

四爻阳：去时欢喜，归而若失。一次次往来，顺从你的心愿。

五爻阳：亲她的后背，无悔。

上爻阴：亲她的脸、唇、舌。

解说 ☰☰

卦名今本作咸，帛书作钦。《荀子·大略》："易之咸，见夫妇。夫妇之道，不可不正也。君臣父子之本也。咸，感也，以高下下，以男下女，柔上而刚下。"咸、钦，古字相通。《说文》："钦，欠貌。从欠，金声。"古从金声字可与从咸声字通。如《广雅·释言》："咸，衔。"

钦，亲也，吻也。朱骏声："咸者，鹹之古文，啮也。从口从戌，会意。"

钦可读为衔。《说文》："衔，马勒口也。"亲（吻）亦即口含，即衔也。

衔：含，吻也，亲（啗）也。

衔通咸，《说卦》云："兑为刚卤。"《白虎通·五行》云："水味所以咸何，是其性也。所以北方咸者，万物咸与所以坚之也，犹五味得咸乃坚也。"

帛书		通行本	
钦：享。利贞。取女吉。		咸：亨①。利贞。取女，吉。	
初六	钦其拇。	初六	咸其拇②。
六二	钦其腓，凶。居，吉。	六二	咸其腓③，凶。居，吉。
九三	钦其股，执其随，闻。	九三	咸其股。执其随④，往，吝。
九四	贞吉，悔亡。童童往来，偁从玺思。	九四	贞吉，悔亡。憧憧往来⑤，朋从尔思⑥。
九五	钦其股，无悔。	九五	咸其脢⑦，无悔。
上六	钦其胶陕舌，	上六	咸其辅、颊、舌⑧。

咸，感也（《周易集解》引郑玄）。《左传·昭公二十一年》："窕则不咸。"《释文》："咸，本或作感。"感，甘也。"咸、感古今字"（李道平《集解纂疏》）。感，交感也。此卦下艮为山，上兑为泽，乾坤定位则山泽通气，相应而动，故卦名曰咸。尚秉和云："《诗·秦风》忧心钦钦。心中钦钦然，盖以少男仰求少女，有钦慕之情，是钦亦有感意，与咸义同。"

咸，感，交感。本卦辞乃描写交感及调情（性前戏）的全过程。马王堆帛书中记有男女性戏方法曰：

戏道：一曰气上面热，徐呴；二曰乳坚鼻汗，徐抱；三曰舌薄（薄）而滑，徐屯；四曰下汐股湿，徐操；五曰嗌干咽唾，徐撼（感），此谓五欲之征。征备乃上，上揹而勿内，以致其气。气至，深内而上撅之，以抒其热，因复下反之，毋使其气歇，而女乃大竭。

所言性前之戏，与此卦可相参证。

注释 ☰☷

①咸："咸，感也"，甘也。甘，含也；咸，衔也，皆为亲吻之义。字

通于衔、咸。《广雅》："鹹，衔也。"《说文》亦同。吻曰亲，曰甘（含），曰咸，曰衔，曰啮。

②拇：手足大指。

③腓：帛书作腥，胫腨也（《说文》），腿肚子。腓，宋翔凤注："足胫也，今俗谓腿肚。"

④股：屁股。《说文》："髀也。"《太玄》注："膝上为股。"执其随：随，尻也，字又作脽、虽，臀也。

⑤憧憧：童童、冲冲、频频也。《广雅·释言》："童童，盛也。"王肃："往来不绝之貌。"九四为性交隐语。

⑥朋从尔思：《诗·卫风·竹竿》："岂不尔思？远莫致之。"尔思，思尔。尔、你也。朋，宾也，跟随也。朋从，跟从。

⑦脢："背肉也"（《说文》）。

⑧颊："今语称颊曰咀也"（黄侃《说文段注小笺》）。辅：马融："辅，上颌也。颊，面旁（庞）也。"虞翻："耳目之间称辅颊。"钱大昕："辅，面也。"

32 恒（32 恒）

䷟ 恒　（001/110 震上巽下）亨。无咎。利贞。利有攸往。
初六　浚恒，贞凶。无攸利。
九二　悔亡。
九三　不恒其德，或承之羞。贞吝。
九四　田无禽。
六五　恒其德。贞，妇人吉，夫子凶。
上六　振恒，凶。

译文 ䷟

恒（渊）：宜献享。无灾害。利出行。利作远行。
初爻阴：河水深浚，出行凶。不得利。
二爻阳：归返有亡失。
三爻阳：未感受其恩德，反受到其伤害。出行有灾。
四爻阳：狩猎无所获。
五爻阴：感戴其恩德。出行，妇女吉，男人凶。
上爻阴：河水震荡，凶。

解说 ䷟

恒，古音从亘。亘，回（回）之异文（《说文》），字像回（环）水即旋涡之形（杨树达）。亘即回水，通作洹，旋水也，源泉也，深渊也。水之深者为渊。《庄子·应帝王》记壶子云："鲵桓之沈（读沉、深，异文作审，读若深）为渊，止水之沈为渊，流水之沈为渊。"桓、洹，河也，亦诂为渊。

恒，洹也。《水经注》："洹水出山，东经殷虚北。《竹书纪年》：盘庚即位，自奄迁于北蒙，曰殷……魏土地记曰：邺城南四十里，有安阳城，城北有洹水东流者也。"《竹书纪年》："文丁五年，洹水一日三绝。"（《太平御览》卷八三引）《国语·周语》："河绝而商亡也。"洹水，商之母亲河也。此卦当记洹水之事。

帛书		通行本	
恒：亨，无咎，利贞。利有攸往。		恒①：亨。无咎。利贞。利有攸往。	
初六	夐恒，贞凶，无攸利。	初六	浚恒②，贞凶。无攸利。
九二	悔亡。	九二	悔亡。
九三	不恒其德，或承之羞，贞闉。	九三	不恒其德③，或承之羞④。贞客。
九四	田无禽，	九四	田无禽。
六五	恒其德。贞，妇人吉，夫子凶。	六五	恒其德。贞，妇人吉⑤，夫子凶。
尚六	夐恒，凶。	上六	振恒⑥，凶。

回心曰恒，今作悔。恒、悔同源字。又，《广雅·释诂》："恒，久也。"《逸周书·周祝》云："天为亘，地为久。"天地之道，恒久不息，循环往复，垂吉凶之象，君子当顺其法则，故象曰："观其所恒，而天地万物之情可见矣。"

恒，《序卦》以为"夫妇之道"。何按：恒通亘，杨树达云："亘从古文回。"亘、回、环古音近义通，皆训回旋或回还。亘，即圆也。团圆，合夫妇之道也。

《竹书纪年》："少康十年，使商侯冥治河。帝杼十三年，商侯冥死于河。"

注释

①恒：古音读亘，通渊。

②浚：《说文》："抒（疏）也……濬，深通川也。"《周易集解》引侯果：浚，深也。郑玄引作濬。《汉书·赵充国传》："浚沟渠。"颜注："浚，深治也。"恒，通作河。《史记索隐》："濬，深也。"浚恒，即治河语转。

"睿，浚也，谓抒取淤泥。使川深而流利也。或体作濬。《玉篇》以濬

为浚之重文。"（张舜徽《演释名》）

③不恒其德：恒，荷也，感戴。

④羞：污也，侮辱。

⑤古传说河水喜妇人，参见《史记》西门豹为河伯纳妇故事，以及《楚辞·九歌·河伯》。

⑥振恒：异文作震恒，恒读为撼。马融曰："振动也。"郑玄云："振，摇落也。"此指河水波涛汹涌。

33 遯（3 掾）

☰☶ 遯 （111/100 乾上艮下）亨。小利贞。
初六　遯尾，厉。勿用有攸往。
六二　执之，用黄牛之革，莫之胜说。
九三　系遯，有疾厉。畜臣妾，吉。
九四　好遯。君子吉。小人否。
九五　嘉遯，贞吉。
上九　肥遯，无不利。

译文 ☶☰

遯（豚）：献享。出行有小利。
初爻阴：（执）豚尾，危险。不宜远去。
二爻阴：捉拿之，必须用黄牛皮带，才不得逃脱。
三爻阳：捆缚那豚子，会生疾病。购买奴隶，则吉祥。
四爻阳：豚生子。对君子，吉。对小人，不吉。
五爻阳：豚数增加，预兆吉祥。
上爻阳：豚子肥大，无所不利。

解说 ☶☶

卦名今本作遯。《释文》云："字又作遁。"（清俞樾《湖楼笔谈》："据《周易音义》所载各本异同及经师音读为异，为《声雅》五篇。"）《声雅·文增》："遁，豚也。"

卦上乾下艮，乾为君子，艮为止。君子知时而止，有隐遁之象，用行而舍藏，故曰遁。郑玄云："遯，逃去之名也。艮为门阙，乾有健德，互体有巽，巽为进退。君子出门，行有进退，逃去之象。"

掾，北斗别名。说见闻一多《天问释义》。以本卦文义考索：遯，乃豚之假借。豚、豕，猪也。豕（天猪）亦星名。

帛书		通行本	
掾：享。小利贞。		遯①：享。小利贞。	
初六	掾尾，厉。勿用有攸往。	初六	遯尾，厉。勿用有攸往②。
六二	共之，用黄牛之勒，莫之胜夺。	六二	执之③，用黄牛之革，莫之胜说④。
九三	为掾，有疾厉。畜仆妾，吉。	九三	系遯⑤，有疾厉。畜臣妾⑥，吉。
九四	好掾，君子吉。小人不。	九四	好遯⑦，君子吉。小人否。
九五	嘉掾，贞吉。	九五	嘉遯⑧，贞吉。
尚九	肥掾，先不利。	上九	肥遯⑨，无不利。

注释 ☰

①遯：又作遁。遯，豚也。豚，猪。

②用：宜也。勿用：勿宜，不宜。

③执：捉也。

④胜说：胜脱，能脱。脱或训逃。

⑤系遯：遯，豚也。帛书"系"作"为"。为，颐也，养也。

系遯，有疾厉：或训作"系豚，有蒺藜。"有：用，以也。卦义云：系守豚要用蒺藜作篱。有疾厉：厉异文作"毙"（王肃本），或作"愈"（郑玄）。毙，死也。愈，困也（郑注）。

⑥畜臣妾：畜，古音从直，置也，购置，畜养也。臣妾，奴婢也。《左传·僖公十七年》："男为人臣，女为人妾。"

⑦好：享也。

⑧嘉：喜也。添仔曰嘉。

⑨肥遯：《文选·思玄赋》注引《淮南子》："遁而能飞，吉孰大焉。"李善注：遁，豚也。"肥遁"谐音飞遁（远迁）。明人焦竑《焦氏笔乘》引古书谓：肥字古作𦝼，与蜚字近而互讹。肥，当作飞。《九师道训》："遁而能飞，吉孰大焉。"张衡《思玄赋》："利欲飞遁以保名。"曹植《七启》："飞遁离俗。"则"飞遁"，古有此成语也。

34 大壮（26 泰壮）

䷡ 大壮 （001/111 震上乾下）利贞。

初九　壮于趾，征凶。有孚。

九二　贞吉。

九三　小人用壮，君子用罔，贞厉。羝羊触藩，羸其角。

九四　贞吉，悔亡。藩决，不羸，壮于大舆之輹。

六五　丧羊于易，无悔。

上六　羝羊触藩，不能退，不能遂，无攸利。艰则吉。

译文 ䷕

大壮（大创）：利于出行。

初爻阳：伤于脚趾，出行凶。被俘。

二爻阳：出征吉。

三爻阳：小人用墙，君子用网，出行危险。公羊冲篱，磕折其角。

四爻阳：出行吉，归而有亡。围墙被冲决，无须筑垒，可以用大车之轮作墙。

五爻阴：羊群丧于牧场，无归。

上爻阴：公羊撞篱，不能退，不能进，不得利。遭遇艰难，吉祥。

解说 ䷕

卦名今本为“大壮”。帛书《系辞》作“大床”，帛书《易》作“泰壮”。泰、大古字通。壮，读为戕。床，创也。壮古音强，强、戕一音之转。壮，臧也。臧字甲骨文形：戕，从目从戈，象斩敌首悬之戈而壮功之形。能斩敌之首者，壮也。臧为壮之本字，故以恶刑（枭首）而有善美之义，训为“武”也、“勇”也。壮，强音转，壮、戕、强、臧、床、创皆音通。

《尔雅·释诂》："壮，大也。"下卦乾为大，下互卦亦为乾，卦有二乾，壮亦为大，故曰"大壮"。《广雅·释诂》："壮，伤也。"创，伤也。马融、虞翻亦训壮为戕、伤。今按：卦上互为兑，为毁折，故为伤。卦中含战败之气。本卦示人以大壮则伤、大强则戕之意。喻君子见此当怀畏惧之心，知时而止，故"离卦"云："大壮则止。"

帛书		通行本	
泰壮：利贞。		大壮：利贞。	
初九	壮于止，正凶，有复。	初九	壮于趾①，征凶，有孚。
九二	贞吉。	九二	贞吉。
九三	小人用壮，君子用亡，贞厉。羝羊触藩，赢其角。	九三	小人用壮，君子用罔②，贞厉。羝羊触藩③，赢其角④。
九四	贞吉，悔亡。藩块，不赢，壮于泰车之缏。	九四	贞吉，悔亡。藩决，不赢，壮于大舆之輹。⑤
六五	亡羊于易，无悔。	六五	丧羊于易⑥，无悔。
尚六	羝羊触藩，不能退，不能遂，无攸利。根则吉。	上六	羝羊触藩，不能退，不能遂⑦，无攸利。艰则吉。

大壮卦象房屋。臧，藏也，宫藏、宫府。"上古穴居而野处，后世圣人易之以宫室，上栋下宇，以待风雨，盖取诸大壮"。

注释 ☰

①壮：臧也，戕也。戕，《广韵》：则郎切。《集韵》：兹郎切。

马融注："壮，伤也。"郭璞云："今淮南人呼壮为伤。"《释文》引集解引虞翻："壮，伤也。"壮，创也，戕也，残也，创伤也。于省吾谓戕也。趾：止也，脚掌。

②壮：桩，墙。罔：古文网。

③羝羊：公羊。《一切经音义》："壮之岁曰羝。"藩：篱笆、藩篱。触：冲撞。

④赢：异本作儡。《释文》："儡，败也。"闻一多谓读如克。克，折断也。赢：累也，伤害。董仲舒《士不遇赋》："努力触藩，从摧角矣。"即

用此卦义。

⑤鞕：辐，轮辐。

⑥丧羊于易：顾颉刚以为王亥丧羊有易故事，但其说穿凿，且于卦辞无征，殊不可信。朱熹训易为场。陆绩说："易异文作场，疆场也。经传疆场之场多通作易。"郑玄注谓易，即郊野。易：场、郊野、郊场、牧场也。《释文》引陆绩作场，谓疆场也。

⑦遂：遁也、进也。

35 晋（51 濸）

䷢ 晋 （101/000 离上坤下）康侯用锡马蕃庶，昼日三接。

初六　晋如，摧如。贞吉。罔，孚裕，无咎。

六二　晋如，愁如。贞吉。受兹介福，于其王母。

六三　众允，悔亡。

九四　晋如鼫鼠。贞厉。

六五　悔亡，失得，勿恤。往，吉，无不利。

上九　晋，其角维，用伐邑，厉，吉，无咎，贞吝。

译文 ䷁

晋（箭）：（周）康侯以白马作种马繁殖，一昼夜交配三次。

初爻阴：箭飞出去了，射中了。出征吉祥。去吧，大富裕，无灾害。

二爻阴：箭射出去了，堆积山丘。出征吉祥。受此大福，惠及祖母。

三爻阴：众人同心，无有逃亡。

四爻阳：持弓弯曲如蝼蛄。出征有危险。

五爻阴：天色晦昧，丢失了所得，不必惋惜！再去，则吉祥，无不利！

上爻阳：利箭，其锋锐利，用以攻城，可怕，吉祥，无须畏惧，但出行会有艰难。

解说 ䷁

卦名今本为晋，帛书作濸。濸、晋音通。晋，金文替、替，像箭矢命靶中的之形。《周礼·大射仪》郑注："古文箭为晋。"晋，汉石经作"齐"。闻一多说：箭、晋古字通用（并参《周礼·职方》郑注）。

又，甲骨文"吉"作"㕡"，从矢、从口，会意，射箭中靶曰"吉"。吉、晋、至一音之转，盖亦同源词之分化也。

帛书		通行本	
溍：康侯用锡马蕃庶，昼日三绫。		晋：康侯用锡马蕃庶，昼日三接①。	
初六	溍如，逡如，贞吉。悔亡，复浴，无咎。	初六	晋如，摧如②。贞吉。罔，孚裕③，无咎。
六二	溍如，愁如，贞吉。受兹介福，于其王母。	六二	晋如，愁如④。贞吉。受兹介福⑤，于其王母。
六三	众允，悔亡。	六三	众允，悔亡⑥。
九四	溍如炙鼠，贞厉。	九四	晋如鼫鼠⑦。贞厉。
六五	悔亡，矢得，勿血！往，吉，无不利。	六五	悔亡⑧，失得，勿恤⑨。往，吉，无不利。
尚九	溍，其角唯，用伐邑，厉，吉，无咎，贞闽。	上九	晋，其角维⑩，用伐邑，厉⑪，吉，无咎，贞吝。

晋，通觐。本卦乃朝觐执礼之卦。闻一多读"晋"为"揖"、为"敬"，可从。其说略曰："晋，敬也，郑玄注《尚书大传》：'晋，肃也。'敬肃而揖曰'晋'。"《说文》："晋，进也。日出万物进，从日从臸。"《象》曰："明出地上，晋。"《诗·大雅·文王》："于缉熙敬止。"

何按：晋、臸古音通。臸，"卪"也，跪伏持敬之态。故晋有敬意。

敬，乃周代贵族重要之德，敬即严肃谨慎。《左传》僖公三十三年："敬，德之聚也。能敬必有德……出门如宾，承事如祭，仁之则也。"《论语》："修己以敬。""行笃敬。"可见敬、诚敬在儒家道德体系中也是一个重要观念。

《杂卦》："晋，昼也。"卦象：离在坤上，明（日）出地上。日出于地，升而益明。"日出万物进"意晦涩，进者，晋也，见也，义即日出万物见。

注释

①康侯：康叔封（《尚书》）。康侯鼎："康侯丰作宝尊。"康，国名。又：康侯，同康王，后徙封于卫。康：唐也，地在唐山。康王乃周初名王，武王之弟。"成康之际，天下安宁，刑措四十年不用"（《文选·贤良诏》注）。康侯，周公所立。康侯，顾颉刚谓即武王弟康叔。

锡马：一说白马，一说有易地区之马。锡，白也。锡、雪音近，义通。

蕃庶：繁殖。昼日：昼，周也，每日之意。接：交也，交合，交接。《周礼·牧师》："中春通淫。"《礼记·月令》："合累牛腾马游牝于牧。"

附按：李平心在《〈周易〉史事索隐》中，用《易林》的咏史诗和《左传》昭公元年的记载对照，并参考青铜器铭文，认为康侯就是周武王的儿子、周成王的弟弟唐叔虞。唐、康古音同，同属溪母阳韵，音变成康侯。唐叔虞的儿子燮父时，以封地南有晋水，改称晋侯。

李平心又进一步考证了"康侯用锡马蕃庶"的故事，指出记叙的是周成王时期伐北方戎族地区唐人的重大战役。这是西周开国史上一次仅次于两次克殷战争的大事。

据李平心考证，在殷人和淮夷、奄国叛乱之后，地处北方戎族地区的唐人又举兵叛乱，叔虞奉命领兵出征。由于唐人长于骑战，叔虞征用有易（即卦辞中的锡字，锡、易、狄古时相通）地区的战马，组成骑兵，并动员蕃族（即卦辞中的蕃庶，古代民族名）的军队参战，并且接连不断地取得胜利。

征唐之役，主持战事的是成王，参与战役的除唐叔虞外，还有白懋父。"这一史实湮没了两三千年，直到今天通过《周易·晋卦》的研究，才找到了古史长链中已经亡失的一个断环"（李平心语）。

《易》卦中多西周史事，如"王用亨于岐山"（升卦），"箕子之明夷"（明夷卦），"长子帅师，弟子舆尸"（师卦），等等。

②晋如：晋读为箭，如读为然，借为之。箭之，射之也。摧如，击中推倒也。异读晋为踧，踧如，跪拜；又读为揖，拜手为敬，晋如即敬然（闻一多有此说）。

③罔：帛书作"悔亡"。孚裕：可读作富裕。又说，裕通悦，喜悦。

④愁：从秋音，丘也。异说："道也，围困。"（闻一多）

⑤福：酒也。敬祭酒，曰敬福。甲文作酉，像祭祀奠酒。介福：祉福。《诗·周颂·烈文》："锡兹祉福。"与本爻受兹介福句式近同。介、祉古音相通。《诗·小雅·楚茨》、《诗·小雅·甫田》有"报以介福"。

⑥众允：允，依允，承顺，同心意也。异说：允，抏也。《说文》："抏，有所失也。"《墨子·天志》："国家灭亡，抏失社稷。"抏、损、殒通。"陨，从高下也。""陨丧。"姤卦九五："有陨自天。"允，陨也。悔亡：悔

读如莫，无也。

⑦晋如鼫鼠：鼫鼠，蝼蛄异名。郑注《尚书大传》："晋，肃也。"肃：肃拜。《国语·晋语》："敢三肃之。"韦注："肃，肃拜，下手至地。"《左传》成公十六年杜注："肃，手至地。"肃立如鼫鼠，肃肃稽首。

又，鼫鼠："今河东有大鼠，能人立，交前两脚去颈上跳舞，善鸣。"（《诗·魏风·硕鼠》正义引陆机疏）所言鼫鼠，疑即袋鼠也。

⑧悔亡：即晦盲。《荀子·赋》："列星殒坠，旦暮晦盲。"

⑨失得：异文作矢。虞翻说："矢，古誓字。"勿恤："恤，惧也。恤，惊恐貌。"（《文选·七发》李善注）或作惜。

⑩其角维：维，锐也。

⑪厉：通作利。

36 明夷（38 明夷）

䷗ 明夷 （000/101 坤上离下）利艰贞。

初九　明夷于飞？垂其翼。君子于行？三日不食。有攸往，主人有言。

六二　明夷，夷于左股。用拯。马壮，吉。

九三　明夷于南，狩，得其大首。不可，疾贞。

六四　入于左腹，获明夷之心，于出门庭。

六五　箕子之明夷，利贞。

上六　不明，晦。初登于天，后入于地。

译文 ䷗

明夷（明阳）：利作艰难之行。

初爻阳：鸣叫的大雁，飞向何方？垂着翅膀。君子将去何方（或君子远行）？三日不停。如作远行，主人有灾。

二爻阴：鸣叫的大雁，左腿受伤。被拯救。马儿雄壮，吉祥！

三爻阳：鸣叫的大雁，在南方，狩猎擒其元首。不好，速行。

四爻阴：射中了它的左腹，中了鸣雁的心脏，宜掷出门庭。

五爻阴：箕子去明曦之地，利征行。

上爻阴：不明，黑暗。初升于天，后入于地。

解说 ䷗

"明夷"有二义：一为象征太阳，一为鸟名。

1.明夷通明阳，即太阳也。古以太阳为金乌，即明乌。夷、乌古音通。昧爽、昧相、蒙昕、明曦、明夷，皆黎明之词也。卦象为离入于地（坤）。离，日也。又，明夷即明曦、明旸。明曦，日出也。

2.《夏小正》有"鸣弋"，弋，鸢也，即鸢鸟。鸢鸟，即鸷鸟，鹰雕之属猛鸟、大鸟也。

帛书		通行本	
明夷：利根贞。		明夷①：利艰贞。	
初九	明夷于蜚，垂其左翼。君子于行，三日不食。有攸往，主人有言。	初九	明夷于飞？垂其翼②？君子于行？三日不食③。有攸往，主人有言④。
六二	明夷，夷于左股。用撜，马床，吉。	六二	明夷，夷于左股⑤。用拯⑥。马壮⑦，吉。
九三	明夷夷于南，狩，得其大首，不可，疾贞。	九三	明夷于南，狩，得其大首⑧。不可，疾贞⑨。
六四	明夷，夷于左腹，获明夷之心，于出门廷。	六四	入于左腹⑩，获明夷之心⑪，于出门庭⑫。
六五	箕子之明夷，利贞。	六五	箕子之明夷⑬，利贞。
尚六	不明，海。初登于天，后入于地。	上六	不明，晦⑭。初登于天⑮，后入于地。

王聘珍曰："弋，谓鸷鸟也，鹰隼之属。缴射曰弋。十二月，鹰隼取鸟，捷疾严猛，亦如弋射，故谓之弋。《月令》曰：'季冬之月，征鸟厉疾。'是也。"（《大戴礼记》注）

《诗经·小雅·四月》："匪鹑匪鸢。"《正义》："鸢"作"鹗"，引孟康曰："鹗，大雕也。"

3. 夷、尸、人、入古同字。夷，可通于昕、曦。明夷，即明昕、明曦、昧爽（昧相），天之将曙也。明曦即明鲜、鲜明、"朝（zhāo）鲜"（"朝鲜"本义，即朝日鲜红也）。夷有亮义。王引之《读书杂志》引《汉书》"古今人表""伯夷亮父"条曰："亮即夷字之讹。"谓隶书"夷"字与"亮"形似易讹。何按：王说不确。夷、亮古音相通。夷，亮也，本有明亮义。以亮释夷，乃以字释名之古俗。

4.《序卦》云："夷者，伤也。"《广雅·释诂》曰："夷，灭也。"卦象上坤为阴，下离为日，日在云下，为阴气所蔽，其光明未出，故曰"明夷"。离为明，陷入地中，则其光不显，有毁灭之象，故《杂卦》云："明夷，诛也。"

《周礼·凌人》郑玄注："夷之言尸也。"尸、人古字可通用。明夷即明主，谓有德之君，虽蒙大难，犹能守道不缺，故释卦云："利艰贞。"

夷亦有喜悦义。《尔雅·释言》："夷，悦也。"《楚辞》："心巩巩而不夷。"王弼注："夷，悦也。"说卦者或谓：本卦卦象离明入于坤众，如君子普施其德，万民广被其福，上下交融，可共涉艰险，虽暂遇祸患，镇定自持，则终可化险为夷。

5. 明夷又为地名。明夷，通鸣条（古音dī），古山名。孟子言舜卒于鸣条。本卦初九似言舜死于鸣条（折翼）之事（此卦初九、九三似言舜征南死之事）。卦六五则言箕子入朝鲜之事。

注释 ☷☲

①明夷：即鸣鸢、鸣雁，鸣叫的大雁。此爻辞以"明夷"与"君子"相对言，则"明夷"亦为名词。

②于飞：于，焉也。于，扬也，翔也。《诗·邶风·燕燕》："燕燕于飞？差池其羽。之子于归？远送于野。瞻望弗及，泣涕如雨（泣流如雨）。"于读为焉，或爰、安，设问词。又，于、远通。这句爻辞中，于亦读如焉或爰。翼：读如掩。《诗·小雅·鸿雁》："鸿雁于飞？肃肃其羽。之子于行？劬劳于野。"《诗·邶风·击鼓》："爰居爰处，爰丧其马，于（爰）以求之？"

③三日不食：食，古音通耽，耽搁、稽留、迟留、停留。直解则三日不吃饭，谬。

④言：愆也。

⑤夷：《序卦》："夷者，伤也。"夷通痍。

⑥用拯：遇拯。拯，救也。拯，《仪礼·子夏传》作抍，升也。《说文》："抍，上举也。"用，或释使用。

⑦马：古马有乘马，有车马。骑乘之马为乘马。马，可读为武，伟也。马壮：即武壮、伟壮。

⑧狩，得其大首：狩，狩猎。大首：元首。雁群居，群中有"大首"，即"头雁"。

⑨不可，疾贞：不可，不克，不利也。疾，速。贞：征，行。

⑩左腹：腹，通方，左方，即南也。《礼记·少牢》："卦者在左坐。"阜阳汉简《礼记》左记为南。《逸周书·武顺》："天道尚左，日月西移。

地道尚右，水道东流。"

何按：此以北为中极，人面北立，即左西右东也。所以尚左即尚北之坐标观念。

⑪心：鲜明也，鲜红。心古音通鲜，义均与朱通（详说参见闻一多《古典新义》"释心"）。

⑫于出门庭："于，宜也。"（《经传释词》）明夷之运行路线：左→南→左→明夷→登天入地。

⑬孔子及司马迁云：作《易》者当在商周之际。箕子、康侯事可明。

箕子：异本作其子，其国诸侯。其即冀也。箕子乃商纣王之异母兄也。殷商有立幼之俗，故箕子放于外。"纣为淫佚，箕子谏，不听……乃披发佯狂而为奴，遂隐……"（《史记·宋微子世家》）

《尚书·洪范》："惟十有三祀，王访于箕子。"伪孔传："此年四月，归宗周，先告武成，次问天道。"孔疏："惟文王受节十有三祀，武王访问于箕子。"其国地在燕，即蓟（今北京昌平有古蓟国城址）。亦通为冀。冀州，即古蓟州也。箕子由冀州出辽东而出走朝鲜。明夷即"明旸"，日出之地，即朝鲜。"朝鲜"一名来自"朝日鲜红"，即明阳也。

⑭晦：归回。

⑮登：升也。

37 家人（63 家人）

䷤ 家人 （110/101 巽上离下）利女贞。

初九　闲有家，悔亡。

六二　无攸遂，在中馈，贞吉。

九三　家人嗃嗃，悔厉，吉。妇子嘻嘻，终吝。

六四　富家，大吉。

九五　王假有家，勿恤，吉。

上九　有孚，威如，终吉。

译文 ䷤

家人：利于女子出行。

初爻阳：家有栅栏，无人逃亡。

二爻阴：不宜远行，主持正道，出行吉。

三爻阳：家人欢乐，无灾害，吉祥。女人嬉皮笑脸，早晚要倒霉。

四爻阴：富家，大吉祥。

五爻阳：大王降临我家庙，别惧怕，吉祥。

上爻阳：有朋客，高大威武。将有吉祥。

解说 ䷤

卦名帛书与今本同。家人，妇女。《说文》："妇，家也。"李鼎祚《周易集解》引马融曰："家人以女为奥主，长女中女各得其正，故特曰利女贞。"何按：家人卦象与先天卦位合，离处正东，巽处西南，巽位于离上，知马说是也。

古称妻室为家人。《说文》云："妻，妇与夫齐者也。"《释名·释亲属》："士庶人曰妻。妻，齐也，夫贱不足以尊称，故齐等言也。"巽为齐，故亦为妻。《说卦》云："帝出乎震，齐乎巽。"《易·巽卦》："丧其资斧。"

虞翻注：“巽为齐。”《易·小畜卦》：“夫妻反目。”虞翻注：“巽为妻。”古又称妻为妇。《尔雅·释亲》：“子之妻为妇。”巽、离皆为妇。《易·蒙卦》：“纳妇吉。”虞翻注：“巽为妇。”《易·既济卦》：“妇丧其茀。”虞翻注：“离为妇。”

帛书		通行本	
家人：利女贞。		家人①：利女贞。	
初九	门有家，悔亡。	初九	闲有家②，悔亡。
六二	无攸遂，在中贵，贞吉。	六二	无攸遂③，在中馈④，贞吉。
九三	家人燮燮，悔厉，吉。妇子裹裹，终阑。	九三	家人嗃嗃⑤，悔厉⑥，吉。妇子嘻嘻，终吝⑦。
六四	富家，大吉。	六四	富家⑧，大吉。
九五	王假有家，勿血，往吉。	九五	王假有家⑨，勿恤⑩，吉。
尚九	有复，委如，终吉。	上九	有孚⑪，威如⑫，终吉⑬。

《大戴礼记·本命》云：“妇人，伏于人者也。”《释名·释亲属》：“妇，服也。服家事也。”伏，服古音同。《易·同人卦》：“伏戎于莽。”虞翻注：“巽为伏。”上巽为伏，下离为女，卦像妇人执事于家内，以服侍其夫，故卦名曰家人。

注释

①家人：家族人。

②闲：《说文》：“阑也。”栅栏。《周礼·虎贲》：“舍则守王闲。”注：“闲，楗柜。”即蔽户、庇护。闲有家，即家有闲。或训“有”为“于”（李镜池），闲于家，作栅于家之意。

闲，帛书作门。《广雅》：“门，守也。”《淮南子》高注：“门，禁要也。”

③无攸遂：不远遂。遂，遁也。不远行。

④中馈：中途、中道、正道。在，载也，车行曰载。贞：定也，居也。

⑤嗃嗃：马融：“悦乐自得貌。”异文作“碻碻”，即叫叫，喧哗观笑也。

⑥悔厉：悔，无也。厉，吝。

⑦妇子：妇女。商周女亦称子。嘻嘻：嘻，听也。《说文》："听，笑貌也，从口，斤声。"听，今作欣，音转为笑。嘻嘻：嬉笑、轻薄之貌。

⑧富：福。金文富、福字通。

⑨王假有家：假，降也。假：降临，到。家：宗庙。

⑩恤：忧惧。

⑪孚：此读如朋，朋客、宾客。

⑫威如：威然，巍然。高大有威貌。

⑬终吉：《易》之言终，皆有将来之意，将也。

38 睽（53 乖）

䷥ 睽 （101/011 离上兑下）小事吉。

初九　悔亡，丧马。勿逐，自复。见恶人，无咎。

九二　遇主于巷。无咎。

六三　见舆曳，其牛掣。其人天且劓。无初，有终。

九四　睽孤，遇元夫，交孚。厉，无咎。

六五　悔亡，厥宗，噬肤。往何咎。

上九　睽孤，见豕负涂，载鬼一车，先张之弧，后说之弧。匪寇，
　　　婚媾。往，遇雨则吉。

译文

睽（窥）：做小事吉祥。

初爻阳：无人逃亡，但丢失马。勿追逐，自己会回来。遇见恶人，不
要畏惧。

二爻阳：遭遇主人于小巷。无须惧怕。

三爻阴：看见大车移动，有牛在驾车。驾车之人无鼻而多毛。初始不
好，结局不错。

四爻阳：窥观孤儿，遇前夫，立即回转。有危险，无灾害。

五爻阴：无人逃亡，去宗庙，吃肥肉。去又何惧。

上爻阳：窥观，看见猪搏斗于泥涂，载有鬼族人一车，先张开其弓弧，
后放松其弓弧。来的不是寇盗，而是来求婚配。去时遇雨，吉祥。

解说

卦名今本作睽。睽：窥也，观视也。睽：读若圭，或读苦圭反（kuí），
或读为怪。窥、睽音转即今语"看"。《归藏》作瞿。

《一切经音义》卷一引《广苍》："睽，目少精也。"上离为目，下兑为

少。《易·大过卦》："老妇得其士夫。"虞翻注："兑为少。"上互坎为月，下互离为日，日月之光为精，知卦象亦与睽意相合。

帛书		通行本	
乖：小事吉。		睽：小事吉。	
初九	悔亡，亡马。勿遂，自复。见亚人，无咎。	初九	悔亡，丧马。勿逐（遂）①，自复。见恶人，无咎②。
九二	愚主于巷。无咎。	九二	遇主于巷。无咎。
六三	见车烖，其牛谨。其人天且劓。无初，有终。	六三	见舆曳，其牛掣③。其人天且劓④。无初，有终。⑤
九四	乖苽，愚元夫，交复。厉，无咎。	九四	睽孤⑥，遇元夫⑦，交孚。厉，无咎。
六五	悔亡，登宗，筮肤。往何咎。	六五	悔亡，厥宗⑧，噬肤⑨。往何咎。
尚九	乖苽，见豨负涂，载鬼一车，先张之柧，后说之壶。非寇，闽厚。往，愚雨即吉。	上九	睽孤，见豕负涂⑩，载鬼一车⑪，先张之弧，后说之弧⑫。匪寇，婚媾。往，遇雨则吉。

《序卦》云："睽者，乖也。"《广雅·释言》云："睽，乖也。"《序卦》："家道穷必乖……睽者，乖也。"乖，分离也，隔绝也。《后汉书·马融传》李贤注："睽，离也。"卦上离下兑，《说卦》云："兑为毁折。"物折则分离，故卦名曰睽。

乾坤定位，则六子之气相通，然后能变化万物，故山泽通气，雷风相薄，水火不相射。卦中水火虽乖戾不合，亦相感而通。故象云："天地睽而其事同也，男女睽而其志通也，万物睽而其事类也。"

此卦似言商纣之史事。《尚书·牧誓》："今商王受惟妇言是用，昏弃厥肆祀弗答。"《尚书·泰誓》："弗事上帝神祇，遗厥先宗庙弗祀，牺牲粢盛，既（给）于凶盗。"本卦六五："厥宗噬肤，往何咎。"睽：即奎，亦星名。奎星：名天豕、封豕、封豨。

《礼记·月令》："仲春之月，日在奎。"《史记·天官书》："奎曰封豕，为沟渎。"《史记正义》："一曰天豕。"《春秋合成图》："奎主武库之兵。"
参证本卦上九，若合符契。睽有兵戈之象。"弧矢之利，以威天下，盖取
诸睽。"（《系辞》下）

睽：从癸。癸：甲文作✕，测水平之仪。

注释

①遻：随。

②恶人：形残貌丑之人。字亦作兀人，刖足曰兀。巫士即恶士。咎，
惧也。无咎：即勿惧。《礼记·王制》："公家不畜刑人，大夫弗养，士遇
之途，弗与言也。屏之四方，唯其所之，不及以政，亦弗故生也。"《穀梁
传》："礼，君不使无耻，不近刑人。刑人非所近也。"

③掣：异文作挈。郑玄注："牛脊皆耸曰挈。"挈：偈也。曳：读为移。

④天且劓：徐鼎《读书杂释》引宋胡瑗说："天当作而。"篆书"而"
与"天"形近致讹。

《说文》："劓：刑鼻也。""割鼻为劓"（虞翻），无鼻而多卉。天且劓：
俞樾说："读为兀且劓。"天：马融："黥凿其额曰天。"即削发黥墨字。《周
礼》："墨者使守门，劓者使守宫，宫者使守内，刖者使守囿。"

⑤此句或断为："见舆，曳其牛，掣其人，天且劓。无初，有终。"

⑥睽孤：又作睽瞿（双声连语），张目直视，惊恐之貌也。《文选·鲁
灵光殿赋》作"睽睢"，亦作睽睽，又作睢睢（闻一多）。《汉书·五行志》：
"万众睢睢，惊怪连日。"幼无父曰孤（高诱注）。帛书作乘瓜，通行本作睽
孤，又作瞿顾、窥顾、窥观。《释名》："孤，顾也。顾望无所瞻也。"

⑦元夫：即兀夫（元兀古今字，闻一多《周易义证类纂》）。兀：刖也，
又作跀，"断足也。"（《说文》）兀夫：跛子（李镜池说）。

⑧厥宗：厥，蹶也，训走。厥，通蹶，走也（《说文》）。《孙膑兵法·擒
庞涓》注："厥，蹶也。"厥有去音。宗，宗社，走赴宗社去吃肉。

⑨噬肤：噬，啮也（《广雅》）。肤，肥肉也（《仪礼·郑注》）。
《广雅·释器》："肤，肉也。"马融："柔脆肥美曰肤。"又云："腹下
肥者。"又作腴，又作"肪"。

⑩负涂：复涂。涂，途也。

⑪鬼：鬼方，鬼国，殷周古国族名，在北方。《史记·殷本纪》有鬼

伯，又作九伯。闻一多说为天象。豕，封豕之星，奎星也。鬼、车即舆鬼五星。《史记·天官书》正义："舆鬼，天目也，主视，明察奸谋。"（亦有睽顾之意）《广雅·释诂》："舆，载也。"弧：弧星。

豕在涂，鬼在舆，主雨之天象也。故卦辞曰：遇雨则吉。

⑫后说：说读兑、脱、蜕也，松弛，即收也（说收音转）。"先张之弧，后说之弧。""弧，所以张参之弛。""弧，旌旗所以张幅也。"（张舜徽《郑雅》）

弧：弧星，旗星名。

39 蹇（20 蹇）

☷ 蹇 （010/100 坎上艮下）利西南，不利东北。利见大人，贞吉。

初六　往蹇，来誉。

六二　王臣蹇蹇，匪躬之故。

九三　往蹇，来反。

六四　往蹇，来连。

九五　大蹇朋来。

上六　往蹇，来硕，吉。利见大人。

译文 ☷

蹇（艰）：利于去西南，不利于去东北。利于会见大人，出行吉。

初爻阴：去时步行（去时慢），归时乘车（来时快）。

二爻阴：王之臣子奔忙碌碌，身不由己。

三爻阳：去时艰难，来时平顺。

四爻阴：去时走路，来时乘车。

五爻阳：大艰难频频而来。

上爻阴：去时艰难，来时顺利，吉祥。利于会见大人。

解说 ☷

蹇，即艰。《释名·释姿容》："蹇，跛蹇也。"上卦坎，下卦艮，既有坎坷亦有高山，卦象人行走艰难险阻之中，步履艰难，故曰"蹇"。

《象》曰："蹇，艰也。"艰，难也。《易·大壮卦》："艰则吉。"虞翻注："坎为艰。"坎为险，故可为艰。又，《说文》云："艰，土难治也。从堇艮声。"知艮亦可读为艰，卦上下皆有艰难之象，故卦名曰蹇。

蹇古通謇。《一切经音义》卷二十八："古文謇蹇二形，今作謇。"《离骚》云："余固知謇謇之为患兮。"王逸注："謇謇，忠贞貌。"

帛书	通行本
蹇：利西南，不利东北。利见大人，贞吉。	蹇①：利西南，不利东北。利见大人，贞吉。

	帛书		通行本
初六	往蹇，来舆。	初六	往蹇，来誉②。
六二	王仆蹇蹇，非躬之故。	六二	王臣蹇蹇③，匪躬之故④。
九三	往蹇，来反。	九三	往蹇，来反⑤。
六四	往蹇，来连。	六四	往蹇，来连⑥。
九五	大蹇倗来。	九五	大蹇朋来⑦。
尚六	往蹇，来石，吉。利见大人。	上六	往蹇，来硕⑧，吉。利见大人。

注释 ☰

①蹇：艰，蹩（即瘸）也。跛足而行。蹇："象曰：艰也。"《说文》："跛也。"《广雅》："难也。"又，蹇，即捷之本字。皇甫谧：与与犹徐徐。又作"与与"，又作"徐徐。"《汉书叙传》注："与与，行步安舒也。"准此，则蹇当读为疾，与徐相对，亦通。

②誉：舆也。舆：车舆。誉，读若允。允，顺也。舆、易通。

③蹇：蹩，走也。音转为蹩，《国语》韦注："蹩，走也。"

④匪躬之故："躬，身也"（《说文》）。躬：自己，读各、个（自个儿）。又读家，今语自个儿，自家儿，即自躬也。匪，非也。非己之故。

⑤反：相反。

⑥来连："连之本义为车。"（《管子·海王》）房玄龄注："连，辇名。"《说文》："连，负车也。"段玉裁注："负车也。"《周礼·地官》郑注："故书连作辇。"连，马融："连，难也。"郑注："迟久之意。"连，流连也。

⑦朋：并也，频也。

⑧硕：假为顺、循，顺利。

40 解（30 解）

䷧ 解 （001/010 震上坎下）利西南。无所往，其来复。吉。有攸往，夙，吉。

初六　无咎。

九二　田获三狐，得黄矢，贞吉。

六三　负且乘，致寇至，贞吝。

九四　解而拇，朋至，斯孚。

六五　君子维，有解，吉。有孚于小人。

上六　公用射隼于高墉之上，获之，无不利。

译文

解：利于去西南。无所去，即归来。吉祥。有远行，速（或宿），吉祥。

初爻阴：无灾害。

二爻阳：猎获三条狐狸，得到金（铜）箭，出行吉。

三爻阴：车上载货又载人，易招寇盗，出行有险。

四爻阳：逃脱罗网，朋友至，又将其擒缚。

五爻阴：君子被困，有解脱之道，吉祥。若是小人，则被捉住。

上爻阴：公侯射鹰隼于高墙之上，擒获之，无不利。

解说

解：拆解（读卸）。以刀解牛，《史记正义》："解，节解也。"《汉书》颜注："解，支节也。"《归藏》作荔（读协）。

《广雅·释诂》："解，说也。"《易·明夷卦》："主人有言。"上卦震，下卦坎。九家注："震为言。"说、言同义，故震亦可为解。《说文》云："解，判也。"震雷霹雳，当春之时，雷雨作而百草萌发，甲皮开坼，破土而出，此为解卦之时义。坎，艰难坎坷也。遭遇艰难而分裂，故卦名为解。

帛书	通行本
解：利西南，无所往，其来复。吉。有攸往，宿，吉。	解：利西南，无所往，其来复。吉。有攸往，夙[1]，吉。

	帛书		通行本
初六	无咎。	初六	无咎。
九二	田获三狐，得黄矢，贞吉。	九二	田获三狐，得黄矢，贞吉。
六三	负且乘，致寇至，贞闻。	六三	负且乘，致寇至[2]，贞吝。
九四	解其拇，傰至，此复。	九四	解而拇[3]，朋至，斯孚[4]。
六五	君子唯，有解，吉。有复于小人。	六五	君子维，有解[5]，吉。有孚于小人[6]。
尚六	公用射夐于高庸之上，获之，无不利。	上六	公用射隼于高墉之上[7]，获之，无不利。

《说卦》云："离为蟹。"蟹从解声，故离亦为解。《汉书·陈余传》："是故天下解也。"颜师古注："解谓离散其心也。"《广雅·释诂三》："解，散也。"《庄子·徐无鬼》郭象注："解，去也。"《仪礼·大射仪》郑玄注："解犹释也。"散、去、释皆与离同义。

《说文》云："一曰解，兽也。"《汉书·司马相如传》颜师古注引张揖云："解（廌）似鹿而一角，人君刑罚得中则生于朝庭。"卦中二坎为刑狱，震为判解，离为剖析，亦为君子审理狱讼之象，故《象》曰："解，君子以赦过宥罪。"解，星名，亦角宿。角为列宿之首。《史记·天官书》："大角者，天王帝廷，其两旁各有三星，鼎足句之，曰摄提。摄提者，直斗杓所指，以建时节。"

注释

①夙：通宿，或释作早。《尚书·舜典》孔传："夙，早也。"《小尔雅》："宿，久也。"

②致寇至：至读为到，通盗。致，招致。

③解而拇：解，脱也。而，训作于（《经传释词》），帛书作其。拇，网。拇异文作每，即网也。

④斯孚：孚，复也，房屋。孚，缚也。

⑤维：捆系。随上六："拘系之，乃从维之。"

⑥有孚于小人：孚，防也。或缚、负，宜防范小人。孚，帛书作复。有，宜也。

⑦用：读若有，曾经，发语助词。用：有（《经传释词》）。《国语·鲁语》："有隼集于陈侯之庭而死。"韦注："隼，鸷鸟，今之鹗也。"隼：鹰隼。墉：城墙。

41 损（12损）

☶ 损 （100/011 艮上兑下）有孚。元吉。无咎。可贞。利有攸往。曷之用二簋，可用享。

初九　巳事，遄往。无咎，酌损之。

九二　利贞，征凶。弗损，益之。

六三　三人行，则损一人。一人行，则得其友。

六四　损其疾。使遄有喜。无咎。

六五　或益之十朋之龟，弗克违，元吉。

上九　弗损，益之，无咎，贞吉。利有攸往，得臣无家。

译文 ☷☷

损：有俘获。大吉祥。无灾害。可出行。利于作远行。有人馈赠食物二簋，可以享用。

初爻阳：祭祀之事，速来速往。若无灾害，逐渐减少。

二爻阳：利出行，征战凶。不可减少，增加之。

三爻阴：三人出行，则减一人。一人独行，则得一友。

四爻阴：疾病渐好。事速办，则有喜。无灾害。

五爻阴：有人赠赐以十方之大龟，不可拒绝，大吉。

上爻阳：不减损，增益之，无灾，出行吉。利于作远行，会得到无主家之臣仆。

解说 ☷☷

损：《归藏》作员，员、云古通。《诗·商颂·玄鸟》中有"景员"，笺曰"景云"。云，云气也。尚秉和云："《说卦》山泽通气，气即云，中互坤，坤正为云。卦二至上正反震，震为出，云出泽中，至上而反，正回转之形，与《说文》合。"

损者，亏减之意。《说文》："损，减也。"《广雅·释诂》："损，减也。"《老子》："天之道，其犹张弓与，高者抑之，下者举之，有余者损之，不足者补之。"损卦下实而上虚，故当损盈而益虚，故《象》云："损，损下益上，其道上行。损而有孚，元吉，无咎，可贞。"

帛书		通行本	
损：有孚。元吉。无咎。可贞。（利）有攸往。禽之用二巧，可用芳。		损①：有孚。元吉。无咎。可贞。利有攸往。曷之用二簋②，可用享。	
初九	巳事，端往。无咎，酌损之。	初九	巳事③，遄往④。无咎，酌损之。
九二	利贞，正凶。弗损，益之。	九二	利贞，征凶⑤。弗损，益之⑥。
六三	三人行，则损一人，一人行，则得其友。	六三	三人行，则损一人，一人行，则得其友⑦，
六四	损其疾，事端有喜，无咎。	六四	损其疾。使遄有喜⑧，无咎。
六五	益之十倗之龟，弗克回，元吉。	六五	或益之十朋之龟⑨，弗克违⑩，元吉。
尚九	弗损，益之，无咎，贞吉。有攸往，得仆无家。	上九	弗损，益之，无咎，贞吉。利有攸往，得臣无家⑪。

《文选·为幽州牧与彭宠书》李善注引《仓颉篇》云："挹，损也。"

《潜夫论·遏利》云："易曰：天道亏盈以冲谦。故以仁义施于彼者，天赏之于此；以邪取于前者，衰之于后。是以持盈之道，挹而损之，则亦可以免于亢龙之悔、乾坤之愆矣。"

《广雅·释诂》："损，减也。"减损。损与渐似为反卦。

《老子》云："道冲而用之或不盈，渊兮似万物之宗。挫其锐，解其纷，和其光，同其尘。"

王弼注本卦五爻："以柔居尊，而为损道。江海处下，百谷归之，履尊以损，则或益之矣。"

注释

①损：减也。

②曷之用：曷，渴也。用，以也。簋：食器。可用享：享，亨，"亨，煮也"（《周礼》郑注）。字又作烹。炖煮食物，曰享（杨树达）。

③巳事：虞翻引本作"祀"。巳，借为祀。革卦："巳日乃孚"，亦同。

④遄（传）：速。异本作"颛"。《说文》："颛，往来数也。"

⑤征：作战。

⑥益：赐也。

⑦三人行，则损一人，一人行，则得其友：以得偶为佳，而奇为不吉也。

⑧使遄有喜：使、事古字通用。遄：急速。

⑨益之十朋之龟：闻一多说："益读为锡，赐也。"字亦作遗，《尚书·大诰》："用宁王遗我大宝龟。"十朋：十方也。朋、方古音通。方，古之度量尺度单位。郑玄曰："按，《尔雅》言十朋之龟者：一曰神龟，二曰灵龟，三曰摄龟，四曰宝龟，五曰文龟，六曰筮龟，七曰山龟，八曰泽龟，九曰水龟，十曰火龟。"马融同其说。

⑩弗克违：克，可也。违，违弃、拒绝。

⑪得臣无家：家，主也。臣，臣仆、奴隶。杨树达说"家"有多义：（1）宗庙，（2）我国、我邦，（3）家庭。此指我国、我邦。详见杨树达《积微居卜辞通义》。

42 益（64益）

䷩ 益 （110/001 巽上震下）利有攸往。利涉大川。

初九 利用为大作，元吉，无咎。

六二 或益之十朋之龟。弗克违，永贞，吉。王用享于帝。吉。

六三 益之，用凶事，无咎。有孚，中行。告公，用圭。

六四 中行，告公从，利用为依迁国。

九五 有孚，惠心。勿问，元吉。有孚，惠我德。

上九 莫益之，或击之。立心勿恒，凶。

译文

益：利于远行。利于渡涉大江河。

初爻阳：利于兴作大建筑，大吉，无灾害。

二爻阴：有人赠赐以十方之大龟。不可违背，守中，吉祥。大王献享于上帝。吉祥。

三爻阴：帮助他，有凶事，不要怕。有俘获，归来要走中道。祭告祖先要用玉圭。

四爻阴：行走中道，祭告宗社林木，利于立家建城邦。

五爻阳：有俘获，要仁慈。不要责问他，大吉。有俘获，会怀念我的仁德。

上爻阳：不要既助益他，又打击他。持心不专，则凶。

解说

益：丰益。卦象巽上震下，风雷始动，阴阳相交，天气下降，地气上升。故帛书《易》说引孔子言，以为益乃春至夏之卦。益、易通。天地定位，则雷风相薄，卦上巽为风，下震为雷，与卦位相合。《说卦》云："乾，天也，故称乎父。坤，地也，故称乎母。震一索而得男，故谓之长男，巽一索而得女，故谓之长女。"乾坤交而六子生，卦如否九四下据为初九，变通之始也。故象曰："《益》，损上益下，民说（悦）无疆，自上下下，其道大光。"上巽顺下震之动，如天施而地生，故卦名曰益。

帛书		通行本	
益：利用攸往。利涉大川。		益：利有攸往。利涉大川。	
初九	利用为大作，元吉，无咎。	初九	利用为大作①，元吉，无咎。
九二	或益之十備之龟，弗亨回，永贞，吉。王用芳于帝，吉。	六二	或益之十朋之龟。弗克违，永贞，吉。王用享于帝。吉。
六三	益之，用工事，无咎。有复，中行，告公，用闰。	六三	益之，用凶事②，无咎。有孚，中行。告公，用圭③。
六四	中行，告公从，利用为家迁国。	六四	中行，告公从④，利用为依迁国⑤。
九五	有复，惠心，勿问，元吉。有复，惠我德。	九五	有孚，惠心⑥。勿问，元吉。有孚，惠我德。
尚九	莫益之，或击之，立心勿恒，凶。	上九	莫益之⑦，或击之。立心勿恒⑧，凶。

帛《易》佚书《要》篇："孔子治《易》，至于损益二卦，未尚（尝）不废书而叹。戒门弟子曰：'二参（三）子，夫损益之道，不可不审察也，吉凶之门也。益之为卦也，春以授夏之时也，万勿（物）之所出也，长日之所至也，产之室也，故曰益。损者，秋以授冬之时也，万勿之所老衰也，长夕之所至也，故曰损道穷焉，而产道衰焉。益之始也吉，其冬（终）也凶。损之始凶，其冬（终）也吉。损益之道，足以观天地之变，而君者之事已。是以察于损益之变者，不可动以忧喜，故明君不时不宿，不日不月，不卜不筮，而知吉与凶，顺于天地之心，此谓易道。故易又天道焉……损益之道，足以观得失矣！'"

益乃农事之卦。斫木为耜，揉（挠）木为耒。耒耜之利，以教天下，盖取诸益。

注释 ☰☵

①大作：大建筑、大工程。高亨说："盖古谓造物为作。"古铜器铭文多云作某器，因而建筑亦谓之作。《诗·鄘风·定之方中》："作于楚宫。"《诗·小雅·鸿雁》："之子于垣，百堵皆作。"

②用：读为有。

③公：祖也。圭：《说文》："圭：瑞宝也。"又作珪。古祭祀之礼，"吉事用圭，凶事用牲"。

④公从：社林、社木也。社林称丛。又：从，可读为宗，即先王。《诗·小雅·天保》："禴祠烝尝，于公先王。"

⑤为依迁国：帛书作为家迁国。迁，建也。为，立也。或说依即衣戎、殷人也。《尚书·康诰》："殪戎殷。"《中庸》引此句作壹戎衣。《吕氏春秋》："亲邦如夏。"高注："邦读如衣，今兖州人谓殷氏皆曰衣。"称依（殷）为家，《易》或殷之先祖所为作乎？

⑥惠心：《说文》："惠，仁也。"惠，赐予曰惠。"惠，爱也"（《逸周书·谥法解》注）。

⑦益之：益，禓祭也，又作攘。

⑧立心勿恒：居心弗恒。勿，弗也。

43 夬（42夬）

☰ 夬 （011/111 兑上乾下）扬于王庭。孚号，有厉。告自邑，不利即戎，利有攸往。

初九　壮于前趾，往不胜。为咎。

九二　惕号，莫夜有戎，勿恤。

九三　壮于頄，有凶。君子夬夬独行。遇雨若濡。有愠，无咎。

九四　臀无肤，其行次且。牵羊悔亡，闻言不信。

九五　苋陆夬夬，中行，无咎。

上六　无号，终有凶。

译文 ☰

夬（缺）：褋舞于王宫之庭。大呼号，有灾害。告急来自封地，不利于用兵，利作远行。

初爻阳：戕伤前脚，前往不利。有灾害。

二爻阳：恐惧而号叫，日夜均有武备，不可畏惧。

三爻阳：戕伤于面骨，有凶。君子狷狷独行。遇雨，淋湿。尚有火种，无须惧。

四爻阳：屁股无肉，行步趑趄。牵羊，归而亡失，听人传言，不要轻信。

五爻阳：山羊跳跳，行于中道，无害。

上爻阴：不设警号，终将有凶。

解说 ☰

夬：缺，卦上兑下乾，卦象缺一阴即纯阳。故《彖》曰："夬，决也。刚决柔也。""夬，缺，缺一阴而纯阳。"《归藏》此卦名"规"。

夬：异文作决。《序卦》："夬者，决也。"释文作佚。何按：佚音缺，即瘸，缺，残缺，受损伤。

帛书		通行本	
夬：阳于王廷。复号，有厉。告自邑，不利节戎。利有攸往。		夬：扬于王庭。孚号①，有厉。告自邑②，不利即戎，利有攸往。	
初九	床于前止，往不胜，为咎。	初九	壮于前趾③，往不胜，为咎④。
九二	惕号，莫夜有戎，勿血。	九二	惕号，莫夜有戎，勿恤⑤。
九三	床于颡，有凶。君子缺缺独行，愚雨如濡。有温，无咎。	九三	壮于頄⑥，有凶。君子夬夬独行⑦，遇雨若濡。有愠⑧，无咎。
九四	脤无肤，其行郪胥，牵羊悔亡，闻言不信。	九四	臀无肤，其行次且⑨。牵羊悔亡，闻言不信。
九五	苋鞿缺缺，中行，无咎。	九五	苋陆夬夬⑩，中行，无咎。
尚上	无号，冬有凶。	上六	无号⑪，终有凶⑫。

《释名·释言语》："夬，决也。有所破坏夬裂之于终始也。"马王堆出土战国"纵横家书"，"速决"作"邀夬"。夬、决字通。夬通缺，《说文》云："缺，器破也。"《小尔雅·广诂》："缺，隙也。"卦象器上有隙，缺裂之象，故名曰"夬"。夬亦通突。《广雅·释诂》："突，空也。"《玉篇》："夬，空也。"

夬：玦也。《说卦》云："乾为圜。"玦为圆形玉佩，上有缺口，正与夬卦相合，知卦之名亦取象于玦。

《说卦》云："兑为附决。"《易·旅卦》："射雉，一矢亡。"干宝注："兑，决也。"夬有开断之意，混沌决则天地开，《系辞》云："辟户谓之乾。"辟即开，知卦名亦合于下卦乾象。

乾为健，兑为锐。下卦及上下互体皆为乾，精刚健锐，勇进不息。《庄子·逍遥游》："我决起而飞。"《释文》引李注："决，疾貌。"《释文》引崔注："疾走不顾为决。"

夬：决也，决断。《易·系辞下》："上古结绳而治，后世圣人易之以书契，百官以治，万民以察，盖取诸夬。"夬乃政治及断政之卦。

注释

①扬：大武之舞。《礼记·乐记》："乐者非谓黄钟大吕弦歌干扬也。"

扬：禓也，攘疫之祭，大傩之祭，大傩武舞。孚号：孚读为发。号，嚎也，发号，即号啕大呼也。

②告自邑：告，归也。

③壮于前趾：壮，帛书作牀。此与剥卦之剥牀，及大壮之壮，皆训为创或臧。戕，伤也。趾，止也，足。

④为咎：清王引之《经传释词》："为，有也。"

⑤惕号：惕，畏惧也。莫夜：暮夜。莫，暮也。有戎：用兵。戎，兵戎。恤，惧也。

⑥頄：读求，通颧，颧骨。帛书作頯。頯："颧也。"（《周易音义》）

⑦夬夬：独行夬夬，"无所依也"。何按：夬夬即蹶蹶、急急。

⑧愠：读为煴，火种也（闻一多语）。

⑨次且：趑趄，"却行不前"。《说文》："行不过也。"

⑩羒：山羊。清王夫之《周易疏》："羒音胡官切，山羊角细者。"《说文》："羒，山羊细角者。读若凡，羒字从此。"《庄子·马蹄》司马注："陆，跳也。"夬夬：读为趹蹢。一起一伏踢地曰夬夬。《说文》："趹，蹢（踢）也。"

⑪无号：古代警夜有号，即口令。《诗·大雅·荡》："式号式呼，俾昼作夜。"

⑫终：将也。

44 姤（8 狗）

≡ 姤 （111/110 乾上巽下）女壮，勿用取女。
初六 系于金柅，贞吉。有攸往，见凶。羸豕孚蹢躅。
九二 包有鱼，无咎。不利宾。
九三 臀无肤，其行次且，厉，无大咎。
九四 包无鱼，起凶。
九五 以杞包瓜，含章，有陨自天。
上九 姤其角，吝，无咎。

译文 ☷

姤（交媾）：女儿已壮大，不可留，速嫁人。
初爻阴：风吹金枝，预兆吉。作远行，有凶。疲乏，步履趑趄。
二爻阳：网中有鱼，无灾害。不利于宾客。
三爻阳：猪豚不肥，行步趑趄，有危险，无大灾害。
四爻阳：网中无鱼，起网有凶。
五爻阳：祭祀北斗、北极（含章），有陨星降自于天。
上爻阳：仓促交合，不利，但也无灾咎。

解说 ☷

　　帛书卦名残缺，据爻辞补。《归藏》作夜。姤，婚媾也。昏、夜义通。
今本作姤，《易经》古本无姤字，字皆作遘，唐石经亦同。《说文》许本无姤
字，徐铉本增附之。《释文》云："古文作遘，郑本同。"《后汉书·鲁恭传》
注云："姤……本多作后，古字通。"狗、姤、遘，以及偶、遇，古音通。
　　姤从后声，《左传》文公十八年："使主后土。"杜预注："后土，地宫。"
疏云："天称皇天，故地称后土。"相遇曰遘、邂逅。交感亦曰媾，即姤。
　　卦上乾下巽。一阴交五阳，阴阳始交媾也，故名曰"姤"。连劭名说：

巽,逊顺之意。天行为健,地性为顺。后天卦位乾西北,巽东南;古式盘中巽东南当地户,乾西北为天门,卦如天地相合,阴阳相配,君遇于后,故又可称为遘也。然卦气从下起,浸而渐长,故卦辞云"女壮",壮则上决于阳,故曰"勿用取女"。

帛书		通行本	
(狗):女壮,勿用取女。		姤:女壮,勿用取女①。	
初六	击于金梯,贞吉。有攸住,见凶,嬴豨复,适属。	初六	系于金柅②,贞吉。有攸往,见凶。嬴豕③孚蹢躅④。
九二	枹有鱼,无咎,不利宾。	九二	包有鱼⑤,无咎。不利宾⑥。
九三	脤无肤,其行妻胥,厉,无大咎。	九三	臀无肤⑦,其行次且,厉,无大咎。
九四	枹无鱼,正凶。	九四	包无鱼,起凶⑧。
九五	以忌枹瓜,含章,或塤自天。	九五	以杞包瓜⑨,含章,有陨自天⑩。
尚九	狗其角,(客),无咎。	上九	姤其角⑪,吝,无咎⑫。

《说苑·辨物》云:"以刍为狗。"《淮南子·齐俗训》云:"譬若狗土龙之始成。"高诱注:"刍狗,束刍为狗,以谢过求福。"刍为禾稼之秆,与筹形相同。故巽可为刍,亦可为狗。《贾子·胎教》云:"狗者,南方之牲。"《春秋考异邮》云:"故斗运狗三月而生也。"巽位东南,当辰、巳之间,于时则为二、三月也,故可为狗。

取即嫁也,又通去。

姤通于媾。姤:狗,亦星名,即《礼记·月令》角、斗之角(钱大昕《十驾斋养新录》)。

狗,《集韵》读举后切,音近九。姤,《集韵》古猴切。《说文新附》:"姤,偶也。"《序卦》:"姤者,遇也。"姤:婚姤、婚偶、婚配。夜:冥也,字又作昏,通昏,婚姤通。

姤:偶遇曰姤,邂逅也。九五:有陨来自天外,故曰"姤"。

注释

①取女：取，促也。《汉书·王莽传》："取办于民。"颜师古注："取，促也。"促女，促其嫁也。

②金柅：《释文》："柅，《广雅》云止也。"止：枝也。

③羸：病困也。《说文》："羸，瘦也。"

④孚：乏也。蹢躅：又作踌躇。"逗（独）足谓之蹢躅"（《章太炎全集》第一卷）。蹢躅，即蹄瘸，或说即趔趄（闻一多）。蹢，异文作踯，咨也。躅，音通于趄也。

⑤包：《仪礼·子夏传》、虞翻本均引作苞。苞，网也。荀本作"胞"。帛书作枹。枹可读为枋，"枋，绠网"。

⑥宾：嫔。嫁女家及男入赘曰嫔，即姘。

⑦臀：豚也。肤：膏也。无肤：无肥。

⑧起：动。

⑨杞：祠也，祀也。包瓜：闻一多谓即匏瓜星名，可信。匏瓜，北斗星名。子夏传本，包作匏。句首无以字。"古本以枹为之，故北斗一名枹瓜。声转则葆光耳"（闻一多）。又称"摇光"、瑶光，又作"摇光"，又称紫（子）宫、紫微星。

⑩含章：含光或名葆光，亦星名。陨，流星也。

⑪姤其角：《经典释文》："古文作遘。"构也，"兽斗曰构。字像二角相叉"。姤，交也。《说文》："冓，交积材也，象对交之形。""架也。"又，角可读交，交媾也。

⑫客：传世本无此字，可释为小心。

45 萃（43 卒）

䷬ 萃 （011/000 兑上坤下）亨，王假有庙。利见大人，亨，利贞。用大牲吉。利有攸往。

初六　有孚不终，乃乱，乃萃。若号，一握为笑。勿恤，往无咎。

六二　引吉，无咎。孚乃利用禴。

六三　萃如、嗟如，无攸利。往无咎，小吝。

九四　大吉，无咎。

九五　萃有位，无咎，匪孚。元（亨），永贞，悔亡。

上六　赍咨涕洟，无咎。

译文

萃（猝然）：献享，君王降临宗庙。利于会见大人，宜献享，利出行。用大牲畜，吉祥。利于作远征。

初爻阴：有福不长，即乱，即消。先哭，后笑。不要惋惜，去，无害！

二爻阴：大吉祥，无灾害。俘虏可以用作祭祀。

三爻阴：促然、突然，不得利。出行，无灾，但会有小困难。

四爻阳：大吉祥，无灾害。

五爻阳：劳悴而升迁无灾，但不是福。（宜献享），守中，无亡失。

上爻阴：可以嗟咨（叹息），涕泣（啼泪），但不要惧怕。

解说

卦名今本作萃，帛书作卒。萃、卒古音通。卒、诸、庶古音义俱通。战国秦有"左庶长"一职，即左卒长也。庶民，即诸民也。卒，终也。萃，聚也。《广雅·释诂》："萃，聚也。"《序卦》："萃，聚也。"先秦卒为军制，有人曰一卒。下卦坤为众，《左传》成公十三年杜预注："聚，众也。"

帛书	通行本
卒：王段于庙，利见大人，享，利贞。用大生吉。利有攸往。	萃：享，王假有庙①。利见大人，亨，利贞。用大牲吉②。利有攸往。

	帛书		通行本
初六	有复不终，乃乱，乃卒。若其号，一屋于笑，勿血，往无咎。	初六	有孚不终③，乃乱，乃萃④。若号⑤，一握为笑⑥。勿恤，往无咎。
六二	引吉，无咎，复乃利用濯。	六二	引吉⑦，无咎。孚乃利用禴⑧。
六三	卒若，踀若，无攸利。往无咎。少閵。	六三	萃如、嗟如⑨，无攸利。往无咎，小吝。
九四	大吉，无咎。	九四	大吉，无咎。
九五	卒有立，无咎，非复。元（亨），永贞，悔亡。	九五	萃有位⑩，无咎，匪孚。元（亨），永贞⑪，悔亡。
尚六	桼欷涕洎，无咎。	上六	赍咨涕洟⑫，无咎。

《尔雅·释诂》："卒，终也。"孙注："病之终也。"上卦兑为常，《周礼·考工记》："则于马终古登陁也。"郑玄注："齐人之言终古，犹言常也。"上下兼有聚、终之象。知卦名亦合于兑象。

《小尔雅·广诂》云："聚，丛也。"坤为水，兑为泽，水泽之畔，兼葭丛聚。如草木丰茂而荟萃，故卦名曰萃。

《象》曰："泽上于地，萃。君子以除戎器，戒不虞。"兑位西方，有刑杀之象，故为戎器。《广雅·释诂》："戒，备也。"坤为顺，《礼记·祭统》："备者，百顺之名也。无所不顺者谓之备。"故知坤为戒。

卒又作萃，通于顇。《尔雅》："顇，病也"。《荀子·富国》："劳苦顿（纯）萃。"杨注："萃与同顇。"顇，即悴。萃，闻一多读啐，谓即嗟、悴也。

萃为天体之名。《开元占经》引《太玄经》："九天：一为中天，二为羡（乾）天，三为顺天（坤），四为更天，五为晬天，六为廓天，七为咸天，八为沉天，九为成天。"五为晬天，晬者萃也。

注释 ===

①王假有庙：假，读为降，至也。有：国也。有古音与域近通。域，国字之异体。有庙即国之宗庙。

②大牲：牛，又称太牢。

③有孚不终：终，长也。孚，福。

④乃乱，乃萃：乃，有。乱，恋也。萃：卒，终结。

⑤若号：若，作也。号，号啕。

⑥一握：即咿喔，又作嗌喔。古之成语，又作喑呜。一握为笑，闻一多说读为嗌喔、咿喔，笑声。此句义同于旅卦"先号咷而后笑"之义。

⑦引吉：弘吉。引，弘也。形近而讹（闻一多）。《尔雅》："弘，大也。"又，李镜池说读为有。

⑧禴：经传作禴，祭名，春夏之祭。禴，读跃，经传又作礿，祭名。《礼记·王制》以为春祭，《周礼·夏官》以为夏祭。似应为春祭。

⑨萃如、嗟如：突如其来。萃，今字作促，急促、突然也。

⑩萃：悴也。《诗·小雅·北山》："或燕燕居息，或尽瘁事国。"悴然、劳悴、辛苦。

⑪疑"元"后佚"亨"字。永贞：远行（征）。

⑫赍咨涕洟：即"嗟咨啼泣"。涕，眼泪。洟、泣，即泗、鼻液。《诗·陈风·泽陂》："涕泗滂沱。"《毛传》："自目曰涕，自鼻曰泗。"泗即洟，《说文》："洟，鼻液也。"虞翻郑玄注同："自目曰涕，自鼻曰洟。"

46 升（40登）

䷭升　（000/110 坤上巽下）元亨。利见大人，勿恤。南征，吉。

初六　允升，大吉。

九二　孚乃利用禴，无咎。

九三　升虚邑。

六四　王用亨于岐山，吉，无咎。

六五　贞吉，升阶。

上六　冥升，利于不息之贞。

译文 ☳

升：大献享。利于拜见大人，勿惧怕。南征，吉祥。

初爻阴：晋升，大吉祥。

二爻阳：归来利于作禴祭，无灾害。

三爻阳：可登城郭。

四爻阴：王献享于岐山，吉祥，无灾。

五爻阴：出行吉，利登高。

上爻阴：梦中生育，乃是利于无子者之吉兆。

解说 ☳

卦名今本作升，帛书作登。登、升音近，《尔雅·释诂》云："登，升也。"《尚书·汤誓》："伊尹相汤伐桀，升自陑，遂与桀战于鸣条之野。"本卦辞："元亨，利见大人（汤）。勿恤（惧），南征（战于鸣条），吉。"升卦似与此史事有关。《小尔雅·广言》："登，升也。"《左传》僖公二十二年："及邾人战于登陉。"《释文》："登陉，本亦作升陉。"升为晋升、上升。

《礼记·月令》："农乃登麦。"郑玄注："登，进也。"何按：登古音与得同，登麦即得麦。

帛书		通行本	
登：元享。利见大人，勿血。南正，吉。		升：元亨。利见大人，勿恤。南征，吉。	
初六	允登，大吉。	初六	允升①，大吉。
九二	复乃利用濯②，无咎。	九二	孚乃利用禴，无咎。
九三	登虚邑。	九三	升虚邑③。
六四	王用亨于岐山。吉，无咎。	六四	王用亨于岐山④，吉，无咎。
六五	贞吉，登阶。	六五	贞吉，升阶。
尚六	冥登，利于不息之贞。	上六	冥升⑤，利于不息之贞⑥。

注释

①允升：允，《说文》引作㚲。《说文》："㚲，进也。《易》曰㚲升大吉。"进，晋也。升，升也。允，踊也。

②复：归返。濯：祭名，即灌（祼）礼。

③升虚邑：虚，墟。升，帛书作登，得也。《尚书·汤誓序》："伊尹相汤伐桀，升自陑。"上博藏《战国楚竹书·容成氏》："（汤）然后从而攻之。升自戎遂，内自北门，立于中□（雷）。桀乃逃之鬲山氏。"戎遂，即戎虚，有戎氏之墟也。本爻与此史事有关。

陑戎古音通（日母归泥）。《太平寰宇记》："尧山在河东县南二十八里，即雷首山，汤伐桀，升自陑，即此。"

④用亨：作献祭。亨，献也。西周太王迁都岐山。

⑤冥升：暮登，暮得。冥，暮也。升读为登。

⑥不息：无子息。息读为兹，与子通。

47 困（45 困）

䷮ 困 （011/010 兑上坎下）亨。贞，大人吉。无咎。有言不信。

初六 臀困于株木，入于幽谷，三岁不觌，凶。

九二 困于酒食，朱绂方来。利用享祀，征，凶，无咎。

六三 困于石，据于蒺藜；入于其宫，不见其妻，凶。

九四 来徐徐，困于金车，吝，有终。

九五 劓刖，困于赤绂；乃徐有说，利用祭祀。

上六 困于葛藟，于臲卼，曰动悔有悔，征吉。

译文

困：献享。出行，大人吉。无灾害。有人作承诺，但不可轻信。

初爻阴：困顿于棘木，入于深山之谷，三年不得出，凶。

二爻阳：醉于酒食，面如红巾。利于献享，出征凶，无灾害。

三爻阴：受困于石枷，号哭于荆棘丛中；回到宫中，不见了妻子，凶。

四爻阳：徐徐而来，关锁于金车，不利，有结果。

五爻阳：受劓刖之刑，被红巾捆缚；徐徐而解脱，利于祭祀。

上爻阴：被捆于葛萝，有倪兀（巫师），说：动、静均不利，但出行则吉。

解说

卦名帛书与今本同。孔颖达云："困者，穷厄委顿之名，道穷力竭，不能自济，故名为困。"卦下坎为险，上兑为毁折，皆有凶象，筮行此卦，穷尽难通，故名曰困。

郑玄云："坎为月，互体离，离为日，兑为暗昧，日所入也。今上掩日月之明，犹君子处乱代，为小人所不容，故谓之困也。"王弼注云："不能以谦致物，物则不附。忿物不附，而用其壮猛，行其威刑，异方愈乖，遐迩愈叛。刑之欲以得，乃益所以失也。"坎为险，兑为脱，九二、九五阳爻当于中位，如君子虽遭厄运犹能守志不移，终可脱于险阻，故《象》云："困，刚揜也。险以说，困而不失其所。亨，其唯君子乎。贞大人吉，以刚中也。"

帛书		通行本	
困：亨。贞大人吉。无咎。有言不信。		困：亨。贞大人吉。无咎。有言不信①。	
初六	辰困于株木，入于要浴，三岁不犊，凶。	初六	臀困于株木②，入于幽谷，三岁不觌③。凶。
九二	困于酒食，朱发方来。利用芳祀，正凶，无咎。	九二	困于酒食④，朱绂方来⑤。利用享祀，征凶，无咎。
六三	困于石，号于疾莉，入于其宫，不见其妻，凶。	六三	困于石，据于蒺藜⑥；入于其宫，不见其妻，凶。
九四	来徐徐，困于金车，阖，有终。	九四	来徐徐，困于金车⑦，吝，有终。
九五	贰掾，困于赤发；乃徐有说，利用芳祀。	九五	劓刖，困于赤绂；乃徐有说⑧，利用祭祀。
尚六	困于褐累，于贰掾，曰悔夷有悔，贞吉。	上六	困于葛藟⑨，于臲卼⑩，曰动悔有悔⑪，征吉。

困、混音义俱近。《尔雅·释天》："太岁在子曰困敦。"孙炎注："困敦，混沌也。言万物初萌，混沌于黄泉之下也。"兑为泽，坎为水，水泽相杂而混，故《系辞·杂卦》曰："困，相遇也。"

困，《广雅》："穷也。"《释文》："穷也。穷悴掩蔽之义。"

注释

①有言不信：有冤屈，不得伸。言，愆。信，伸。

②株木：棘刺之木（朱木、针木）。臀困：即顿困、困顿。困，捆也，捆束本字。困厄，困锁。此卦似记周文王困于羑里事。

③三岁不觌：觌读敌。觌：睹，赎也，恕也。三岁不赎，《周礼·秋官》："凡害人者，弗使冠饰，而加明刑焉……能改者，上罪三年而舍，中

罪二年而舍，下罪一年而舍。"舍，赎也。幽谷：深谷。

④于：有也。困于酒食：醉。

⑤朱绂：曹植《求自试表》："俯愧朱绂。"贵族所用红色蔽膝，红色服装。《说文》："袚，蛮夷衣。"赤绂，又作赤带。《诗·曹风·候人》："彼其之子，三百赤带。"

⑥石：枷石，又作嘉石。《周礼·大司寇》："以嘉（枷）石平罢（罪）民。凡万民之有罪……桎梏而坐诸嘉石，役诸司空。"据于蒺藜：据，音通棘，刺也，又通拘，拘困。帛书作"号于蒺莉"，号为号啕。

⑦徐徐：马融："安行貌，缓缓也。"来徐徐：疑惧貌。异文作荼荼、余余。困于金车：禁车，《墨子·备城门》："试籍车之力，而为之困。"孙诒让：困，捆也。"捆，门橛"（《说文》），"关也"。

⑧劓：读艺，割鼻。刖：割腿。乃徐有说：说，脱也。

⑨葛藟：蔓生植物，有刺，别名葛针、葛棘、葛萝。《玉篇》："藟，葛萝也。"

⑩臲卼：臬吴、木柱。郑玄本作"倪兀"。

⑪动悔有悔：（1）悔：晦、静默；（2）悔：坏、坏事。曰动悔有悔：不可通。帛书本作"悔夷有悔"。悔夷，毁誉也。

48 井（24井）

䷯ 井 （010/110 坎上巽下）改邑不改井。无丧无得，往来井井。汔至，亦未繘井，羸其瓶。凶。

初六　井泥，不食。旧井无禽。

九二　井谷，射鲋。瓮敝漏。

九三　井渫，不食，为我心恻。可用汲？王明，并受其福。

六四　井甃，无咎。

九五　井洌，寒泉，食。

上六　井收，勿幕，有孚，元吉。

译文 ䷷

井：迁移城邑却不改变饮水井。虽然无失无得，但将往来不已。渴极，却没有可汲之井，以致碰坏了取水之瓦瓶。凶。

初爻阴：井有污泥，不可饮。旧猎阱中无兽可擒。

二爻阳：井已淤积，可厌。瓦瓮破漏。

三爻阳：井水已污衊，不可饮用，令我心中悲愁（恻）。何处汲水？若大王明智，靠他的福佑。

四爻阴：井水干涸，不必忧虑。

五爻阳：井水清冽，泉水寒凉，好饮用。

上爻阴：井水收缩，勿封堵，会恢复的，大吉祥。

解说 ䷀

井，《说文》："瓮象也。古者伯益初作井。"井，"象构干象"。尚秉和云："《易林》复之旅云：井沸釜鸣。以旅互兑为井。卦下互兑上承坎水，故名曰井。"尚说是也。

古俗以春三月为改井。《管子·禁藏》："当春三月，萩室熯造，钻燧易火，杼井易水，所以去兹毒也。”

《后汉书·礼仪志》云：“日夏至禁举大火……是日浚井改水，日冬至钻燧改火。”

帛书		通行本	
井：莤邑不莤井。无亡无得。往来井井。乾至亦未汲井，累其刑井。凶。		井：改邑不改井①。无丧无得，往来井井②。汔至，亦未繘井③，羸其瓶④。凶。	
初六	井泥，不食。旧井无禽。	初六	井泥，不食。旧井无禽⑤。
九二	井渎，射付。唯敝句。	九二	井谷⑥，射鲋⑦。瓮敝漏⑧。
九三	井渫，不食，为我心塞。可用汲？王明，并受其福。	九三	井渫，不食，为我心恻。可用汲？王明，并受其福⑨。
六四	井林，无咎。	六四	井甃⑩，无咎。
九五	井戻，寒泉，食。	九五	井冽⑪，寒泉，食。
尚六	井收，勿幕，有复，元吉。	上六	井收⑫，勿幕⑬，有孚⑭，元吉。

《管子·小匡》云：“处商必就市井。”注：“立市必四方，若造井田之制，故曰井。”古掘方坑于地曰坎，故坎为方，下卦巽为商，多利市也。卦象市井，故名曰井。（连劭名）

井，释卦：“通也。”井卦以变通为义。

下卦巽为顺，古式盘中巽当东南地户，地势顺，故巽为地。

卦巽地而出坎水，像清泉涌出，源源不断。《释名·释宫室》云：“井，清也。泉之清洁者也。”《楚辞·愍命》云：“或清激其无所通。”王逸注：“清，明也。”

《释名·释州国》云：“周制九夫为井，其制似井字也。”

《广雅·释诂》云：“井，法也。”《一切经音义》卷二十引《易记》：“井为刑法。”《初学记》卷七引《风俗通》云：“井者，法也，节也。言法制居人，令节其饮食，无穷竭也。”

井亦为星名。“日夏至于东井。”（《汉书·天文志》）

“南方之星宿有东井。”《后汉书·郎顗传》李注：“东井，南方火宿也。”《史记·天官书》云：“东井主水事。”《洪范·五行传》注：“东井主法令。”

井卦坎为法为水，离为火，巽兑为井，卦之象义与星占亦合。《后汉书·礼仪志》："至立秋，是日浚井改水。"

《易经》时代人们尚未定居，常迁地造邑，改邑治井。井浅易污，故三月而换井。传说"伯益作井"（《吕氏春秋·勿躬》）。

注释 ☷

①《汉书·货殖列传》颜师古注："井，共汲之所。"《易经》作时人们尚未定居，游牧游农，迁地造邑，及邑改，三月改井。

②往来井井：往来急急。井井，闻一多说读为营营。《广雅·释训》："营营，往来貌。"

③汔：《说文》："水涸。"至：窒塞。汔至：既至。汔，王引之说训迄。亦未缟井：亦，犹也。缟，《广雅·释诂》："商、掘、穿也。"又训"出也"。帛书作"汲井"。

④羸：累，败也，破也。羸，闻一多、高亨说读僵，《说文》："僵，相败也。"即擂。

⑤旧井：旧阱也。阱，猎兽之陷阱。禽，兽。《说文》："禽，走兽总名。"

⑥井谷：帛书作井渎。谷，古音汙，近污，与渎义相近。渎，堵也。《文选》："彼寻常之汙渎兮，岂容吞舟之鱼。"汙渎为连绵词。汙，淤也，淤塞。

⑦射鲋：何按：射有厌意。异文射作亦，又作斁，训为厌也。《诗·小雅·车舝》："式燕且誉，好尔无射。"《毛传》："射，厌也。"《诗·周颂·清庙》释文："射，音亦，厌也。"射通斁，《说文》："《诗》曰'服之无斁'，斁，厌也。"厌服，即"射付"（帛书）也。今语厌恶也。

⑧瓮：汲水瓶也。

⑨渫：读为亵，污染也。我：宋人蔡清说释作你，令我为你心恻也。可：读为何，《史记·屈原列传》引此句，《集解》引晋张璠著："可为恻然，伤道未行也。"并：读便。

⑩井甃：《说文》："甃，瓦壁也。"《仪礼·子夏传》："甃亦治也。"干宝："以砖累井曰甃。"虞翻："以瓦甃累井。"井甃，即井有甃。此旧说，似迂曲。甃通秋。秋，焦也，干涸。帛书本作"林"。林，焦也。焦，干

枯、干涸。又通为湫，《说文》："湫，隘下也。一曰有湫水，在周地。"《广
雅·释诂》："湫，尽也。"井甃，即井水在冬日干涸。不必忧虑，及春会
复生也。

⑪洌：《说文》："水清也。"

⑫收：缩也。井收，陆绩："井干也。"

⑬勿幕：干宝曰："幕，覆也。"幕：蒙，覆盖。

⑭有孚：帛书作有复，可从。

49 革（46 勒）

䷰ 革 （011/101 兑上离下）巳日，乃孚，元亨，利贞，悔亡。
初九　巩用黄牛之革。
六二　巳日，乃革之，征吉，无咎。
九三　征凶，贞厉。革言三就，有孚。
九四　悔亡，有孚。改命，吉。
九五　大人虎变，未占有孚。
上六　君子豹变，小人革面，征凶，居贞吉。

译文 ䷰

革：祭祀日，乃有福，大献享，利出行，无逃亡。
初爻阳：贡奉之物要用黄牛之革。
二爻阴：在祭礼之日，乃剥割之，出征吉，无灾害。
三爻阳：征战凶，出行不利。牛皮胸甲裹三匝，有福。
四爻阳：归而逃亡，有福。天将更改天命，吉祥。
五爻阳：大人之战袍，有虎斑，不战自有福。
上爻阴：君子之战袍，有豹斑，小人（无袍），以皮革护面，征战凶，安居吉。

解说 ䷰

帛书卦名残缺，据爻辞补。今本作"革"。

革，《说文》："兽皮治去其毛曰革。"革之今语谓之"揭"，革古音 jí，与揭近通。物去其皮亦曰"革"，又语为揭，揭从曷音。革之古文，作䩯，像以二手分离牛首身。革，攻皮也。《尚书·尧典》："鸟兽希革。"希读为易，易音剃。易革，更毛也。孔传："鸟兽毛羽希少改易。"革，改也。革，揭也。革，攻也。物之皮曰革、隔（膈）（音转为膜、蒙、帽。蒙字古作"冃"）。

帛书		通行本	
（勒）：巳日，乃复，元亨，利贞，悔亡。		革：巳日，乃孚①，元亨，利贞，悔亡。	
初九	共用黄牛之勒。	初九	巩用黄牛之革②。
六二	巳日，乃勒之，正吉，无咎。	六二	巳日，乃革之③，征吉，无咎。
九三	正凶，贞厉。勒言三就，有复。	九三	征凶，贞厉。革言三就④，有孚。
九四	悔亡，有复。苣命，吉。	九四	悔亡，有孚。改命，吉。
九五	大人虎便，未占有复。	九五	大人虎变，未占有孚⑤。
尚六	君子豹便，小人勒面，正凶，居贞吉。	上六	君子豹变，小人革面⑥，征凶，居贞吉⑦。

《逸周书·世俘》："王丕（披）革服，格于庙。"革音近解。解牛，即革牛也。革，皮革。革、勒字通。《诗·小雅·斯干》："如鸟斯革。"《释文》："革，韩诗作勒。"《说文》："勒，马头络衔也。"

下离为南方之卦，当夏。上兑为西方之卦，当秋。四时更代，历夏而入秋，夏荣而秋收，故《象》曰："革，君子以治历明时。"喻君当依时而行，有节有序，以顺于天意。《吕氏春秋·孟秋》高诱注："商，金也。其位在西方。"秋为商，其色白，殷人革夏之命，立国号曰商，如天时之顺变，以秋代夏，故《象》曰："汤武革命，顺乎天而应乎人。革之时，大矣哉。"郑玄云："革，改也。水火相息而更用事，犹王者受命，改正朔，易服色，故谓之革也。"

尚秉和云："兑为少女，离为中女。"《象》曰："二女同居，其志不相得。"兑为水，离为火，二女同性相斥，如水火之不相容，必生争斗。

何按：以音求之，革，攻也，故卦名曰革。革，改也，变也，又有革故鼎新之义。《论衡·谴告》："是故离下兑上曰革；革，更也。火金殊气，故能相革。如俱火而皆金，安能相成？"

《宋书·礼志》引高堂隆《改正朔议》："按自古有文章以来，帝王之兴，受禅之与干戈，皆改正朔，所以明天道，定民心也。《易》曰：'革，元亨利贞。有孚，改命，吉。'汤武革命，应乎天，从乎人。"

《汉书·律历志》："易金火相革之卦曰'汤武革命，顺乎天而应乎人'，又曰'治历明时'，所以和人道也。"《白虎通·圣人篇》："何以言文、武、周公皆圣人也？《诗》曰：'文王受命。'非圣不能受命。《易》曰：'汤武革命，顺乎天。'汤武与文王比方。《孝经》曰：'则周公其人也。'下言：'夫圣人之德，又何以加于孝乎？'"

又《白虎通·三正篇》："王者改作，乐必得天应而后作，何重改制也。《春秋瑞应传》曰：'敬受瑞应而王，改正朔，易服色。'《易》曰：'汤武革命，顺乎天而应乎民也。'"

《汉纪》四《高祖纪赞》："夫帝王之作，必有神人之助；非德无以建业，非命无以定众。或以文昭，或以武兴，或以圣立，或以人崇。焚鱼斩蛇，异功同符，岂非精灵之感哉！《书》曰：'天工人其代之。'《易》曰：'汤武革命，顺乎天而应乎人。'其斯之谓乎？"

《风俗通·三王》："《易》称：'汤武革命。'《尚书》：'武王戎车三百两，虎贲八百人，擒纣于牧之野。''惟十有三祀，王访于箕子。'……文王率殷之叛国，以服事殷。时尚臣属，何缘便得列三王哉？经美文王，三分天下有其二，王业始兆于此耳。"

注释 ☰

①祭祀择日。其方法见于《仪礼·少牢馈食礼》："日用丁巳，筮旬有一日，筮于庙门之外……吉则史韇筮……若不吉，则及远日，又筮日如初。"

②巩：贡。

③乃：则也（《经传释词》，王引之）。

④革言三就：闻一多谓："言读为靳，靳，当（挡）膺也。"革言，皮制挡胸甲，革衣也。《仪礼》："马缨三就。"《周礼》郑注："缨，当胸，以削革为之。三就：三重、三匝也。"

⑤变：别，斑也。《法言》："圣人虎别，其文炳也。君子豹别，其文蔚也。"别读如斑，辨也，通变。变、辨、班字通。或说（闻氏）读为韠。君车以虎皮为韠，大夫（君子）以豹皮为韠。小人以牛皮蒙面。此说迂曲不可从。

未占：即未卜。《礼记·檀弓上》："鲁庄公及宋人战于乘丘……公曰：

未之卜也。"《经传释词》："言公卒出战，未卜戎御，故不得其人。"

有孚：有福。

⑥革面：闻一多说面读为鞔。《一切经音义》："鞔，覆也。"《周礼·巾车》郑玄注："革路，鞔之以革而漆之，无他饰。"革面即革鞔。冕，革制蒙面具也。

⑦居贞：居定，安居。

50 鼎（56 鼎）

䷱ 鼎 （101/110 离上巽下）元吉，亨。

初六　鼎颠趾，利出否。得妾以其子。无咎。

九二　鼎有实，我仇有疾，不我能即，吉。

九三　鼎耳革，其行塞，雉膏不食。方雨。亏悔，终吉。

九四　鼎折足，覆公悚。其形渥，凶。

六五　鼎黄耳，金铉，利贞。

上九　鼎玉铉，大吉，无不利。

译文 ䷱

鼎：大吉，献享。

初爻阴：主鼎断足，宜摆出副鼎。娶妾，以其生子。无灾害。

二爻阳：鼎中有食，我的爱偶有疾病，病情能被我控制，吉祥。

三爻阳：鼎耳过窄，其孔阻塞，野雉已煮成膏，却不能食用。正在下雨。勿恨，最终有吉。

四爻阳：鼎断足，倾覆了奉献祖宗的米粥。受重罚，凶。

五爻阴：铜鼎黄耳，放金光，利于出行。

上爻阳：金鼎镶玉耳，大吉，无所不利。

解说 ䷱

帛书卦名残缺，据爻辞补，今本同。

卦形象中虚外实下有足，正像鼎器之形。鼎，《说文》："三足两耳，和五味之宝器也。"

郑玄："鼎，牲器也。"（《周礼·掌客》）"牛鼎，受一斛。天子饰以黄金，诸侯白金，三足以象三台。足上皆作鼻目为饰也。羊鼎，五斗，天子饰以黄金，诸侯白金，大夫以铜。"（《九家易解》）

帛书		通行本	
（鼎）元吉，亨。		鼎：元吉，亨。	
初六	鼎填止，利出不。得妾以其子。无咎。	初六	鼎颠趾①，利出否②。得妾以其子。无咎。
九二	鼎有实，我仇有疾，不我能节，吉。	九二	鼎有实，我仇有疾③，不我能即④，吉。
九三	鼎耳勒，其行塞，雉膏不食。方雨。亏悔，终吉。	九三	鼎耳革，其行塞⑤，雉膏不食⑥。方雨。亏悔⑦，终吉。
九四	鼎折足，覆公芷。其刑屋，凶。	九四	鼎折足，覆公𫗧⑧。其形渥⑨，凶。
六五	鼎黄耳，金铉，利贞。	六五	鼎黄耳，金铉，利贞。
尚九	鼎玉铉，大吉，无不利。	上九	鼎玉铉，大吉，无不利。

《周易集解》引韩康伯："鼎，所以和济生物，成新之器也。"

郑玄云："鼎，象也。卦有木火之用，互体乾、兑，乾为金，兑为泽，泽钟金而含水，爨以木火，鼎烹熟物之象。"

《杂卦》云："鼎，取新也。"卦下巽为木，有樵薪之象，上离为火，以木生火，故曰取薪。《说文》云："鼎，三足两耳和五味之宝器也，象析木以炊也……易卦巽木于下者为鼎。"

鼎、贞古同字，卜辞鼎、贞通用。《广雅·释诂》："贞，正也。"《释名·释言语》："贞，定也，精定不动惑也。"上卦离为列，下卦巽为序，序列指位次。下互乾为命，故《象》曰："鼎，君子以正位凝命。"

鼎：定也，立也。

注释

①颠趾：趾，郑玄："足也。"颠，跌也，震折也。

②利出否：否，副鼎。闻一多读陪，陪鼎（配鼎），亦通，但迂曲。这是旧解。此二句的另一种读解是：鼎，置正，利。出否（妇），得妾，以其子，无咎。

③我仇：仇，侪也，偶配曰侪侣。《尔雅·释诂》："仇，匹也。"帛书作戕，音从求，与仇、侪通，或读为救。

④即：《说文》："就食也。"亦通"祝"。帛书作节，节制。

⑤革：闻一多说革读为靳，通亟。与极、急通，今字作"挤"，释"狭小也。"行：横也，横梁。《说文》："鼏，以木横贯鼎耳而举之。"读为扃，音转为铉。《说文》："铉，举鼎具也。"虞注："贯鼎两耳。"

⑥雉膏：野鸡肉羹。

⑦亏：亏，缺也。亏，音通也，无，无悔。

⑧覆公餗：马融："餗粥也。"郑玄："糁谓之餗。"餗，粥之异体，见《说文》之鬻字。

⑨其形渥：形，刑也。渥，沃，厚重也。字亦作剭。《汉书叙传》师古注："剭者，厚刑。谓重诛也。"

51 震（25辰）

☳ 震 （001/001　震上震下）亨。震来虩虩，笑言哑哑，震惊百里，不丧匕鬯。

　　初九　震来虩虩，后笑言哑哑，吉。

　　六二　震来厉。亿丧贝，跻于九陵。勿逐，七日得。

　　六三　震苏苏，震行，无眚。

　　九四　震遂泥。

　　六五　震，往来，厉，亿，无丧，有事。

　　上六　震索索，视矍矍，征凶。震不于其躬，于其邻，无咎。婚媾，有言。

译文 ☷

　　震：献享。大震降临人心惶惶，呼啸之声尖厉响亮，震动传递百里，震不翻杯中之酒。

　　初爻阳：震动摇晃，呼啸音昂扬，吉祥。

　　二爻阴：大震降临猛烈。噫，摧枯拉朽！登临高岭。勿逃，过七日可安定。

　　三爻阴：余震徐徐，震动去了，仍不宁静。

　　四爻阳：震动大地泥土。

　　五爻阴：大震时来时去，可怕！噫！无丧亡，有损失。

　　上爻阴：震动一波一波，电光一闪一闪，出行有凶。大震未摧毁宫殿，却摧毁了邻居，不要怕。在此时婚姻、交媾，则会遭殃。

解说 ☷

　　卦名今本作震，帛书作辰。《说文》："辰，震也。"《白虎通·五行》："辰者，震也。""震后天卦位东方。故《说卦》云：万物出乎震。震，东方也。"

帛书	通行本
辰：亨。辰来朔朔，笑言亚亚，辰敬百里，不亡匕肠。	震：亨，震来虩虩，笑言哑哑①，震惊百里，不丧匕鬯②。
初九 辰来朔朔，后笑言哑哑，吉。 六二 辰来厉，意亡贝，盍于九陵，勿遂，七日得。 六三 辰疏疏，辰行，无省。 六四 辰遂沂。 六五 辰，往来，厉，意，无亡，有事。 尚六 辰昔昔，视瞿瞿，正凶。辰不于其窥，于其邻，往无咎，闽诟，有言。	初九 震来虩虩，后笑言哑哑，吉。 六二 震来厉③，亿丧贝④，跻于九陵⑤，勿逐，七日得⑥。 六三 震苏苏，震行，无眚⑦。 九四 震遂泥⑧。 六五 震，往来，厉，亿，无丧，有事。 上六 震索索，视矍矍⑨，征凶。震不于其躬⑩，于其邻，无咎。婚媾，有言⑪。

　　震本乃地震之卦，旧说则为雷震。《史记·周本纪》："今三川实震，是阳失其所而填阴也。阳失而在阴，原必塞。"其象为重阴而抑阳，阳在下而骤动。震，开裂也，爆裂之象。地震、雷震皆具爆裂之象。地震曰"地户开"，闪电于古谓之"天门开"也。孔子曰："迅雷风烈，必变。"（《论语·乡党》）

　　闪电如龙。二十八宿东方为苍龙之宿，《说卦》云："震为龙。"《楚辞·远游》王注："辰星、房星，东方之宿苍龙之体也。"《尔雅·释天》："龙星明者以为时候，故曰大辰。"辰亦为龙，故辰即震。龙星，雷震之神也。

　　《诗·小雅·十月之交》："十月之交，朔日辛卯，日有食之……爗爗震电，不宁不令。百川沸腾，山冢崒崩。高岸为谷，深谷为陵。"此诗刘向以为乃地震。"阳伏而不能出，阴迫而不能蒸。"（周大夫伯阳父语，《国语·周语》，约公元前779年，幽王三年）

　　《说文》："靁，阴阳薄动，靁雨生物者也。从雨，畾象回转形。䨓，古文靁。𩇓，籀文靁，间有回。回，靁声也。"

　　王宁谓："古人有万物之生出于雷之说。"《礼记·孔子闲居》："地载神气，神气风霆。风霆流行，庶物露生。"故《说卦》言"万物出于震"。

《诗·周颂·时迈》："薄言震之，莫不震叠。怀柔百神，及河乔岳。"

注释

①虩：通惶，惶惶。惶惶与昂昂叠韵。虩虩：帛书作朔朔，荀本作愬愬，即"肃肃"（《诗·周南·兔置》）。又作"缩缩"，马融："恐惧貌。"郑玄："足不正也。"畏缩恐惧之貌。笑言哑哑：笑，啸也。言，音也。哑哑，昂昂也，悠悠也，遥遥。言雷震之回音遥而悠长。哑哑，闻氏训咿喔。

②匕鬯：匕，一名柶，匙也。"鬯者，秬黍之酒，其气调畅，故谓之鬯。"（《周易正义》）

③震来厉：厉，烈也。"厉"，《广雅·释诂》："危也。"《周易集解》引虞翻曰："厉，危也。"《竹书纪年》武乙三十五年："王畋于河渭，大雷震死。"

④亿：异文作噫。"意"与"亿"古通。今字作臆、意。"意"，《礼记·少仪》注："意，度也。"《释文》："意，本作亿。""亿"，《左传·襄公二十五年》："不可亿逞。"杜预注："亿，度也。"《论语·先进》："亿则屡中。"《释文》："亿，度也。"《荀子·赋》："暴至杀伤而不亿忌者与。"杨惊注："亿，谓以意度之。""意""亿"音同而义通。《张纳功德叙》："光乎意载。"《鲁峻碑》："永传意龄。"《孔宙碑》："意载扬声。"汉时"意"通作"亿"，帛书"亿"亦作"意"。

又，"亿"，王弼《周易注》："辞也。"《释文》曰："亿，本又作噫，辞也。"《礼记·文王世子》注："亿可以为之也。"《孔疏》："发语为亿。"《周易集解》引虞翻曰："亿，惜辞也。"则以亿、噫为语气词。

贝：荀本作败。贝，《广雅·释诂》："贝，货也。"

⑤跻于九陵：跻，异文作隮，升也。"隮"假借为"跻"。盉/齍，《说文》："黍稷在器以祀者，从皿齐声。"《说文》："跻，登也。从足齐声。"齐、跻同声系，古相通。

《尔雅·释诂》："跻，升也。"《诗·小雅·斯干》："君子攸跻。"《毛传》："跻，升也。"《释文》："跻，本又作隮，升也。"《毛传》："隮，升。""跻于九陵"意谓登上九陵之时。九陵，高陵。逐，逃逐。

⑥勿逐，七日得：为易之成文。又见既济。得，循，遁通。得，定也。"遂"假借为"逐"，解见《既济卦》六二："妇丧其茀，勿遂（逐）七日

得。"逐，《国语·晋语》："厌迩逐远。"韦昭《注》："逐，求也。"

⑦震苏苏：苏苏，犹朔朔、肃肃也。震行，无眚：无，亡灭也。眚，妖物。眚：（1）妖害；（2）通精，即妖精。

⑧震遂泥：雷入于地。遂，荀本作队。《说文》："队，从高陨也。"今字作"坠"。《梦溪笔谈》记，俗说雷州雷多，入木为斧楔。即球形闪电也。

⑨震索索，视矍矍：郑玄："索索，犹缩缩，足不正也。矍矍，目不正也。"《礼记·玉藻》："举前曳踵，缩缩如也。"视：示，电也。电古音申，示也。申、示一音之转，乃同源字。矍矍，即瞿瞿，睗观之睗也。矍矍，"鹰隼之视也。"（《说文》）

⑩躬：宫。

⑪言：愆。闻一多说读为灾愆，字又作殃。

52 艮（9根）

☶ 艮 （100/100 艮上艮下）艮其背，不获其身。行其庭，不见其人。无咎。

初六　艮其趾，无咎。利永贞。

六二　艮其腓，不拯其随，其心不快。

九三　艮其限，列其夤，厉薰心。

六四　艮其身，无咎。

六五　艮其辅，言有序，悔亡。

上九　敦艮，吉。

译文 ☶

艮（看）：见其后背，不见其前身。到其庭院，不见其人。无忧。

初爻阴：看视其脚，无疾病。利于守中。

二爻阴：只见到小腿，未摸到她的臀，她心中不快活。

三爻阳：见到她的腰身，裂开她的阴部，烈气熏熏。

四爻阴：看其身，无疾病。

五爻阴：看其面，其言有理序，不会逃亡。

上爻阳：（四面）团团看，吉祥！

解说 ☶

卦名帛书为"根"，今本作"艮"。艮：眼、见（看）之异文。

《说文》："艮，很（通'恨'）也。从匕目。匕目，犹目相匕，不相下也。"段注："谓若怒目相视也。"

艮通很。很视，即狠视，怒目而视也。本卦《归藏》作"狠"。艮字甲骨文从上目下儿，作"罘"，或"哭"。此字与"见"之古文同形异构。"艮"与"眼"一音之转。

唐兰《殷墟文字记》谓："艮之小篆作见。""艮为见之变。""艮、见一声之转。"

帛书	通行本
根：根其北，不获其身。行其廷，不见其人。无咎。	艮：艮其背，不获其身。行其庭，不见其人。无咎。
初六　根其止，无咎。利永贞。 六二　根其肥，不登其随，其心不快。 九三　艮其限，戾其肥，厉熏心。 六四　根其窥。 六五　根其胶，言有序，悔亡。 尚九　敦根，吉。	初六　艮其趾①，无咎。利永贞。 六二　艮其腓②，不拯其随③，其心不快。 九三　艮其限④，列其夤⑤，厉薰心⑥。 六四　艮其身，无咎。 六五　艮其辅，言有序，悔亡。 上九　敦艮⑦，吉。

孙星衍《问字堂集》："眼谓之目（匕同比/原注），谓之昌（即艮），亦谓之眼。"

艮，本义观也。高亨曰："考《说文》：'见，视也。从儿从目。'金文、甲文并从目从人。而艮从目从匕，匕即人之反文，则艮即见之反文明矣。故艮者顾也，从反见，乃为还视之义。"

何按：艮得音于看，即今字看。读若根，衍语作观。

《说卦》云："艮，止也。"《说文》云："止，下基也。"《淮南子·原道训》："万物有所生而独知守其根。"高诱注："根，本也。"止、本意近，根音从艮，但根非艮之本义。

《说卦》云："艮为山。"山乃地之限阻，《战国策·秦策》："南有巫山、黔中之限。"故艮有山象。艮语转为冈，山冈也。

艮亦为星名，即"天根"星。《尔雅》："天根，氐也。"郭注："角、亢下系于氐，若木之有根。""主旱"（《史记·天官书》）。

本卦似为挑选女奴之卦。

注释 ☰

①趾：郑玄注："止也，足也。"艮：观也。

②腓：足肚也。

③随：睢也，臀也。

④限："腰也。"（《经典释文》）王弼说："限，身之中也。"

⑤夤：旧注"夹脊肉也"，字或作"脢"。何按：夤，通假于"阴"也，即"也"、"乚"也。《说文》："也，女阴也"。字又作"施"或"𡥵"（杨树达）。"当为人于女阴有所动作。"（《积微居小学述林》）

列：裂。《说文》："列，分解也。"肥（古音夷），即私，亦作阴也。

⑥薰心：心，读为鲜。鲜，香味也（《小尔雅》）。

⑦敦：读为团。团团，周围。

53 渐（60 渐）

䷴ 渐 （110/100 巽上艮下）女归吉。利贞。

初六　鸿渐于干。小子厉，有言。无咎。

六二　鸿渐于磐。饮食衎衎。吉。

九三　鸿渐于陆。夫征不复。妇孕不育。凶。利御寇。

六四　鸿渐于木，或得其桷。无咎。

九五　鸿渐于陵，妇三岁不孕，终莫之胜，吉。

上九　鸿渐于陆，其羽可用为仪，吉。

译文 ䷨

渐（降）：嫁女吉。利出行。

初爻阴：鸿鸟降于水渊。小孩患疫，有灾殃。但无须畏惧。

二爻阴：鸿鸟降于水畔。酒食康乐。吉祥。

三爻阳：鸿鸟降于陆地。男人出征不归。妇人生子夭折。凶。利于防御敌寇。

四爻阴：鸿鸟降于树木，有人得到它的角喙。无忧。

五爻阳：鸿鸟降于丘陵，妇人三年不孕，终不能生。吉祥。

上爻阳：鸿鸟降于山峦，其羽毛可以做舞具。吉祥。

解说 ䷨

渐：积也，集也，栖也。《易经·说卦》："非一朝一夕之故，其所由来渐矣。"渐读为积。《广雅·释诂》："渐，进也。"《序卦》云："渐者，进也。"虞翻注云巽为进，下卦艮为止，顺序而有节止，渐进之象也。

《尚书·禹贡》云："草木渐包。"孔传："渐，进长。"巽为草，艮为竹，互体离为日，坎为水，卦象草木得阳光雨露，渐长也。

帛书		通行本	
渐：女归吉，利贞。		渐①：女归吉，利贞。	
初六	鸿渐于渊，小子厉，有言，无咎。	初六	鸿渐于干②，小子厉③，有言④。无咎。
六二	鸿渐于坂，酒食衎衎，吉。	六二	鸿渐于磐⑤。饮食衎衎⑥。吉。
九三	鸿渐于陆，夫征不复，妇绳不育，凶。利所寇。	九三	鸿渐于陆。夫征不复。妇孕不育。凶。利御寇。
六四	鸿渐于木，或直其寇，穀，无咎。	六四	鸿渐于木，或得其桷⑦。无咎。
九五	鸿渐于陵，妇三岁不绳，终莫之胜，吉。	九五	鸿渐于陵⑧，妇三岁不孕⑨，终莫之胜⑩，吉。
尚九	鸿渐于陆，其羽可用为宜，吉。	上九	鸿渐于陆⑪，其羽可用为仪⑫，吉。

　　此卦鸿降之次序为：水源（渊）→水畔（坂）→陆地（陆）→林木（木）→高山（陵）→山峦（陸），由低而渐高，故有渐进之义也。

　　此卦似为飞鸟占，以鸿鸟为兆而设占。

注释

　　①渐：借为降也，降临。渐：践也，即也，降也。旧说：进也。孔疏："不速之名也。凡物有变移，徐而不速，谓之渐也。"皆谬妄。

　　②鸿：帛书作鸣，白凤曰鸿（白天鹅），古以为祥瑞之鸟。干，岸、水边也。郑玄云："干，水傍，故停水处。"陆德明云："水畔称干。""干，岸也。"岸字亦作涯。《诗·魏风·伐檀》："置之河之干兮。"《毛传》："干，厓也。"

　　③厉：通于痳、痗、癘，病也。《礼记·檀弓》："斩祀杀厉。"郑注："厉，疫病。"《山海经·西山经》郭注："厉，疫病也。"

　　④有言：言通愆，狭也。

　　⑤磐：磐石、岩石。马融："山中石磐纡，故称磐也。"坂、磐字通，即陂，山坡也。

　　⑥衎：《说文》："衎，喜貌。"《尔雅·释诂》："衎，乐也。"字通于康，

康乐。衎衎，今字作"侃侃"。《礼记·檀弓上》："饮食衎尔。"郑注："自得貌。"今语即康乐。帛书衎衎，说以为通于衎衎、晏晏，乐泰安然之貌。

⑦桷：角也，鸟喙。帛书："或直其寇，𣪡。"𣪡：即桷，击也。《吕氏春秋·当务》："下见六王五伯，将敲其头矣。"高注："敲，击也。"

⑧陵：《说文》："陵，大阜也。"

⑨孕：帛书作绳。《礼记·月令》孔疏："绳音孕。"《一切经音义》："古文孕作。"孕古音绳。绳，申（神也）。《集韵》："孕，石证切。"《集韵》："孕亦作娠。"

⑩胜：生育，胜读若绳。绳，育也。《说文》："胜，任也。"任：妊。

⑪陆：通麓，山麓。陆绩："陆陵俱是高处，然陵卑于陆也。"《说文》："陆，高平地。"郑玄："山足曰麓（山落，山脚）。""山脊曰冈（艮）。"（《郑雅》）

《香草校书》，陆为陸之讹。陸即峦。《尔雅·释山》："峦，山堕。"《尔雅·释地》：陆：《尔雅·释地》："高平称陆。"

陆，读与堕（陀），与仪（读为俄）成韵。

陆，江永说陆当读为阿，阿与仪协韵。马融："山上高平曰陆。"

⑫仪：古代皇舞舞者手中所持之舞具羽帗。《周礼·舞师》郑注："郑司农云皇舞、蒙羽舞……玄谓皇析五采羽为之，亦如帗。"《乐师》郑注："郑司农云：皇舞者，以羽冒覆头上，衣饰翡翠之羽……皇，杂五采羽如凤皇色，持以舞。"古者文舞持羽，武舞持干戚。

54 归妹（29 归妹）

䷵ 归妹 （001/011 震上兑下）征凶，无攸利。

初九　归妹以娣。跛能履。征吉。

九二　眇能视。利幽人之贞。

六三　归妹以须，反归以娣。

九四　归妹愆期，迟归有时。

六五　帝乙归妹，其君之袂，不如其娣之袂良。月几望，吉。

上六　女承筐，无实。士刲羊，无血。无攸利。

译文

归妹（嫁女）：征战凶，不得利。

初爻阳：嫁少女，以小姨陪嫁。跛者能行。出征吉。

二爻阳：盲者能视。利于隐士出行。

三爻阴：以姐姐为妹妹作陪嫁，反而送还妹妹。

四爻阴：嫁女误期，再嫁要另择时。

五爻阴：帝乙嫁女，公主之衣裳还不如陪嫁者之衣裳美。月将消亡，吉祥。

上爻阴：女子采果捧着筐，筐中无果实。男子持刀剐羊，羊儿不流血。不得利。

解说

归，《说文》："女嫁也。"归、嫁古音通（犹鬼、九、龟、秋音通）。《释名·释亲戚》云："妹，昧也。谓日始入，历时少，尚昧也。"

归妹者，归昧也。《象》云："泽上有雷，归妹。君子以永终知敝。"永终，用中、守中也。中，密也。守密故曰知敝。故曰"归昧"。

《广雅·释言》云："归，返也。"《广雅·释训》云："昧，昧暗也。"

《易·困卦》郑玄注："兑为暗昧。"日薄于西，冥冥暗昧，故卦名"归妹"。《广雅·释诂》："归，就也。"《诗·周颂·敬之》："日就月将。"正与本卦之象相合，泽上有雷，雨电之象。亦似日月之行，一明一暗，终而复始。

帛书		通行本	
归妹：正凶，无攸利。		归妹①：征凶，无攸利。	
初九	归妹以弟。跛能利。正吉。	初九	归妹以娣②。跛能履③。征吉。
九二	眇能视。利幽人贞。	九二	眇能视。利幽人之贞④。
六三	归妹以嬬，反归以弟。	六三	归妹以须，反归以娣⑤。
六四	归妹衍期，迟归有时。	六四	归妹愆期⑥，迟归有时。
六五	帝乙归妹，其君之袂，不若其弟之袂良。日月既望，吉。	六五	帝乙归妹⑦，其君之袂⑧，不如其娣之袂良。月几望，吉⑨。
尚六	女承筐，无实。士刲羊，无血。无攸利。	上六	女承筐，无实⑩。士刲羊⑪，无血。无攸利。

归有回归之义。《春秋公羊传》隐公二年："其言归何？妇人谓嫁曰归。"解诂云："妇人生以父母为家，嫁以夫为家。故谓嫁曰归，明有二归之道。"归夫家，即嫁，曰归妹（女）。归自家，曰归宗，又称大归。归妹者，父系制度之婚俗也。

殷人重母系，而周人重父系（牟润孙说）。故商王之女嫁周，周人称为"归妹"。

殷人仍行同姓而婚之内婚图腾制，至周人则行同姓不婚之外婚制。

震为归，兑为妹。归妹者，嫁女也。震为长男，兑为少女，坎为月，离为日，男女婚配，如日月交会，阴阳相合，天开地辟，万物俱兴，故《象》曰："归妹，天地之大义也，天地不交而万物不兴。归妹，人之终始也。说以动，所归妹也。"

归者，藏也。昧者，冥也。人死则埋于地下，入于冥中。卦名"归妹"，隐含凶义，有不祥之兆。上卦震为警惧，下卦兑为毁折，上互坎为险，下互离为兵，危机四伏，有杀身之祸，不可妄动，故卦辞云："征凶，

无攸利。"（连劭名说）

《吕氏春秋·报更》高诱注："归，终也。"《荀子·大略》云："蔽公者谓之昧。"卦中二、三、四、五爻皆失位，以柔乘刚，如佞臣在朝，欺君蔽主，国祚将终，故《象》云："归妹，君子以永终知敝。"

归妹，亦星名，即婺女、鬼母子。

注释

①归妹：《说文》："归，女嫁也。"王弼《周易注》："妹者，少女之称也。"

②娣：帛书作弟，即姨（妻妹称姨）。娣通弟，《说文》："女弟也。"

上古嫁女，以姊妹为媵。姊妹共夫婚，来源于两合婚族，全族姐妹是另一半族全体兄弟们的妻子。故姐古音义与祖通。母族上古称"姐"（祖）。《尚书·尧典》："釐降二女于妫汭，嫔于虞。"《尔雅》："妻之姊妹同出为姨。"

③履：礼、履通。履，舞也。礼，履也，旅也，步行也。

④幽人：阴人、妇人。幽人又或释小人（幼人），或释幽囚之人。

⑤此爻历来注释颇多歧义。妹，未嫁女子古均称妹。娣，女性之弟，今称妹。姊妹同嫁一夫。须即嬃。嬃："楚人谓姊为嬃。"（《说文》嬃字引贾侍中注）嬃，姨也。须，《校勘》："荀陆作嬬。"

须，娶也，古同音通用。《楚辞·七谏》："讼谓间娵为丑恶。"王注：间娵，好女也。娵，一作婴。洪补注引《集韵》："婴音须。"

本爻有反客为主之义。本以姐作妹之陪嫁，结果留下姐姐，送还妹妹。

⑥愆：延，"过也"（马融）。

⑦帝乙归妹：商朝有二王名帝乙：其一，《集解》引虞翻："帝乙，纣父。"《左传·哀公九年》："微子启，帝乙之元子也。"《尚书·多士》："自成汤至于帝乙。"帝乙嫁妹于周文王，《诗·大雅·大明》："文王初载，天作之合……文王嘉止（之），大邦有子。大邦有子，俔天之妹。"

其二，汤名天乙，故亦称帝乙。《乾凿度》："帝乙，汤玄孙之孙也。"徐鼒《读书杂释》："《易》之帝乙为成汤，《书》之帝乙六世王。"纣王帝乙嫁女于周文王，反映殷周联婚。《诗·大雅·大明》有记，暗喻所嫁之女不能生育。

⑧其君：指君夫人。袂：袖也（《说文》）。袂：缺也。

⑨良：朗也，明亮也。几望：周历行太阴历，以四分月相定时。初吉，新月初现日（初二或初三）。既生白（霸，魄），上弦月日（初八或前后之一、二日）。望：旺、满也。满月之日（十五或十六日）。既死白，下弦月日（廿三、廿四前后日）。月大则十六日为望，月小则十五日为望。望者，旺也，满也。

⑩承：奉承，捧受曰承。实，果实。

⑪刲：刚，割杀。马融注："刺也。"《说文》："刲，刺也。"

55 丰（31 丰）

☲ 丰 （001/101 震上离下）亨。王假之。勿忧，宜日中。

初九　遇其配主。虽旬。无咎。往有尚。

六二　丰其蔀。日中见斗。往得疑疾。有孚，发若，吉。

九三　丰其沛。日中见沫。折其右肱。无咎。

九四　丰其蔀。日中见斗。遇其夷主，吉。

六五　来章。有庆誉，吉。

上六　丰其屋。蔀其家，窥其户，阒其无人，三岁不觌，凶。

译文

丰（房）：献享。大王何去。勿忧，归来在日中。

初爻阳：遇其王妃。随其出巡。无忧。跟去有赏。

二爻阴：好大的伞。日照中午看到北斗。出行得了怪疾。有病发散掉，吉祥。

三爻阳：好大的云旗。日照中午看到了长彗（彗星）。（彗星）摧折了右臂。无须惧。

四爻阳：好大的瓢。日照中午看到了北斗。遇其美丽主人，吉祥。

五爻阴：来了光明。要庆祝，吉祥。

上爻阴：好大的社屋。蔽覆着家族，窃看那窗户，空静而无人，三年不祭拜，有凶。

解说

卦名帛书与今本同。《序卦》云："丰者，大也。"丰古音邦、庞（膨、胖），故有大义。上卦震为帝，益卦六二："王用享于帝。"虞翻注："震为帝。"《荀子·强国》："百姓贵之如帝，高之如天。"杨注："帝，天神也。"连劭名谓："众神之大者，莫过于天，故卦名曰丰。"

帛书	通行本
丰：亨。王叚之，勿忧，宜日中。	丰：亨。王假之。勿忧，宜日中①。
初九　禺其肥主。唯旬。无咎。往有尚。	初九　遇其配主②。虽旬③。无咎。往有尚④。
六二　丰其剖。日中见斗。往得疑疾。有复，溢若。	六二　丰其蔀⑤。日中见斗。往得疑疾。有孚⑥，发若⑦，吉。
九三　丰其蘬。日中见茉。折其右弓，无咎。	九三　丰其沛⑧。日中见沬⑨。折其右肱。无咎。
九四　丰其剖，日中见斗。禺其夷主，吉。	九四　丰其蔀⑩，日中见斗。遇其夷主⑪，吉。
六五　来章。有庆举，吉。	六五　来章⑫。有庆誉，吉⑬。
尚六　丰其屋，剖其家，闺其户，婴其无人，三岁不遂，凶。	上六　丰其屋。蔀其家，窥其户，阒其无人，三岁不觌⑭，凶。

《说卦》云："帝出乎震。"崔憬注："帝者，天之王气也。"天神悬象著明，莫大乎日月，卦象日月顺时而动，交相辉映，故《象》曰："日中则昃，月盈则食，天地盈虚，与时消息。"

此卦上震、下离。《淮南子·天文训》："辰为刑。"知震亦有刑象，下卦离为日食之象也。卦辞谓"日中见斗"。此天象很早即见诸记载。如《史记·六国年表》载周贞定王二十六年，日有食之，昼晦星见。

丰：礼也，奉也，祓祭。古有设祭祀救日食之礼。丰，《说文》引《易》作亹，"大屋也"，即今字"房"。房，大社也。大社亦称夏（厦）屋。杭世骏《订讹类编》引《商书》："夏屋，大俎（祖）也。大祖即社。"《礼记》："周人房俎。"《诗·鲁颂·閟宫》："笾豆大房。"郑注："大房，玉饰俎也。"《法言》："震风凌雨，然后知夏屋之帡幪也。"

丰：星名，即房星。"天驷，房也。"（《尔雅》）

丰亦为西周地名，乃周文王宗庙所在。"丰，文王庙所在。"（马融《尚书传》）

注释

①王假之：假，你也。王弼："王假之，王之所至。"是读假为降也。

宜日中：宜，噎也，阴暗貌，通翳。《诗·邶风·终风》："曀曀其阴。"陈奂疏："犹暗暗也。"

②遇："合也，不期而会曰遇。"配：妃。《诗·大雅·皇矣》："天立厥配。"《经典释文》："配，本作妃。"配，《释文》引郑注："嘉耦曰配。"

③虽：同唯。唯、虽通，随也。《释文》：旬，通巡，巡行。《诗·大雅·江汉》："王命召虎，来旬来宣。"于省吾："顺，旬古并与巡通。"（《双剑誃诗经新论》）或说："旬，姁也，宠幸也。王虽幸之，无咎。"《说文》："姁，男女併也。"

④尚：赏。往有尚：尚，偿也，助也。

⑤蔀：郑玄作菩，覆盖，布裹。帛书作剖，部也。

⑥日中见斗：《释文》引孟喜本作"日中见主。"此句有二解：其一，于日中见晦（星斗）。其二，日食中午见北斗。

往得疑：罔得疑。无须疑，疾可发散。孚：痡也，病也。往、罔通。

⑦发若：发然。"发，去也。"（《广雅·释诂》）王引之说："若为语词，即然。"帛书发若作洫若，放血疗法也。

⑧丰：《说文》引《易》字作寷："大屋也。"即今字"房"，金文大室。天骤黑，如进大室。

⑨见：现也，显现。沫：昧也。异文作沬，或作昩。或说"昧，星之小者"（《仪礼·子夏传》）。或注鬼魅也。《广韵》："昧，莫拨切，星也。"引《易》："日中见昧。"《字林》："昧，亡太反，斗杓后星。"《玉篇》："昧，莫割切，星名。"又："莫溃切，冥也，昧爽，旦也。"又："莫盖切，明也。又斗柄。"或读为昏，"日中而昏也。"（服虔）皆未得之。

闻一多释沫（昧）为彗星。旗之长者谓之旆，星之长者谓之彗。马王堆帛书彗星名蚩尤旗。扬雄《羽猎赋》："曳彗星之飞旗。"注引《河图帝通纪》："彗星者，天之旗也。"部（蔀），北斗星（闻一多）。北斗有异名称葆，与部音转。伞盖曰葆。蔀，柄也（丙亦北斗异名）。桓谭《新论》："北斗极，天枢。枢，天轴也。犹盖有保斗矣。盖虽转而保斗不移，天亦转周匝而斗极常在。"

⑩蔀：覆也，蔽也（高亨）。屈原《楚辞·远游》："揽彗星以为旍兮，举斗柄以为麾。"

⑪夷主：《诗·小雅·节南山》："君子如夷。"《毛传》："夷，美也。"

⑫来章：章，光明也。

⑬誉吉：元吉。通行本"誉"属上句。

⑭阒：《字林》："静也。"读如去。《集解》引虞翻："定也。"觌：帛书作遂，祭拜。

56 旅（52 旅）

旅（101/100 离上艮下）小亨。旅，贞吉。

初六　旅，琐琐。斯其所，取灾。

六二　旅，即次，怀其资。得童仆，贞。

九三　旅，焚其次，丧其童仆，贞厉。

九四　旅于处，得其资斧，我心不快。

六五　射雉，一矢亡，终以誉命。

上九　鸟焚其巢，旅人先笑后号咷。丧牛于易，凶。

译文

旅：小享宴。出行吉。

初爻阴：旅行在路，肃肃小心。这些场所，处处有灾。

二爻阴：旅行至住所，藏其资财。购买童仆，随从而行，吉祥。

三爻阳：在旅途中，客舍失火，失其童仆，预兆有凶。

四爻阳：在旅途居何处？虽然拾得财货，但我心不快。

五爻阴：射野鸡，一箭而击毙，因而有美誉。

上爻阳：鸟巢被倾覆，旅行者先欢笑，后来大声号啕。牛群丧于牧场，凶。

解说

帛书卦名与今本同。旅：旅人、商人。《广雅》："旅，客也。"游牧之客亦称旅。

《周易正义》孔疏："旅者，客寄之名……失其本居而寄他方，谓之为旅。"旅音近离、游。

金文旅，从方从众，像队伍执旗而行进。旅即庐，本义穹庐也，帐上有旗。字又作"侯"，古音读休。在路曰旅。旅至舍曰侯，倚木而息曰休。又旅音亦通连。连，车也。旅人即游牧者及商人。

帛书		通行本	
旅：少亨。旅，贞吉。		旅：小亨。旅，贞吉。	
初六	旅，琐琐。此其所，取火。	初六	旅，琐琐①。斯其所②，取灾③。
六二	旅，既次，坏其茨。得童剥，贞。	六二	旅，即次④，怀其资⑤。得童仆⑥，贞。
九三	旅，焚其次，亡其童剥，贞厉。	九三	旅，焚其次⑦，丧其童仆，贞厉。
九四	旅于处，得其湔斧，我心不快。	九四	旅于处⑧，得其资斧⑨，我心不快。
六五	射雉，一矢亡，冬以举命。	六五	射雉，一矢亡⑩，终以誉命⑪。
尚九	鸟棽其巢，旅人先笑后掂桃。亡牛于易，凶。	上九	鸟焚其巢⑫，旅人先笑后号咷⑬。丧牛于易⑭，凶。

　　旅卦之意取于商旅。《吕氏春秋·仲秋纪》："来商旅。"高诱注："旅者，行商也。"《礼记·月令》："来商旅。"郑玄注："商旅，贾客也。"《周礼·考工记》："通四方之珍异以资之，谓之商旅。"郑玄注："商旅，贩卖之客也。"卦下艮为止，上离为陈列。《左传》昭公元年杜预注："离，陈也。"《楚辞·招魂》王注："离，列也。"

　　古之旅，一为商旅，一为政旅。政旅古称"行人"。行人乃从政旅者，即今之外交官也。"行人"一职，殊为重要，而论列注意者不多，每为治古礼者所忽略。《左传》襄公二十四年："郑行人公孙挥如晋聘。"《左传》昭公元年，晋侯有疾，郑伯使子产率行人入晋。《史记·吴太伯世家》："王阖庐元年，举伍子胥为行人而与谋国事。"屈原亦曾为楚之"行人"。

　　《周礼·秋官·大行人》："大行人掌大宾之礼及大客之仪，以亲诸侯。春朝诸侯而图天下之事，秋觐以比邦国之功……时聘以结诸侯之好……若有四方之大事，则受其币，听其辞。凡诸侯之邦交，岁相问也，殷相聘也，世相朝也。"由此可知，所谓大行人，即外长。小行人，即大使。

　　行人亦是间谍，又或记作遒人（游人）、记人（奇人），为采风采诗了解民情之职，同时行人即史（使）官。

《汉书·食货志》："孟春之月，群居者将散，行人振木铎徇（巡）于路以采诗，献之大师，比其音律，以闻于天子。"

刘师培《论文杂记》："诗赋之学，亦出行人之官……行人之术，流为纵横家。"纵横家，外交战略家也。"是故《诗》每为行人所诵矣，盖采风侯邦，行人之旧典。"

李鼎祚《周易集解》引侯果云："火在山上，势非长久，旅之象也。"尚秉和云："卦二阴随二阳，一阴随一阳，阳前阴后，有若伴侣。"旅，祭名。

注释 ≡≡

①琐琐：高亨注是"惢惢"之借文，可从。《说文》：惢，"心疑也。读若琐。《易》旅琐琐。"马融："琐琐，瘦弊貌。"琐琐：小貌。（《诗》毛注）通肃肃、缩缩。

②斯其所："斯，是也，此也。"（《经传释词》）

③取灾：取，有也。

④即：就也，到达。次：客舍。《礼记·月令》郑注："次，舍也。"次：肆也，市场。《大戴礼记·曾子问》："如入鲍鱼之次。"注引为肆。

⑤怀：高亨说："怀者，藏之于衣也。"《楚辞·怀沙》王注："在衣为怀。"

⑥童仆，《说文》："童，男有罪曰奴，奴曰童。"僮，未冠也。

⑦次：亦训为旅次，客舍。《广雅·释诂》："次，舍也。"焚：焚也，离别。

⑧旅于处：于，爰也，焉也。"处，止也。"（《说文》）旅于处：在旅途中休宿。

⑨资斧：高亨注："斧读为布。布，币也。"《周礼》郑玄注："布，泉也。"资斧即资布、资财。资泉即资源也。资斧，异文或作齐斧。齐、资古音通。斧：富也，资富、资财。齐读割，利也。利兵，旅行所备。说迂曲。

⑩一矢亡：一矢而亡。亡，未中，矢失。

⑪终以誉命：誉命，美名、美誉。以：有。终：既也（王引之）。既、即字通。此终亦可训"乃"。终以誉命：终有美名。"誉，美也。命，名也。"（《尔雅》）

⑫鸟焚其巢：鸟，骇、夘（帛书，月名），王亥。闻一多：焚读为"棼"。《说文》："复屋栋也。"训为覆也。又读为偾，"陨，覆也。"可信。

⑬号咷：号啕大哭。旅人：牧人。

⑭易：异文作埸，郊埸。易：或说为有易，或说为牧场，李镜池说为狄。王亥故事。《大荒东经》："有易杀王亥，取仆牛。"

或谓记太王离邠居岐山事。狄人入侵，周覆其巢，游旅号咷，牛羊丧于牧场。

易：有易。

鸟焚其巢，闻一多说：大壮六五"丧羊于易"，旅上九"旅人先笑后号咷，丧牛于易"，并用王亥兄弟事，顾颉刚已发其覆矣（《周易爻辞中的故事》）。然《大荒东经》曰："有人曰王亥，两手操鸟，方食其头，王亥托于有易、河伯、仆牛，有易杀王亥，取仆牛。"《楚辞·天问》曰："恒秉季德，焉得夫朴牛，何往营班禄，不但还来？昏微遵迹，有狄不宁，何繁鸟萃棘，负子肆情？"二书说亥、恒事，皆有鸟。《易》于"旅人先笑后号咷，丧牛于易"上，亦曰"鸟焚其巢"，而卜辞王亥名且有从鸟作骇者["辛巳卜，贞王骇上甲乡（向）于河。"（佚888简）]是鸟确为此故事"母题"之一部分。考传说谓简狄吞燕卵而生契是为殷祖，是殷之先世尝以鸟为图腾。此盖以鸟喻殷人，"鸟焚其巢"，犹言王亥丧其居处。焚疑读为偾。（《左传》襄公二十四年"象有齿以焚其身"。服注："焚，僵也。"《说文》："偾，僵也。"）《国语·周语》下"高位实疾偾"，注曰"偾，陨也"；《大学》"此谓一言偾事"，注曰"偾犹覆败也"。"鸟焚其巢"即覆其巢。或传说本谓覆巢，语讹为焚，《周易》引之，以为灾异之象，故《汉书·五行志》卷二十七中之下载："成帝河平元年二月庚子，泰山山桑谷有鼗焚其巢"欤？

57 巽（57 筭）

☴ 巽　（110/110　巽上巽下）小亨。利有攸往，利见大人。
初六　进退，利武人之贞。
九二　巽在床下，用史巫，纷若，吉，无咎。
九三　频巽，吝。
六四　悔亡。田获三品。
九五　贞吉，悔亡。无不利。无初有终。先庚三日，后庚三日，吉。
上九　巽在床下，丧其资斧，贞凶。

译文

巽（戏，戏弄）：小享宴。利作远行，利于拜会大人。
初爻阴：时进时退，利于武士出行。
二爻阳：戏于床下，用巫师舞缤纷，吉祥，无忧。
三爻阳：频频作乐，不利。
四爻阴：出行吉，无逃亡。狩猎，获得野兽三种。
五爻阳：出行吉，无逃亡。无不利。无始而有终。先庚三日（指丁日），后庚三日（指癸日）。吉祥。
上爻阳：戏在床下，丢失资财，预兆凶。

解说

卦名今本作巽，帛书作筭。筭，古算字，算、巽古音通。《论语·子路》："斗筲之人，何足算也。"《汉书》卷六十六引作："斗筲之徒，何足选也。"筭，计数也。计数即选，义相通。巽，顺也。《系辞》云："数往者顺。"故知算可通巽。但"筭""算"非巽之本义。巽、姤音通。《说文》："姤，男女併也。"併：姘也，骈也，朋也，即性交。巽：戏也，奸也。此性交之卦也。"巽为进退。"（《说卦》）选，巽也。

帛书	通行本
筭：小亨，利有攸往，利见大人。	巽：小亨。利有攸往，利见大人。

初六	进内，利武人之贞。	初六	进退，利武人之贞。
九二	筭在床下，用使巫，忩若，吉，无咎。	九二	巽在床下，用史巫①，纷若，吉②，无咎。
九三	编筭，阆。	九三	频巽，吝。
六四	悔亡。田获三品。	六四	悔亡。田获三品③。
九五	贞吉，悔亡。无不利。无初有终。先庚三日，后庚三日，吉。	九五	贞吉，悔亡。无不利。无初有终。先庚三日，后庚三日④，吉。
尚九	筭在床下，亡其潸斧，贞凶。	上九	巽在床下，丧其资斧⑤，贞凶。

巽字根为"哭"。《说文》："阤，二卩也，哭从此，阙。"像人跪而身有物贯联。己，古跽字。巽本字像二人跽伏而交合之形。

巽即选。选，舞也。《诗·齐风·猗嗟》："舞则选兮。"选，旋也。《楚辞·大招》："伏戏驾辩，楚劳商只。""魂乎归来，听歌譔之。"伏戏，乐舞之貌。譔，巽，戏舞也。选，旋也。《文选·舞赋》注引《毛传》："选，齐。"注：选者，正其舞位之谓。齐者，正也。巽，旋也、戏也。《说文》："阤，二卩也。哭从此。阙。""哭，具（几）也，从丌，阤声。"巽古读具，从丌，几声，即今语之"奸"，字像二人跽伏交媾于床几。故《杂卦》训巽作伏。

《资治通鉴》卷二二："弄儿壮大，不谨，自殿下与宫人戏。日碑适见之，恶其淫乱。"戏即淫乱，性乱隐语也。

《说文解字诂林》引《说文粹》，巽之古字形作阤。

此字本义千古失解，乃像二人仆伏性交之形。故《易·杂卦》言："巽，伏也。"《说卦传》："巽，入也。"伏而入之，此巽之古义、本义。又训为顺（《尚书·尧典》传），盖仰交为逆，伏交为顺也。字近于具（鞠、倨）也。奸、具一音之转，姁也。后之儒者以为不雅，故其本义湮失。

李镜池考释曰："篆文像二人跪在兀上，顺伏之意。《说文》有阤字，作哭，巽从此，阙。"许慎知巽之字源而不知其义，实则即巽之本字。像二人同跪。跪即顺服。故巽亦训伏，服。

巽，异体作巺。《说文》："巺，巽也。"巽，巺，有网罗之意。

注释

①巽在床下：《说文》段注："吅，二卪也，巽从此。"许知巽之字源，而缺其义。《说文》丌（几）部："巽，具也……巺，篆文巽。"具、奸一音之转。倨伏之形，故有顺服之义。巽：从二卪，秘戏也，与姅通。《说文》：姅，男女併也。又，戏也，嬉戏也。戏、巽一音之转。憘（嬉），悦也。史：使，侍者。巫：舞者。

②纷若，吉：纷若、纷然。《汉书·礼乐志》颜注："其盛若林，芬然众多。"纷然吉：多吉也。

③频："并也。"（《国语·楚语》韦昭注）频：并母真部。并：并母阳部，并母双声，真阳通转叠韵，音近通。三品：诗书成语，言三品类也。《尚书·禹贡》："厥贡……惟金三品。"

④蛊卦："先甲三日，后甲三日。"本卦则言："先庚三日，后庚三日。"周人以七日为期。二十八日为一月，乃太阴历也。

⑤资斧：资富，资财也。

58 兑（41 夺）

☱ 兑（011/011 兑上兑下）亨。利贞。

初九　和兑，吉。

九二　孚兑，吉，悔亡。

六三　来兑，凶。

九四　商兑。未宁。介疾，有喜。

九五　孚于剥，有厉。

上六　引兑。

译文 ☷☶

兑（敓，争夺）：献享。利出行。

初爻阳：和悦，吉祥。

二爻阳：不争夺，吉祥，无亡失。

三爻阴：有人来争夺，凶。

四爻阳：商议夺取。争吵不宁。（有人）大疾，（有人）大喜。

五爻阳：俘获之而剥夺之，有灾难。

上爻阴：暗中夺取。

解说 ☷☷

　　卦名今本作兑，帛书作夺。兑字像"兄"，有言说之形。夺、兑古音义皆近。《礼记·檀弓》郑玄注："夺或为兑。"《尚书·吕刑》："夺攘矫虔。"《说文》引作："敓攘矫虔。"何按：夺、敓古同字。《广雅·释诂》："敓，取也。"《淮南子·本经训》："予之与夺也。"高诱注："夺，取也。"

　　夺、敓之通假，即兑。《说文》："敓，强取也。"夺、兑经典通用。《山海经·中山经》："其草多竈韭，多药，空夺。"郭注："夺，脱也。"兑：通于隧，有通道之意。

.

帛书		通行本	
夺①：亨，小利贞。		兑：亨，利贞。	
初九	休夺，吉。	初九	和兑，吉。
九二	诨夺，吉，悔亡。	九二	孚兑，吉，悔亡。
六三	来夺，凶。	六三	来兑②，凶。
九四	章夺。未宁，介疾，有喜。	九四	商兑。未宁③，介疾④，有喜。
九五	孚于剥，有厉。	九五	孚于剥，有厉。
尚六	景夺。	上六	引兑⑤。

注释 ☷

①夺：异体作挩。夺、敓之通假，即兑。朱骏声《说文通训定声》："经传皆以夺为之。"

②来兑：来对，来斗，帛书作来夺。

③商兑。未宁：兑，对，答也。商对，一问一答不宁（停）。帛书作章夺。章，争也，强也。

④介：马融说："介，大也。"介，夹也，间也。引申为有去意。《诗·大雅·桑柔》："听言则对，诵言如醉。"

⑤引兑：引，景，影也，阴，暗中。帛书作景夺。

引兑：引有正义。《左传》昭公元年："引其封疆。"杜注："引，正也。"划分。

引，通隐。隐，静，平息。景：引也。一音之转。引，隐也。引兑，隐夺之术，老子云："将欲取之，必先予之。"是也。

59 涣（62涣）

☲☲ 涣 （110/010 巽上坎下）亨。王假有庙。利涉大川。利贞。

初六 用拯，马壮，吉。

九二 涣，奔其机，悔亡。

六三 涣其躬，无悔。

六四 涣其群，元吉。涣有丘，匪夷所思。

九五 涣汗，其大号，涣王居，无咎。

上九 涣，其血去，逖出，无咎。

译文 ☷☷

涣（还，归还）：献享。大王降临宗庙。利于渡涉大江大河。利出行。

初爻阴：使用乘马，马壮，吉祥。

二爻阳：还归，奔其家，无亡失。

三爻阴：还其宫，无灾害。

四爻阴：还其族群，大吉。归途有山丘，出乎意料。

五爻阳：发汗而大哭号，还于王宫，无忧。

上爻阳：放血，病去，无忧。

解说 ☷☷

卦名帛书与今本同。涣，《归藏》作奂。涣，散也。本卦假借为还、环、班还、返还、班师。

涣：洹也。《广雅·释训》："流也。"《诗·郑风·溱洧》释文："涣涣，韩诗作洹洹。"

尚秉和云："卦坎为赤，震为玄黄，巽为白，而风行水上，文理烂然，故为文也。"或谓：卦象文采照然，灿烂夺目，故名曰涣（焕）。《系辞》："舟楫之利……盖取诸涣。"卦象风水相激，故言涣为水运。

帛书		通行本	
涣：亨。王叚于庙。利涉大川。利贞。		涣：亨。王假有庙①。利涉大川。利贞。	
初六	撜马，吉。悔亡。	初六	用拯，马壮②，吉。
九二	涣贲其阶，悔亡。	九二	涣奔其机，悔亡③。
六三	涣其寙，无咎。	六三	涣其躬④，无悔。
九四	涣其群，元吉。涣有丘，匪姨所思。	六四	涣其群⑤，元吉。涣有丘，匪夷所思⑥。
九五	涣其肝，大号，涣王居，无咎。	九五	涣汗，其大号，涣王居，无咎⑦。
尚九	涣，其血去，汤出。无咎。	上九	涣其血去⑧，逖出⑨，无咎。

《象》曰："涣，先王以享于帝立庙。"卦上巽为礼，下坎为法。巽互艮为庙堂，互震为帝，享祭先王，礼义隆盛，法律焕然大备，故卦名曰涣上（上说详见《文史》36辑连劭名文）。

注释 ☰

①涣：班也，返也。班：班师。假：至也（虞翻）。《说文》："假，至也。"

②用拯，马壮：拯，亦作抍。明夷六二："用拯，马床，吉。"帛书拯作撜，蹬也，乘升。拯，《仪礼·子夏传》："作抍，借为乘。"用：甬、踊、跃也。《说文》："抍或从登。"床、壮音通，雄壮。

③涣奔其机：帛书作涣贲其阶。涣奔：回奔。机：阶，家也。悔亡：亡悔。机，几（惠士奇《易说》），居也。

④躬：宫。阶：宫室代称，阶下。涣其躬：帛书躬作寙，宫之假也。

⑤群：族也。悔、咎通。涣其群：群，逡也。《说文》："逡，复也。"涣：通于洹；洹，回水也。六三，帛书无咎，通行本作无悔。

⑥丘：《说文》："土之高地。"丘通州。《山海经》青丘，《淮南子》作青州。州，洲也。匪夷所思：匪，非也，夷，其也。

⑦涣汗：流汗。号：嚎也，叫也。高亨注：当读为"涣其汗，大号"。说可从。

高亨说："涣汗其大号。"疑当作涣其汗，大号。盖转写其汗二字误置耳。

涣王居：意同于"涣其宫（窳）"。

卦九二，涣奔其机；六三涣其躬；六四涣其群；上九云涣其血；则此文当作涣其汗，明矣。水流曰涣，因而汗流亦曰涣，涣其汗犹云流其汗矣。涣其汗，大号者，抱病痛之象也。

《释名》："肝，干也。于五行属木。故其体状有枝干也。凡物以木为干也。"

⑧涣其血：流其血。去，取也，驱也。

涣血：古针砭法，以刺放血也。小畜六四："血去惕出。"

⑨逖：汤，疡也，疾病。逖，疾也（闻一多说）。《汉书·苏武传》有血去惕出实例。

60 节（21 节）

☲ 节 （010/011 坎上兑下）亨。苦节，不可贞。

初九　不出户庭，无咎。

九二　不出门庭，凶。

六三　不节若，则嗟若。无咎。

六四　安节，亨。

九五　甘节，吉。往有尚。

上六　苦节，贞凶。悔亡。

译文 ☰☰☰

节：献享。厌恶节制，不可出行。

初爻阳：走不出庭院，无忧。

二爻阳：走不出门厅，凶。

三爻阴：不知节制，难免会有失意。但无灾害。

四爻阴：服从节度，平安通行。

五爻阳：喜爱节度，吉。出行有赏。

上爻阴：苦于节度，出行凶。归而有亡。

解说 ☰☰☰

卦名帛书与今本同。《释名·释兵》云："节者，号令赏罚之节也。"震为雷，艮为霆，雷霆乃天帝之号令也。又，震为进，艮为止，象行动而有节奏也。艮为限，《荀子·强国》："内节于人。"杨注："节谓限禁。"

节者，制也。《礼记·王制》云："凡制五刑。"郑玄注："制，断也。"《广雅·释诂》："制，折也。"《说卦》云："兑为毁折，为附决。"兑有决断之象，上卦为坎为法，卦象人君以法制事，故名之曰节。

帛书		通行本	
节：亨。枯节，不可贞。		节①：亨。苦节，不可贞。	
初九	不出户牖，无咎。	初九	不出户庭，无咎。
九二	不出门廷，凶。	九二	不出门庭②，凶。
六三	不节若，则嗟若。无咎。	六三	不节若③，则嗟若④。无咎。
六四	安节，亨。	六四	安节，亨⑤。
九五	甘节，吉。往得尚。	九五	甘节，吉。往有尚⑥。
尚六	枯节，贞凶。悔亡。	上六	苦节⑦，贞凶。悔亡。

《荀子·成相》："言有节。"杨注："节谓法度。"《礼记·曲礼上》："是以君子恭敬撙节。"疏云："节，法度也。"坎为法，卦名节与坎象同。《说卦》云："艮为坚多节。"卦上互为艮，下互为震，《说卦》云："震为苍筤竹。"艮、震皆有竹象，竹多节也，此亦与卦名合。

古符信多以竹为之，剖而为两，符合乃可行事。上互艮与下互震相对而合，如符节之形。《左传》文公八年："司马握节以死。"杜预注："节，国之符信也。"《周礼·地官·叙官》："掌节。"郑玄注："节，犹信也，行者所执之信。"

信、申古同音相假，《汉书·宣帝纪赞》颜师古注："信，读为申，古通用字。"《说文》云："申，神也。七月阴气成体，自申束。"七月为孟秋，西方金神用事，肃杀之气顺时而起。上卦坎与下卦兑先后天卦位居西，与卦意相合。《尔雅·释诂》云："申，重也。"《诗·大雅·假乐》云："自天申之。"毛传云："申，重也。"坎、兑皆西方卦，相合并居，故可曰申（连劭名）。

注释

①节：节制。车行之节度。闻一多说："马行成节而车安。"今人驱马号令曰"节"、"驾"、"疾"，犹存古音古义。《说文》："节，竹约也。"竹鞭。"节，俭也"（《淮南子》高诱注）。

"节，礼也"（《礼记·文王世子》郑注）。节，止也。节，《荀子·成相》："言有节。"杨惊注："节谓法度。"节，马长鞭策也。驾车者用之以节车行之度，节策也，支击也，束（刺）也。

《左传》僖公二十八年："晋侯三辞，从命，受策以出，出入三觐。"策，节也。权杖，权力之象征。

②户：《一切经音义》："在于堂屋，曰户。"出口、门皆称户。庭：院子、内室。

门庭，《一切经音义》："在于宅区域曰门。"

③若：恶也。若，厌也（《汉书》师古注）。若，然也。

④嗟：哀号声（虞翻注）。则嗟若：则嗟如，则嗟叹也。

⑤亨：享，有平安之义。安节：闻一多说即案节，顿蹙也。《吕氏春秋·知分》："安之毋失节，疾不必生，徐不必死。"

⑥往有尚：帛书作往得尚。

⑦苦节：苦，疾也（《庄子·天道》司马注）。"大疾则苦而不入，大徐则甘而不固。"（《淮南子·道应训》）苦，恶也，厌也。

61 中孚（61 中复）

䷼ 中孚 （110/011 巽上兑下）豚鱼，吉。利涉大川。利贞。

初九　虞吉。有它不燕。

九二　鸣鹤在阴，其子和之。我有好爵，吾与尔靡之。

六三　得敌。或鼓或罢。或泣或歌。

六四　月几望，马匹亡，无咎。

九五　有孚，挛如，无咎。

上九　翰音登于天，贞凶。

中（得）孚（俘）：捕豚鱼，吉。利于渡涉大江河。利于出行。

初爻阳：不吉祥。有蛇来，不安宁。

二爻阳：白鹤鸣叫于树阴，幼鸟鸣叫在回应。我有一个好酒杯，让我与你共同饮。

三爻阴：破敌。有人击鼓，有人击鼙。有人哭泣，有人唱歌。

四爻阴：月将圆，马逃亡，无须惧。

五爻阳：有俘虏，被捆缚，无须惧。

上爻阳：野鸡鸣叫冲上天，预兆有凶。

卦名帛书为中复，今本作中孚。孚、复古音通。中孚即得俘。中，得也（犹如钟之古音通铎、铛）。孚，俘获也。本卦六三："得敌。"本卦九五："有孚（俘）。"皆中孚之义也。《左传》襄公十年："以偪阳子归，献于武宫，谓之夷俘。"卦外实而中虚，似空腹，又有坑陷之象。腹，有虚空之义，中复（腹）即中空也。古人称方坑为坎，故此卦象多取于坎。《易·随卦》："孚于嘉。"虞翻注："坎为孚。"《易·大壮卦》："征凶有孚。"

虞翻注："坎为孚。"《易·家人卦》："有孚威如。"虞翻注："坎为孚。"知卦名曰中孚者，以其中虚似坎圹陷入俘获之象也。

帛书		通行本	
中复：豚鱼，吉。和涉大川，利贞。		中孚：豚鱼①，吉。利涉大川。利贞。	
初九	杅吉。有它不宁。	初九	虞吉②。有它不燕③。
九二	鸣鹤在阴，其子和之。我有好爵，吾与尔赢之。	九二	鸣鹤在阴④，其子和之⑤。我有好爵⑥，吾与尔靡之⑦。
六三	得敌。或鼓或皮。或汲或歌。	六三	得敌。或鼓或罢⑧。或泣或歌。
六四	月既望，马必亡，无咎。	六四	月几望⑨，马匹亡，无咎。
九五	有复论如，无咎。	九五	有孚⑩，挛如⑪，无咎。
尚九	鰰音登于天，贞凶。	上九	翰音登于天⑫，贞凶。

孚、包古音同。《广雅·释诂》："包，裹也。"《汉书·礼乐志》颜师古注："包，含也。"《易·泰卦》"包荒。"虞翻注："在中称包。"《易·姤卦》："包有鱼。"虞翻注："在中称包。"卦象以阳包阴，以刚裹柔，二阴爻位于一卦之中，故卦名曰中孚（上说详见《文史》36 辑连劭名文）。

卦又像大离之形，故《归藏》此卦曰："大明。"与小过相对。离为日，为明，大明即大离。离中虚，像剖木为舟，故卦辞云："利涉大川。"

《尔雅·释诂》云："孚，信也。"《杂卦》云："中孚，信也。"尚秉和云："节，信也。节何以为信，以中爻两震竹相合。中孚初至五象与节同，仍两竹相合，而在中四爻，故曰中孚。"

注释 ☷

①豚鱼：豚，鱼，皆用为动词。猎豕、捕鱼，吉。

或曰豚，《山海经》："体如鱼，头似猪。"豚鱼，江豚鱼。豚鱼，祭事常备献物。王引之说："豚鱼者，士庶人之礼也。"（《经义述闻》）豚鱼，即江豚。豚鱼：豚，炖也。炖鱼，烹鱼也。炖烹之关系详见杨树达《积微居小学述林》）。

②虞吉：帛书作"杅吉"。虞，通无，当读作无吉也。

③有它：它，蛇。《说文》：上古艸居患它，相问曰："无它乎？"

不燕：《诗·小雅·鹿鸣》毛传："燕，安也。"帛书作不宁，意同。

④阴：树阴。《说文》："荫，草阴也。"或注："阴，山之北，水之南也"（《说文》）。

⑤子：雌鹤或雄鹤。和，相应也（《说文》）。

⑥爵：礼器（《说文》）。宗庙之祭，贵者献以爵（《礼记·祭器》）。爵：酒爵，代指酒（丁寿昌说）。

⑦靡：共同，"共也。"（虞注）靡：共也（宋翔凤《考异》引《韩诗外传》）。

⑧罘：读败，即縶。帛书作皮。得敌：克敌。《说文》："得，取也。"破敌。此乃"中孚"卦名本义。

⑨几望：十五月圆以后。帛本作既望。既：已也，时态词。望：旺。

⑩有孚：有俘。亦中孚之义。

⑪挛如：帛书作论如。论，纶也（何晏《论语集解》）。纶，如青丝系绳也。纶者，绳也，谓牵缚缩络之（《尔雅》郭注）。挛如：《说文》："挛，系也。"如：然（《法言》李轨注）。

⑫翰：干也（《诗郑笺》）。《释文》："翰本作鶾。""天鸡，赤羽也。"（《说文》）《集解》引侯果："鸡曰翰音。"翰音：上古鸡之别名。《礼记·曲礼下》："鸡曰翰音。"《说文》："雗肥，翰音者也……鲁郊以丹鸡祝曰：以斯翰音赤羽，去鲁侯之咎。"《尔雅·释名》："翰，天鸡。"音：言也，鸣也。登：升也。

62 小过（28 少过）

䷽ 小过 （001/100 震上艮下）亨。利贞。可小事，不可大事。飞鸟遗之音，不宜上，宜下，大吉。

初六 飞鸟，以凶。

六二 过其祖，遇其妣。不及其君，遇其臣。无咎。

九三 弗过，防之。从或戕之，凶。

九四 无咎，弗过遇之，往厉，必戒，勿用永贞。

六五 密云不雨，自我西郊，公弋，取彼在穴。

上六 弗遇，过之，飞鸟离之，凶，是谓灾眚。

译文

小过：献享。利出行。可做小事，不可做大事。飞鸟留下声音，不宜上升，宜下降，大吉祥。

初爻阴：有飞鸟，预兆凶。

二爻阴：至其祖庙，遇其先母（妣）。不见其君，遇其臣仆。无忧。

三爻阳：无祸害，但要提防。若有祸，要警戒。有灾凶。

四爻阳：不要畏惧。自身不犯过错，即无祸降临。前行有灾，必须警戒！不要轻易行动，要守中。

五爻阴：浓云不雨，蔽覆我城之西郊。王公好射弋，趁那只兽正在洞穴中。

上爻阴：不遇，逃走，鸟飞走了，凶，这也是灾害。

解说

卦名帛书为少过，今本作小过。少、小古通。过者，失其度也。《广雅·释诂》："过，误也。"过者，过越之意。连劭名说：下艮为止，上震为动，本当依势而止，今乃越而行之，故曰过。又说，六五为上互坎之上爻，六二为下互巽之初爻，皆当中位，故《象》曰："小过，小者过而亨也。过以利贞，与时行也。柔得中，是以小事吉也。刚失位而不中，是以不可大事也。"

帛书	通行本
少过：亨。利贞。可小事，不可大事。翡鸟遗其音，不宜上，宜下，泰吉。	小过：亨。利贞。可小事，不可大事。飞鸟遗之音，不宜上，宜下，大吉。

初六	翡鸟，以凶。	初六	飞鸟，以凶。
六二	过其祖，愚其比。不及其君，愚其仆。无咎。	六二	过其祖①，遇其妣②。不及其君③，遇其臣。无咎。
九三	弗过，仿之，从或臧之。凶。	九三	弗过，防之。从或戕之④，凶。
九四	无咎，弗过愚之，往厉，必革，勿用永贞。	九四	无咎，弗过遇之⑤，往厉，必戒，勿用永贞⑥。
六五	密云不雨，自我西茭，公射，取皮在穴。	六五	密云不雨，自我西郊⑦，公弋，取彼在穴⑧。
尚六	弗愚过之，翡鸟罗之，凶，是谓兹省。	上六	弗遇，过之，飞鸟离之，凶，是谓灾眚⑨。

先天卦位，艮位西北居上，震位东北居下，卦艮下震上，与先天卦位相反，故曰过。过者，错也。错则有祸。故过、祸相通。

注释

①过：至也。以凶：以，有也。过其祖：祖庙也。

②妣：先妣。妣，祖母。比，妣也。《说文》："比，密也。凡比之属，皆从比。"生曰母，死曰妣（《国语·周语》韦注）。《释名》："母死曰妣。"

③及：见也。

④戕：读枪，伤害。帛书作臧，戕也。《诗·小雅·十月之交》："曰予不戕。"《释文》王本作臧。戕，《广韵》："则郎切，读近壮。"《集韵》："兹郎切，古音读臧。"

从或："从读为放纵之纵。"（高亨说）或，通祸。

⑤弗过：过，祸也；弗，无。

⑥戒：帛书作革，相通（《淮南子·精神训》高注）。

勿用永贞：无咎（错误），（则）无祸遇之。出行有厉，必戒备。勿作远征。

⑦密云：乌云也。自我西郊：自，在也，灾也。

⑧公弋：帛书弋作射，射弋也。取彼在穴：取，趁取也。

⑨弗遇，过之，飞鸟离之，凶，是谓灾眚：其意略曰："未遇而祸之，飞鸟被罗之。凶，是谓灾眚。"离，帛书作罗。《尔雅·释器》："鸟罟谓之罗。"《说文》："罗，以丝罟鸟也。"

63 既济（22 既济）

䷾ 既济 （010/101 坎上离下）亨，小利。贞，初吉，终乱。

初九　曳其轮，濡其尾，无咎。

六二　妇丧其茀，勿逐，七日得。

九三　高宗伐鬼方，三年克之。小人勿用。

六四　繻有衣袽，终日戒。

九五　东邻杀牛，不如西邻之禴祭。实受其福。

上六　濡其首，厉。

译文

既济：献享，小利。出行，开始吉，最终有乱。

初爻阳：牵拽其车轮，濡湿其马尾，无忧。

二爻阴：妇人丢失其假发，莫找，七日后可以再得。

三爻阳：商高宗（武丁）讨伐鬼方（部落），三年攻克。小人不可用。

四爻阴：内衣有绒絮，可备于冬日。

五爻阳：东邻杀牛而祭祀神，不如西邻之得人和。祭祀而众人分享，大家受福。

上爻阴：水浸其首，有灾害。

解说

帛书卦名与今本同。《尔雅·释天》："济，霁也。"霁，晴也。济，齐也。"齐，正也。"（俞樾《读书余录》卷二）尚秉和云："上坎为雨，下离为日出，故曰既济。"其说读济为霁。上卦为往，下卦为来，故有云消雨霁之象。

《方言》："既，定也。"《诗·鄘风·载驰》云："不能旋济。"毛传："济，止也。"先天卦位，离东坎西，相对而立。帛书《易说》云："天地定立（山泽通气），火水相射，雷风相搏（薄）。"何按：今本作"水火不相射"，误矣。《说卦》云："故水火相逮，雷风不相悖，山泽通气，然后能变化，既成万物也。""水火相逮"即"水火相射"也。卦上坎下离，六爻皆正，有定位之象，故曰"既济"。

帛书		通行本	
既济：亨，小利。贞，初吉，冬乱。		既济：亨，小利。贞，初吉，终乱。	
初六	抴其纶，濡其尾，无咎。	初九	曳其轮，濡其尾，无咎。
六二	妇亡其发，勿逐，七日得。	六二	妇丧其茀①，勿逐，七日得。
九三	高宗伐鬼方，三年克之，小人勿用。	九三	高宗伐鬼方②，三年克之，小人勿用。
六四	襦有衣茹，冬日戒。	六四	繻有衣袽，终日戒③。
九五	东邻杀牛以祭，不若西邻之濯祭，实受其福。	九五	东邻杀牛，不如西邻之禴祭④，实受其福⑤。
尚六	濡其首，厉。	上六	濡其首，厉。

《风俗通义·山泽》云："济者齐，齐其度量也。"《诗经·小雅·小宛》："人之齐圣。"毛传："齐，正。"既者，尽也。卦六爻各当其位，皆正而不失，故曰"既济"。既济，既可读为即。济，霁也，晴也。久雨将晴亦曰即霁。

《尚书·洪范》认为七卜之一曰雨，之二曰霁（《史记》引作济）。济，祭也。既济，终祭。未济，未尽也，无穷也。

注释 ☰☰

①茀：发也。《左传》哀公十七年："（卫庄公）见己氏之妻发美，使髡之，以为吕姜髢。"杜注："髢，髪也。"今所谓假发也。茀即髢之音转（高亨说）。《易》异文茀正作髢（《经典释文》）。"女子用之假发，由来甚古。其字为鬄，或作髢。"郑玄："古者或剃贱者刑者之发，以被妇人之纷为饰，因名髮鬄焉。"（《仪礼·少牢》注）鬄音与若通。若字古形，像女子饰假发。

《诗·鄘风·君子偕老》："鬒发如云，不屑髢也。"

②高宗伐鬼方：高宗，武丁。鬼方，国名，即昆吾、匈奴（虞翻）。干宝曰："高宗，殷中兴之君。鬼，北方国也。"今本《竹书纪年》："〔武丁〕三十二年，伐鬼方，次于荆。三十四年，王师克鬼方，氐羌来宾。"此爻言三年克之，当指此。

③繻：王弼注："宜曰濡。"《说文》繻字引《易》作"需"。《说文系传》引作"濡"。需：濡，雨也。衣袽：京房作絮，子夏作茹。《说文》释絮："一曰败絮。"又作"缊，乱麻。"何按：袽衣，以乱麻为之，即今所谓蓑衣也，乃御雨之衣。下雨有蓑衣，至冬日而脱解。

繻有衣袽：内衣有绒絮，可备于冬日。繻，《说文》：短衣。茹，絮也。终日戒：终，冬也。戒，解也，解脱。戒，备也（《广雅》）。

④禴：帛书作濯，祠也（张立文说）。殷代春祭之名，"祭之薄者也"（《孔疏》）。禴，古音读和。《说文》段注："读与和同。"《文选·东京赋》李善注："和与龢古字通。"

⑤实：实，食也。受其福：食祭品，古谓"受福"。

《孟子·滕文公》："汤居亳，与葛为邻。葛伯放而不祀。汤使人问之曰：'何为不祀？'曰：'无以供牺牲也。'汤使遗之牛羊，葛伯食之，又不以祀。汤又使人问之曰：'何为不祀？'曰：'无以供粢盛也。'汤使亳众往为之耕，老弱馈食。葛伯率其民，要其有酒食黍稻者夺之，不授者杀之。有童子以黍肉饷，杀而夺之。"此辞似记其事。东邻，葛也。西邻，汤也。

64 未济（54 未济）

䷿ 未济 （101/010 离上坎下）亨。小狐汔济，濡其尾。无攸利。

初六 濡其尾，吝。

九二 曳其轮，贞吉。

六三 未济，征凶。利涉大川。

九四 贞吉，悔亡。震用伐鬼方，三年，有赏于大国。

六五 贞吉，无悔。君子之光，有孚。吉。

上九 有孚，于饮酒，无咎。濡其首，有孚，失是。

译文

未济：献享。小狐涉水，濡湿其尾。不得利。

初爻阴：濡湿其尾，不利。

二爻阳：牵其车轮，出行吉。

三爻阴：天未晴，征战凶。利于涉渡大江河。

四爻阳：出行吉，无散亡。振（王亥）讨伐鬼方（部落）。三年，商朝成为大国。

五爻阴：出行吉，无害。君子有光、有福。吉祥。

上爻阳：有喜事而饮酒，不要怕。（酒）弄昏了头，由于好事，反而失误。

解说

帛书卦名与今本同。连劭名说："六爻当位，止而不动，曰既济。六爻皆不当位，变动不止，曰未济。"其说甚确。

《广雅·释诂》云："未，续也。"易道刚柔相推变化无穷，无止无息，周而复始。"既济"止而不动，其道乃穷，故"未济"相续而动之，循环往复，以尽周流之意。

帛书	通行本
未济：亨。小狐乞涉，濡其尾，无攸利。	未济：亨。小狐汔济①，濡其尾。无攸利。
初六 濡其尾，闟。 九二 抴其纶，贞。 六三 未济，正凶。利涉大川。 九四 贞吉，悔亡。辰用伐鬼方，三年，有商于大国。 六五 贞吉，悔亡，君子之光，有复，吉。 尚九 有复，于饮酒，无咎。濡其首，有复，失是。	初六 濡其尾，吝。 九二 曳其轮，贞吉。 六三 未济，征凶。利涉大川。 九四 贞吉，悔亡。震用伐鬼方②，三年，有赏于大国③。 六五 贞吉，无悔。君子之光④，有孚。吉。 上九 有孚，于饮酒⑤，无咎。濡其首，有孚，失是⑥。

《系辞》云："日往则月来，月往则日来，日月相推，而明生焉……寒往则暑来，暑往则寒来，寒暑相推，而岁成焉。"卦上离为日，下卦坎为月，上互坎为月，下互离为日，卦象日月交替运行，寒暑相因，一来一往，未有穷极，故卦名曰未济。

《释名·释天》："未，昧也。日中则昃，向幽昧也。"未处西南，当坤之位，日过午则阳渐消，其光渐弱，近于昧暗。上离为日，下坎为西，正日昃之象也。

《象》曰："未济，君子以慎辨物居方。"未，莫也。未济，莫晴、未尽、未靖也。

济，祭也。既祭，已祭。未济，未祭。祭，终祭也，冬也。济，尽也，终也。

注释

①济：《尔雅·释言》："济，渡也。"帛书作涉，同义。汔，既也。

②震用伐鬼方：震，王亥，名胲，一作振、大振、大辰。用，戎也。王亥亦名戎亥。震，振也（《史记·殷本纪》），王亥之名，死为雷震之神，称大辰、王亥、上甲微，亦名契、少昊也。用读为戎，震戎伐鬼方。

震戎，即祝融。戎，武也。戎，从戈从十。十，甲也。或说，用乃王亥之子洛伯用上甲微（《洛书》）。震，振、王亥。用，戎。

③有赏于大国：赏，王引之说：助也。有，得也。李平心谓"有商成为大国"。

④君子之光：之，有也。《易经》中多小人、大人，小人、君子之称。乃婚姻分级（诸父与诸男之区别也）。即父母氏族与诸姓（百姓）之子氏族。刑人、臣妾、童仆乃奴隶。

⑤于：而也。

⑥失是：是，食也。"孚：训福，亦训罚。"（高亨说）反义互训。

《易传》解说

彖　辞

　　《易经》传世本之卦序编次，两两相耦，体现一种相反相成的哲学理念。又，传世本《易经》将彖辞、象辞等会编于经文中。

　　但20世纪考古发现之马王堆帛书汉《易经》及阜阳简书汉《易经》，均未将"十翼"与《易经》六十四卦混合编次（阜阳汉简《易经》中无"十翼"内容）。表明这种卦序及编次均应晚于汉代以后。窃以为，此乃魏人王弼承东汉郑玄注《易经》之所为也[①]。

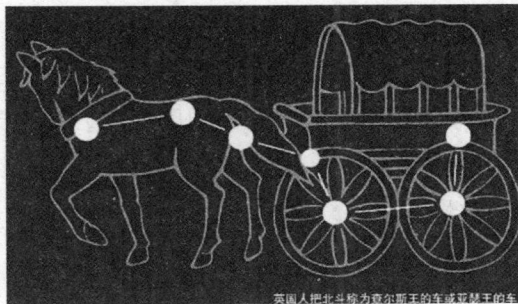

英国人把北斗称为查尔斯王的车或亚瑟王的车

嘉祥汉画像石：斗为帝车

上

1 乾

大哉乾元，万物资始，乃统天。云行雨施，品物流形。大明终始，六位时成，时乘六龙以御天。乾道变化，各正性命，保合太和，乃利贞。首出庶物，万国咸宁。

译文 ☰

乾☰（乾上乾下） 伟大的天宇啊！万物由你肇始，你统领着周天。云动雨流，创生品物，赋予造型。太阳随你出入，时令六位（春夏秋冬日夜）以你而成，太阳神乘你的六龙而巡天。引导天道变化，赋予万类生命，配合大气，而得收获。导生万物，万国太平而安宁。

2 坤

至哉坤元，万物资生，乃顺承天。坤厚载物，德合无疆。含弘光大（含弘光大，含弘即浩瀚之语转。光大，广大也），品物咸亨（亨，读为行háng，时，待也）。牝马地类，行地无疆，柔顺利贞。君子攸行，先迷失道，后顺得常。"西南得朋"，乃与类行。"东北丧朋"，乃终有庆。安贞之吉，应地无疆。

译文 ☷

坤☷（坤上坤下） 厚重的大地啊！万物由你诞生，广阔地接承着天体。深厚而承载着万物，深远而没有边界。你敦厚而广大，让万物享用。让雌雄生化，让万物奔走于无垠大地。你柔顺而有德，君子远行，即使迷不识路，也能顺利得到平安。"西南来生风"，是物类的初始。"东北来丧风"，是终局也会有丰庆（西南风来，春夏之交，物种成熟。东北风来，秋冬之交，物种凋落）。你象征安定之吉祥，正如同大地之广袤而无疆！

3 屯

屯，刚柔始交而难生。动乎险中，大亨贞。雷雨之动满盈，天造草昧。

宜建侯，而不宁。

　　屯䷂（震下坎上）　如草在土中，刚柔相交而难出头。行动于险境中，宜行正。待到雷雨流动，天水满而盈，天水润泽自然造生莽莽草野。利于建城堡固守，卦象显现不安宁。

4 蒙

　　蒙，山下有险，险而止，蒙。蒙，亨，以亨行，时中也。"匪我求童蒙，童蒙求我"，志应也。"初筮告"，以刚中也。"再三渎，渎则不告"，渎蒙也。蒙以养正，圣功也。

　　蒙䷃（坎下艮上）　卦象是深渊在高山之下，山高水深则危险降临。蒙，迷雾茫茫，若出行，要顺通，必待日中。"不是我喜爱浓雾，是浓雾降临于我"，志向应当隐藏啊！"初筮告"，应当加强内中啊。"再三渎，渎则不告"，"渎"，喻收藏（蒙）啊。藏（蒙）而养志，乃是圣人之功啊！

5 需

　　需，须也。险在前也，刚健而不陷，其义不困穷矣。需，"有孚，光亨，贞吉"，位乎天位，以正中也。"利涉大川"，往有功也。

　　需䷄（乾下坎上）　需（须）就是等待。前方面临着危险，但如天体强健则不会沉陷，当然也不会困于恶境而不得出。努力啊，"有俘获，大献享，出行吉"。天位位于正卦，刚健藏于内中啊。"利涉大川"，坚持进行必有功啊。

6 讼

　　讼，上刚下险，险而健，讼。讼，"有孚，窒惕，中吉"，刚来而得中也。"终凶"，讼不可成也。"利见大人"，尚中正也。"不利涉大川"，入于渊也。

译文 ☰☰

讼☰☰（坎下乾上） 面临危险而固执，于是有争讼。争讼，"有弊败，警惕啊，中间似吉。"刚强而主中啊。"结果凶"，争讼不可能成功啊。"利于会见大人"，要寻求主持公道啊。"不利涉大川"，会坠入深渊啊。

7 师

师，众也。贞，正也。能以众正，可以王矣。刚中而应，行险而顺，以此毒天下，而民从之，吉又何咎矣。

译文 ☰☰

师☰☰（坎下坤上） 众人之卦。贞，出征也。能率众出征，才可以做君主啊。卦象是刚强在内而万众回应，众人同心，即使遭遇危险也会顺利。以此道治理天下，人民会顺从，大吉祥，又有什么可畏惧呢？

8 比

比，吉也。比，辅也。下顺从也。原筮，元（亨）永贞，无咎，以刚中也。不宁方来，上下应也。后夫凶，其道穷也。

译文 ☰☰

比☰☰（坤下坎上） 有人辅佐，吉祥啊。比，就是辅佐，下者顺从于上者啊。事功圆满，大好，远行，无灾害，是由于有山岗在卦中。不安宁的局面将到来，是因上卦与下卦相冲啊。后来有凶，其余地并不多啊！

9 小畜

小畜，柔得位而上下应之，曰小畜。健而巽，刚中而志行，乃亨。"密云不雨"，尚往也。"自我西郊"，施未行也。

译文

小畜☰（乾下巽上）卦象风柔在上，乾刚在下，上下呼应，曰小畜（储畜阳刚）。刚健而谦逊，内刚而意志实行，能畅通。"浓云不雨"，适宜往行啊。"覆盖我城的西郊"，趁风雨尚未施布啊。

10 履

履，柔履刚也。说而应乎乾，是以"履虎尾，不咥人，亨"。刚中正，履帝位而不疚，光明也。

译文

履☰（兑下乾上）卦象乾外泽内，柔用于刚。内兑外乾，外刚内柔，所以"虽踏虎尾，虎不吃人。献享"。刚居正位，登履于君位也无愧疚，前途光明。

11 泰

泰，"小往大来，吉亨。"则是天地交而万物通也，上下交而其志同也。内阳而外阴，内健而外顺，内君子而外小人。君子道长，小人道消也。

译文

泰☰（乾下坤上）卦象"阴（小）将去，阳（大）将来，吉祥。"此卦象征天地相连万物畅通，上下合作志同道合。阳在内而阴在外，内坚强而外柔顺，内君子而外小人。君子之道居上风，小人之道居下风。

12 否

"否之匪人，不利君子贞，大往小来。"则是天地不交而万物不通也，上下不交而天下无邦也。内阴而外阳，内柔而外刚，内小人而外君子，小人道长，君子道消也。

译文

否☰（坤下乾上）"匹配不适宜的人，不利于君子。出行，阳（大）

去，阴（小）来。"此卦象是天地不相配而万物不畅通啊，上下不和，而国将不国。内阴而外阳，内柔而外刚，内里是小人而外表是君子。小人之道得势，君子之道居下风。

13 同人

同人，柔得位得中，而应乎乾，曰同人。《同人》曰："同人于野，亨，利涉大川。"乾行也。文明以健，中正而应，"君子"正也。唯君子为能通天下之志。

译文

同人䷌（离下乾上） 柔火卦在内，而辅配乾刚，天空明亮，所以能会同众人。《同人》卦说："会集众人于四野，好，利于渡涉大川。"乾道通行啊。光明刚健，中正在位而一呼百应，是君子执政之象。只有君子能会通天下众人之意志。

14 大有

大有，柔得尊位大中，而上下应之，曰大有。其德刚健而文明，应乎天而时行，是以"元亨"。

译文

大有䷍（乾下离上） 柔火卦居尊位大中，而上下呼应，曰大有。其德行坚强而光明，顺应自然而四时调顺，所以能得"大享"。

15 谦

谦"亨"，天道下济而光明，地道卑而上行。天道亏盈而益谦，地道变盈而流谦，鬼神害盈而福谦，人道恶盈而好谦。谦尊而光，卑而不可逾，"君子"之"终"也。

译文

谦䷎（艮下坤上） 谦道行（卦象上坤下山，山埋在地下），天道下济而光明，地道谦卑而上行。天道损多而补少，地道盈满而流入空虚，鬼神憎恨富有而赐福于贫穷，人道也恨满盈而乐于助穷困。谦虚光明，卑下不可逾位，这正是君子的归宿啊。

16 豫

豫，刚应而志行，顺以动，豫。豫顺以动，故天地如之，而况"建侯，行师"乎？天地以顺动，故日月不过，而四时不忒。圣人以顺动，则刑罚清而民服。豫之时义大矣哉。

译文

豫▤▤（坤下震上）刚硬而志行，大地顺势而动，称为豫。只要顺势而动，天地从之，何况"建城堠、用兵"啊！天地顺势而动，故日月会合准时，四时不乱。圣人以势而动，则省刑罚而民心服从。豫（允依）之义伟大啊！

17 随

随，刚来而下柔，动而说，随，大亨贞无咎，而天下随时，随之时义大矣哉。

译文

随▤▤（震下兑上）刚（震）烈而下柔，动大泽（兑），故称之为随。大亨，出行无忧。而天下跟随，顺时势之义伟大啊！

18 蛊

蛊，刚上而柔下，巽而止，蛊。"蛊，元亨"，而天下治也。"利涉大川"，往有事也。"先甲三日，后甲三日"，终则有始，天行也。

译文

蛊▤▤（巽下艮上）山冈（刚）在上而风（柔）在下，顺而正，故称蛊。"顺故，大好"，而天下治。利涉大川，去做事啊。"先甲三日，后甲三日"，有终有始，天道行通。

19 临

临，刚浸而长，说而顺，刚中而应。大亨以正，天之道也。"至于八月，有凶"，消不久也。

译文

临䷒（兑下坤上） 大地浸于泽，刚强在中而呼应。大好而出行，天之道啊。"至于八月有凶"，不长久啊。

20 观

大观在上，顺而巽，中正以观天下。"观盥而不荐，有孚颙若"，下观而化也。观天之神道，而四时不忒。圣人以神道设教，而天下服矣。

译文

观䷓（坤下巽上） 大（观）灌在上，顺天风，自中正以灌天下。"观盥而不献，有福，欣悦"。下观风气，上观神道，四季有序不乱。圣王根据天道设教令，天下服从。

21 噬嗑

颐中有物，曰噬嗑。噬嗑而亨，刚柔分，动而明，雷电合而章。柔得中而上行，虽不当位，"利用狱"也。

译文

噬嗑䷔（震下离上） 口中有物，曰吃啃。吃啃而享用，刚柔分，动静明，如雷电合而明亮。柔得中而行，虽不合位，"利于决狱"也。

22 贲

贲，亨，柔来而文刚，故亨。分刚上而文柔，故"小利有攸往"。（刚柔交错），天文也。文明以止，人文也。观乎天文，以察时变。观乎人文，以化成天下。

译文

　　贲☲（离下艮上）火埋在山下，内柔外刚，所以"亨通"。上刚而下柔，所以有"小利，可远行"。刚柔交错，是天道啊。文明之至，是人道（文）啊。观于天文，可以测知宇宙的变化；观于人文，可以测知天下的风气。

23 剥

　　剥，剥也，柔变刚也。"不利有攸往"，小人长也。顺而止之，观象也。君子尚消息盈虚，天行也。

译文

　　剥☶（坤下艮上）高山压住大地，有欺剥，柔变为刚啊。"不利于远行"，小人之道长啊。必须顺应才能遏制，多作观察吧。君子应当善于自处，消息盈虚，这都是天道啊！

24 复

　　复，亨。刚反动而以顺行，是以"出入无疾，朋来无咎"。"反复其道，七日来复"，天行也。"利有攸往"，刚长也。复，其见天地之心乎。

译文

　　复☷（震下坤上）归复，行。本属反变，却顺道而行，所以"出入无疾，风来无惧"。"反复而来，七日后即复"，这正是天意啊。"利于远行"，路正长啊。归复吧，那由此去体现天地的心意！

25 无妄

　　无妄，刚自外来，而为主于内，动而健，刚中而应。大亨以正，天之命也。"其匪正有眚，不利有攸往。"无妄之往何之矣？天命不佑，行矣哉？

译文

　　无妄☰（震下乾上）雷震于天，有刚气在外，又有刚健者在内。将有大变动啊，内外相呼应。要大变而后归正，这是天命啊。"因为现在当位者不正，所以才有灾难，不利其远行。"无目的地奔走，又能逃向哪里呢？天命已不庇佑，难道能行通吗？

26 大畜

大畜，刚健笃实，辉光日新。其德刚上而尚贤，能止（致）健，大正（政）也。"不家食，吉"，养贤也。"利涉大川"，应乎天也。

译文 ☰☶

大畜☰☶（乾下艮上） 山高撑天，刚健而稳定，光辉而日新。其德刚健在上，而崇尚贤能，以至强健为大政方针。"不私于小家，吉祥"是因为供养贤士啊。"利于渡涉大江河"，因为顺应天道啊！

27 颐

颐，贞吉，养正则吉也。"观颐"，观其所养也。"自求口实"，观其自养也。天地养万物，圣人养贤以及万民。颐之时，大矣哉。

译文 ☷☶

颐☷☶（震下艮上） 正则吉，守正才能吉祥啊。"观其口食"，知其所养。"自求口食"，观其自养。天地奉养万物，圣人奉养贤能以至万民。颐养之事（时），大得很啊！

28 大过

大过，大者过也。"栋桡"，本末弱也。刚过而中，巽而说行。"利有攸往"乃"亨"。大过之时，大矣哉。

译文 ☴☱

大过☴☱（巽下兑上） 大就是祸害。"栋梁弯曲"，根本动摇，都是由于过于刚直而招祸呵。只有顺风而行，"利于远遁"而"亨通"。大者为祸之事，多得很啊！

29　习坎

习坎，重险也。水流而不盈，行险而不失其信。"维心，亨"，乃以刚中也。行有尚，往有功也。天险，不可升也。地险，山川丘陵也。王公设险，以守其国。险之时，用大矣哉。

译文 ☵

坎☵（坎下坎上）　坎陷重重。有水流入而不满溢，行于险地但不要失去信心。只有"靠心智，才能找到光明（维心，亨）"，这是告诫你内中要持健刚强啊！行动会有报偿，干吧，会有功。天空高险，不可攀登。地势也有险，那是山川丘陵。王公设险，为的是守住国土。险虽然是险，但其用处也是很大啊！

30　离

离，丽也。日月丽乎天，百谷草木丽乎土，重明以丽乎正，乃化成天下。柔丽乎中正，故亨，是以"畜牝牛，吉"也。

译文 ☲

离☲（离下离上）　亮也。日月明亮于天，百谷草木生长于土地。以重重光明映照政治，才能天下太平。柔和之光中正，通行天下，"饲养母牛，大吉祥"啊！

下

31　咸

咸，感也。柔上而刚下，二气感应以相与，止而说，男下女，是以"亨。利贞。取女吉"也。天地感，而万物化生。圣人感人心，而天下和平。观其所感，而天地万物之情可见矣。

译文 ☷☱

咸☷（艮下兑上）泽山交感。上柔而下刚，阴阳二气感应而融合，至而乐，男女交，所以"享乐，利于行，娶女而吉祥"啊！天地交融，万物化生。圣人之道融入人心，则天下太平。观其融合，可以知天地万物的情志啊！

32 恒

恒，久也。刚上而柔下，雷风相与，巽而动，刚柔皆应，恒。恒"亨。无咎。利贞"，久于其道也！天地之道，恒久而不已也。"利有攸往"，终则有始也。日月得天而能久照，四时变化而能久成。圣人久于其道，而天下化成。观其所恒，而天地万物之情可见矣。

译文 ☴☳

恒☴（巽下震上）远而久。上刚下柔，雷风交动，顺之而动，刚柔相应，可久远。因此思谋远，则"好，无灾害，利于行"，持久之道呀！天地之道长久恒一地运行不止，利于远行，是因为终局就是开始。日月要在天上才能长久照耀，四季不断变化，才能育成万物。圣人深究此中之天道，而以之治理天下。观其普遍性，才能把握天地万物的情志啊！

33 遯

遯，"亨"，遯而亨也。刚当位而应，与时行也。"小利贞"，浸而长也。遯之时义大矣哉。

译文 ☶☰

遯☶（艮下乾上）烹豚，享用啊。远离（遯）才能享用。天在山上，刚当于位而呼应，利于及时行事啊。"利于做小事"，渐渐地生长。遯的道理，意义很深远啊。

34 大壮

大壮，大者壮也。刚以动，故壮。大壮利贞，大者正也。正大，而天地之情可见矣。

译文

大壮☳（乾下震上） 大者壮也，刚健将动，故壮。大壮利得，大者正位。正大，天地之情可以见啊！

35　晋

晋，进也。明出地上，顺而丽乎大明，柔进而上行，是以"康侯"用"锡马蕃庶，昼日三接"也。

译文

晋☲（坤下离上） 进取啊。卦象日出于大地，顺而亮至大明，缓进而向上，犹如"康侯"用"白马繁殖，日日夜夜交接许多次"。

36　明夷

明入地中，明夷。内文明而外柔顺，以蒙大难，文王以之。"利艰贞"，晦其明也，内难而能正其志，箕子以之。

译文

明夷☷（离下坤上） 光明沉入大地，光明消逝。内含光明而外表柔顺，似有大难，像文王的遭遇。"利艰难之行"，隐晦光明啊。内有疑难而端正自我心志，正如箕子的经历。

37　家人

家人，女正位乎内，男正位乎外。男女正，天地之大义也。家人有严君焉，父母之谓也。父父，子子，兄兄，弟弟，夫夫，妇妇，而家道正。正家，而天下定矣。

译文

家人☴（离下巽上） 女子之正位在家内，男子之正位在家外。男女关系正位，合于天地之大义。家中要有威严君主，这就是父母。父亲要像父亲，儿子要像儿子，兄要像兄，弟要像弟，男要像男，女要像女，这才是正经的治家之道。家治理好了，天下也就安定了。

38 睽

睽，火动而上，泽动而下。二女同居，其志不同行。说而丽乎明，柔进而上行，得中而应乎刚，是以小事吉。天地睽而其事同也，男女睽而其志通也，万物睽而其事类也。睽之时，用大矣哉。

译文

睽（兑下离上）卦象火动于上，水动于下。两女子虽然同居一室，但其心志并不同。言行要光明，举止要温柔，适中又不离纲纪，如此则事事皆吉祥。天地之道大，但其道理相同。男女归一心志相通，万物归一其事类同。相"归"之事，用处很大啊！

39 蹇

蹇，难也，险在前也。见险而能止，知矣哉。蹇，"利西南"，往得中也。"不利东北"，其道穷也。"利见大人"，往有功也。当位"贞吉"，以正邦也。蹇之时，用大矣哉。

译文

蹇（艮下坎上）艰难，前方有危险。见险而能止步，是明智的。艰难，"利向西南"，前往有路。"不利东北"，其路走不通。"利见大人"，前往有赏功。当政"正则吉祥"，此治国之道啊。艰难之事，其用途也很大啊！

40 解

解，险以动，动而免乎险，解。解"利西南"，往得众也。"其来复，吉"，乃得中也。"有攸往，夙吉"，往有功也。天地解，而雷雨作。雷雨作，而百果草木皆甲坼。解之时，大矣哉。

解䷧（坎下震上）　在危险中变动，由变动而摆脱险境，这就是"解"。解，"利在西南方向"，前往可得众人支援。"归来，吉"，是正路啊！"作远行，吉祥"，行进中，有成功啊。天地解放，于是有雷雨大作。雷雨大作，而各种草木之果实都从壳中被解脱。解之意义，很大啊！

41　损

损，损下益上，其道上行。损而"有孚。元吉。无咎。可贞。利有攸往。曷之用二簋，可用亨"。二簋应有时。损刚益柔有时，损益盈虚，与时偕行。

损䷨（兑下艮上）　损下以益上，这只有利于在上者。损之，"有孚获大吉，无须惧，可得利，要远行。渴饮，有双簋，可享用"。双簋应交替用，有时要损强益弱，损多补少，掌握好时机与分寸。

42　益

益，损上益下，民说无疆。自上下下，其道大光。"利有攸往"，中正有庆。"利涉大川"，木道乃行。益动而巽，日进无疆。天施地生，其益无方。凡益之道，与时偕行。

益䷩（震下巽上）　损上利下，百姓乐而无疆。自上降于下，其道大光明。"利远行"，公道乃庆。"利涉江河"，天道乃通。助动有风，日之进取直逼无限。天助地助，受益无穷。此大益之道，随时可行！

43　夬

夬，决也，刚决柔也。健而说，决而和。"扬于王庭"，柔乘五刚也。"孚号有厉"，其危乃光也。"告自邑，不利即戎"，所尚乃穷也。"利有攸往"，刚长乃终也。

译文

夬☰（乾下兑上） 冲决啊！刚硬决于柔。强健者解脱，冲决而后得和平。"舞戈于王宫"，柔者显示武健啊。"呼号有力"，在危险中放光明啊。"求告于自家的封地，不利用兵"，所取已穷啊。"利作远行"，要长久才有结果。

44 姤

姤，遇也，柔遇刚也。"勿用取女"，不可与长也。天地相遇，品物咸章也。刚遇中正，天下大行也。姤之时，义大矣哉。

译文

姤☰（巽下乾上） 相遇，柔相遇于刚。"不能娶女"，难以久长啊。天地若相遇，生长万物。刚健与中正相遇，天下太平。相遇之义，也很重要啊！

45 萃

萃，聚也。顺以说，刚中而应，故聚也。"王假有庙"，致孝享也。"利见大人，亨"，聚以正也。"用大牲吉。利有攸往"，顺天命也。观其所聚，而天地万物之情可见矣。

译文

萃☷（坤下兑上） 相会聚。顺之而说，大众响应，所以有会聚。"大王降临宗庙"，尽孝献享。"利拜见大人，好"，相聚于庙堂。"用大牲献祭吉祥，利作远行"，顺承天命啊。观其所聚之义，可以了解天地万物之情。

46 升

柔以时升，巽而顺，刚中而应，是以大亨。"利见大人，勿恤"，有庆也。"南征吉"，志行也。

译文 ䷭

升䷭（巽下坤上）柔弱地上升，谦逊而顺从，内刚强为呼应，所以大顺利。"利于见大人，不必畏惧"，有喜庆。"向南行，吉祥"，得志而行啊。

47 困

困，刚掩也。险以说，困而不失其所。"亨"，其唯君子乎。"贞大人吉"，以刚中也。"有言不信"，尚口乃穷也。

译文 ䷮

困䷮（兑下坎上）刚强而被掩埋。遇险解脱，遇困但不可丧失根本。"好"，只有君子能做到啊！"出行，大人吉祥"，因为内主刚强。"有谗言，不相信"，信口说必遭困穷。

48 井

巽乎水而上水，井。井养而不穷也。"改邑不改井"，乃以刚中也。"（往来井井），汔至亦未繘井"，未有功也。"羸其瓶"，是以凶也。

译文 ䷯

井䷯（巽上坎下）风吹水，水向上，这就是井。井，养人而不枯竭。"搬家仍然用旧井"，保持一贯于心中。"渴极了还未掘井"，难以成功啊。"打碎水瓶"，是预兆凶事。

49 革

革，水火相息，二女同居，其志不相得曰革。"巳日乃孚"，革而信之。文明以说，大亨以正。革而当，其悔乃亡。天地革而四时成。汤武革命，顺乎天而应乎人。革之时，大矣哉。

译文 ䷰

革䷰（离下兑上）水火相斗，二女同居，相处而心不同就是"革"。

"祭祀之日有俘获"，去旧而方信诚。文明而喜悦，献享而出征。革应当革者，就不会有悔恨。天地不断革新才有四季之变，汤武革夏朝之命，顺于天道而应于人心。革之意义，伟大啊！

50 鼎

鼎，象也。以木巽火，亨饪也。圣人亨以享上帝，而大亨以养圣贤。巽而耳目聪明，柔进而上行，得中而应乎刚，是以元亨。

译文

鼎☲（巽下离上） 享用吧！以风吹火木，可以烹饪啊！圣人以此献享于上帝，而以大享来奉养圣贤。迎风而能耳聪目明，柔顺而能步步向上，取中道而心志刚强，这才可以元享！

51 震

震，亨。"震来虩虩"，恐致福也。"笑言哑哑"，后有则也。"震惊百里"，惊远而惧迩也。出可以守宗庙社稷，以为祭主也。

译文

震☳（震下震上） 好！"大震降临人心惶惶"，恐惧反而能带来福分。"呼啸之声尖厉响亮"，后继有灾殃啊。雷震动百里，远近皆恐惧啊。雷出宜坚守宗庙社稷，以便祭祀啊！

52 艮

艮，止也。时止则止，时行则行，动静不失其时，其道光明。艮其止，止其所也。上下敌应，不相与也。是以不获其身，行其庭，不见其人，无咎也。

译文

艮☶（艮下艮上） 停止。当止则止，当行则行，进退都要把握时机，则道路就是光明。见机而止，止于恰如其所。上下有冲突，不要参与。这样可以保持自身平安；门庭有事，但牵连不到本人，免灾啊。

53 渐

渐之进也，"女归吉"也。进得位，往有功也。进以正，可以正邦也。其位，刚得中也。止而巽，动不穷也。

译文 ䷴

渐䷴（艮下巽上）　渐渐而进，可进可退，娶女吉祥。进取得当，则有功。进取方向正确，可以治平国家。此卦内中有刚。站立于风中，变局不穷啊！

54 归妹

归妹，天地之大义也。天地不交，而万物不兴。归妹，人之终始也。说以动，所归妹也。"征凶"，位不当也。"无攸利"，柔乘刚也。

译文 ䷵

归妹䷵（兑下震上）　天地间最大之事。天地不相交合，万物不会生产。嫁娶，人类由此创始。喜悦而行动，得到来嫁之女。处位不当，则有凶。刚不胜柔，则不能得子女。

55 丰

丰，大也。明以动，故丰。"王假之"，尚大也。"勿忧，宜日中"，宜照天下也。日中则昃，月盈则食，天地盈虚，与时消息，而况于人乎，况于鬼神乎？

译文 ䷶

丰䷶（离下震上）　大啊。光明发动，所以大。"君王降临"，喜其大啊。"不要有忧虑，有日在中"，光明天下啊。太阳到中午就向西落，月亮一旦盛满就要亏缺。天地有充盈有虚空，随四时运转而生灭。何况人事呢？何况鬼神呢？（都是如此啊！）

56 旅

旅，"小亨"，柔得中乎外，而顺乎刚。止而丽乎明，是以"小亨，旅贞吉"也。旅之时，义大矣哉。

译文 ☶☲

旅☶☲（艮下离上）"小好"。内柔，外适中，要行顺乎刚健。明智而紧随光明，所以，才能"小好，旅征得吉祥"。旅行之事，问题很大啊！

57 巽

重巽以申命。刚巽乎中正而志行。柔皆顺乎刚，是以"小亨，利有攸往，利见大人"。

译文 ☴☴

巽☴☴（巽下巽上）众顺从而受命。刚健顺于中正之志而施行。柔者顺服于刚，所以此卦"小有好事，利有所往，利见大人"。

58 兑

兑，说也。刚中而柔外，说以"利贞"，是以顺乎天而应乎人。说以先民，民忘其劳。说以犯难，民忘其死。说之大，民劝矣哉。

译文 ☱☱

兑☱☱（兑下兑上）悦服。外柔而内刚，悦服则"利于政令"，顺于天意顺应民心。悦服民众，民众忘其劳苦。人心悦服即使遭遇艰难，民众也不惧于死。悦服人心之重要，决定人民是否乐于服从。

59 涣

涣，亨，刚来而不穷，柔得位乎外而上同。"王假有庙"，王乃在中也。"利涉大川"，乘木有功也。

译文

涣䷺（坎下巽上） 好！刚健来而不穷，柔顺于外面与在上者相通。"大王降临国庙"，王者主位中央。"利于渡涉大江河"，要乘"木"运才成功。

60 节

节，亨，刚柔分而刚得中。"苦节，不可贞"，其道穷也。说以行险，当位以节，中正以通。天地节，而四时成。节以制度，不伤财，不害民。

译文

节䷻（兑下坎上） 好。刚柔分明而刚健在中位。"枯竭，不可行"，因为其道已穷。行进有险，当位者要节制，只有正道可以走通。天地有季节，这就是四季。节就是制度，有制度则不伤财、不害民。

61 中孚

中孚，柔在内而刚得中，说而巽，孚乃化邦也。"豚鱼吉"，信及豚鱼也。"利涉大川"，乘木舟虚也。中孚以利贞，乃应乎天也。

译文

中孚䷼（兑下巽上） 柔在内，刚在正位。令人信服才能治国。"豚、鱼吉祥"，讲信义而达到山野以至豚、鱼。"利渡江河"，宜乘木船。守信而利正，是顺应天意的。

62 小过

小过，小者过而亨也。过以利贞，与时行也。柔得中，是以小事吉也。刚失位而不中，是以不可大事也。有飞鸟之象焉，"飞鸟遗之音，不宜上，宜下，大吉"，上逆而下顺也。

译文

小过䷽（艮下震上） 小有灾害尚走得通。有过有利，需要善用时机。柔弱持中，所以小事吉祥。刚健失位而不在于中位，所以不利大事。有鸟飞而过之象,"飞鸟只留下声音,不宜上升,只宜下降,大吉",是表示此卦利于居下不利上进。

63 既济

既济,亨,小者亨也。"利贞",刚柔正而位当也。"初吉",柔得中也。"终"止则"乱",其道穷也。

译文

既济☲☵(离下坎上) 好,对小人好。利出行,刚柔正当其位。"起初吉祥",是因为柔弱持中。终局变乱,其道难行远。

64 未济

未济,亨,柔得中也。"小狐汔济",未出中也。"濡其尾,无攸利",不续终也。虽不当位,刚柔应也。

译文

未济☵☲(坎下离上) 好,柔弱持中。"小狐狸可渡过河",却未从中道。但"尾巴沾湿,不利",不利于后事。此卦虽不当正位,但刚柔尚可呼应。

注释

①汤用彤说:"高贵乡公谓郑康成《易注》以象象与经文相连,乃谓郑氏于《易》注中,以经传合并解说也……改窜《周易》以经附传,实颇出于王弼之手。"

"王弼摈落爻象,专重义理,以传解经,求微言大义之哲学。"

《易经》古义,坏于王弼。秦虽焚书,未坠斯文。汉儒传之,丁孟京田荀刘马郑,皆仍儒学正统,源出孔门。王弼注《易》,一扫汉儒象数之说,此人轻鄙古文,不治训诂,望文生义,以臆解《易》。其学说浸润江左,至唐初孔颖达纂《周易正义》,亦宗其学,王氏旁说,遂成正统。

象 辞

上

1 乾（☰乾下乾上）

天行健，君子以自强不息。（说《易》者谓此曰"大象"，下同）

潜龙勿用，阳在下也。见龙在田，德施普也。终日乾乾，反复道也。或跃在渊，进无咎也。飞龙在天，大人造也。亢龙有悔，盈不可久也。用九，天德不可为首也。（说《易》者谓此以下曰"小象"，下同）

2 坤（☷坤下坤上）

地势坤，君子以厚德载物。

履霜坚冰，阴始凝也，驯致其道，至坚冰也。六二之动，直以方也。不习无不利，地道光也。含章可贞，以时发也。或从王事，知光大也。括囊无咎，慎不害也。黄裳元吉，文在中也。龙战于野，其道穷也。用六永贞，以大终也。

3 屯（☳震下坎上）

云雷，屯。君子以经纶。

虽磐桓，志行正也。以贵下贱，大得民也。六二之难，乘刚也。十年乃字，反常也。即鹿无虞，以从禽也。君子舍之，往吝穷也。求而往，明也。屯其膏，施未光也。泣血涟如，何可长也。

4 蒙（☵坎下艮上）

山下出泉，蒙。君子以果行育德。

利用刑人，以正法也。子克家，刚柔接也。勿用取女，行不顺也。困蒙之吝，独远实也。童蒙之吉，顺以巽也。利用御寇，上下顺也。

5 需（☰乾下☵坎上）

云上于天，需。君子以饮食宴乐。

需于郊，不犯难行也。利用恒无咎，未失常也。需于沙，衍在中也。虽小有言，以吉终也。需于泥，灾在外也。自我致寇，敬慎不败也。需于血，顺以听也。酒食贞吉，以中正也。不速之客来，敬之终吉，虽不当位，未大失也。

6 讼（☵坎下☰乾上）

天与水违行，讼。君子以作事谋始。

不永所事，讼不可长也。虽小有言，其辩明也。不克讼，归逋窜也。自下讼上，患至掇也。食旧德，从上吉也。复即命渝，安贞不失也。讼，元吉，以中正也。以讼受服，亦不足敬也。

7 师（☵坎下☷坤上）

地中有水，师。君子以容民畜众。

师出以律，失律凶也。在师中吉，承天宠也。王三锡命，怀万邦也。师或舆尸，大无功也。左次无咎，未失常也。长子帅师，以中行也。弟子舆尸，使不当也。大君有命，以正功也。小人勿用，必乱邦也。

8 比（☷坤下☵坎上）

地上有水，比。先王以建万国，亲诸侯。

比之初六，有它吉也。比之自内，不自失也。比之匪人，不亦伤乎？外比于贤，以从上也。显比之吉，位正中也。舍逆取顺，失前禽也。邑人不诫，上使中也。比之无首，无所终也。

9 小畜（☰乾下☴巽上）

风行天上，小畜。君子以懿文德。

复自道，其义吉也。牵复在中，亦不自失也。夫妻反目，不能正室也。有孚惕出，上合志也。有孚挛如，不独富也。既雨既处，德积载也。君子征凶，有所疑也。

10 履（☱兑下乾上☰）

上天下泽，履。君子以辩上下，定民志。

素履之往，独行愿也。幽人贞吉，中不自乱也。眇能视，不足以有明也。跛能履，不足以与行也。咥人之凶，位不当也。武人为于大君，志刚也。愬愬终吉，志行也。夬履贞厉，位正当也。元吉在上，大有庆也。

11 泰（☰乾下坤上☷）

天地交，泰。后以财成天地之道，辅相天地之宜，以左右民。

拔茅征吉，志在外也。包荒，得尚于中行，以光大也。无往不复，天地际也。翩翩不富，皆失实也。不戒以孚，中心愿也。以祉元吉，中以行愿也。城复于隍，其命乱也。

12 否（☷坤下乾上☰）

天地不交，否。君子以俭德辟难，不可荣以禄。

拔茅贞吉，志在君也。大人否亨，不乱群也。包羞，位不当也。有命无咎，志行也。大人之吉，位正当也。否终则倾，何可长也。

13 同人（☲离下乾上☰）

天与火，同人。君子以类族辨物。

出门同人，又谁咎也。同人于宗，吝道也。伏戎于莽，敌刚也。三岁不兴，安行也。乘其墉，义弗克也。其吉，则困而反则也。同人之先，以中直也。大师相遇，言相克也。同人于郊，志未得也。

14 大有（☰乾下离上☲）

火在天上，大有。君子以遏恶扬善，顺天休命。

大有初九，无交害也。大车以载，积中不败也。公用亨于天子，小人害也。匪其彭，无咎。明辨晰也。厥孚交如，信以发志也。威如之吉，易而无备也。大有上吉，自天佑也。

15 谦（☶艮下坤上）

地中有山，谦。君子以裒多益寡，称物平施。

谦谦君子，卑以自牧也。鸣谦贞吉，中心得也。劳谦君子，万民服也。无不利，㧑谦，不违则也。利用侵伐，征不服也。鸣谦，志未得也。可用行师，征邑国也。

16 豫（☷坤下震上）

雷出地奋，豫。先王以作乐崇德，殷荐之上帝，以配祖考。

初六鸣豫，志穷凶也。不终日贞吉，以中正也。盱豫有悔，位不当也。由豫大有得，志大行也。六五贞疾，乘刚也。恒不死，中未亡也。冥豫在上，何可长也？

17 随（☱震下兑上）

泽中有雷，随。君子以向晦入宴息。

官有渝，从正吉也。出门交有功，不失也。系小子，弗兼与也。系丈夫，志舍下也。随有获，其义凶也。有孚在道，明功也。孚于嘉吉，位正中也。拘系之，上穷也。

18 蛊（☴巽下艮上）

山下有风，蛊。君子以振民育德。

干父之蛊，意承考也。干母之蛊，得中道也。干父之蛊，终无咎也。裕父之蛊，往未得也。干父用誉，承以德也。不事王侯，志可则也。

19 临（☱兑下坤上）

泽上有地，临。君子以教思无穷，容保民无疆。

咸临贞吉，志行正也。咸临吉无不利，未顺命也。甘临，位不当也。

既忧之，咎不长也。至临无咎，位当也。大君之宜，行中之谓也。敦临之吉，志在内也。

20 观（☷坤下☴巽上）

风行地上，观。先王以省方观民设教。

初六童观，小人道也。窥观女贞，亦可丑也。观我生进退，未失道也。观国之光，尚宾也。观我生，观民也。观其生，志未平也。

21 噬嗑（☳震下☲离上）

雷电，噬嗑。先王以明罚敕法。

屦校灭趾，不行也。噬肤灭鼻，乘刚也。遇毒，位不当也。利艰贞吉，未光也。贞厉无咎，得当也。何校灭耳，聪不明也。

22 贲（☲离下☶艮上）

山下有火，贲。君子以明庶政，无敢折狱。

舍车而徒，义弗乘也。贲其须，与上兴也。永贞之吉，终莫之陵也。六四，当位疑也。匪寇婚媾，终无尤也。六五之吉，有喜也。白贲无咎，上得志也。

23 剥（☷坤下☶艮上）

山附于地，剥。上以厚下安宅。

剥床以足，以灭下也。剥床以辨，未有与也。剥之无咎，失上下也。剥床以肤，切近灾也。以宫人宠，终无尤也。君子得舆，民所载也。小人剥庐，终不可用也。

24 复（☳震下☷坤上）

雷在地中，复。先王以至日闭关，商旅不行，后不省方。

不远之复，以修身也。休复之吉，以下仁也。频复之厉，义无咎也。中行独复，以从道也。敦复无悔，中以自考也。迷复之凶，反君道也。

25 无妄（䷘震下乾上）

天下雷行，物与无妄。先王以茂对时育万物。

无妄之往，得志也。不耕获，未富也。行人得牛，邑人灾也。可贞无咎，固有之也。无妄之药，不可试也。无妄之行，穷之灾也。

26 大畜（䷙乾下艮上）

天在山中，大畜。君子以多识前言往行，以畜其德。

有厉利已，不犯灾也。舆说輹，中无尤也。利有攸往，上合志也。六四元吉，有喜也。六五之吉，有庆也。何天之衢，道大行也。

27 颐（䷚震下艮上）

山下有雷，颐。君子以慎言语，节饮食。

观我朵颐，亦不足贵也。六二征凶，行失类也。十年勿用，道大悖也。颠颐之吉，上施光也。居贞之吉，顺以从上也。由颐厉吉，大有庆也。

28 大过（䷛巽下兑上）

泽灭木，大过。君子以独立不惧，遁世无闷。

藉用白茅，柔在下也。老夫女妻，过以相与也。栋桡之凶，不可以有辅也。栋隆之吉，不桡乎下也。枯杨生华，何可久也。老妇士夫，亦可丑也。过涉之凶，不可咎也。

29 坎（䷜坎下坎上）

水洊至，习坎。君子以常德行，习教事。

习坎入坎，失道，凶也。求小得，未出中也。来之坎坎，终无功也。樽酒簋贰，刚柔际也。坎不盈，中未大也。上六失道，凶三岁也。

30 离（䷝离下离上）

明两作，离。大人以继明照于四方。

履错之敬，以辟咎也。黄离元吉，得中道也。日昃之离，何可久也？

突如其来如，无所容也。六五之吉，离王公也。王用出征，以正邦也。

下

31 咸（☶ 艮下兑上）

山上有泽，咸。君子以虚受人。

咸其拇，志在外也。虽凶居吉，顺不害也。咸其股，亦不处也。志在随人，所执下也。贞吉悔亡，未感害也。憧憧往来，未光大也。咸其脢，志末也。咸其辅颊舌，滕口说也。

32 恒（☴ 巽下震上）

雷风，恒。君子以立不易方。

浚恒之凶，始求深也。九二悔亡，能久中也。不恒其德，无所容也。久非其位，安得禽也。妇人贞吉，从一而终也。夫子制义，从妇凶也。振恒在上，大无功也。

33 遯（☶ 艮下乾上）

天下有山，遯。君子以远小人，不恶而严。

遯尾之厉，不往何灾也？执用黄牛，固志也。系遯之厉，有疾惫也。畜臣妾吉，不可大事也。君子好遯，小人否也。嘉遯贞吉，以正志也。肥遯无不利，无所疑也。

34 大壮（☰ 乾下震上）

雷在天上，大壮。君子以非礼弗履。

壮于趾，其孚穷也。九二贞吉，以中也。小人用壮，君子罔也。藩决不羸，尚往也。丧羊于易，位不当也。不能退，不能遂，不详也。艰则吉，咎不长也。

35 晋（☷坤下离上）

明出地上，晋。君子以自昭明德。

晋如摧如，独行正也。裕无咎，未受命也。受兹介福，以中正也。众允之志，上行也。鼫鼠贞厉，位不当也。失得勿恤，往有庆也。维用伐邑，道未光也。

36 明夷（☲离下坤上）

明入地中，明夷。君子以莅众，用晦而明。

君子于行，义不食也。六二之吉，顺以则也。南狩之志，乃大得也。入于左腹，获心意也。箕子之贞，明不可息也。初登于天，照四国也。后入于地，失则也。

37 家人（☲离下巽上）

风自火出，家人。君子以言有物而行有恒。

闲有家，志未变也。六二之吉，顺以巽也。家人嗃嗃，未失也。妇子嘻嘻，失家节也。富家大吉，顺在位也。王假有家，交相爱也。威如之吉，反身之谓也。

38 睽（☱兑下离上）

上火下泽，睽。君子以同而异。

见恶人，以辟咎也。遇主于巷，未失道也。见舆曳，位不当也。无初有终，遇刚也。交孚无咎，志行也。厥宗噬肤，往有庆也。遇雨之吉，群疑亡也。

39 蹇（☶艮下坎上）

山上有水，蹇。君子以反身修德。

往蹇来誉，宜待也。王臣蹇蹇，终无尤也。往蹇来反，内喜之也。往蹇来连，当位实也。大蹇朋来，以中节也。往蹇来硕，志在内也。利见大人，以从贵也。

40 解（☵坎下震上）

雷雨作，解。君子以赦过宥罪。

刚柔之际，义无咎也。九二贞吉，得中道也。负且乘，亦可丑也。自我致戎，又谁咎也？解而拇，未当位也。君子有解，小人退也。公用射隼，以解悖也。

41 损（☶兑下艮上）

山下有泽，损。君子以惩忿窒欲。

巳事遄往，尚合志也。九二利贞，中以为志也。一人行，三则疑也。损其疾，亦可喜也。六五元吉，自上佑也。弗损益之，大得志也。

42 益（☳震下巽上）

风雷，益。君子以见善则迁，有过则改。

元吉无咎，下不厚事也。或益之，自外来也。益用凶事，固有之也。告公从，以益志也。有孚惠心，勿问之矣。惠我德，大得志也。莫益之，偏辞也。或击之，自外来也。

43 夬（☰乾下兑上）

泽上于天，夬。君子以施禄及下，居德则忌。

不胜而往，咎也。有戎勿恤，得中道也。君子夬夬，终无咎也。其行次且，位不当也。闻言不信，聪不明也。中行无咎，中未光也。无号之凶，终不可长也。

44 姤（☴巽下乾上）

天下有风，姤。后以施命诰四方。

系于金柅，柔道牵也。包有鱼，义不及宾也。其行次且，行未牵也。无鱼之凶，远民也。九五含章，中正也。有陨自天，志不舍命也。姤其角，上穷吝也。

45 萃（☷坤下兑上）

泽上于地，萃。君子以除戎器，戒不虞。

乃乱乃萃，其志乱也。引吉无咎，中未变也。往无咎，上巽也。大吉无咎，位不当也。萃有位，志未光也。赍咨涕洟，未安上也。

46 升（☴巽下坤上）

地中生木，升。君子以顺德，积小以高大。

允升大吉，上合志也。九二之孚，有喜也。升虚邑，无所疑也。王用亨于岐山，顺事也。贞吉升阶，大得志也。冥升在上，消不富也。

47 困（☵坎下兑上）

泽无水，困。君子以致命遂志。

入于幽谷，幽不明也。困于酒食，中有庆也。据于蒺藜，乘刚也。入于其宫，不见其妻，不祥也。来徐徐，志在下也。虽不当位，有与也。劓刖，志未得也。乃徐有说，以中直也。利用祭祀，受福也。困于葛藟，未当也。动悔有悔，吉行也。

48 井（☴巽下坎上）

木上有水，井。君子以劳民劝相。

井泥不食，下也。旧井无禽，时舍也。井谷射鲋，无与也。井渫不食，行恻也。求王明，受福也。井甃无咎，修井也。寒泉之食，中正也。元吉在上，大成也。

49 革（☲离下兑上）

泽中有火，革。君子以治历明时。

巩用黄牛，不可以有为也。巳日革之，行有嘉也。革言三就，又何之矣。改命之吉，信志也。大人虎变，其文炳也。君子豹变，其文蔚也。小人革面，顺以从君也。

50 鼎（䷱ 巽下离上）

木上有火，鼎。君子以正位凝命。

鼎颠趾，未悖也。利出否，以从贵也。鼎有实，慎所之也。我仇有疾，终无尤也。鼎耳革，失其义也。覆公𫗧，信如何也。鼎黄耳，中以为实也。玉铉在上，刚柔节也。

51 震（䷲ 震下震上）

洊雷，震。君子以恐惧修省。

震来虩虩，恐致福也。笑言哑哑，后有则也。震来厉，乘刚也。震苏苏，位不当也。震遂泥，未光也。震往来厉，危行也。其事在中，大无丧也。震索索，中未得也。虽凶无咎，畏邻戒也。

52 艮（䷳ 艮下艮上）

兼山，艮。君子以思不出其位。

艮其趾，未失正也。不拯其随，未退听也。艮其限，危熏心也。艮其身，止诸躬也。艮其辅，以中正也。敦艮之吉，以厚终也。

53 渐（䷴ 艮下巽上）

山上有木，渐。君子以居贤德善俗。

小子之厉，义无咎也。饮食衎衎，不素饱也。夫征不复，离群丑也。妇孕不育，失其道也。利用御寇，顺相保也。或得其桷，顺以巽也。终莫之胜吉，得所愿也。其羽可用为仪吉，不可乱也。

54 归妹（䷵ 兑下震上）

泽上有雷，归妹。君子以永终知敝。

归妹以娣，以恒也。跛能履吉，相承也。利幽人之贞，未变常也。归妹以须，未当也。愆期之志，有待而行也。帝乙归妹，不如其娣之袂良也。其位在中，以贵行也。上六无实，承虚筐也。

55 丰（☲离下震上）

雷电皆至，丰。君子以折狱致刑。

虽旬无咎，过旬灾也。有孚发若，信以发志也。丰其沛，不可大事也。折其右肱，终不可用也。丰其蔀，位不当也。日中见斗，幽不明也。遇其夷主，吉行也。六五之吉，有庆也。丰其屋，天际翔也。窥其户，阒其无人，自藏也。

56 旅（☶艮下离上）

山上有火，旅。君子以明慎用刑而不留狱。

旅琐琐，志穷灾也。得童仆贞，终无尤也。旅焚其次，亦以伤矣。以旅与下，其义丧也。旅于处，未得位也。得其资斧，心未快也。终以誉命，上逮也。以旅在上，其义焚也。丧牛于易，终莫之闻也。

57 巽（☴巽下巽上）

随风，巽。君子以申命行事。

进退，志疑也。利武人之贞，志治也。纷若之吉，得中也。频巽之吝，志穷也。田获三品，有功也。九五之吉，位正中也。巽在床下，上穷也。丧其资斧，正乎凶也。

58 兑（☱兑下兑上）

丽泽，兑。君子以朋友讲习。

和兑之吉，行未疑也。孚兑之吉，信志也。来兑之凶，位不当也。九四之喜，有庆也。孚于剥，位正当也。上六引兑，未光也。

59 涣（☵坎下巽上）

风行水上，涣。先王以享于帝，立庙。

初六之吉，顺也。涣奔其机，得愿也。涣其躬，志在外也。涣其群元吉，光大也。王居无咎，正位也。涣其血，远害也。

60　节（䷻ 兑下坎上）

泽上有水，节。君子以制数度，议德行。

不出户庭，知通塞也。不出门庭凶，失时极也。不节之嗟，又谁咎也。安节之亨，承上道也。甘节之吉，居位中也。苦节贞凶，其道穷也。

61　中孚（䷼ 兑下巽上）

泽上有风，中孚。君子以议狱缓死。

初九虞吉，志未变也。其子和之，中心愿也。或鼓或罢，位不当也。马匹亡，绝类上也。有孚挛如，位正当也。翰音登于天，何可长也？

62　小过（䷶ 艮下震上）

山上有雷，小过。君子以行过乎恭，丧过乎哀，用过乎俭。

飞鸟以凶，不可如何也。不及其君，臣不可过也。从或戕之，凶如何也？弗过遇之，位不当也。往厉必戒，终不可长也。密云不雨，已上也。弗遇过之，已亢也。

63　既济（䷾ 离下坎上）

水在火上，既济。君子以思患而豫防之。

曳其轮，义无咎也。七日得，以中道也。三年克之，惫也。终日戒，有所疑也。东邻杀牛，不如西邻之时也。实受其福，吉大来也。濡其首厉，何可久也？

64　未济（䷿ 坎下离上）

火在水上，未济。君子以慎辨物居方。

濡其尾，亦不知极也。九二贞吉，中以行正也。未济征凶，位不当也。贞吉悔亡，志行也。君子之光，其晖吉也。饮酒濡首，亦不知节也。

文　言

乾文言

"元"者，善之长也；"亨"者，嘉之会也；"利"者，义之和也；"贞"者，事之干也。君子体仁，足以长人；嘉会，足以合礼；利物，足以和义；贞固，足以干事。君子行此四德者，故曰"乾：元、亨、利、贞"。

初九曰"潜龙勿用"，何谓也？子曰："龙德而隐者也。不易乎世，不成乎名，遁世无闷，不见是而无闷。乐则行之，忧则违之，确乎其不可拔，潜龙也。"

九二曰"见龙在田，利见大人"，何谓也？子曰："龙德而正中者也。庸言之信，庸行之谨，闲邪存其诚，善世而不伐，德博而化。《易》曰：'见龙在田，利见大人。'君德也。"

九三曰"君子终日乾乾，夕惕若厉，无咎"，何谓也？子曰："君子进德修业。忠信，所以进德也。修辞立其诚，所以居业也。知至至之，可与几也。知终终之，可与存义也。是故居上位而不骄，在下位而不忧，故乾乾因其时而惕，虽危无咎矣。"

九四曰"或跃在渊，无咎"，何谓也？子曰："上下无常，非为邪也。进退无恒，非离群也。君子进德修业，欲及时也，故无咎。"

九五曰"飞龙在天，利见大人"，何谓也？子曰："同声相应，同气相求。水流湿，火就燥，云从龙，风从虎，圣人作而万物睹。本乎天者亲上，本乎地者亲下，则各从其类也。"

上九曰"亢龙有悔"，何谓也？子曰："贵而无位，高而无民，贤人在下位而无辅，是以动而有悔也。"

"潜龙勿用"，下也；"见龙在田"，时舍也；"终日乾乾"，行事也；"或跃在渊"，自试也；"飞龙在天"，上治也；"亢龙有悔"，穷之灾也；乾元"用九"，天下治也。

"潜龙勿用"，阳气潜藏；"见龙在田"，天下文明；"终日乾乾"，与时偕行；"或跃在渊"，乾道乃革；"飞龙在天"，乃位乎天德；"亢龙有悔"，与时偕极；乾元"用九"，乃见天则。

"乾元"者，始而亨者也。"利贞"者，性情也。

乾始能以美利利天下，不言所利，大矣哉！大哉乾乎！刚健中正，纯粹精也。六爻发挥，旁通情也。

时乘六龙，以御天也。云行雨施，天下平也。君子以成德为行，日可见之行也。

潜之为言也，隐而未见，行而未成，是以君子弗用也。

君子学以聚之，问以辩之，宽以居之，仁以行之。《易》曰："见龙在田，利见大人。"君德也。

九三重刚而不中，上不在天，下不在田，故乾乾因其时而惕，虽危无咎矣。

九四重刚而不中，上不在天，下不在田，中不在人，故或之。或之者，疑之也，故无咎。

夫大人者，与天地合其德，与日月合其明，与四时合其序，与鬼神合其吉凶，先天而天弗违，后天而奉天时。天且弗违，而况于人乎？况于鬼神乎？

亢之为言也，知进而不知退，知存而不知亡，知得而不知丧。

其唯圣人乎！知进退存亡而不失其正者，其唯圣人乎！

坤文言

坤至柔而动也刚，至静而德方，后得主而有常，含万物而化光。

坤道其顺乎，承天而时行。积善之家必有余庆，积不善之家必有余殃。臣弑其君，子弑其父，非一朝一夕之故，其所由来者渐矣，由辩之不早辩也。《易》曰："履霜，坚冰至。"盖言顺也。

直其正也，方其义也。君子敬以直内，义以方外，敬义立而德不孤。"直、方、大，不习无不利"，则不疑其所行也。

阴虽有美，含之以从王事，弗敢成也。地道也，妻道也，臣道也，地道无成而代有终也。

天地变化，草木蕃。天地闭，贤人隐。《易》曰："括囊，无咎无誉。"盖言谨也。

君子黄中通理，正位居体，美在其中而畅于四支，发于事业，美之至也。

阴疑于阳必战，为其嫌于无阳也，故称"龙"焉。犹未离其类也，故称"血"焉。夫玄黄者，天地之杂也，天玄而地黄。

系　辞

上

第一章

天尊地卑，乾坤定矣。卑高以陈，贵贱位矣。动静有常，刚柔断矣。方（风）以类聚，物以群分。

吉凶生矣，在天成象。在地成形，变化见矣。

是故刚柔相摩，八卦相荡。鼓之以雷霆，润之以风雨。日月运行，一寒一暑。

乾道成男，坤道成女。

乾知大始，坤作成物。

乾以易知（知，制），坤以简能。

易则易知，简则易从。易知则有亲，易从则有功。

有亲则可久，有功则可大。可久，则贤人之德。可大，则贤人之业。

易简，而天下之理得矣。天下之理得，而成位乎其中矣。

译文

天尊贵地低卑，是由乾坤的关系确定的。低卑与高尊相排列，贵与贱便区别出来。运动与静止是有规律的，刚强与柔弱由此而分别。交配以同类相聚，物种以族群划分。

吉与凶之发生，天文有兆象，地上有物形，由此可以预见变化。

所以刚与柔相互交变，八卦相互推荡。雷霆如击鼓，风雨来润泽。日月运行，使寒暑交替。

强健产生男性，顺柔产生女性。

强健主导事物的肇始，顺柔造就万物的育成。

乾纲简易为主宰，坤道简约而有能耐。

简易则容易知晓，简约则容易效仿。容易知晓则多亲和，容易效仿则有成就。

有亲和则可长久，有成功则可壮大。谋求长久，这是贤人的德行。谋求强大，这是贤人的事业。

从易道简明领会天下的道理。掌握了天下的道理，便可确定自己在天地之间的位置。

第二章

圣人设卦观象，系辞焉而明吉凶，刚柔相推而生变化。

是故吉凶者，失得之象也。悔吝者，忧虞之象也。变化者，进退之象也。刚柔者，昼夜之象也。

六爻之动，三极之道也。是故君子所居而安者，易之序也。所乐而玩者，爻之辞也。

是故君子居则观其象而玩其辞，动则观其变而玩其占。

是以自天佑之，吉无不利。

译文

圣人布卦观察物象，附上文字说明吉凶，用刚柔相推生出变化。

所以，所谓"吉凶"，是失与得之象征。所谓"悔吝"，指忧虑之象。所谓"变化"，指进退之象。所谓"刚柔"，指昼夜之象。

六爻的变动，模拟着天地人的变化法则。所以，君子安居的处所，是《辞》所标定的顺序。所乐于把玩的，是所附的爻辞。

所以，君子日常居处，则观《易经》之象而玩味《易经》之爻辞。行动之时，则观察《易经》之变化而玩味《易经》之占。

所以，得到天的庇佑，吉祥而没有不利。

第三章

象者，言乎象者也。爻者，言乎变者也。吉凶者，言乎其失得也。悔吝者，言乎其小疵也。无咎者，善补过也。

是故列贵贱者存乎位，齐小大者存乎卦，辩吉凶者存乎辞，忧悔吝者存乎介，震无咎者存乎悔。

是故卦有小大，辞有险易。辞也者，各指其所之。

译文

所谓"象"，是在谈卦象。所谓"爻"，是在谈变化。所谓"吉凶"，是探讨失与得。所谓"悔吝"，是说有小毛病。所谓"无咎"，是因为善于补过。

所以，分别贵贱的界限在于爻位，权衡小大在于卦象，辨别吉凶在于卦辞，忧虑悔吝在于细微，有动而无咎在于改悔。

所以事物的趋势卦有小大的区别，辞有险易的不同。辞的功用，在于各各指明事物的趋势。

第四章

《易》与天地准，故能弥纶天地之道。

仰以观于天文，俯以察于地理，是故知幽明之故。原始反终，故知死生之说（数）。

精气为物，游魂为变，是故知鬼神之情状。与天地相似，故不违。知周乎万物而道济天下，故不过。旁行而不流，乐天知命，故不忧。安土敦乎仁，故能爱。

范围天地之化而不过，曲成万物而不遗，通乎昼夜之道而知，故神无方而易无体。

译文

《易经》以天地为准绳，所以能统括天地的大道。

仰面而观察天文，俯身而考察地理，从而知晓光明与黑暗的成因。追原万物的始终，从而知晓死生的气数。

精气聚而为物，游魂散而为变，从而知晓鬼神的情况。以天地为原型，所以不违背天地之道。智慧周圆遍及万物，从而周济于天下，而不会过分。遍行天下而未有流弊，乐其天然知其必然，所以心无所忧。安于其境厚施于仁，所以怀有爱心。

囊括天地的变化而不偏离，成就万物而无遗佚，所以神没有固定处所而变易无常。

第五章

一阴一阳之谓道，继之者善也，成之者性也。

仁者见之谓之仁，知者见之谓之知。百姓日用而不知，故君子之道鲜矣。

显诸仁，藏诸用，鼓万物而不与圣人同忧，盛德大业至矣哉。

富有之谓大业，日新之谓盛德。生生之谓易，成象之谓乾，效法之谓坤，极数知来之谓占，通变之谓事，阴阳不测之谓神。

译文

一时阴一时阳就是天道，顺应它就是仁善，成就事物乃是天性。

仁者见了说它是仁，智者见了说它是智。百姓每天都在利用它却不自知，所以君子之道是很少被了解的。

显现于外是仁德，潜藏于内是功用，催生万物却不使圣人忧费心机，盛德大业才达到极限。

富有就是大业，日新就是盛德。生而又生就是变易，成就物象就是刚健，善于效法就是柔顺，以计数测知未来之事就是占，贯通变化就是事，阴阳变化难以揣度就是神灵。

第六章

夫"易"广矣大矣！以言乎远则不御，以言乎迩则静而正，以言乎天地之间则备矣。

夫乾，其静也专，其动也直，是以大生焉。

夫坤，其静也翕，其动也辟，是以广生焉。

广大配天地，变通配四时，阴阳之义配日月，易简之善配至德。

译文

演变，广大啊！谈及其远则无可驾驭，谈及其近则随处可证，谈及天地之间则无处不在。

　　刚健者，就其静止而言，是圆的，就其运动而言，是直的，所以有生育。柔顺者，就其静止而言，是封闭的，就其运动而言，是开放的，所以才有繁衍。

　　广大而与天地相匹配，变通而与四时相匹配，以阴阳的意义而与日月相匹配，以简易之道而与至德相匹配。

第七章

　　子曰："《易》其至矣乎！夫《易》，圣人所以崇德而广业也。知崇礼卑。崇效天，卑法地。天地设位而《易》行乎其中矣！成性存存，道义之门。"

　　圣人有以见天下之赜，而拟诸其形容，象其物宜，是故谓之象。

　　圣人有以见天下之动，而观其会通，以行其典礼，系辞焉以断其吉凶，是故谓之爻。

　　言天下之至赜，而不可恶也；言天下之至动，而不可乱也。拟之而后言，议之而后动，拟议以成其变化。

译文

　　孔子说："《易》是至高无上的！《易》，是圣人高扬道德而开拓事业的。其智慧高明礼节谦卑。高明效法于天，谦卑效法于地。天地确定了位置，《易》的运用于其中！修养人性成就事业，步入道义的门户。"

　　圣人洞察天下的幽深，模拟了它的形态，象征物理的意义，所以设之为"象"。

　　圣人洞察天下的运动，观察它们的规律，遵行它们的规范，附上文字用以记录吉凶，所以称之为"谣"（爻）。

　　说明天下最幽深的东西，是不可胡说（恶，诬也）的；说明天下极致的运动，是不能没有条理的呀。模拟之而后说明，说明之后再推动，模拟、观察它们的规律，讨论从而确认它的变化。

第八章

　　"鸣鹤在阴，其子和之；我有好爵，吾与尔靡之。"子曰："君子居其室，出其言善，则千里之外应之，况其迩者乎？居其室，出其言不善，则千里之外违之，况其迩者乎？"

"言出乎身，加乎民；行发乎迩，见乎远。言行，君子之枢机。枢机之发，荣辱之主也。言行，君子之所以动天地也，可不慎乎？"

译文 ☰☰

"鸣叫的仙鹤隐身在树荫里，它的小鹤与它对鸣。我杯中有好酒，我与你共饮吧。"孔子说："君子即使在自己家里，说出的话有益，那么千里之外也有人会响应，何况近处的人呢？在自己家里，说出的话有害，那么千里之外也会有人反对，何况近处的人呢？"

"话从自己说出，影响及于百姓；行为发生于近处，影响及于远处。言行，这是君子的关键。关键一旦发动，是荣是辱也就定了下来。言与行，是君子能够影响天地的东西，能不谨慎吗？"

第九章

"同人，先号咷而后笑。"子曰："君子之道，或出或处，或默或语。二人同心，其利断金。同心之言，其臭如兰。"

"初六，藉用白茅，无咎。"子曰："苟错诸地而可矣，藉之用茅，何咎之有？慎之至也。夫茅之为物薄，而用可重也。慎斯术也以往，其无所失矣！"

"劳谦，君子有终。吉。"子曰："劳而不伐，有功而不德，厚之至也。语以其功下人者也。德言盛，礼言恭；谦也者，致恭以存其位者也。"

"亢龙有悔。"子曰："贵而无位，高而无民，贤人在下位而无辅，是以动而有悔也。"

"不出户庭，无咎。"子曰："乱之所生也，则言语以为阶。君不密则失臣，臣不密则失身，几事不密则害成。是以君子慎密而不出也。"

子曰："作《易》者其知盗乎！《易》曰：'负且乘，致寇至。'负也者，小人之事也；乘也者，君子之器也。小人而乘君子之器，盗思夺之矣；上慢下暴，盗思伐之矣。慢藏诲盗，冶容诲淫。《易》曰：'负且乘，致寇至。'盗之招也。"

译文 ☰☰

"同人，先号啕大哭而后笑。"孔子说，"君子之道，或是行走或是站立，或是沉默或是谈论。两人只要同心，力量可以折断金属。知心的交谈，气氛犹如兰草一般芳香。"

"初六，借用白色茅草，没有灾过。"孔子说，"哪怕放在地上也是可以的，用茅垫上它，哪里会有过错呢？谨慎呀。茅草作为一种东西是很轻薄的，却被用于重大之事。行事保持这种慎重的态度，就不会有闪失！"

"有功劳还仍保持谦虚，君子有善果。吉祥。"孔子说，"有了劳苦而不炫耀，有了功绩而不居德，厚重之极了。告诉人有了功劳还要居人之下。德才能硕大，礼才能恭敬；所谓谦，就是以恭敬来保持自己的地位。"

"龙飞得过高会有悔恨。"孔子说，"尊贵而脱离了自己的位置，居高而没有民众的支持，贤人处在下位无辅佐，妄自行动会有悔恨。"

"不出家门，没有灾祸。"孔子说，"动乱之所以产生，总是以言语作为阶梯的。君王行为不缜密就会危及臣子，大臣行为不缜密就会危及自身，机密之事不缜密就会危害成功。所以君子慎重而不出门呀。"

孔子说："作《易》的人大概懂得盗贼的心思吧！《易》说：'背着东西又坐着车，招引来盗贼。'背东西，这是奴仆做的事呀；乘坐的车，这是有钱人的器物呀。作为奴仆去乘坐有钱人的器物，盗贼才想到要抢劫他；在上位的懈怠，在下位的暴戾，盗贼才想到要攻伐他。有财物不收藏是在招引盗贼，打扮妖艳是在招引奸淫。《易》说：'又背着东西又驾着车，招引了盗贼。'这是讲之所以被招盗贼的原因。"

第十章

大衍之数五十，其用四十有九。

分而为二以象两，挂一以象三，揲之以四以象四时，归奇于扐以象闰，五岁再闰，故再扐而后挂。

天数五，地数五，五位相得而各有合。天数二十有五，地数三十，凡天地之数五十有五，此所以成变化而行鬼神也。

推演天地变化的蓍草是五十根，只使用其中的四十九根。

将四十九根蓍草分为两束，用以象征天地；拿出一根挂于两束之间，以象征作为第三个的人；以四根为一组分数一束蓍草，以象征四时；将余下的蓍草归于手指之间，以象征闰月；五年再闰月，所以再将另一束蓍草的余数归于手指之间，之后将两次余草合在一起挂于两束之间。

天文数字有五个，地理数字有五个，五个数字相合而成和数。天数之和是二十五，地数之和是三十，所有天地之数之和是五十五。这些数字是成就变化、追踪鬼神的根据。

第十一章

乾之策，二百一十有六；坤之策，百四十有四。凡三百有六十，当期之日。二篇之策，万有一千五百二十，当万物之数也。是故四营而成"易"。十有八变而成卦，八卦而小成。引而伸之，触类而长之，天下之能事毕矣。

显道神德行，是故可与酬酢，可与佑神矣。子曰："知变化之道者，其知神之所为乎！"

《易》有圣人之道四焉：以言者尚其辞，以动者尚其变，以制器者尚其象，以卜筮者尚其占。

是以君子将有为也，将有行也，问焉而以言，其受命也如响。无有远近幽深，遂知来物。非天下之至精，其孰能与于此！

参伍以变，错综其数：通其变，遂成天地之文；极其数，遂定天下之象。非天下之至变，其孰能与于此！

《易》无思也，无为也，寂然不动，感而遂通天下之故。非天下之至神，其孰能与于此！

夫《易》，圣人之所以极深而研几也。唯深也，故能通天下之志；唯几也，故能成天下之务；唯神也，故不疾而速，不行而至。子曰"《易》有圣人之道四焉"者，此之谓也。

乾卦的蓍草数是二百一十六；坤卦的蓍草数是一百四十四。一共是三百六十，与一个年度的天数相当。《易经》上下两篇的蓍草数为一万一千五百二十，与万物的数目相当。所以四次经营而完成《演算》。经过一十八变而完成卦，画成八卦便达到了小成。由此引申，碰到同类便扩展，天下可以做的事就全都在其中了。

彰显道理完善德行，可以应酬世事，可以协助神力。孔子说："知晓变化法则的，大概也就知道神的作为了吧！"

《易》包含着圣人的行为标准有四种：用以说教时，注重它的辞；用以行动时，注重它的变化；用以制器时，注重它的象；用以算命时，注重它的占筮方法。

所以君子将有所作为，将有所行动的时候，先求问卦爻辞，接受询问如同应声之响。不分远近幽深，能预知未来结果。不精通天下之精妙，怎能做到呢！

以三与五匹配推演变化，交错综合其数理：通达万物的变化，勾勒天地的纹理。穷尽变数，以确定天下的现象。不是精于天下最为复杂的变化，怎能做到这些呢！

《易》不作思考，未有作为，静静地在那里没有行动，却感悟而通达天下的因果。不是天下最为神妙的东西，谁能做到这些呢！

《易》，圣人深奥地研究其微妙。唯其幽深，所以能开通天下的心思；唯其微妙，所以能成就天下的事务；唯其神奇，所以不急却迅速，不行动而能实现。孔子所说的"《易》中包含着圣人四种大道"，说的就是这个道理。

第十二章

（天一，地二，天三，地四，天五，地六，天七，地八，天九，地十。）子曰："夫《易》何为者也？夫《易》，开物成务，冒天下之道，如斯而已者也。"

是故圣人以通天下之志，以定天下之业，以断天下之疑。

是故蓍之德圆而神，卦之德方以知，六爻之义易以贡。圣人以此洗心，退藏于密，吉凶与民同患。

神以知来，知以藏往，其孰能与于此哉？古之聪明睿知、神武而不杀者夫。

是以明于天之道，而察于民之故，是兴神物以前民用。圣人以此斋戒，以神明其德夫。

是故阖户谓之坤，辟户谓之乾；一阖一辟谓之变，往来不穷谓之通；见乃谓之象，形乃谓之器；制而用之谓之法，利用出入、民咸用之谓之神。

译文

（天一，地二，天三，地四，天五，地六，天七，地八，天九，地十。）孔子说："《易》是做什么用的呢？《易》，推演事物成就事务，囊括天下的法则，也就是如此而已。"

所以，圣人用来开通天下的心思，用来确定天下的事业，用来判断天下的疑惑。

所以蓍草的禀性圆通而神奇，卦象的禀性方正而智慧，六爻的意义在于变化和告知。圣人用它来净化心境，退隐僻处，与民共担吉凶。

神可至于预知未来，智可至于收藏往事，谁能做到这样呢？只有古代那聪明睿智、神武而不施暴的人。

由于明晓天的法则，洞察人间事由，于是起用神草以引导众人行事。圣人以此斋戒，从而洞彻它的禀性。

所以，关闭门户叫作"坤"，打开门户叫作"乾"；一关一开叫作变，往来不断叫作通；显现事物叫作象，有形事物叫作器；制器而用叫作法，利用它、出入它、众人都这样使用它叫作"神"。

第十三章

是故《易》有太极，是生两仪，两仪生四象，四象生八卦，八卦定吉凶，吉凶生大业。

是故法象莫大乎天地；变通莫大乎四时；县象著明莫大乎日月；崇高莫大乎富贵；备物致用，立成器以为天下利，莫大乎圣人；探赜索隐，钩深致远，以定天下之吉凶，成天下之亹亹者，莫大乎蓍龟。

是故天生神物，圣人则之；天地变化，圣人效之；天垂象，见吉凶，圣人象之；河出图，洛出书，圣人则之。

《易》有四象，所以示也；系辞焉，所以告也；定之以吉凶，所以断也。

译文

所以，《易经》出于太极，生而出阴阳，阴阳产生四季，四季产生八方，八种卦象可以判定吉凶，判定了吉凶便可成就大的事业。

所以，效法的典范，没有比天地更伟大的；通达变化，没有比四时更伟大的了；悬在天上、闪着光明，没有比日月更伟大的了；地位之崇高，没有比富贵更伟大的了；备好物品供人使用，制成器具便利天下，没有比圣人更伟大的了；探求隐微，勾勒深远，以判定天下的吉凶，成就天下万物万事，没有比蓍龟更伟大的了。

所以，天生下神物，圣人依照它办事；天地变化，圣人仿效它办事；天显示气象，显现吉凶，圣人遵从它办事；黄河现出鼍龙，洛水现出神书，圣人依照它办事。

《易》有四种象，来展示人；所附的辞呀，是告知于人的；确定其吉凶，要依靠决断。

第十四章

《易》曰："自天佑之，吉无不利。"子曰："佑者，助也。天之所助者，顺也；人之所助者，信也。履信思乎顺，又以尚贤也，是以'自天佑之，吉无不利'也。"

子曰："书不尽言，言不尽意。"然则圣人之意，其不可见乎？

子曰："圣人立象以尽意，设卦以尽情伪，系辞焉以尽其言，变而通之以尽利，鼓之舞之以尽神。"

译文

《易经》说："来自上天的护佑，吉祥而无不利。"夫子说："佑，就是帮助呀。天所帮助的是顺德之人，人所帮助的是诚信之人。守信而顺行，崇尚贤德，那么就有'来自上天的护佑，吉祥而无不利'。"

孔子说："文字不能完全表达出人的言语，言语不能完全表达出的人思想。"那么，圣人的思想是不可能展现出来的了？

孔子说："圣人创立象征用以完全表达思想，设立卦来完全揭示真伪，附上辞以完全倾诉言语，推演它、疏通它，使它完全达到便利，催动它、驱使它，使它尽情发挥神奇。”

第十五章

乾坤，其《易》之缊邪！乾坤成列，而《易》立乎其中矣。乾坤毁，则无以见《易》。《易》不可见，则乾坤或几乎息矣。

是故形而上者谓之道，形而下者谓之器，化而裁之谓之变，推而行之谓之通，举而错之天下之民谓之事业。

是故夫象，圣人有以见天下之赜，而拟诸其形容，象其物宜，是故谓之象。

圣人有以见天下之动，而观其会通，以行其典礼，系辞焉以断其吉凶，是故谓之爻。

极天下之赜者存乎卦；鼓天下之动者存乎辞；化而裁之存乎变；推而行之存乎通；神而明之存乎其人；默而成之，不言而信，存乎德行。

译文

乾坤两卦，大概是《易》的精妙之所在吧！乾坤排列组合，则《易》便确立于其中了。乾坤散架，则没有可能显现《易》。《易》不可显现，那么乾坤也就接近止息了。

所以说，形而上者（形体以上的精神）称为道，形而下者（形体以下的物质）称为器，演化而有裁断称为变，推动而能运行称为通，拿它实施于天下民众之中称为事业。

所以这个象，是圣人对天下的奥妙有所发现，从而模拟它的形态容貌，象征物所适宜，所以称为象。

圣人对天下的运动有所发现，从而研究它的枢纽，以遵行它的常规，附上文字说明用以断定它的吉凶，所以称为爻。

极尽天下的奥妙在于卦；鼓舞天下行动在于辞；演化中的裁断在于变；推动而能运行在于通；神妙而能明晓在于人；默默而能成就，不言而能灵验，在于德行。

下

第一章

八卦成列，象在其中矣。因而重之，爻在其中矣。刚柔相推，变在其中矣。系辞焉而命之，动在其中矣。

吉凶悔吝者，生乎动者也。刚柔者，立本者也。变通者，趋时者也。吉凶者，贞胜者也。天地之道，贞观者也。日月之道，贞明者也。天下之动，贞夫一者也。

夫乾，确然示人易矣。夫坤，隤然示人简矣。

爻也者，效此者也。象也者，像此者也。

爻象动乎内，吉凶见乎外。功业见乎变，圣人之情见乎辞。

天地之大德曰生，圣人之大宝曰位。何以守位？曰人。何以聚人？曰财。理财正辞，禁民为非，曰"义"。

译文

八卦排列，万物之象就在其中了。八卦重为六十四卦，六爻位置就在其中了。阳刚阴柔相互推移，卦爻变化就在其中了。系连卦爻辞而明辨，变动结果就在其中了。

吉、凶、悔、吝四者，来自人们的行动。阳刚阴柔，是一切的根本。变化会通，要趋向合宜的时机。人事吉凶，在于以正道取胜。天地规律，在于以正道观察。日月之道，以正道焕发光明。天下的变动，都统一于正道。

天道刚健，将平易显示给人。地道柔顺，将简约显示给人。

卦爻，效果在此中蕴涵。卦象，是模仿变动之情态。

爻和象发动于卦内，吉和凶表现于卦外。功绩事业体现于变通，圣人的情感体现在卦爻辞中。

天地最根本的性质是化生万物，圣人最宝贵的东西是统治地位。用什么来守护地位？用人才。用什么来聚集人才？用财富。管理财富，端正名辞，禁止民众为非作歹，就叫作"合宜"。

第二章

古者包牺氏之王天下也，仰则观象于天，俯则观法于地，观鸟兽之文（往），与（舆，囿，苑）地之宜。近取诸身，远取诸物，于是始作八卦，以通神明之德，以类万物之情。

作结绳而为罔罟，以佃以渔，盖取诸《离》。

包牺氏没，神农氏作，斫木为耜，揉木为耒，耒耨之利，以教天下，盖取诸《益》。

日中为市，致天下之民，聚天下之货，交易而退（兑），各得其所，盖取诸《噬嗑》。

神农氏没，黄帝、尧、舜氏作，通其变，使民不倦，神而化之，使民宜之。

《易》：穷则变，变则通，通则久。是以"自天佑之，吉无不利"。

黄帝、尧、舜垂衣裳而天下治，盖取诸《乾》、《坤》。

刳木为舟，剡木为楫，舟楫之利，以济不通，致远以利天下，盖取诸《涣》。

服牛乘马，引重致远，以利天下，盖取诸《随》。

重门击柝，以待暴客，盖取诸《豫》。

断木为杵，掘地为臼，臼杵之利，万民以济，盖取诸《小过》。

弦木为弧，剡木为矢，弧矢之利，以威天下，盖取诸《睽》。

上古穴居而野处，后世圣人易之以宫室，上栋下宇，以待风雨，盖取诸《大壮》。

古之葬者，厚衣之以薪，葬之中野，不封不树，丧期无数，后世圣人易之以棺椁，盖取诸《大过》。

上古结绳而治，后世圣人易之以书契，百官以治，万民以察，盖取诸《夬》。

> **译文** ☰

古时候伏羲王天下，仰头观察天象，俯身观察地脉，观察飞禽走兽的往来，适宜种植的园地。近则取法人的身体，远则取象各种物形，于是创作了八卦，用来会通天地神明之性质，分类万物之情状。

他发明了编结绳子的方法而织成罗网，用来打猎捕鱼，设计了

《离卦》。

伏羲去世之后，神农继起。他砍削树木制成铲耜（农具），弯曲木料制成掘耒，把农具的好处，教导传播于天下，于是设计了《益卦》。

他在每旬中日建立集市，邀来天下百姓，会聚天下货物，进行交易，各得所需，于是设计了《噬嗑卦》。

神农去世之后，黄帝、尧、舜又继之而起。他们继续变通，为了使百姓不劳烦；神妙的创造，使百姓方便有利。

《易经》的道理是：穷极就要生变，变化才会畅通，畅通才能长久。所以"有上天保佑，吉祥，没有什么不利"。

黄帝、尧、舜垂着衣袖而天下太平，由是制作了《乾》、《坤》两卦。

挖空独木制成舟船，削直木材制成桨楫，有舟船桨楫的便利，于是可以横渡江河，从而便利天下，于是制作了《涣卦》。

牛马驾车，拖运重物直达远方，从而便利天下，于是制作了《随卦》。

设置多重门户，夜间敲梆警戒，以防备暴徒强盗，于是制作了《豫卦》。

斩断木头做成杵，挖开地面做成臼，有杵臼的便利，让万民获益，于是制作了《小过卦》。

用弦绳把弯木制成弓，削尖木杆做成箭，有弓箭的便利，以威慑天下，于是制作了《睽卦》。

上古之人居住在洞穴和野地，后代的圣人发明了房屋，上有栋梁下有檐宇，可以避风雨，于是制作了《大壮卦》。

古代人丧葬，只用柴草包裹遗体，掩埋在荒郊野外，不修坟墓也不植树，服丧日期也没有定数，后代圣人发明棺椁，改变了人们的丧葬习俗，于是制作了《大过卦》。

远古的人用绳结记数管理事务，后代圣人发明文字，刻在竹简上，改变了记事方法，便利百官行政，便利万民察考，于是制作了《夬卦》。

第三章

是故《易》者，象也。象也者，像也。象者，材（裁）也。爻也者，效天下之动者也。是故吉凶生而悔吝著也。

阳卦多阴，阴卦多阳。其故何也？阳卦奇，阴卦耦。其德行何也？阳一君而二民，君子之道也。阴二君而一民，小人之道也。

译文 ☷☰

所以《周易》一书，它的本质特征就在卦象。卦象，模仿着外物的形象。断辞，需要裁决。六爻之象，就是仿效天下事物之变动的。所以人们的行动会产生吉、凶、悔恨、羞辱等不同的结果。

阳卦中阴爻多，阴卦中阳爻多。那是什么缘故呢？因为阳卦以奇为主，阴卦以偶为主。这两者各自说明什么德性品行呢？阳卦一个君主两个百姓，是君子之道。阴卦两个君主一个百姓，是小人之道。

何按：奇，指阳卦中阳爻为奇数，如震、坎、艮三卦为阳卦，都是一个阳爻。耦，即奇偶之偶，指阴卦中阳爻为偶数，如巽、离、兑三卦为阴卦，都是两个阳爻。一说，奇偶，指卦爻的画数，如震卦一阳二阴为五画为奇，巽卦一阴二阳为四画为偶。

第四章

《易》曰："憧憧往来，朋从尔思。"

子曰："天下何思何虑？天下同归而殊途。一致而百虑，天下何思何虑？

日往则月来，月往则日来，日月相推而明（萌）生焉。寒往则暑来，暑往则寒来，寒暑相推而岁成焉。往者屈也，来者信也，屈信相感而利生焉。尺蠖之屈，以求信也；龙蛇之蛰，以存身也。精义入神，以致用也；利用安身，以崇德也。过此以往，未之或知也。穷神知化，德之盛也。"

《易》曰："困于石，据于蒺藜，入于其宫，不见其妻，凶。"

子曰："非所困而困焉，名必辱；非所据而据焉，身必危。既辱且危，死期将至，妻其可得见邪？"

《易》曰："公用射隼于高墉之上，获之，无不利。"

子曰："隼者，禽也；弓矢者，器也；射之者，人也。君子藏器于身，待时而动，何不利之有？动而不括，是以出而有获，语成器而动者也。"

译文 ☷☰

《易经》（《咸卦》九四）说："频频往来，顺从你的心愿。"

孔子说："天下事何必思索何必忧虑？天下的道理途径不同但归宿于一。千百种思虑宗旨只有一个，何必还多思虑？白天去了黑夜到来，一天天过去一夜夜到来，日月交互推移而相互萌生。冬天过去夏天到来，夏天过去冬天到来，于是冬夏交替度过年岁。去了的去了，回来的回来，一去一来而生命发生。毛虫弯曲其腰，是为了向前伸展；龙蛇冬天蛰伏，是为了保存生命。精细地研求神妙，是为了能够运用；修利器用身有所安，是为了提高德能。除此之外，都不必加以追求。穷尽神妙变化，就是最高的德行。"

《易经》(《困卦》六三)说："受困于石枒，号哭于荆棘，回到宫中，见不到妻子，凶。"

孔子说："不应当受困的地方而被困，其名誉必然受到侮辱；不适宜依靠的东西而去依靠，其生命必然遭遇危险。既受侮辱，又遇危险，死亡的日期即将来临，怎么可能见到他的妻子？"

《易经》(《解卦》上六)说："公侯射鹰隼高墙之上，擒获之，无不利。"

孔子解释说："隼，是一种禽鸟；弓矢，是一种器械。发矢射隼的，是人。君子预藏器具，待时而行动，哪会有不利呢？行动而无逆阻，所以外出必有收获，这是讲先备好器械再行动。"

第五章

子曰："小人不耻不仁，不畏不义，不见利不劝，不威不惩。小惩而大戒，此小人之福也。《易》曰：'履校，灭趾，无咎'，此之谓也。善不积不足以成名，恶不积不足以灭身。小人以小善为无益而弗为也，以小恶为无伤而弗去也。故恶积而不可掩，罪大而不可解。《易》曰：'何校，灭耳，凶。'"

译文 三三

孔子说："小人无羞耻不仁善，无畏惧不行义，不见到好处就不奋力，不受到威胁不知警惕。受到小的惩罚而获得大的教戒，这是小人的幸运。《易经》(《噬嗑卦》初九)说：'曲其胫骨，食其脚趾。无须惧。'讲的就是这个道理。不积累善行不足以成名，不积累恶行不足以灭身。小人把小善看成没有益处而不去做，把小恶看成无伤害而不改正，直到过错积累无法掩盖，罪过扩大到不可挽救。所以《易经》(《噬嗑卦》上九)说：'想啃胫骨，却咬到耳朵，凶。'"

第六章

子曰："危者，安其位者也。亡者，保其存者也。乱者，有其治者也。是故君子安而不忘危，存而不忘亡，治而不忘乱。是以身安，而国家可保也。《易》曰：'其亡其亡，系于苞桑。'"

子曰："德薄而位尊，知小而谋大，力小而任重，鲜不及矣。《易》曰：'鼎折足，覆公㞦。其形渥，凶。'言不胜其任也。"

子曰："知几其神乎？君子上交不谄，下交不渎，其知几乎。几者，动之微，吉之先见者也。君子见几而作，不俟终日。《易》曰：'介于石，不终日。贞吉。'介如石焉，宁用终日？断可识矣！君子知微知彰，知柔知刚，万夫之望。"

子曰："颜氏之子，其殆庶几乎！有不善，未尝不知；知之，未尝复行也。《易》曰：'不远复，无祗悔，元吉。'"

译文

孔子说："凡是倾危的，都曾安居其位。凡是灭亡的，都曾以为能安全长存。凡是败乱的，都自恃有好的治理。因此，君子安而不忘危，存而不忘亡，治而不忘乱。所以能够个人平安，国家可保守。《易经》（《否卦》九五）说：'去哪里？去哪里？归依在扶桑。'"

孔子说："才德浅薄而地位尊高，智慧狭小而图谋宏大，力量微弱而肩负重任，很少有不招来灾祸的。《易经》（《鼎卦》九四）说：'鼎折足，弄倾覆了奉献祖宗的米粥。受重罚，凶。'就是讲不胜任的情况。"

孔子说："知晓机会才算是神妙吧？君子与上位的人交往不谄媚，与下位的人交往不轻慢，可以说是知晓机会吧。机会，就是事物的征兆，吉凶的预示。君子发现机会立即行动，决不等待一天。《易经》（《豫卦》六二）说：'栖身岩石，不能长久。出行，吉祥。'既栖身岩石，怎可终日？这是断然可知的。君子既知微又知彰，既知柔又知刚，必然得到万民的仰望。"

孔子说："颜回这位弟子，他的道德大概接近完美了吧！一有过失，没有不自知的；一知过失，没有再重犯的。这就是《易经》（《复卦》初九）所说：'不远则复归，不会导致悔恨，大吉。'"

第七章

"天地絪缊，万物化醇。男女构精，万物化生。《易》曰：'三人行，则损一人。一人行，则得其友。'言致一也。"

子曰："君子安其身而后动，易其心而后语，定其交而后求。君子修此三者，故全也。危以动，则民不与也；惧而语，则民不应也；无交而求，则民不与也；莫之与，则伤之者至矣。《易》曰：'莫益之，或击之，立心勿恒，凶。'"

译文

"天地之气交融渗透，万物化育而醇厚。男女阴阳交合精气，万物化育而创生。《易》（《损卦》六三）说：'三人出行，则减一人。一人独行，则得一友。'就是讲归于一的道理。"

孔子说："君子先安定自己的处境，然后才试图行动；先平心静气，然后才有所谈论；先确定交情，然后才求助于人。君子做到了这三条，就可以得到保全。相反，如果冒险行动，别人就不会赞助；如果内心惶恐而发表议论，别人就不会响应；如果没有友谊就向人求助，人家也不会帮助；不仅无人助益，还会受到他人的伤害。所以《易》（《益卦》上九）说：'不要既助益他，又打击他。立心不专，凶。'"

第八章

子曰："《乾》、《坤》，其《易》之门邪？乾，阳物也；坤，阴物也。阴阳合德而刚柔有体，以体天地之撰，以通神明之德。其称名也，杂而不越，于稽其类，其衰世之意邪？

夫《易》，彰往而察来，而微显阐幽。开而当名，辨物，正言，断辞，则备矣。其称名也小，其取类也大。其旨远，其辞文。其言曲而中，其事肆而隐。因贰，以济民行，以明失得之报。"

译文

孔子说："《乾》、《坤》两卦，是《易》之门户吧？乾卦为阳，坤卦为阴。阴阳的德性相结合，而刚柔有体，从而体现天地之事，与神明之德相通。所称道的名物，尽管繁杂却不乱；考察所表述的事类，反映出兴衰的交替？

《易》，能彰明过去而察考未来，显示细微的而阐明幽隐。开释卦爻，名当其实，物辨其类，正言其理，断以吉凶，都可具备。它所称道的事物之名虽然细小，所取类比喻的事情却很广大；它的词句虽然饰以文采，其意义却十分深远。其言语虽然曲折弯转，然而却切中事理；所论之事虽然广泛而明显，但其道理却深刻而幽隐。由于人们有所疑惑，所以指导人的行为，说明得失的根源。"

第九章

《易》之兴也，其于中古乎？作《易》者，其有忧患乎？

是故《履》，德之基也；《谦》，德之柄也；《复》，德之本也；《恒》，德之固也；《损》，德之修也；《益》，德之裕也；《困》，德之辨也；《井》，德之地也；《巽》，德之制也。

《履》，和而至。《谦》，尊而光；《复》，小而辨于物；《恒》，杂而不厌；《损》，先难而后易；《益》，长裕而不设；《困》，穷而通；《井》，居其所而迁；《巽》，称而隐。

《履》以和行，《谦》以制礼，《复》以自知，《恒》以一德，《损》以远害，《益》以兴利，《困》以寡怨，《井》以辨义，《巽》以行权。

译文

《易经》的兴起，大概在中古时代吧？创作《易经》的人，大概心怀着忧患吧？

因此，以《履卦》作修养道德的根基；以《谦卦》作修养道德的要柄；以《复卦》作修养道德的根本；以《恒卦》巩固德行；以《损卦》修补德行；以《益卦》充实德行；以《困卦》辨别德行；以《井卦》容蓄德行；以《巽卦》节制德行。

《履卦》，和顺而崇高；《谦卦》，尊显而光明；《复卦》，微小而能辨别万物；《恒卦》，杂而不乱；《损卦》，先难而后易；《益卦》，不断增进而不困乏；《困卦》，身处困境而转向通达；《井卦》，历经迁变而仍安居其位；《巽卦》，由显而隐。

《履卦》，调和行为；《谦卦》，调整礼节；《复卦》，自知过失；《恒卦》，专守一德；《损卦》，远离祸害；《益卦》，增加福利；《困卦》，减少尤怨；《井卦》，明辨道义；《巽卦》，随时应变。

第十章

《易》之为书也，不可远，为道也屡迁。变动不居，周流六虚，上下无常，刚柔相易，不可为典要，唯变所适。其出入以度，外内使知惧，又明于忧患与故。无有师保，如临父母。初率其辞，而揆其方，既有典常。苟非其人，道不虚行。

《易》之为书也，原始要终，以为质也。六爻相杂，唯其时物也。其初难知，其上易知，本末也。初辞拟之，卒成之终。若夫杂物撰德，辨是与非，则非其中爻不备。

噫！亦要存亡吉凶，则居可知矣。知者观其象辞，则思过半矣。二与四同功而异位，其善不同：二多誉，四多惧，近也。柔之为道，不利远者。其要无咎，其用柔中也。三与五同功而异位：三多凶，五多功，贵贱之等也。其柔危，其刚胜邪？

译文 ☰

《易经》这部书，是不能离身的，但它所体现的道理却随时变迁。爻象变动不止，循环流转于六位之间，上下往来无常态，阳刚阴柔相变易，不可确立不变的纲要，只能顺应变化的趋向。爻象出入于外卦和内卦，使人知道有所警惕，又能明白忧患与变故。虽然没有师保，也好像面对父母。首先要寻求辞的意义，然后揆度所指示的方向，把握事变的规律。假如不遇到真正懂得《易经》的人，那么其道理无法凭空推论。

《易经》这部书，以考察事物始终，作为本质特征。一卦六爻相互错杂，只体现特定时态中的物象。初爻的象征难以知晓，上爻的象征容易把握，这是因为前有始，后有终。初爻的爻辞比拟事物的开端，上爻的爻辞确定事物的结局。至于错杂各种物象，具列事物的性质，分辨它们的是非，要是没有中间四爻就不能完备。

啊！这样来迎受存亡吉凶，也就安然可知了。智者只要看其卦辞，意思就领悟大半了。第二爻和第四爻功能相同而位置有异，它们所表现的吉凶利害也不相同：第二爻爻辞多有美誉，第四爻爻辞多含警惕，因为它靠近君位。阴柔的道理，不利于远人。要行无咎，必用柔中。第三爻和第五爻功能相同而位置有异：第三爻爻辞多言凶险，第五爻爻辞多论功业，因为它们贵贱等级不同。难道阴柔会有危险，阳刚能够常胜吗？

第十一章

《易》之为书也，广大悉备：有天道焉，有人道焉，有地道焉。

兼三才而两之，故六。六者，非它也，三才之道也。

道有变动，故曰爻；爻有等，故曰物；物相杂，故曰文。文不当，故吉凶生焉。

《易》之兴也，其当殷之末世，周之盛德邪？当文王与纣之事邪？是故其辞危。危者使平，易者使倾。

其道甚大，百物不废。惧以终始，其要无咎，此之谓《易》之道也。

译文

《易经》这部书，内容广大无所不包——含有天的道理，含有人的道理，含有地的道理。

兼有天地人三大存在而各以两画代表，所以一卦有六爻。六爻，不是别的，就是天地人三大存在。

天地人之道在于变动，所以称为爻；六爻各有贵贱差等，所以称为物；物象交互错杂，所以叫作文。文理错综不一，所以吉凶就产生了。

《易经》的兴起，大概是在殷朝末年，周国德业隆盛的时候吧？大概是在周文王受到殷纣王迫害的时候吧？所以卦爻辞多有忧患之义。警惕忧危可以使人平安，掉以轻心就会导致倾覆。

这个道理十分重大，任何事物都不例外。始终保持警惧，其要旨在善于补过，这就是《易经》的道理。

第十二章

夫乾，天下之至健也，德行恒易以知险。

夫坤，天下之至顺也，德行恒简以知阻。

能说诸心，能研诸侯之虑，定天下之吉凶，成天下之亹亹者。

是故变化云为，吉事有祥，象事知器，占事知来。天地设位，圣人成能。

人谋鬼谋，百姓与能。八卦以象告，爻象以情言。刚柔杂居，而吉凶可见矣。

变动以利言，吉凶以情迁。是故爱恶相攻而吉凶生，远近相取而悔吝生，情伪相感而利害生。

凡《易》之情，近而不相得则凶。或害之，悔且吝。

将叛者，其辞惭；中心疑者，其辞枝；吉人之辞寡；躁人之辞多；诬善之人，其辞游；失其守者，其辞屈。

译文

乾，是天下最刚健的象征，它的德行是永久平易，却告人以险难之事。

坤，是天下最柔顺的象征，它的德行是永久简约，却告人以阻塞之事。

因此，能悦人之心，能解人之虑，断定天下之吉凶，使天下人勤勉不息。

所以，遵循《易经》的变化之道有所作为，吉祥的事物就会出现。观察卦爻的象征，就能知晓制器的方法。占问事情的吉凶，就能预知未来的结果。天地各居上下之位，圣人成就其化育万物的功能。

无论人鬼谋，百姓赞助能者。八卦用卦象显示，卦爻辞有情态如言说。刚柔杂居于卦中，或吉或凶也昭然显现。

爻象的变动说明利害，吉凶的之别伴随情态。所以爱恨相争发生吉凶，远近相征发生悔吝，或以真情相感、或以虚伪相感而利害产生。

凡是《易经》所说之情理，相近而不相合必凶。或受其害，或悔恨而且羞辱。

将要反叛的人，言语一定惭愧不安；内心疑乱的人，言语一定分歧散乱；善良的人言语少，浮躁之人话语多；诬蔑好人者，言语必油滑；没有操守者，言语必然诡谲不直。

说　卦

昔者圣人之作《易》也，幽赞于神明而生蓍，参天两地而倚数，观变于阴阳而立卦，发挥于刚柔而生爻，和顺于道德而理于义，穷理尽性以至于命。

昔者圣人之作《易》也，将以顺性命之理。是以立天之道曰阴与阳，立地之道曰柔与刚，立人之道曰仁与义。兼三才而两之，故《易》六画而成卦。分阴分阳，迭用柔刚，故《易》六位而成章。

天地定位，山泽通气，雷风相薄，水火不相射，八卦相错。数往者顺，知来者逆，是故《易》逆数也。

雷以动之，风以散之，雨以润之，日以烜之，艮以止之，兑以说之，乾以君之，坤以藏之。

帝出乎震，齐乎巽，相见乎离，致役乎坤，说言乎兑，战乎乾，劳乎坎，成言乎艮。

万物出乎震，震东方也。齐乎巽，巽东南也；齐也者，言万物之絜齐也。

离也者，明也，万物皆相见，南方之卦也，圣人南面而听天下，向明而治，盖取诸此也。

坤也者，地也，万物皆致养焉，故曰：致役乎坤。兑，正秋也，万物之所说也，故曰：说言乎兑。战乎乾，乾西北之卦也，言阴阳相薄也。

坎者水也，正北方之卦也，劳卦也，万物之所归也，故曰：劳乎坎。艮，东北之卦也。万物之所成终而成始也，故曰：成言乎艮。

神也者，妙万物而为言者也。动万物者莫疾乎雷，桡万物者莫疾乎风，燥万物者莫熯乎火，说万物者莫说乎泽，润万物者莫润乎水，终万物始万物者莫盛乎艮。故水火相逮，雷风不相悖，山泽通气，然后能变化，既成万物也。

乾，健也。坤，顺也。震，动也。巽，入也。坎，陷也。离，丽也。

艮，止也。兑，说也。

乾为马，坤为牛，震为龙，巽为鸡，坎为豕，离为雉，艮为狗，兑为羊。

乾为首，坤为腹，震为足，巽为股，坎为耳，离为目，艮为手，兑为口。

乾，天也，故称乎父。坤，地也，故称乎母。震一索而得男，故谓之长男。

巽一索而得女，故谓之长女。坎再索而得男，故谓之中男。离再索而得女，故谓之中女。艮三索而得男，故谓之少男。兑三索而得女，故谓之少女。

乾为天，为圜，为君，为父，为玉，为金，为寒，为冰，为大赤，为良马，为老马，为瘠马，为驳马，为木果。

坤为地，为母，为布，为釜，为吝啬，为均，为子母牛，为大舆，为文，为众，为柄，其于地也为黑。

震为雷，为龙，为玄黄，为旉，为大途，为长子，为决躁，为苍筤竹，为萑苇。其于马也，为善鸣，为馵足，为作足，为的颡。其于稼也，为反生。其究为健，为蕃鲜。

巽为木，为风，为长女，为绳直，为工，为白，为长，为高，为进退，为不果，为臭。其于人也，为寡发，为广颡，为多白眼。为近利市三倍。其究为躁卦。

坎为水，为沟渎，为隐伏，为矫輮，为弓轮。其于人也，为加忧，为心病，为耳痛，为血卦，为赤。其于马也，为美脊，为亟心，为下首，为薄蹄，为曳。其于舆也，为多眚，为通，为月，为盗。其于木也，为坚多心。

离为火，为日，为电，为中女，为甲胄，为戈兵。其于人也，为大腹。为乾卦，为鳖，为蟹，为蠃，为蚌，为龟。其于木也，为科上槁。

艮为山，为径路，为小石，为门阙，为果蓏，为阍寺，为指，为狗，为鼠，为黔喙之属。其于木也，为坚多节。

兑为泽，为少女，为巫，为口舌，为毁折，为附决。其于地也，为刚卤，为妾，为羊。

序 卦

　　有天地，然后万物生焉。盈天地之间者唯万物，故受之以《屯》。屯者，盈也。屯者，物之始生也。物生必蒙，故受之以《蒙》。蒙者，蒙也，物之稚也。物稚不可不养也，故受之以《需》。需者，饮食之道也。饮食必有讼，故受之以《讼》。讼必有众起，故受之以《师》。师者，众也。众必有所比，故受之以《比》。比者，比也。比必有所畜，故受之以《小畜》。物畜然后有礼，故受之以《履》。履而泰，然后安，故受之以《泰》。泰者，通也。物不可以终通，故受之以《否》。物不可以终否，故受之以《同人》。与人同者，物必归焉，故受之以《大有》。有大者，不可以盈，故受之以《谦》。有大而能谦必豫，故受之以《豫》。豫必有随，故受之以《随》。以喜随人者必有事，故受之以《蛊》。蛊者，事也。有事而后可大，故受之以《临》。临者，大也。物大然后可观，故受之以《观》。可观而后有所合，故受之以《噬嗑》。嗑者，合也。物不可以苟合而已，故受之以《贲》。贲者，饰也。致饰然后亨则尽矣，故受之以《剥》。剥者，剥也。物不可以终尽剥，穷上反下，故受之以《复》。复则不妄矣，故受之以《无妄》。有无妄，然后可畜，故受之以《大畜》。物畜然后可养，故受之以《颐》。颐者，养也。不养则不可动，故受之以《大过》。物不可以终过，故受之以《坎》。坎者，陷也。陷必有所丽，故受之以《离》。离者，丽也。

　　有天地，然后有万物；有万物，然后有男女；有男女，然后有夫妇；有夫妇，然后有父子；有父子，然后有君臣；有君臣，然后有上下；有上下，然后礼义有所错。夫妇之道不可以不久也，故受之以《恒》。恒者，久也。物不可以久居其所，故受之以《遯》。遯者，退也。物不可以终遯，故受之以《大壮》。物不可以终壮，故受之以《晋》。晋者，进也。进必有所伤，故受之以《明夷》。夷者，伤也。伤于外者必反其家，故受之以《家人》。家道穷必乖，故受之以《睽》。睽者，乖也。乖必有难，故受之以《蹇》。蹇者，难也。物不可以终难，故受之以《解》。解者，缓也。缓必有所失，故受之以《损》。损而不已必益，故受之以《益》。益而不已必决，故受之以《夬》。夬者，决也。决必有遇，故受之以《姤》。姤者，遇也。物相遇而后聚，故受之以《萃》。萃者，聚也。聚而上者谓之升，故受之以《升》。升而不已必困，故受之以《困》。困乎上者必反下，故受之以《井》。井道不可不革，故受之以《革》。革物者莫若鼎，故受之以《鼎》。主器者莫若长子，故受之以《震》。震者，动也。物不可以终动，止之，故受之以《艮》。艮者，止也。物不可以终止，故受之以《渐》。渐者，进也。进必有所归，故受之以《归妹》。得其所归者必大，故受之以《丰》。丰者，大也。穷大者必失其居，故受之以《旅》。旅而无所容，故受之以《巽》。巽者，入也。入而后说之，故受之以《兑》。兑者，说也。说而后散之，故受之以《涣》。涣者，离也。物不可以终离，故受之以《节》。节而信之，故受之以《中孚》。有其信者必行之，故受之以《小过》。有过物者必济，故受之以《既济》。物不可穷也，故受之以《未济》，终焉。

杂 卦

《乾》刚《坤》柔，《比》乐《师》忧，《临》、《观》之义，或与或求。

《屯》见而不失其居，《蒙》杂而著。

《震》，起也。《艮》，止也。《损》、《益》盛衰之始也。

《大畜》，时也。《无妄》，灾也。

《萃》聚而《升》不来也。《谦》轻而《豫》怠也。

《噬嗑》，食也。《贲》，无色也。《兑》见而《巽》伏也。

《随》无故也。《蛊》则饬也。

《剥》，烂也。《复》，反也。

《晋》，昼也。《明夷》，诛也。

《井》通而《困》相遇也。

《咸》，速也。《恒》，久也。《涣》，离也。《节》，止也。

《解》，缓也。《蹇》，难也。

《睽》，外也。《家人》，内也。

《否》、《泰》反其类也。

《大壮》则止，《遯》则退也。

《大有》，众也。《同人》，亲也。

《革》，去故也。《鼎》，取新也。《小过》，过也。《中孚》，信也。

《丰》，多故也。 亲寡《旅》也。《离》上而《坎》下也。

《小畜》，寡也。《履》，不处也。

《需》，不进也。《讼》，不亲也。

《大过》，颠也。《姤》，遇也，柔遇刚也。

《渐》，女归待男行也。

《颐》，养正也。《既济》，定也。

《归妹》，女之终也。《未济》，男之穷也。

《夬》，决也，刚决柔也。君子道长，小人道忧也。

《周易》杂说

八卦与外婚制图腾分族组织

设卦原理来自天文。重卦原理来自人文，即图腾分组的婚姻二分制度。上古以卜筮决婚，是为"卜婚"。

一

中国上古社会形态与其他地区的早期人类社会形态一样，血亲组织是社会制度的主要形式。

摩尔根在其民族学研究中曾提出一个文化可比较的原理。他指出："人类出于同源，因此具有同一的智力资本，同一的躯体形式，所以人类经验的成果在相同文化阶段上的一切时代和地区中都是基本相同的。"（《古代社会》第552页）

人类早期社会血亲组织的基本形态，包含三个主要的特征：

第一，图腾制度；

第二，族外婚制度；

第三，级别分类制度。

什么是图腾？"图腾"是一个含义不明确的外来观念。它被认为是一种神圣而被尊崇的自然物。与之相关的是一种社会组织制度，通常与婚姻分类有关（详见后）。弗雷泽在《图腾制及外婚制》中对"图腾"定义如下：

图腾制度是指一个血亲团体与某种自然物之间存在的特殊亲密关系，这种物被称为这一团体的图腾。

涂尔干（法国人类学家，著有《宗教生活的初级形式》）说："图腾是一种生物或非生物，大多数是植物或动物，血亲团体相信自己来源自此物，并以之作为团体的徽帜及他们共有的姓氏。"

胡小石指出："图腾为部落之标识，以分界限，使婚姻有制，姓氏之分，实肇于此。"

相信源自一种共同图腾的人组合成一个社会团体，这个团体称为图腾（Totem）族。这个团体的成员认为不论本团体以前的祖先或现在的人或将来的子孙，皆直接出自这一图腾。初民社会中，人知有母而不知有父，同一图腾团的人皆相信所有的团员都是由于本族的女子同这种氏族图腾的接触而产生的。在中国远古，人们所崇拜的"龙（鳄鱼）"及"凤（鸵鸟）"就被视作华夏族团起源的两种最具典型性的图腾动物。

二

人类学家认为，图腾团体的本质是一种性关系和亲属制度，先民的性关系并非私人的事务，而是公共社会的事务，因此社会中男女的性关系必须先得到团体组织的同意。在初民社会中，社会的单位不是个人，而是整个的团体。摩尔根说："最古老的组织是以氏族、胞族和部落为基础的社会组织。氏族社会就是这样建立起来的。在氏族社会中，管理机关和个人的关系，是通过个人对某个氏（姓）族或部落的关系来体现的。这些关系是纯粹人身性质的。此后，产生了以地域和财产为基础的政治组织。在这里，管理机关和个人的关系，是通过个人对地域，例如对乡、区和国的关系来体现的。"（《古代社会》62页）

摩尔根所言的"氏族"，杨希枚认为当称作"姓族"，即出自同一母系的血缘族团。我则认为称之为"血族"或"血缘族"更恰当。总之，先有血缘性的氏族组织，而后演进到地缘性的氏族政治组织，这是一个普遍的早期社会组织演化规律。

三

血缘图腾组织在亚洲、欧洲、非洲、美洲、大洋洲都有发现，它一直保持到文明时代开始时形成了政治社会为止。

图腾族是一个血亲组织，出自一个共同的祖系，具有同一个徽识（图腾），以血缘关系结合在一起。这种血缘族有两种类型：一种是母系血族，另一种是父系血族。

凡是世系按女系计算（远古时代普遍是这种情况）的即是母系血族。外祖母在这个血族中居支配地位，从事采集觅食活动的女性哺育着全族成员。母系血族是由一个公认的女性祖先和她的子女以及她的女性后代的子女所组成，组织血族的权力和图腾象征传女不传男。

世系按男系计算的即是父系血族，这种变化通常是在男性成为血族主体的渔猎经济时代发生的。

从母系到父系传承制度的改变往往伴随着一场社会革命。

根据人类学家的观察和研究，原始时代人类亲属制度和按年龄分级而分配性伴的制度，是上古先民社会组织的基础结构，也是神话年代创造者留下来的社会制度。先民的性关系制度，不能称作婚姻制度。婚姻是文明晚期才产生的新制度。

四

与母系或父系的传承制度相关的是亲属识别制度：

一、按同祖先的血缘划分，即按同父母所生的兄弟姐妹，或同父异母或同母异父所生的兄弟姐妹以及与之相同的性别和等级划分。例如，父亲的兄弟（伯／爸）划归父亲范畴，使用同一亲属称谓。同样，母亲的姐妹（娘／姨），都称为"母亲"。母亲或姨母的子女，称为"兄弟"和"姐妹"。

任何妇女，只要我"兄弟"称她为"妻子"，我也就称她们为"妻"（中国云南纳西族的"公共婚"、"走访婚"遗存了这种原始婚俗的某些痕迹）。

二、这种亲属制的划分可以扩大到非同一血统以外的人，既包括远房亲戚，也包括陌生人。

一个陌生人只要与他所相遇的氏族中的一个成员有亲戚关系，那么这个陌生人的亲属称谓就根据他与这个成员的亲属关系而定。公共性关系以及后来的异族领袖的"和亲"风俗皆由此而来。

人类学家指出："这种亲属分类的意义，其基础是图腾团体间所实施的一种特殊的类别婚姻制度，即血族外婚制。这种族外婚制度具有一个显著的特点，是将同一姓族团体分成两个半族。"

关于这种"半族"或"伴族"，瑞弗斯称作 Moiehes，斯宾塞称作 Class，涂尔干称作 Phratrie。

族外婚制主要是一种婚姻制度。这种制度规定：同世代之两个半族不能发生性关系，因此族内的同代男女不能发生性关系。为此，在同族内的同代男女（兄妹）之间，有必要实施接触和交往的禁忌与隔离，即"男女授受不亲"。这就是"礼制"社会的起源（此前，族内为争夺姐妹做性伴的相互仇杀，即男人的嫉妒引起的自相残杀，很可能是导致了族内兄妹性禁忌制度产生的原因）。

假如一个图腾族设定为"泰元"，那么根据上述分类原则它就划分为一个阴半族与一个阳半族。一分为二：一阴、一阳。

关于这种将一个血族分为两半的制度，有位人类学家根据实际观察到的一些原始社会组织，曾作过如下的描绘：

姓族内部禁止通婚。姓族组织必然开始于两个半族：一个半族的男子和女子只与另一半族的男子和女子通婚。子女属于各自母亲的姓族而分配在两个半族中。半族建立在作为其结合原则的血亲纽带上。

如果我们将被假定为共同祖先的某一图腾团体称作太极，而把被分为两个半族的团体称为阴（坤）、阳（乾），那么这种原始的血亲分类制就可以进一步划分出四象及八卦，而其原初则是："太极生两仪"或"太一生阴阳"。

五

李玄伯指出："原始社会每一部落，更自分为左右两部。部并自有其图腾。部中且常再分为若干团。两部可以互通婚姻，但同部婚姻，则绝对禁止。每部又自分为若干级，普通只两级，间或有四级者。级数的分别，同部落中左右两部必须相同，如两级皆须两级，四级皆须四级。每部人民皆分属于某一级，但必须父子异级，祖孙同级。假使某人属于甲级，其子则属于乙级，其孙则又属于甲级。至于婚姻，左部甲级之男子亦只能与右部甲级之女子结婚，而不能与乙级者。"

涂尔干的研究表明，这种性别分级的目的完全是由于"婚姻"即性的分配，所以必须分别行辈。至于祖孙同级者，则祖孙年岁相去常五六十岁，绝不会因为行辈紊乱而发生乱婚之嫌。

这种分为半族的制度，造成两性的隔绝。男、女是住在各自封闭的社会会所，即分隔开的"大房子"中。

先秦古礼要求"男女授受不亲"，男女行走于路必须相回避。只有在每年某些固定的节日，通常是月圆之日，并且通常在春秋两季，才允许男女间开放交往，让男女会合于"社"。会合之前有洗浴之俗，春曰"修禊"（洗洁别语），秋曰"盥（裸）礼"。春秋洗礼之有别，可能还在于春日多浴水，秋日多曝晒。

但在男性大房舍（大室、天室）中，有的血族也收容俘来的女性奴隶（妾），通常来自被掠夺俘获的异族俘虏。男性成员与她们的性关系是不被禁止的。这种女奴是公娼即妓女的起源。

此外宗庙（社）及附属于宗庙的乐府中，亦有自愿献身于神的"神女"，有的则是为被除而献身的女嫛。这种在宗社（馆、宫）中服侍神主而出家的女性，就是神巫、"神媒"或"神妓"。

六

这种族外婚的婚姻分类图腾组织，首先是 19 世纪著名人类学家摩尔根在大洋洲土著人及北美洲印第安人的部落社会中发现的。

使人感兴趣的是，虽然大洋洲、北美洲与古中国远隔千山万水，但从人种学的意义及某些文化联系看，华夏先民在血缘上、原初社会形态和文化类型上与大洋洲和美洲的土著文明都具有重大的相似之处。

马克思的《古代社会史笔记》（194 页）曾描述大洋洲土著的血缘组织特征如下：

最初，前辈两个氏（姓）族彼此不许通婚，因为他们都是由一个母氏（姓）族分裂出来的，但是他们可以同其他三个氏族中的任何一个氏（姓）族通婚。反过来，其他三个氏（姓）族也是这样。绝对禁止男子或女子在本氏族内结婚。世系按母系计算，因此所生的子女属于母方氏族。这些都是极古老氏（姓）族的特征。

与分类亲属制关系密切的是分级婚姻制度。外婚制的力量使每个血亲团体只能向外族寻找配偶。一个人出生在一个氏（姓）族，结婚必须到另一个氏（姓）族的异性中去寻找。

七

由此，我们才能理解《易经》屯卦："屯如邅如，乘马班如，匪寇，婚媾。"求婚即请求婚媾，必须骑马奔腾如寇，以寻找配偶。这显然是族外婚。

事实上，族外婚在今天世界上许多民族中仍可以找到遗迹。居住在我国大兴安岭的鄂伦春人在历史上曾经存在过族外婚。他们的族外婚在两个集团中进行，每个集团内部都分成男女两部分，与另一集团的男女各自通婚，凡属同一集团内部的成员都不能彼此婚配。

华夏民族认为自己是"炎黄子孙"。我们注意到，炎族与黄族，恰恰正是同一姓族团体下的两个对分形成的伙伴族。吕思勉在《先秦史》中说："古有两姓世为婚姻者，如春秋时之齐、鲁是也。古虽禁同姓婚，而姑舅之子，相为婚姻者反盛，以此。社会学家言又有所谓半部族婚者，如以甲乙二姓，各再分为两部，甲为一、二，乙为三、四，一之婚也必于三，生子属于第二部，其婚也必于四，生子属于第一部，其婚也又必于三。如是，则祖孙为一家人，父子非一家人矣，古昭穆之分似由此。'孙可以为王父尸，子不可以为父尸'（《礼记·曲礼》），'子与无后者，必从祖父食而不从父'（《大戴礼记·曾子问》）。实与'神不歆非类，民不祀非族'之理相通也。"

八

据人类学家的观察和论述，在欧洲殖民者到达以前，在澳大利亚大陆上分布着五百个左右的血亲部族，每一个部又分为"两个外婚制的半边"，这就是胞族。在本胞族内部绝对禁止通婚（包括禁止任何性关系），部族内的胞族之间则可互通婚姻（亦包括允许发生性关系），这是婚姻制度的基本原则。个别地区的部落，只划分为两个胞族，相互通婚，此外再没有其他限制的情况。

杨希枚指出：

大部分地区的部落中，每一个胞族内部又在相邻的上下辈之间划一条界限（隔代的上下辈之间）的等辈（或限辈）婚姻，这就形成四个婚姻类别的制度。

还有一部分地区，部落中之胞族，不仅限于相邻的上下辈之间划一条界限，而且在隔代的上下辈之间划一条界限，于是每一个胞族就有了四个婚姻类别，一对相互通婚的胞族就有了八个婚姻类别。每一个胞族的第一个婚姻类别也只能与对方胞族的一个同等辈分的婚姻类别相互通婚，这样就进一步阻止了隔代的上下辈之间的近血缘婚配，这就是八个婚姻类别的制度发展而来的原因。

由于澳洲人（澳大利亚土著人）一直保持着将部落分为两个外婚类别，再进一步划分到八个婚姻类别的组织，就形成一种典型且严格的纵向发展。

在这里，我们注意到一个图腾团体的分化依照如下规律：一分为二，二分为四，四分为八。不难看出，这一几何级数的分化律，也正是《易经》八卦之生成规律："太极生两仪，两仪生四象，四象生八卦。"

传说"伏羲氏始作八卦，以别婚姻"。由此可见，原始的八卦起源与外婚制的图腾分类系统有关。

八卦历法

《晋书·律历志》："伏牺始造八卦，作三画以象二十四气。"

八卦者，卦从圭音，"圭"上古音与"节"通①。"八卦"之名本为纪时之辞，即八节也。所谓"八节"，即天文历法之"二分"、"二至"及"四立"：春分、秋分，夏至、冬至，立春、立夏、立秋、立冬。

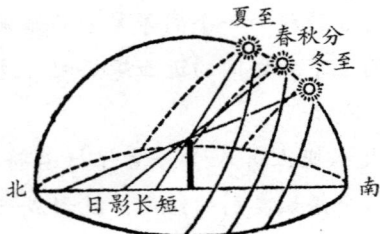

二分二至及日影

《周髀算经》赵爽注八卦："二至者寒暑之极，二分者阴阳之和，四立者生长收藏之始，是为八节。"八卦八节系统，实际是一年八个时间单位的一种上古历法。八节的每一节为 45 天或 46 天。

《遁甲演义》（《四库全书·子部七》）说：

　　昔黄帝始创奇门四千三百二十局法。乃岁按八卦分八节，节有三气，岁大率二十四气也。气有天地人三候，岁大率七十二候也。候有五日，岁大率三百六十日也。日有十二时，岁大率四千三百二十时也②。

《史记·律书》详细讲了这种八节历法。它以八方风为引，这八方风的排列，附以星宿、月份、律名、干支等等。

巳	午	未	申
辰	巽	离	坤	酉
卯	震	中央	兑	戌
	艮	坎	乾	
寅	丑	子	亥

八卦九宫与十二支

除《史记·律书》外，还可以在《黄帝内经·灵枢》里看到九宫八风图。

《九宫八风图》中明确指出：叶蛰宫在北方，于节令为冬至，于宫数为一。天留宫在东北方，于节令为立春，于宫数为八。仓门宫则在东方，于节令为春分，于宫数为三，等等。即是说太一日游，若第一日在叶蛰宫，第二日就日游至玄委坤二宫，第三日就日游到仓门震三宫，第四日到阴洛巽四宫，第五日至中央招摇宫，第六日至新洛乾六宫，第七日到仓果兑七宫，第八日到天留艮八宫，第九日到上天离宫，然后第十日回到叶蛰宫。第十一日又到玄委坤二宫，等等，此后经历仓门、阴洛、招摇、新洛、仓果、天留、上天各处。太一在第19日再回叶蛰坎一宫。由此可以推出第28日、第37日、第46日太一都在叶蛰宫。于是太一就会"明日居天留宫46日"。

《灵枢经·九宫八风》说：

太一常以冬至之日，居叶蛰之宫四十六日，明日居天留四十六日，明日居仓门四十六日，明日居阴洛四十五日，明日居天宫四十六日，明日居玄委四十六日，明日居仓果四十六日，明日居新洛四十五日，明日复居叶蛰之宫，曰冬至矣。

太一是中天主神。冬至太一居叶蛰宫。过了46天，太一就到了天留宫，等等。每变居一宫，风候则一变，季节及物候亦随之而变。与八节对应着八卦：叶蛰宫是坎宫，天留宫是艮宫，仓门宫是震宫，等等。与节令相对应：叶蛰宫对应于冬至，天留宫对应于立春，仓门宫对应于春分等。《灵枢》的九宫八风图就是下面的这幅图：

立夏巽阴洛	夏至离上天	立秋坤玄委
春分震仓门	中摇招央	秋分兑仓果
立春艮天留	冬至坎叶蛰	立冬乾新洛

九宫八风图

明赵府居敬堂刊本之影印本《灵枢·九宫八风》篇说："太一日游，以冬至之日居叶蛰之宫。数所在日，从一处，至九日，复返于一。常如是无已，终而复始。"就是说太一除了每46日（或45日）居于八宫之一外，还要每天游一宫。他举例说太一在冬至日居叶蛰宫，然后每日移一宫。太一从一处起行，经过九日后，太一又回到一处。这里的"一处"，《易纬·乾凿度》对这种八卦历做了一种解释。其说为：

易一阴一阳合而为十五之谓道。阳变七之九，阴变八之六，亦合于十五，则象变之数若之一也。阳动而进，变七之九，象其气息也。阴动而退，变八之六，象其气消也。故太一取其数以行九宫，四正四维皆合于十五。

九宫的结构是"四正四维皆合于十五"。为什么要合于十五？因为《易》乃一阴一阳之谓道。阳变由七之九，即是阳动而进。阴变由八之六，即是阴动而退。七八为象，九六为变，象数合为十五，变数亦合为十五。

5天一候，15天一气，年24气。我们应注意，从天文学角度，郑玄说：

太乙者北辰之神名也。居其所曰太乙，常行于八卦日辰之间，曰天一或曰太一。出入所游，息于紫宫之内外，其星因以为名焉……四正四维，以八卦神所居，故亦名之曰宫……太一下行八卦之宫，每四乃还于中央。中央者北辰之所居，故因谓之九宫。天数大分，以阳出，以阴入。阳起于子，阴起于午。是以太一下九宫，从坎宫始。坎，中男，始亦言无偏也。自此而从于坤宫，坤，母也。又自此而从震宫，震，长男也。又自此而从巽宫，巽，长女也。所行者半矣，还息于中央之宫。即由自此而从乾宫，乾，父也。自此而从兑宫，兑，少女也。又自此从于艮宫，艮，少男也。又自此从于离宫，离，中女也。行则周矣，上游息于太一天一之宫，而反于紫宫。

将此十五数分布于九宫，使四正四维合于十五，就是一个三阶幻方。即是《洛书》的龟象，其数之分布是："戴九履一，左三右七，二四为肩，六八为足，五在中央"。一如前引《九宫八风图》之所示。因为这种分布会使九宫图中凡成直线之三数字和皆为十五。

玄委 立秋 2	（正南） 夏至 9	阴洛 立夏 4
仓果 秋分 7	中央 昭耀 （据摇）	仓门 春分 3
新洛 立冬 6	正北 冬至 1	天留 立春 8

注释

①一些有关的古音资料：鸡、鸲上古同音，九、鬼上古同音，句、勾上古同音，佝、躬上古同音（连绵词），桔、槔上古同音（连绵词），叫、噭上古同音。

②五运六气历将一年分为六步，也称六气。每一步气占二十四气中的四个节气。每年的六步气是：

第一步气始于大寒，历经立春、雨水、惊蛰；

第二步气始于春分，历经清明、谷雨、立夏；

第三步气始于小满，历经芒种、夏至、小暑；

第四步气始于大暑，历经立秋、处暑、白露；

第五步气始于秋分，历经寒露、霜降、立冬；

第六步气始于小雪，历经大雪、冬至、小寒。

然后又进入次年第一步气大寒。

上古五行十月历考论

　　阴阳五行学说起源于中国上古的天文历法学。20 世纪初叶主流史学家如顾颉刚等认为，"五行"学说是起源于战国末及汉代的神秘理论，现在看来，这种流行说法实乃不明源流之论。自汉代以后，五行学说的本来意义即湮晦失传。①现代哲学家多以为五行学说是以"金、木、水、火、土"五种物质为宇宙本原的物质本体论，完全误解了五行说的真正来源及意义。②

一

　　五行观念起源于上古天文历法之学。所谓五行，行，指五气之行运，而用以标记五季、五时、五节。行者，巡也，即旬。孙星衍《尚书·洪范》疏中引郑康成说："行者顺天行气。"《管子·五行篇》云："作立五行以正天时，五官以正人位。"五行在《黄帝内经》中称"五运"，原来的意义是天地阴阳五气的运行，用以说明一年之中五个季节的气候变化。《吕氏春秋》把五行直称为"五气"，五行即一年中的五个节气，或五个时节。

　　《礼记·礼运》云："播五行于四时，和四气而后（日）月生。"《尚书·皋陶谟》："抚于五辰，庶绩其凝。"孙星衍疏引《诗毛传》云："辰者，时也。"上古夏商时代，"季节"不称"季节"，商代称"旬"，夏代称"时"。据《管子》中的记述，一年分为五旬，一旬即一个时季，七十二日。五旬各以五材为象征，即金水木火土。用土之季在春，用火之季在夏，用金之季在长夏，用水之季在秋，用木之季在冬。

　　《礼记·郊特牲》孔疏："以郊对五时之迎气。"引皇侃疏："天岁八祭。冬至，一也。夏正，二也。五时迎气，三也。"所言五时迎（五）气，也指五季、五行也。

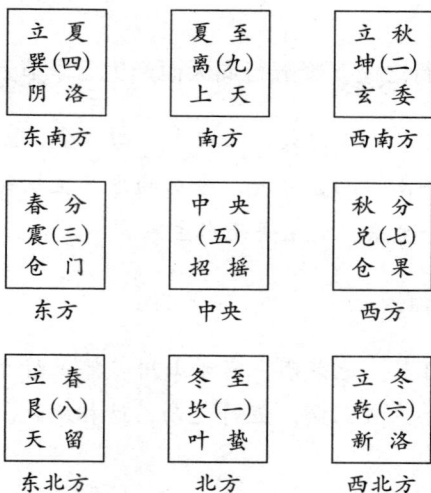

立夏 巽(四) 阴洛	夏至 离(九) 上天	立秋 坤(二) 玄委
东南方	南方	西南方
春分 震(三) 仓门	中央 (五) 招摇	秋分 兑(七) 仓果
东方	中央	西方
立春 艮(八) 天留	冬至 坎(一) 叶蛰	立冬 乾(六) 新洛
东北方	北方	西北方

九宫八风图

《春秋繁露·五刑相生》说："天地之气，合而为一，分为阴阳，判为四时，列为五行。行者，行也，其行不同，故谓之五行。"

《管子·乘马》："春秋冬夏，阴阳之推移也。"

二

上古之五行历法，两汉以后即失传。五行变成五种物质即金木水火土。但究其本义，五行之金木水火土，非指五物，而为五物之气。五气即金气、木气、土气、水气及火气之名，五气行运而成五风。五风运行导致五种季节的发生，此乃五行、五运之本义。

《管子·五行》曰："黄帝作立五行，以正天时。"

《史记·天官书》曰："天有五星，地有五行。"

《左传》昭公元年："分为四时，序为五节。"

从以上的文献可以知道，上古有两种分季历法，一种是四时之历，即一年分春夏秋冬的四季，流行至今。另一种是五行之历，即一年以金木水火土五气之行划为五季，这种分季法于两汉后失传。

《史记·五帝本纪》及《大戴礼·五帝德》记黄帝发明五行，"治五气"，王聘珍注："五气，谓五行之气。"黄帝治五气，即据五气而制五行之历法也。

《春秋繁露·五行之义》释五行周天而产生五季节云：

> 天有五行，一曰木，二曰火，三曰土，四曰金，五曰水……是故木居东方而主春气，火居南方而主夏气，金居西方而主秋气，水居北方而主冬气。是故木主生而金主杀，火主暑而水主寒。

《礼记·礼运》篇云：

> 故天秉阳，垂日星。地秉阴，窍于山川。播五行于四时，和而后月生也。是以三五而盈，三五而阙。五行之动，迭相竭也。五行、四时、十二月，还相为本也。

班固《白虎通德论》"五行"说："行有五，时有四，何？四时为时，五行为节。"这些论述说明至两汉时，人们仍然知道五行即五节气。故《后汉书·东平宪王苍传》中有"五时衣各一袭"，即依五时之变而冷暖更衣的习俗。

三

五行体系最早是从五方五土的划分开始。殷商人在甲骨文中，以自我为中心，自称中土商，并多次提到"四土"、"四方"，即东土、南土、西土、北土。中商加上四方，是为五土、五方。

五土生五气，五气运行为五风。五风运环，形成气候上划分之五季节，这是华夏上古原始的气象理论。

甲骨卜辞中记五土、五方：

> 戊寅卜，王贞受中商年。十月。（《前编》8，10，1）
> 己巳，王卜，贞今岁商受年。王占曰：吉。东土受年，南土受年，西北受年，北土受年。（《粹编》907）

五方、五土有五大神风：

> 东方曰析，风曰夷。南方曰夹，风曰凯。西方曰韦，风曰彝。北方曰

勹，凤曰殳。(《京》520)③

五方之土有"五臣"：

庚午贞……于帝五丰臣（丰，借为方，即五方臣。臣者，长也）……
(《粹编》12)

王又岁于帝五臣正。(《粹编》13)

这里的帝，应该便是中央之帝，即殷人祖宗在其左右的那位上帝。这位上帝加上前面有名字的四帝，便是统领五方、代表五方的五帝。配以辅佐的"五丰臣"，就构成五帝十神的天神体系。

在《山海经》里，五方各有五神，五方之神均为人兽合体的怪物：

东方句芒，鸟身人面，乘两龙。(《海外东经》)
南方祝融，兽身人面，乘两龙。(《海外东经》)
西方蓐收，左耳有蛇，乘两龙。(《海外东经》)
北方禺强，人面鸟身，珥两青蛇，践两青蛇。(《海外东经》)

后来这些方神，或被附会于某些人物，如《吕氏春秋·孟秋》"其神蓐收"高诱注："少皞氏裔子曰该，实有金德，死托祀为金神。"

诸帝神又"各以方色称号"(《太平御览》卷十九引)，即：青帝、赤帝、白帝、黑帝，中央之帝，则是亦人亦神的黄帝。上古又有所谓黄帝胜四帝的神话和传说（见《孙子·行军》及《孙子佚篇·黄帝伐赤帝》），又演化为上帝以某日杀某色龙于某方，行事应有所规避的禁忌（见《墨子·贵义》）。

《左传》隐公六年有"九宗五正"之说。九宗者，九州之宗正也。五正者，五行之官也。《左传》昭公二十九年记："故有五行之官，是谓五官。实列受氏姓，封为上公，祀为贵神。社稷五祀，是尊是奉。"

五行各有材官，称"五官"，五官有族，封受氏姓。死为上公，祀为贵神。社稷五祀，进行尊奉。

五方、五凤、五臣、五帝之外，还有五火之说，亦见于甲骨文字：

丁丑卜，又于五火，隹。二月。卜。(《邺中》三，下，40，10)
……卜，又于五火，在齐。(《粹编》72)

"又"即"侑",是祭祀的名称,一种感恩之祭也。

四

1984年我在《诸神的起源》一书中,曾推测上古流传的羿射十日之神话,可能反映上古曾通行一种十月纪时而以十干命名的古老历法。[④]此说后来在陈久金等所著之《彝族十月历》中得到更有力之佐证。

陈久金指出:"中国上古最古老的十月历的月名,当是依《洪范》五行所排列的顺序来命名的:从夏至新年开始,经水火木金土5个月,到冬至新年;再经水火木金土5个月,又回到夏至新年。一年10个月分别配以公母,便成一水公,二火母,三木公,四金母,五土公,六水母,七火公,八木母,九金公,十土母。如以冬至为一年之始,情况也相类似。"

这种历法,即五行十月历,或曰五气十月历法,来源甚为古老。窃以为,此即上古所传说之"黄帝(或颛顼)历"也。据《大戴礼·五帝德》及《史记·五帝本纪》,历法始创于黄帝。《史记》称黄帝"治五气,蓺五种,抚万民,度四方"。注引《汉书·律历志》:"黄帝起五部",孟康云:"五部谓五行也。"

《史记·历书》曰:

黄帝考定星历,建立五行。

《管子·五行》曰:

黄帝作立五行,以正天时。

五行,以及所谓五行之气,实际就是以中原为本土,而感受到的来自中国大陆四边的四方季风。一般来说,东风来时,春季降临。西风来时,秋季降临。南风来时,夏季降临。北风来时,冬季降临。无风(中央风)之时,酷暑之季也。上古人认为,太阳与季风是形成五季变化的原因,由此形成以太阳(阳气)及五风(阴气)相辅相成的阴、阳五行历即黄帝历。秦国所用之颛顼历,似即为十月历。[⑤]

五

今传世之《夏小正》，本来面目就是上古的十月历法，后来经过晚周人的改纂，但遗迹仍存见在经文中。⑥

上古这种五行十月历法，将一年分为五季，每季 72 天，其中每一行季又分为阴阳两部分。每部各分为 36 天，一年十蔀即 360 天。十蔀，即十个节气，或曰"季"，或曰"节"，或曰"月"。

《管子·五行》说：

> 作立五行，以正天时，五官以正人位。人与天调，然后天地之美生。
>
> 日至，睹甲子，木行御……七十二日而毕。
>
> 睹丙子，火行御……七十二日而毕。
>
> 睹戊子，土行御……七十二日而毕。
>
> 睹庚子，金行御……七十二日而毕。
>
> 睹壬子，水行御……七十二日而毕。

也就是说：从冬至甲子至乙亥 72 日为木行，继之丙子至丁亥 72 日为火行，继之戊子至己亥 72 日为土行，继之庚子至辛亥 72 日为金行，最后是壬子至癸亥 72 日为水行而毕，恰为六个干支周期的结尾，共 360 日整。

《管子·四时篇》中，于春夏秋冬各占三月、各据一方、各应一行外，特于叙述季夏时，中间横插一段"中央曰土，土德实辅四时入出……"云云，从而形成五季。而《五行篇》中，以五季分配一年之三百六十日，各得"七十二日"。其法从冬至开始，第一个七十二日配木，第二个七十二日配火，如此类推，五个七十二日配完五行，正好一年完毕，以五行统配一年之三百六十日。

这种历法，是晚周人所传述的上古五行十月历法。东汉末流行的《太平经》中有一则"三合相通诀"：

> 十者，数之终也，故物至十月而反初。天正以八月为十月，故物毕成。地正以九月为十月，故物毕老。人正以亥为十月，故物毕死。三正（天、地、人）竟也，物当复生，故乾在西北。凡物始核于亥，天法以八

月而分别之，九月而究竟之，十月实核（该）之。故天地人三统俱终，实核于亥。

这一记述清楚地表明，以亥月为终的历法，原型也是五行十月的历法。

《吕氏春秋·十二月纪》、《礼记·月令》在季夏之月末尾，皆有"中央土"。《淮南子·时则训》，火德主管孟夏、仲夏，五月、六月季夏则为土德，一年亦分纪为五时（春、夏、季夏、秋、冬）。这其实也都是上古五季、十月历法观念的反映。

金	甲子旬：甲子	乙丑	丙寅	丁卯	戊辰	己巳	庚午	辛未	壬申	癸酉
	甲戌旬：甲戌	乙亥	丙子	丁丑	戊寅	己卯	庚辰	辛巳	壬午	癸未
木	甲申旬：甲申	乙酉	丙戌	丁亥	戊子	己丑	庚寅	辛卯	壬辰	癸巳
水	甲午旬：甲午	乙未	丙申	丁酉	戊戌	己亥	庚子	辛丑	壬寅	癸卯
火	甲辰旬：甲辰	乙巳	丙午	丁未	戊申	己酉	庚戌	辛亥	壬子	癸丑
土	甲寅旬：甲寅	乙卯	丙辰	丁巳	戊午	己未	庚申	辛酉	壬戌	癸亥

五行	春	夏	夏至	秋	冬
五性	木	火	土	金	水
五方	东	南	中	西	北
十日	甲乙	丙丁	戊己	庚辛	壬癸
五帝	太皞	炎帝	黄帝	少皞	颛顼
五神	句芒	祝融	后土	蓐收	玄英
五虫	鳞	羽	倮	毛	介
五音	角	徵	宫	商	羽
十二律	太蔟 夹钟 姑洗	中吕 蕤宾	林钟 夷则	南吕 无射	应钟 黄钟 大吕
五数	八	九	五	七	六

《吕氏春秋·十二纪》				
五行	木	火	土	金	水
季节	春	夏	季夏之末	秋	冬
五色	青	赤	黄	白	黑
天干	甲乙	丙丁	戊己	庚辛	壬癸
五帝	太皞	炎帝	黄帝	少皞	颛顼
五神	句芒	祝融	后土	蓐收	玄英
五虫	鳞	羽	倮	毛	介
五音	角	徵	宫	商	羽
五数	八	七	五	九	六
五味	酸	苦	甘	辛	咸
五臭	膻	焦	香	腥	朽
五祀	户	灶	中霤	门	行
五祭	脾	肺	心	肝	肾
天子居	青阳	明堂大庙	太庙太室	总章	玄堂

《淮南子·时则训》				
五行	木	火	土	金	水
季节	春	夏	夏至	秋	冬
五色	青	赤	黄	白	黑
五位	东方	南方	中央	西方	北方
五虫	鳞	羽	蠃	毛	介
天干	甲乙	丙丁	戊己	庚辛	壬癸
爨火	萁	柘	柘	柘	松
五音	角	徵	宫	商	羽
五数	八	七	五	九	六
五味	酸	苦	甘	辛	咸
五臭	膻	焦	香	腥	腐
五祀	户	灶	中霤	门	井
五祭	脾	肺	心	肝	肾
天子朝	青阳	明堂	中宫	总章	玄堂
兵	矛	戟	剑	戈	铩

苗族古历（其原型为上古夏历）

月名	地支	节气	生肖
正月	寅	雨水/惊蛰	虎
二月	卯	春分/清明	兔
三月	辰	谷雨/立夏	龙
四月	巳	小满/芒种	蛇
五月	午	夏至/小暑	马
六月	未	大暑/立秋	羊
七月	申	处暑/白露	猴
八月	酉	秋分/寒露	鸡
九月	戌	霜降/立冬	狗
十月	亥	小雪/大雪	猪
动月	子	冬至/小寒	鼠
偏月	丑	大寒/立春	牛

六种古历之比照

公历	11	12	1	2	3	4	5	6	7	8	9	10
	亥	子	丑	寅	卯	辰	巳	午	未	申	酉	戌
夏	10	11	12	正月	2	3	4	5	6	7	8	9
颛顼古历	正月	2	3	4	5	6	7	8	9	10	11	12
商一	11	12冬	正月	2	3春	4	5	6夏	7	8	9	10秋
周	12	正月	2	3	4	5	6	7	8	9	10	11
楚	正月	2	3	4	5	6	7	8	9	10⑦	11	12
	冬夕	2	3	4	5	6	7	8	9	10	11	12
	东月	肭月	元月	荆尸	夏尿之月⑧						爽月腊月⑨	大狩月
	正月	屈夕	援夕	刑夷	夏尿	纺月				爽月	献马冬夕（月）	
	援月	刑夷	夏尿	纺月				燎月	献马	冬夕		屈夕
商二⑩	6	7	8	9	10		1	2	3	4	5	

周历	1	2	3	4	5	6	7	8	9	10	11	12	A
颛历	6	7	8	9	10	(1)	(2)	(3)	(4)	(5)		闰	B
		冬	春				夏		秋				
		(B)	(B)				(A)		(A)				

河图数（甲）	殷历	12	1	2	3	4	5	6	7	8	9	10	11
	太阳历 十月历		7	8	9	10	1	2	3	4	5		6
河图数（乙）	周历	1	2	3	4	5	6	7	8	9	10	11	12
	颛顼古历（十月历）	6	7	8	9	10	1	2	3	4	5		（闰余）
	新夏历	冬	冬	春	春	春	夏	夏	夏	秋	秋	秋	冬
		11	12	正月	2	3	4	5	6	7	8	9	10
	公元历	12	1	2	3	4	5	6	7	8	9	10	11
洛书历			2	3	4	5	6	7	8	9	10		

夏历	10	11	12	1	2	3	4	5	6	7	8	9
新商历	6	7	8	9	10	11	12 13	1	2	3	4	5
公历	11	12	1	2	3	4	5	6	7	8	9	10

周历	正月（冬至）	二月	三月	4	5	6	7	8	9	10	11	12
颛顼	6	7	8	9	10		正	2	3	4	5	
殷历	12	1	2	3	4	5	6	7	8	9	10	11
夏历	11	12	1（立春）	2	3	4	5	6	7	8	9	10
古太阳历	7	8	9	10	11	12	1	2	3	4	5	6
商历	7	8	9	10	11	12	1	2	3	4	5	6
公历	12	1	2	3	4	5	6	7	8	9	10	11

《礼记·檀弓》孔疏引《元命苞》、《稽耀嘉》："夏以十三月为正，以寅（时）为朔。殷以十二月为正，以鸡鸣为朔，周以十一月为正，以夜半为朔。"

《春秋》公羊何休注："夏以斗建寅之月为正，殷以斗建丑之月为正，周以斗建子之月为正。"近年出土的昭固楚简显示楚历建亥。

周历以冬至为正月，周历以春分为正月，商历以夏至为正月，颛顼历立秋为正月。⑪传说在夏以前曾使用"颛顼"、"太元"、"太初"等古历，可能即以太阳、太阴（月亮）及大火为占候。

太阳历是最早之历法，以观测太阳并以太阳之运动作为测时之标志。测太阳之影寻求阳极（夏至）与阴极（冬至）。夏至为新年，夏至是一个重要标记。全球性的，如英国的巨石门、日本绳文人之天文建筑。

后来演为观象，即观大火星（龙星）及虎星（参）为纪的龙虎历法。

《尧典》观象报时（据中国天文学史）		
节气	前 2000 年时星位	公元 0 年星位
春分	胃昴（昴）	奎娄
夏至	柳星（鸟）	卯鬼
秋分	氐房（火、房）	角亢
冬至	虚危（虚）	斗牛

注释

①20 世纪初"古史辨"派以为五行说起自我国邹衍"五运说"，并疑《洪范》所言"五行"为晚出之说，又谓阴阳五行说乃汉代随谶纬出而大行。其说皆出臆测，不足为训。

②我本人过去对五行论的真义也有误解。

③参《乙编》2452，3094；《通》398。

④尧时，十日并出。羿乃射之：

1. 十个太阳在同一天一起出。十日，十只太阳。2. 十个太阳交替（连着）出，没有夜晚。十个不同的太阳，分别有名号，即十干，将一年分为十个节气。

前者是神话，后者是历史，指历法混乱。

羿射日，神话；羿造反，历史。羿即有易、有狄、有虞之首领。

⑤出土秦简《编年记》云："昭王五十六年，后九月昭死。"所谓后九月，即以十月为终月，闰月置于九月后，称后九月。

⑥详说见陈久金《论夏小正》、《十月太阳历》,《陈久金集》,黑龙江教育出版社,1988。

⑦楚历十月历法。至申为一年。燎月、献马过年(闰),正月为始元之月。

⑧昭固楚简。

⑨鄂君启节。

⑩商历,一说建丑。近人研究据甲骨文,则有新说为建午,以夏至为农事之岁首。

《月令》与《十二月纪》以春夏秋冬四季各配数字:

春 八　　夏 七　　秋 九　　冬 六

其纪数之月数,乃错落使用颛顼古历及周历也。周历以七月为夏,九月为秋。以一月为冬,正当颛顼历之六月。三月为春,正当颛顼历之八月也。故冬春以六、八(颛历)为纪,而夏秋以七、九(周历)为纪。

⑪周历与西历相近,为阴阳合用之历。夏历与阴历相当。夏历五月五,约当周历之七月,乃夏至之日。常玉芝说殷历以是日为新年。年者,季也,收割之时也。是日收新麦、种大享。

太一阴阳五行十月历起源

易学乃是中国上古的宇宙学说，这一宇宙学说，总括于太一、阴阳、五行、四季、八风之理论中[①]。

太一即太极，在天之北极，其星即北极星，上古以为天帝象征。

太一为"太阴"，也称"太幽"，幽字形变作"玄"，即"太玄"，又即所谓"玄冥"（"幽冥"也），为玄夜。

太一演变，阴中生阳，老子所谓"一生二"也。

太一生阴阳，阴阳生两仪（日与月），两仪生"五行"。

《管子·乘马》："春夏秋冬，阴阳之推移。"

《孔子家语》记孔子论五行谓："丘也闻诸老聃曰：天有五行——水、火、金、木、土，分时化育，以成万物，其神谓之五帝。"

孔子指出天之五行，乃时季之神——"分时化育，以成万物者"。

五行，五气也。五气运行，是谓"五行"，《黄帝内经》称"五运"。五气运行产生五节——金、木、水、火、土。五节又生四季——春、夏、秋、冬。五行之载体则是五大行星。

《左传》昭元年："天有六气……六气曰阴阳风雨晦明也，分为四时，序为五节。"

《春秋繁露》中记述上古五行十月历法：

日冬至（岁首）。

七十二日木用事，其气燥浊而青（木季节）。

七十二日火用事，其气惨阳而赤（火季节）。

七十二日土用事，其气湿浊而黄（土季节）。

七十二日金用事，其气惨淡而白（金季节）。

七十二日水用事，其气清寒而黑（水季节）。

七十二日复得木。（循环终始）（《春秋繁露·治水五行》）

又云：

木者春，生之性，农之本也……火者夏，成长……土者夏中，成熟百种……金者秋，杀气之始也……水者冬，藏至阴也。（《春秋繁露·五行顺逆》）

《春秋繁露》对先秦天道阴阳五行四时学说有总括性的论述，曰：

天地之气，合而为一（何按：即太一）。分为阴阳（日、月），判为四时（春夏秋冬），列为五行（金木水火土）。行者，（运）行也，其行不同，故谓之五行。五行者，五官也，比相生而间相胜也。（《春秋繁露·五行相生》）

又云：

天有五行，木火土金水是也。木生火，火生土，土生金，金生水。水为冬，金为秋，土为季夏，火为夏，木为春。春主生，夏主长，季夏主养，秋主收，冬主藏。藏，冬之所成也。

天有五行：一曰木，二曰火，三曰土，四曰金，五曰水。木，五行之始也；水，五行之终也；土，五行之中也。此其天次之序也。

木生火，火生土，土生金，金生水，水生木，此其父子也。

木居左，金居右，火居前，水居后，土居中央，此其父子之序，相受而布。是故木受水，而火受木，土受火，金受土，水受金也。

又云：

天之常道，相反之物也，不得两起，故谓之一。一而不二者，天之行也。

阴与阳，相反之物也，故或出或入，或右或左，春俱南，秋俱北，夏交于前，冬交于后，并行而不同路，交会而各代理，此其文与？

天之道，有一出一入，一休一伏，其度一也，然而不同意。阳之出，常悬于前而任岁事；阴之出，常悬于后而守空虚。阳之休也，功已成于上而伏于下；阴之伏也，不得近义而远其处也。

天之任阳不任阴，好德不好刑如是。故阳出而前，阴出而后，尊德而卑刑之心见矣。阳出而积于夏，任德以岁事也；阴出而积于冬，错刑于空处也。必以此察之。

又云：

天地之常，一阴一阳。阳者天之德也，阴者天之刑也。迹阴阳终岁之行，以观天之所亲而任。

天道大数，相反之物也，不得俱出，阴阳是也。春出阳而入阴，秋出阴而入阳，夏右阳而左阴，冬右阴而左阳。阴出则阳入，阳出则阴入；阴右则阳左，阴左则阳右。

是故春俱南，秋俱北，而不同道；夏交于前，冬交于后，而不同理。立行而不相乱，浇滑而各持分，此之谓天之意。

而何以从事？天之道，初薄大冬，阴阳各从一方来，而移于后。阴由东方来西，阳由西方来东，至于中冬之月，相遇北方，合而为一，谓之日至。别而相去，阴适右，阳适左。适左者其道顺，适右者其道逆。逆气左上，顺气右下，故下暖而上寒。以此见天之冬右阴而左阳也，上所右而下所左也。

冬月尽，而阴阳俱南还，阳南还出于寅，阴南还入于戌，此阴阳所始出地入地之见处也。至于中春之月，阳在正东，阴在正西，谓之春分。春分者，阴阳相半也，故昼夜均而寒暑平。阴日损而随阳，阳日益而鸿，故为暖热。初得大夏之月，相遇南方，合而为一，谓之日至。

别而相去，阳适右，阴适左。适左由下，适右由上，上暑而下寒，以此见天之夏右阳而左阴也。上其所右，下其所左。夏月尽，而阴阳俱北还。阳北还而入于申，阴北还而出于辰，此阴阳之所始出地入地之见处也。

至于中秋之月，阳在正西，阴在正东，谓之秋分。秋分者，阴阳相半也，故昼夜均，而寒暑平。

阳日损而随阴，阴日益而鸿，故至于季秋而始霜，至于孟冬而始寒，小雪而物咸成，大寒而物毕藏，天地之功终矣。

阳气始出东北而南行，就其位也；西转而北入，藏其休也。阴气始出东南而北行，亦就其位也；西转而南入，屏其伏也。是故阳以南方为位，以北方为休；阴以北方为位，以南方为伏。

阳至其位而大暑热。阴至其位而大寒冻。阳至其休而入化于地，阴至其伏而避德于下。

是故夏出长于上，冬入化于下者，阳也；夏入守虚地于下，冬出守虚位于上者，阴也。阳出实入实，阴出空入空，天之任阳不任阴，好德不好刑，如是也。故阴阳终岁各一出。

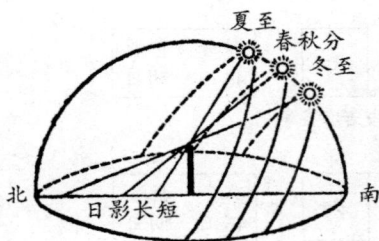

二分二至及日影

八卦与十二支（十二支指明了月份和方位）

又云：

天之道，终而复始。故北方者，天之所终始也，阴阳之所合别也。冬至之后，阴俛而西入，阳仰而东出，出入之处常相反也。

多少调和之适，常相顺也。有多而无溢，有少而无绝。

春夏阳多而阴少，秋冬阳少而阴多，多少无常，未尝不分而相散也。以出入相损益，以多少相溉济也……天所起一，动而再倍，常乘反衡再登之势，以就同类，与之相报，故其气相侠，而以变化相输也。

春秋之中，阴阳之气俱相并也。中春以生，中秋以杀。由此见之，天之所起其气积，天之所废其气随。故至春，少阳东出就木，与之俱生，至夏，太阳南出就火，与之俱暖。

此非各就其类而与之相起与？少阳就木，太阳就火，火木相称，各就其正。此非正其伦与？至于秋时，少阴兴而不得以秋从金，从金而伤火功，虽不得以从金，亦以秋出于东方，俛其处而适其事，以成岁功。此非权与？

阴之行，固常居虚而不得居实。至于冬而止空虚，太阳乃得北就其类，而与水起寒。是故天之道有伦、有经、有权。

夏至　上天
46 日废明日

立夏　阴洛
45 日明日　｜　四　｜　九　｜　二　｜　立秋　立委
45 日废明日

当者有(?)　百姓　当者死

春分　仓门
46 日废明日　｜　三　相　○　将　七　｜　秋分　仓果
45 日　明日

当者有喜　当者有盗争

立春　天留
46 日废明日　｜　八　｜　一　｜　六　｜　立冬　新洛
45 日　明日

当者病　当者有忧　当者有意

冬至　叶蛰
46 日废明日

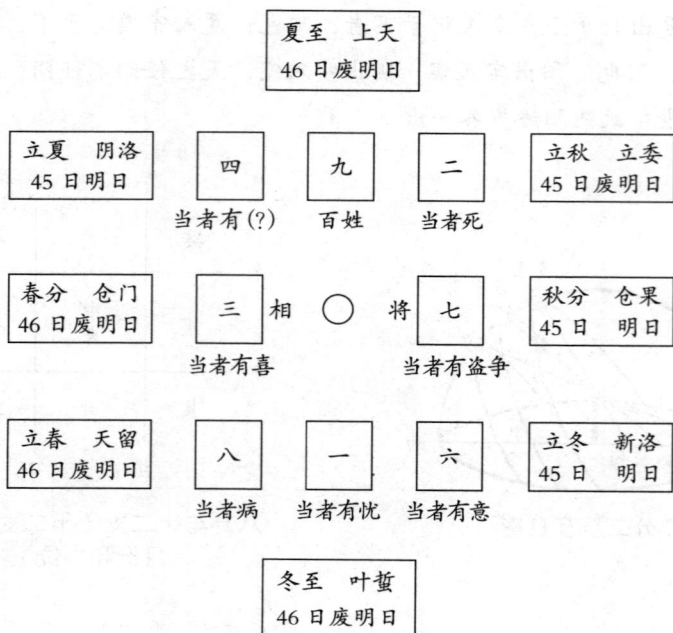

安徽阜阳夏侯灶墓出土的西汉太一九宫占盘（1977）示意图

注释 ☰

①《汉书·魏相传》记魏相说："天地变化，必由阴阳；阴阳之分，以日为纪。日冬夏至，则八风之序立，万物之性成，各有常职，不得相干。"

南阳麒麟岗汉墓天象图

天象图

　　1988年7月在南阳市西麒麟岗上所发掘的汉墓，出土了目前我国最完整的汉代天象图。该图作为墓顶石由九块画石组成，总长365厘米，宽153厘米，厚14厘米，九块条石合成一幅图像，应是"天有九重"的寓意。

　　画中刻一中央天神正襟危坐，头戴"山形冠"，其四周由"四神"环绕，上为朱雀，下为玄武，左为白虎，右为青龙，画基端刻女娲及南斗六星，女娲人首蛇身，怀中抱一圆轮，当为月轮；画右端是伏羲及北斗星，伏羲亦人首蛇身，怀中抱一日轮，日中有阳乌。

　　这幅天象图由三部分组成，中间部分是"五星"，即："东方木也，其帝太皞，其兽苍龙；南方火也，其帝炎帝，其兽朱鸟；中央土也，其帝黄帝，其兽黄龙；西方金也，其帝少昊，其兽白虎；北方水也，其帝颛顼，其兽玄武。"因中央神兽是黄龙，为与东方苍龙有所区别，故中央刻画戴山形冠的黄帝形象，这里比其他墓中只刻四神图像更加突出了汉代盛行的"五行"观念。该图第二部分是伏羲女娲一组形象，通常伏羲女娲既是人类始祖神又兼日月神，被刻在该墓墓顶，既有日月经天之意，又与中间"五星部分"构成完整的"阴阳五行"的表达图式。该图第三部分是南北斗。北斗由七颗星组成,南斗由六颗星组成。古人很早就认识到北斗星的天文意义,司马迁曾在《史记》中说:"斗为帝车,运于中央,临制四乡,分阴阳,建四时,均五行,移节度,定诸纪,皆系于斗。"南斗是二十八宿中的斗宿,因与北斗位置相对而得名。东汉以后,早期道教宣扬南斗主生,北斗主死,进一步将南北斗神化。由此可见,南北斗在民间信仰中早已有了重要的位置。

五行说来源新探

五行论包含两种体系，一是五气或五运（五气运行论），是一种天文哲学。一是物理五行论，是五种物理形态之转化。此文讨论的是后者。

"五行说"是中国传统思想中最重要的内容之一，但其来源则迄今未明。问题之所以难于解决，主要是两个原因。

1. 古代典籍中未曾保存关于五行说可以征信的原始资料。褚少孙补《史记·历书》称："盖黄帝考定星历，建立五行，起消息。"他以五行起源归之于黄帝。然黄帝其人与时代却是上古史中最大的谜之一。典籍中"五行"最早的资料有人推于《尚书·甘誓》："有扈氏威侮五行，怠弃三正。"但此篇所出时代不明，篇中"五行三正"究为何指，则自汉代以下一直聚讼纷纭。近人多以《尚书·洪范篇》为五行说之可信出典。然《洪范》书出于战国时已有定论（说见刘节《洪范疏证》）。而且篇中关于"五行"的说法实际是指"六府"（此点前人迄未发现，详说见后）。与其认此为"五行说"的原始出处，不如说它是五行说已产生后，以"五行说"为模式，再作剪裁加工而成的次生类型。

2. 现存古代典籍中关于五行说的理论，枝蔓横生，芜杂混乱。诸如"相生说"与"相胜说"，以及"五材说"、"五气说"、"五方说"、"五常说"、"五德说"、"五星说"，等等。异说纷纭，然多难征信。

本文试图重新考订和分析典籍中关于五行说的原始资料。在折中近人成果的基础上，对五行说的起源和演变问题，提出几点新的认识。

一

古人关于五行的各种说法虽歧异且混乱，但有一点则是诸家一致的。即皆本"五"数而立说。这种对于数字"五"的崇拜，可以看作诸家五行说的共有母题，而关于五行所附会的各种说法，则均是此一母题的变体。

对于某种神秘数字的特殊崇拜，是原始人类文化与宗教中普遍存在的现象。这种数字崇拜的起源，很可能是由于观察到某一数字在某些重要事件中多次重复地出现，因而认为这个数本身具有某种"灵"性。在中国古代文化中，常被看作吉数的"一"、"五"、"六"、"八"、"九"、"三十六"、"七十二"，以及常被看作凶数的"七"、"三"、"二十一"等，都被赋予了某种神秘的意义。而著名的"河图洛书"（三阶幻方），正是古人具有数字崇拜观念的一个典型例证。

五行说既植根于数字五的崇拜，则其必起源于流行"五"数崇拜观念的民族和时代中。但如果是这样，那么"五行说"就不能早于殷商。因为考古材料和历史分析均证明，殷商人所崇拜的数字是十而不是五。殷商人重视"十"这个数字，有许多材料可以证明。例如他们对先公先王的祭祀以十干为序，以十日为一周期。他们的氏族组织和军队编制也是以十进位（说见张政烺《古代中国的十进制氏族组织》、郭宝钧《中国青铜器时代》）。但是周人则不同。从氏族组织和军队编制看周人均采用以五为基数的五进制形式（见《周礼·地官·小司徒》）。有的考古学家认为，在十进制数字算法发明以前，可能流行过一种五进制的数算方法。

近人刘师培说："一二三四五，皆有古文。而六字以上，既无古文，此为上古只知五数之证。"（《太炎文录卷二》引）

程本《子华子》："天地之大数莫过乎五。"

郭沫若《甲骨文字研究》及《卜辞通纂》中亦有相似的见解。而古人所采用的算筹计数法，布筹成式，正是从伍进位归一的。其码法如下：

1	2	3	4	5	6	7	8	9
一	二	三	亖	𝍤	丅	𝍦	𝍧	𝍨

筹算与蓍筮数占具有密切关系，周易八卦传说为周人所发明。在易数中以"五"为天地之数（"天数五，地数五"《易传·系辞》）。认为"道其变遂通天下之文，极其数遂通天下之变"。筹算的发明，古人虽归原于黄帝，但实际上很可能与易占一样发明于周人。而在西周典籍中，多以五概称多数。

例如《尚书·益稷》所言之"五采"、"五色"、"五声"、"五言"、"五服"、"五长",《禹贡》所言之"五采",《多方》言之"五祀",《吕刑》言之"五刑",《尧典》言之"五典",《舜典》所言"五礼",《周礼》中所言之"五官"、"五众"、"五味"、"五谷"、"五药"、"五气"、"五声"、"五色",等等。又五字音通于无。五、无均有极意。《说文》:"无,丰也。""数之积也。"认为"无"(五)以上之数即为无限大。这种观念,似亦是上古以五为多观念所遗之残迹。

周人对于"五"数的这种崇拜,应是五行观念的来源之一。《荀子·非十二子》讥子思、孟轲曰:"案往旧造说,谓之五行。"杨倞注:"五行,五常。仁义礼智信也。"此所谓"往旧之说",旧解纷纭。而参之以上说,实当指此由来已久之五数崇拜观念也。章太炎曾发疑说:"五常之义旧矣,虽子思始创之亦何损,荀卿何讥焉?"殊不知,思孟据古代五数崇拜的神秘观念,构建五常学说;荀子是一位反对迷信者,对于思孟向原始宗教观念所做的这种妥协,自然不能不有所讥焉。

二

五行说起源于周人的第二个证据,是五行说与形成于东周的五帝神崇拜密切相关。五帝神崇拜来源于五方神崇拜,而五方神崇拜则是殷商人四方神崇拜的发展。

胡厚宣先生于20世纪40年代在甲骨卜辞中,发现了有东南西北四方和四方风名。如武丁时一大块牛脚骨,其上刻辞说:

东方曰析,风曰劦。南方曰夹,风曰凯。
西方曰夷,风曰𡘋。北方曰伏,风曰殳。

(何按:四方名和四方风名,并见于武丁时代另一块大龟腹甲。)

此最可注意者,即不唯四方位各有专名,而且四方来风也有专名,并且得到祭祀。由此可见四方与四方风实际都是神(详说可参看杨树达《积微居甲文说·四方神名之意义》)。因此这里一共是八位神。即:

1. 东神称"析", 东风神称"劦"。
2. 西神称"夷", 西风神称"𡘋"。

3.南神称"因"，南风神称"凯"。

4.北神称"伏"（即"勹"，从于省吾先生说），北风神称"殴"。

研究殷商史者多注意到，在殷商的历法和出土卜辞中，除了春、秋二字外，迄未发现关于四季名称的完整记载。但是根据殷商人已知道的加闰（第十三月）调正节气，可断他们是知道四季之分的。那么为什么在甲骨文中存在的大量占问气象的卜辞中，没有四季之名呢？笔者以为，这个疑问，可以从殷商人的四方神名中得到解释。以四方与四时相配，为古人早有之观念。而四方观念与四时观念正具有极密切之关系。我国气候南方暑热，所以古人以为是夏神所居。北方酷寒，所以古人以为是冬神所居。东方滨海长温，所以古人以为是春神所居。而西方有流沙大漠，又秋风从西部来，所以古人以为是秋神所居。杨树达先生说：

四方与四时相配，为古籍中恒见之说，甲文之四方，因其神人命名之故。知其与四时互相配合，殆无疑问。

又，据《尚书·尧典》：

乃命羲和，钦若昊天，历象日月星辰，敬授人时。

分命羲仲，宅嵎夷，曰旸谷。寅宾出日，平秩东作，日中星鸟，以殷仲春。厥民析，鸟兽孳尾。

申命羲叔，宅南交，平秩南讹，敬致。日永星火，以正仲夏。厥民因。鸟兽希革。

分命和仲，宅西曰昧谷。寅饯纳日，平秩西成。宵中星虚，以殷仲秋。厥民夷，鸟兽毛毨。

申命和叔，宅朔方，曰幽都。平在朔易。日短星昴，以正仲冬，厥民隩，鸟兽氄毛。

由这一记载中，可以明显地看出四方与四季的关系。

《尧典》一篇，近人已论定出于周代，经过晚周、秦汉人的补订。但据一些中外天文学家计算，《尧典》中"日中星鸟，以殷仲春"，"日永星火，以正仲夏"，均应为商周之际的天象。在公元前2000时，四季的分至点确在鸟、火、虚、昴四星附近。这种天象在秦汉以后就变化了。所以《尧典》

的这种内容不可能出自后人的伪造，而只能取材于史官代代传授的观象经验。竺可桢先生以岁差定《尧典》四星年代约在前 11 世纪，即商周之际。参之于甲骨文中四方神的祭祀和求年的占卜，二者之间的切合当然不会是偶然的。因此许多中外科学史家都相信，殷商人既有二十四节气概念，故必有四时概念。

胡厚宣说："殷代历法已经有了闰月，闰月所以调节四时。《尧典》：以闰月定四时成岁，则殷人已有四时的观念，乃毫无问题。"（释殷代末年于四方和四方风的祭祀）又言：

> 甲骨文的四方和四方风名，由上看来，与四时相配合，也好像有些线索。但是关于四时的字样，则还一直没有被认识出来。甲骨文春秋之义，用作年，并不是说的春天和秋天，夏冬二字，用为夏季、秋季之义者，迄今亦有待发现。

有四季之分期而不见四季之名称，应如何解释这一矛盾？我认为解答这一问题的关键，是应将自然季节与农业季节相区分。东周以后，此两种季已密切不分。但在殷商以前，则很可能二者是不相同的。

杨树达释商代四方名，认为皆与草木有关，即以草木之象区别四时的变化（胡厚宣先生认为"其说可通"，见《复旦学报》1956 年第 1 期）。他认为析者，即取象于草木甲忻苗长。故析即商代春季之名。夹即荚，草木荚实。此为夏季之象，亦即商代夏季之名。夷者杀也。秋气肃杀，故用夷为秋季之名。勹即伏（于省吾说，《甲骨文字释林》），谓万物藏伏。是冬季之象，并用作冬季之名。

故商人称四时之名，实与后世不同，而其根据，则来自对四季自然现象的观察。周人的四季名称与商人不同。他们可能首先采用了春夏秋冬的称法。汉经学家训四季名称谓：春者屯也，动也；夏者大也；秋者熟也；冬者终也。四名皆与农事有关。

周人农业发达，而商人牧业发达。所以称四季为析、荚、夷、伏，皆取象于草木自然。而周人名四季为春夏秋冬，则根据于农业生产。

在西周，周人仍只祭四方神。《礼记·曲礼》："天子祭四方。"《公羊传·僖公三十一年》："天子有方望之事。"何休注："谓望祭四方之神。"另配上一个土神，或称社神。《诗经·小雅·甫田》："与我牺羊，以社以方。"

《郑笺》：“秋祭社与四方。”何楷《世本古义》亦谓：“方社祭四方之神及后土”。

逮于晚周，四方神转化为东西南北四帝。四帝配星各主二十八宿中之七宿。此俗应与《尧典》中的四方四季分配“鸟、火、虚、昴”四星有关。但是，自周人把“五”的数字崇拜观念注入了这一系统后，遂将北斗七星别立一主，作为“中宫”，由此而演出新的五方神即五帝的观念。

郭沫若《金文丛考·金文所无考》谓：

> 五行之观念，亦为金文所无，金木水火土等文字虽见，然义均实质，绝无神秘之嗅味，因之五行生胜，命德转移及五方五祀之说，均无丝毫痕迹可以征考，《洪范》一文，其名构成意识之产物，与《禹贡》、《周易》同，绝非自然发生之文字，亦绝非周初所宜有。

又谓：

> 振玉《殷虚契考释·礼制篇》言商代祭有五方帝……余旧亦颇是认此说，然细考实依稀仿佛之说也。此所谓五方帝者，纯属皮傅而已。

这一说法是有坚实根据的。

《史记·封禅书》云：“五帝之祀始于秦。”说秦初只祭四帝，至春秋晚期才增入中央帝成为五帝，这一演变说明四方神转变为五帝系统的时期，至早亦应在晚周春秋之世。

三

五方与五帝观念，必待二十八宿与北极（中宫）观念确定以后。天与地的观念是相对应的。天有四方、四神，地也有四岳、四祇。所以商人并没有地之中土观念。他们当时甚至尚无大地一体的概念。他们所言的“土”，都是很具体的。他们的“中”，也具体地指所处的居邑，而没有大地中心的观念（对于地“中”何在的问题，直到战国时期还是一个在辩论着的问题。见《庄子·天下》：“我知天下之中央，燕之北越之南是也”）。

殷商人多次迁徙，也就说明了他们并没有地中心的概念。但在春秋时天上中宫的概念形成后，地上五岳的概念也相应出现了。这时才有了五方神和五帝的说法。因此，是五数崇拜、方位崇拜、四时崇拜与星象崇拜的结合，最终构成了五宫、五方、五帝的概念。而这一概念的出现，为五行理论从宗教神学方面准备了条件。

但是，五行学说的出现，还要有一条件，这就是哲学的条件。春秋时出现的五材说正提供了这一条件。

五行观念的质料构成因素，是春秋流行的五材学说。

五材学说的本质，来自对物态转化的经验观察，其根源很可能与冶金术有关。《国语·郑语》记桓公与史墨问答："故先王以土与金木水火杂以成百物。"韦昭注谓："铸、冶、蒸、烹之属。"

在韦昭的这个注中，揭示了五材说的一个重要根据——五材转化观念，实与"铸冶蒸烹"有关。须知正是在这个过程中，火作为能动力，化冶万物，使旧物质发生变化，同时使新物质在变化中生成。

在金属冶炼过程中，物质互相转化的运动表现得最为明显：

$$\begin{array}{ccc} 熔解 & & 凝固 \\ 木 \rightarrow 火 \rightarrow 土 \rightarrow 水 \rightarrow 金 \\ 燃烧 & & 融化 \end{array}$$

如果我们分析一下金属冶炼的实际，就会发现，这里有重要的联系。

$$\begin{array}{c} 木炭 \rightarrow 火 \rightarrow 矿石 \rightarrow 铜液 \rightarrow 金属 \\ 木 \rightarrow 火 \rightarrow 土 \rightarrow 水 \rightarrow 金 \end{array}$$

不难看出，这正是五行相生的顺序。

唯此种高度发达的抽象观念，不可能出现于商代。因为商代的冶铜业虽很发达，但冶炼之前有复杂的神秘仪式，冶炼成器后，还有"用牲血祭新造铜器的习俗"，称为"衅血"（《商代卜辞中的冶铸史料》，《考古》1973年第5期）。

直到西周以后，金属冶炼过程渐渐失去神秘性。人们在从对此过程的反复观察和反思中，方能形成物相转化的形上观念。这种物相转化观的再抽象，就是金、木、水、火、土五物脱去具体内容，而变成广泛的五种物质形态的抽象分类符号，即：

金——金属物

木——有机动植物

火——无机物

水——液态物

土——固态物

张华《博物志》说：

石者，金之根甲。石流精以生水，水生木，木含火。

张华书中多存古义。此所说石，即土。石精即金。这一理论：石→金→水→木→火实际正是五行循环理论的真义。古人用这五种物质的转化和生成，说明宇宙的普遍运动和转化。而这种转化运动是生成运动。因此从来源上说，五行的相生说应先出一于相胜说。证验于史，也正是如此。《国语·鲁语》：

及地之五行，所以生百物也。

《春秋繁露·五行之义》：

天有五行：一曰木，二曰火，三曰土，四曰金，五曰水。木，五行之始也。水，五行之终也。木，五行之中也。此其天次之序也。木生火，火生金，金生水，水生木，此其父子也。

这一理论的根据，实际完全来自物质的转化运动的观察：

燃　炼　化

木→火→金→水

五行循环图：

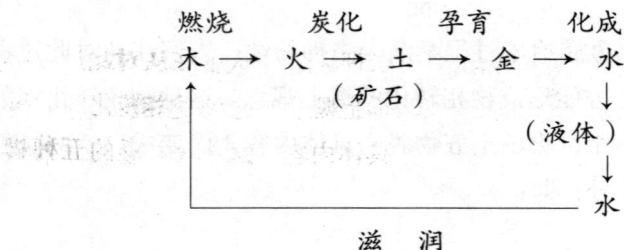

在这里，土和水的物质，被抽象化为广义的物质符号，土不仅仅是燃烧余烬，而且是矿物的泛称。水不仅是金液，而且是液体与水的泛称。把中国的五行说与印度的四大说作一比较，是很有意思的。

印度之四大说，初起时本来很具体。《梨俱吠陀》"创造歌"（Ⅱ）"生主歌"：

金胎，于太初出现矣！其生也为万有独一之主宰。彼已安立此天与地矣，谁是吾等当祭之神！（何按：金，指日光）

大水支胎子，日生火，而遍行宇内矣！诸神之生命，实由此生，谁是吾等当祭之神！

这是一种二元论的发生说：神界→光　　生界→水

但到《推提利耶奥义书》中，就谓："世界开展的第一步，由梵生空，由空生风，由风生火，由火生水，由水生地，于是物器之世界好告完成。"《圣德格耶奥义书》："其初梵作火，与水、与地，又欲依之而发展各邑界，更分二为三要素。"

最后在《阿毗达摩俱舍论》中，遂转化为"四大种子"的观念："颂曰：大种谓四界，即地、水、火、风……记曰：地水火风，能持自相所生色，故名四界。"

这四大种子实际也是四类物质的抽象符号：

地　→　水　→　　火　→　风
（固体）（液体）　　（激能状态）（气体）

以之与中国古代的五行说相比较，则四大种子说达到的抽象程度，似更高一些。

四

然而，在邹衍的五德说诞生以前，我们根本找不到五行的系统理论，相反，只能看到一系列极为混乱和矛盾的说法。百家诸子的几乎每一家，各有对"五行"的独特解释和运用。恰如墨子所说的"五行毋常胜，说在宜"（何按：这里对此话的解释与旧说不同）。

例如《洪范》："五行：一曰水，二曰火，三曰木，四曰金，五曰土。水曰润下，火曰炎上，木曰曲直，金曰从革，土爰稼穑。润下作咸，炎上作苦，曲直作酸，从革作辛，稼穑作甘。"

洪范的五行理论	物质根据
水曰润下，作咸	①水性向下，海水味咸。
火曰炎上，作苦	②火气向上，炭焦味苦。
木曰曲直，作酸	③树木曲直，果实味酸。
金曰从革，作辛	④金属锋利，味道辛凉。
土爰稼穑，作甘	⑤土（本身不甜，甜者，以其生谷粮也）⑥谷（味甜）

试分析一下就会发现，这里虽然举出五行，实际上却暗涵着六种元素。所以《洪范》的五行说，实际乃是春秋时颇为流行的六府说的一个变种。

《左传·文公七年》：

水、火、木、金、土、谷，谓之六府。（注意此排列顺序，恰与《洪范》相同）①

又《淮南子·泰族训》：

水、火、木、金、土、谷，异物而皆任。

又，宇宙之基元物质究竟为六或为五，当春秋时还未定论。

所以《国语·周语下》云：

天六地五，数之常也。

《庄子·天运》：

巫咸袑曰："来，吾语汝，天有六极五常。帝王顺之则治，逆之则凶。九洛之事，治成德备，监照下土。天下载之，此谓上皇。"②

《韩非子·饰邪》记天地诸神：

丰隆、五行、太一、王相、摄提、六神、五括。（此说中既言五行，又言六神）

又，关于孰为五行之本原的说法，晚周亦不同。《管子·水地篇》提出水地乃万物本原的二元论：

地者，万物之本原，诸生之根菀也。美恶、贤不肖、愚俊之所生也……水者何也，万物之本原也，诸生之宗室也，美恶、贤不肖、愚俊之所产也。

由此可见，直到春秋战国之际，虽已出现关于五行的各种说法，但尚未以之作为统括宇宙人间的总体性形上观念。直到邹衍提出五德终始说后，早期这种建立于具体物相转化之上的五行说，方变为抽象的行运转化说，使金木水火土失去本来具有的物质意义，而变成象征五性实体的五种符号，这已是战国末期的一种新五行理论。

以上概述了五行说在古代意识形态上的三个来源：

1. 五数崇拜，2. 方神崇拜，3. 物质转化的哲学观念。

而将这些观念加以综合改造，成为一种新的神哲学体系，是通过战国末年（公元前 3 世纪前半叶）东方的一位术士——邹衍实现的。顾颉刚评论这位人物时指出：

他是齐国的一位有名学者，是一个伟大的探索宇宙问题的思想家，一手组织了历史和地理的两个大系统（何按：指邹衍的五德相胜及大九州学说），奠定了后世阴阳五行学说的基础[③]。

注释

①《大戴礼记·四代》："水火金木土谷，此谓六府，废一不可，进一不可，民并用之。"

②文中所言六极，即《左传·昭公七年》"岁时日月星辰"。所言九洛，疑即九畴洛书。

③《邹衍及其后继者的世界观》。

易学札记

1. 周易源于天文历法之学

《周易》起源于天文历法阴阳之学，源于占星之术，为史官所掌。筮法即式法之演变，其策法即术算之法也。

《周易》所反映的天象理论与《天问》的天象理论，都是古代天文学中的盖天理论。故其原分为二：一为象，天象，历象，占星之术（河图，即天河星图，洛书，即历书也）。二为数，即建立数学模型模拟及预测人事。

卜筮，卜算（卜策）也。式，天式也，即天时之模式。卜式以择时测事，乃中国式占星术之流变也。

2. 中国上古时空观念之演进

游牧民族逐水草而居，注重时序概念的计程而忽视抽象之空间概念。故时间概念先于空间概念。

中国哲学与文化，重视时间之流转，而较忽视空间（地理）之探索。形成循环的大时间论，历史理想主义。而西方则是凝固的（超时间、征服时间）的空间现实主义。

时序概念起源于雨旱二季之划分，此亦即阴阳概念之自然起源。

上古中国（6000—10000 年前），中国多地域（包括华北）均处于亚热带气候，即有二季晴与雨之划分。由此形成二方位的空间观。

二季制，即古之"春秋"观念起源。晴季（寒），雨季（暑）春／雨季，主生长。秋旱季成，熟季。故"春秋"不是四季省略之简称也。

太阳所在空域之不同（在北而寒，在南而暑），形成时空的统一论。

3. 上古以山为天文观象坐标

远古的农人，每天观察太阳出入何处，用来定季节以便耕种的资料，这是历法的前身。

一年四季气候不同，按天动学说，是由于太阳从极南到极北，又从极北走到极南，一年之间往返一周而来。太阳走到极南时叫冬至，到极北时叫夏至，到正东正西叫春分或秋分。

远古时代的人，只知道日出而作，日入而息，把太阳的出入当作生活作息的标准。

多山地带的人，自然就以山为日月出入表尺。他们一天之间看见太阳从某山出来，从某山下去。一段时间，他们觉得白昼的时间慢慢儿长了或短了，天气就慢慢儿热起来或冷了，或者不冷不热，或极冷极热。

如此这般，积长时间的观察体验，就用来定季节的早晚，排定耕作的日程，这是生产和生活的需要，是很自然的事。

从社会发展来说，这是由狩猎时代进而到农业定居时代的产物，历法的前身，是远古的人用以定季节的资料。

空间观念有一演变过程，由二维（前后）到四维（前后左右，东西南北），进而细分为八（四维四隅）。

卦古音读 gui，又读 ju，音近"极"，又近"柱"。

《天问》："八柱何当？东南何亏？"《淮南子·墬形训》："天地之间，九州八极。"

《初学记》引《河图》："地有九州八柱。"

八柱、八极，皆即八卦。起源于地表八山（天柱）。古人以为日所出入处有八山，山即天柱、天门，日门之变，是为季节之变化。《淮南子》记八山：

> 东极之山——方士山（日本、富士山、扶桑山）
>
> 南极之山——波母山（印度，锡兰？马来？）
>
> 北极之山——不周山（大青山？）
>
> 西极之山——编驹山（西藏高原？）

《大荒西经》说："丰沮玉门，日月所入。有灵山，巫咸、巫即……十巫，从此升降。"灵山即巫山（这条材料似是巴国或西南方人的记载）。

三大坐标：（1）地平坐标——追踪太阳：山体（八柱）、圭表。（2）赤道坐标——星座坐标。（3）黄道坐标——北极中心坐标。

4. 上古历法多变

《诸神的起源》一书讨论中国古老的太阳崇拜。太阳崇拜的基点是以太阳为天之主神,四时之"辰"神,季节形成之原因。

但是《易》学体系的出现表明,在商周秦汉之际,经历了天文历法观念即宇宙观念的一次大变革。这时由太阳中心论转为北极中心论——太极中心论(日本的天照大神不是太阳,而是北极神)。太阳中心论变为北极中心之盖天论。

5. 太阳历

太阳历,人类历史上最早出现的历法,是以太阳位相的变动周期作为较长日期标志的历法。因为月亮的盈虚变化对人类较为明显,所以那个时候,在宗教上,月名有重要地位(《简明天文学手册》,科学出版社,第294页)。

6. 冬至与日至

《礼记·杂记》:"正月日至,可以有事于上帝。七月日至,可以有事于祖。"

《礼记·月令·孟春》:"天子乃以元日祈谷于上帝。"郑注:"谓以上帝郊祭天也。以正月第一个辛日祭天。"

又,《月令·仲春》:"择元日,命民社。"

《尔雅·释天》以十一月为正月。或说为周历建子,但另一种解释却是十月历法。

先秦的腊日可能是固定在冬至后第三个生肖周,也即冬至后36日为腊日,正位于大寒期间。

7.《太平经》记"十月"为一年之"终月"

《太平经》卷四十:

> 万物始萌于北,元气起于子,转而东北,布根于角。转在东方生出达,转在东南而悉生枝叶,转在南方而茂盛,转在西南而向盛,转在西方而成熟,转在西北而终(冬)。物终当更反始,故为亥……亥者,核也,乃始凝核也,故水始凝于十月也。

8.《帛易》月令

《帛书周易》，简称《帛易》。帛书卦日，可参焦氏易林"焦林直日"而解析。"焦林直日：60卦每卦直6日，共直360日，余4卦各直1日。"

何按：帛书，60卦每卦直6日，余2卦每卦3日，乾坤值月不值日。即二十四节气中，每两节30日，五卦。一卦相次管6日。凡卜，看本日得何卦，便在本日卦内寻所卜何卦看吉凶（焦氏占法，亦即《帛易》之占法也）。

9. 越南历法用华夏古历

越南民俗与中国南部同，用中国古历：

（1）正月初一（太一、云中）。

（2）正月十五，上元，也是土地诞辰（社神、太一、云中）。

（3）五月初五，端午，正五（十月历法之孑遗）（湘君）。

（4）八月十五，中秋（少司命）。

（5）十二月二十三为谢灶日（稷、告、尝）（少司命）。

（6）十二月三十日除夕，设二神，焚火叩拜，除旧迎新。

10. 说"气"

气在古代哲学中有三重意义：

（1）以太——元气。

（2）空气。

（3）风气——季风。

11. 汉民族名称来源

汉民族名称起源于天汉。古称银河为天汉，"天河亦名天汉"。

"天汉起东方，经箕尾之间，谓之汉津。"（《晋书·天文志》）

"河水……应天汉。"（《孝经援神契》）

"河精上为天汉。"（《河图括地象》）

天汉或称河汉，银汉，简称汉。

"七月：汉案户。"（《大戴礼记》）

黄河、长江（汉水）之子，是即天汉之子。

天汉之在天为龙。

龙族之人是为天汉（大汉）族。

12. 二十八宿观念的起源

《史记·律书》："七政二十八舍。"

七政，七曜也。四象，四陆，七曜于四方各有居一舍，共计二十八舍，即二十八宿。

二十八宿星象略图

可由此图看到"苍龙"在二十八宿中的位置，也可以看到它与北斗的相对位置，后面所论星宿亦可参阅此图了解其在星空的相对位置。

《史记·天官书》：

其出东方，行四舍四十八日，其数二十日，而反入于东方。其出西方，行四舍四十八日，其数二十日，而反入于西方。（概略之数也）

冯时（《文物》第3期）认为，河南濮阳西水坡45号墓的发现，对探索中国天文学的起源具有重要意义。他指出，这座仰韶文化墓葬（45号墓）中，在墓主人骨架的左右两侧发现的用蚌壳摆塑的龙虎图案，直接涉及中国二十八宿的起源问题。

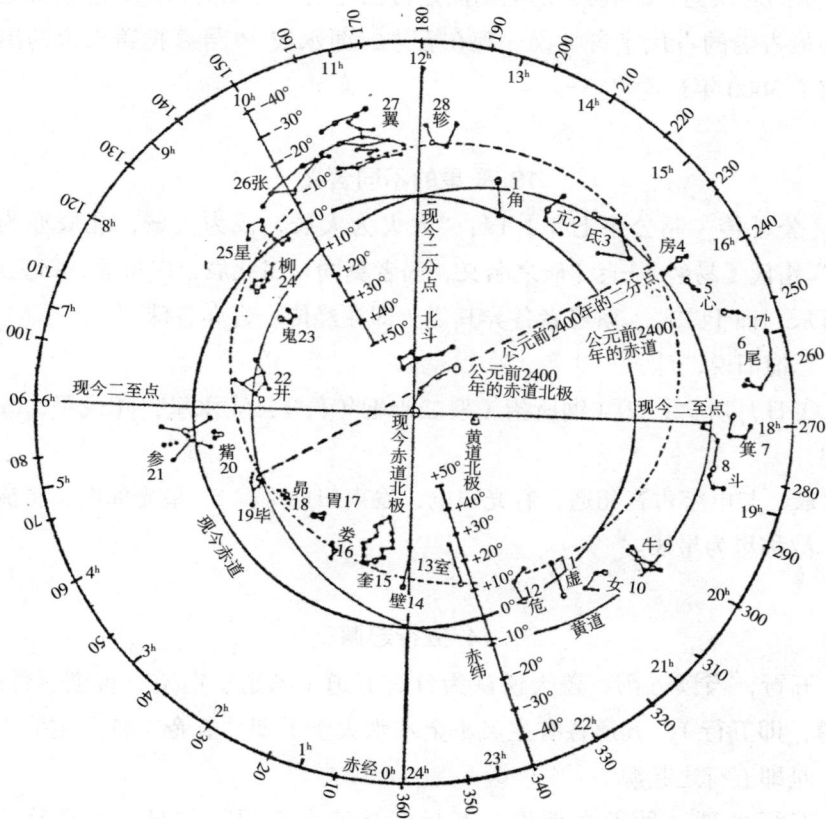

中国二十八宿图（以圆圈表示各宿的距星）

由于文献资料的不足，使目前中国二十八宿体系的确立最早只能上溯到公元前 8 世纪—前 6 世纪。而龙虎图案中的龙虎即为辖二十八宿被称为四陆（也叫四宫）并与四灵相配的东宫苍龙和西宫白虎（另二为南宫朱雀和北宫玄武，每陆各辖七宿）。

它的发现，确认了公元前 4000 年是中国二十八宿体系的滥觞期，其体系的建立时间大约在公元前 3000 年前。

冯时指出，中国古代的宇宙观最早的为盖天说，该墓的形制，正是这种古老宇宙学说的体现。成书于公元前后的《周髀算经》比较详尽地叙述了盖天理论，书中有一幅盖天家特制的七衡六间图，成为盖天说的主要部分。与《周髀》的七衡图相似的图形，在古巴比伦也有发现，不过年代较《周髀》为早，约属公元前 14 世纪。

李约瑟认为，《周髀》的七衡图是古巴比伦三环图的再现，它们描述了一种最古老的古代宇宙学说。现在看来，西水坡45号墓把盖天说的出现提前了3000年！

13. 辰星的不同含义

《公羊传·昭公十七年》曰："大火为大辰，伐为大辰，北辰亦为大辰。"雷氏《易经》曰："辰之名义，语者莫同。曰北辰，曰星辰，曰三辰，曰五辰，曰十二辰，解经者各异其说。即在经传，言亦各殊。"

总揽旧说，计：

①日月所会；②斗纲所指（襄二十七年传），③水星，④伐星，⑤大火星。

辰，与电字古音相通，有光曰电，发声曰辰（震）。星光如电，星流有声，故称星为星辰。

14. 五行起源

五行，当读五衡，盖天说认为日有五道（黑道、白道、黄道、青道、赤道，即五行），五道各有主灵（金木水火土）即"五帝"神，主五季四时。是即五行之起源。

五行也是一种天文理论。五行就是五大行星，与日、月合称"七曜"——古人认为，日、月也是天空中运动的星体。七曜运行的轨道，现代天文学中称作黄道带，而古代天文学家称之为"七衡"，衡、行二字古音义相通，七衡中除去日月就是五行。

15. 五行四帝

《尔雅·释天》纪四时四阳神名：

春——春阳　夏——朱明　秋——白藏　冬——玄英

《汉书·礼仪志》：

春——春阳　夏——朱明　秋——白颢　冬——玄冥

即春，春阳。夏，赤阳。秋，白阳，冬，玄（黑）阳。

四时四阳的观念，应来源于划天体为四舍四象（二十八宿）。每一方天各有一主星为方帝。在汉代纬书中先演变为四帝观念，进而与五行说相汇演变为五帝观念：

苍帝灵威仰　赤帝赤熛怒　白帝白招炬　黑帝汁光纪　黄帝含枢纽（《尚书纬·考灵曜》）

苍帝、赤帝、白帝、黑帝，显然即是青阳、朱明、白颢、玄冥等四阳神。有意思的是，纬书中五帝的五名号都是有来历的。这来历实际上已与古四阳四帝说不相符，它们实际上是指五大行星：

灵威仰，威、岁古字通，即岁星，木星。

赤熛怒，即火星。熛，焱，飚也。

白招炬，招通昭，照，即金星。

汁光纪，汁是漆的古字体（甲骨文），漆色黑。古文黑帝称漆光纪，此指水星。

含枢纽，即土星

马王堆出土帛书《五星占》：

东方木……其神上为岁星。岁处一国，是司岁……西方金……其神上为太白，是司日行……南方火……其神上为荧惑……北方水……其神上为辰星，主正四时……中央土……其神上为填星，宾填州星。

此所言金、木、水、火、土五大行星，已为天上五帝的象征。即：灵威仰——岁（木）星，赤熛怒——火星，白招炬——金星，汁光纪——水星，含枢纽——土星（黄帝属土德）。

16. 含枢纽

含枢纽，是指璇玑星，帝星，亦即北极七星以之为中心而旋转的中枢之星。《尚书·大传》："璇玑谓之北极。"刘向《说苑》："璇玑谓北辰、勾陈、枢星也。"《晋书·天文志》："北极，北辰最尊者也。其纽星，天之枢也。天运无穷，三光迭耀，而极星不移，故曰居其所而众星拱之。第一星主月，太子也。第二星主日，帝王也，亦太乙之坐，谓最赤明者也。第三星主五星，庶子也。"

17. 太白与小白

金星，古名太白，即太昊，晨出东天，故为"东君"（《九歌》①，又称"明星"，"启明"（转语"句明"、"高明"、"句芒"、"勾芒"））。

水星，古名辰星，又名"小白"（见马王堆帛书《五星占》）。"辰星主正四时，春分效娄，夏至效□（鬼，井？），秋分效亢，冬至效牵牛。"（帛书《五星占》）"效者"，见（读 xiàn）也（《史记正义》，并见《开元占经》引《甘石》）。

娄、井、亢、牛四宿为春分、夏至、秋分、冬至，太阳所在位置，也是水星所在位置。因之观水星四时之所在，可以立二分二至的时节。故古人以之为辰星。

水星，金星皆为内行星。金星为太昊，太白。水星即少昊，小白。水星乃太阳之伴星也。

在古代五星中，水星亦名辰星。

《河洛精蕴》引邵子说："圆者，星也。历纪之数，其肇于此乎？方者，土也。画州井地之法，其仿于此乎？盖图者，河图之数，方者，洛书之文。"

《灵枢经》："太一者，水尊号也。""太一日游，以冬至之日，居叶蛰之宫，数所在日，从一处至九日，复反于一，常如是无已，终而复始。"（《灵枢·九宫八风》）

太阳，辰星之巡行九宫，被古文家用而解释四季之成因，并用阴阳消长之记号来表征。此即周易之原义，"河洛"之由来。"圆者，星也。历纪之数，其肇于此也。"（邵雍《皇极经世》）

关于水星，《汉书·律历志》："水合于辰星，火合于荧惑，金合于太白，木合于岁星，土合于镇星。"

《谷梁传》序疏："五星者即东方岁星、南方荧惑、西方太白、北方辰星、中央镇星是也。"《天官书》："察日辰之会，以治辰星之位。曰北方水，太阴之精。""兔（水星别称'兔'）七命（名）：曰小正、辰星、天欃、安周星、细爽、能星、钩星。"

水星距太阳最近，不到三十度，即不超过一辰。古人称为辰星，也许由于它附随太阳左右，巡行十二辰而得名。

水星接连两次晨始见的日数约 116 日，其一周天约 88 日。

水星在恒星间之平均速率为 $4\frac{1393}{9216}$ 约近 5 度（吕子方），水星辰见伏，东九西七。古人认为水星与日会合有 64 年同期。

> 星与日会，同宿共度，则谓之合。从合至合之日，则谓之终。（《宋书卷十二》）

辰星在中国古天文中有不同的所指：（1）日月都曾作为辰，《左传·昭公七年》："日月之会是为辰"；（2）水星称大辰；（3）大火（心宿二，天蝎座 a 星），亦称辰（商星）；（4）镇（土）星，亦称天星，亦为辰星。

《淮南子·天文训》："辰星正四时，常以二月春分效（效，见也）奎娄，以五月夏至效东井舆鬼，以八月秋分效角亢，以十一月冬至效斗牵牛。出以辰戌，入以丑未。出二旬而入，晨候之东方，夕候之西方（与金星同大、小白）。一时不出，其时不和。四时不出，天下大饥。"

《春秋元命苞》："北方辰星水，生物布其纪，故辰星理四时。"

宋均曰："辰星正四时之位，得与北辰同名也。"

18. 水星主正四时

《五星占》：

> 东方木……其神上为岁星。岁处一国，是司岁。"（何按：岁者，割，收藏也）
>
> 西方金……其神上为太白，是司日行。
>
> 南方火……其神上为荧惑……
>
> 中央土……其神上为填星，宾填州星。
>
> 北方水……其神上为辰星，主正四时。

水星乃守辰之星，在日旁左右 30°。古以周天为十二，每次一辰，辰 30°。

19. 大小白

长沙马王堆五星占，水星名小白。齐桓公名小白。《史记·殷本纪》亦有大白（金星）、小白（水星）之名。

白者，皓也。太白即太皓。小白即小皓，字又作昊。太白与小白，皆太阳之伴星。太白星即金星，在东曰启明，在西曰长庚（水星运行亦分见于东西）（《九歌》之东君即"太白"，少司命即小白）。

太白是金星，小白是水星。此二星天文学称作"内行星"，从不远离于太阳。水星常在距太阳28°角附近，金星则在45°角附近。两星持续缓慢地穿梭，跨过运动着的太阳，一段时间向东，然后逆行穿过日盘，随后又逆头再次追上太阳。

当处在太阳之东时，它们作为暮星出现，在日落后的短暂时间内可以见到，但很快就随太阳一起落山。

在逆行穿过日盘后，它们变成晨星，在黎明前升起，并在日出后消失。

在上古的长时期里，它们被认为是神秘的四颗不同的星。

又，大白即河伯（天河之神）"冯夷"（《淮南·原道训》："昔者冯夷，大丙之御也。"高注："夷或作迟，丙或作白。"《文选》七发注引《淮南子》作："昔者冯迟，大白之御。"下引许慎："冯迟，大白，河伯也"）。

冯夷，封豨即伏羲。彭夷，彭祖。伏羲，风姓。鳄鱼，龙神也。

20. 水星周期

在太初历中，水星的恒星周期为1年。帛书说："辰星主正四时，（春）分效（娄），夏至效（鬼），（秋分）效亢，冬至效牵牛。"这个位置也正是太阳二分一至的位置，因此知道水星紧随着太阳运行，水星的恒星周期与太阳同，也即与太初历一致。

古人以水星为辰星，一年行一周天。与金星同见于黎明之时。

以水星为辰星，即以水星在四季中所居视野的不同位置测知太阳位置以及季节时序的变化。香港星术家刘铁虎曾指出水星的天文轨迹与"洛书"图数有某种关系。

传说神禹时，灵龟负书，出于洛水，示先圣禹王治国九要，是为洪范九畴。书取龟象，其数戴九履一、左三右七、二四为肩、六八为足、五居中。这样的一个系统，与水星视轨似可呼应。

4	9	2
3	5	7
8	1	6

当水星在太阳后方与地日连成一线时，正当一、九

两点中央，这时称为"水星上合日"，可以视为水星视轨的起点。

水、地二星沿各自的绕日轨道由上合点前行，经过点二（上合点和点三中点），到达点三后，开始逆行，这时水星看来不动，称为"留"，此时水星看来在太阳东方最远之处，故称"东大距"。

行至东大距后，水星开始向太阳靠近，由原本自西向东的视运动变为自东向西的视运动，故称"逆行"，逆行过了点四（东大距离和点五中点）后，到达点五，此时地水日再次连成一线，但水星在地日之间，此时称为"下合"。

继续逆行的水星，行过点六（下合点和点七中点）后，终于到达点七，这时又是一个"留"，不过这回是由逆行转为顺行。因为此时水星在视轨周期离日最远的西方，故称"西大距"。

过了西大距点，水星开始从自东往西的运动回复为自西往东的运动，回复顺行。行经点七和此周期终点（点九，亦即下一周期起点点一）的中点点八后，继续行至周期终点的点九（又是一点上合点）。如此完成一个视轨周期。

和洛书九数相参，可发现边界两周期的上合点就是九、一两点；东大距点是左方的点三；下合点居中，是点五；西大距点是右方的点七；二、四两点是前半周期的上弦点和下弦点，相当于洛书的"两肩"；六、八两点是后半周期的上弦点和下弦点，相当洛书的"两足"。

21. 湘君乃大火星

与《夏小正》星象同者：五月初昏大火（南）中。《九歌》湘君指大火（鹑火之神）。大火主司者，祝融（炬）也。大火星位：春分，昏见东方；夏至，昏南中；秋分，宵中流、伏；冬至，晨见于东。

22. 云梦睡虎地秦简

川、除，一音之转。建除，建川。

建除家，即乾坤家。

易卦中多有先秦古月名及星名：

云梦日书乙本"官（宫）篇"记二十八宿：五月东井：（井）舆鬼。

《尔雅》月名：二月为如/濡，八月为壮/床。

日书有"闭日"，即坎日。又有"建日"，即乾日。

又有剽日，即构日。冲／衡日，皆主斗。

又有"濡，子至亥，怨结之日。子至亥，结日"。

陷：陷罗之日，卯玉寅，害日。

建除十二位，用十二支，十二辰。

日书内有《玄弋》一题，记秦历十月（亥）至九月一周年间，二十八宿所。又有稷辰。稷，吉也（《太玄》常卦初一："以一耦万终不稷。"朱骏声读为"△"，初吉）。

十月	招摇击未	玄戈击尾（宿）
十一月	招摇击午	玄戈击心
十二月	招摇击巳	玄戈击房
正月	招摇击辰	玄戈击翼
二月	招摇击卯	玄戈击张
三月	招摇击寅	玄戈击七星
四月	招摇击丑	玄戈击此（觜）
五月	招摇击子	玄戈击毕
六月	招摇击亥	玄戈击茅（昴）
七月	招摇击戌	玄戈击营室
八月	招摇击酉	玄戈击危
九月	招摇击申	玄戈击虚

（简776至787）

简中诸招摇字皆从木作招榣。招摇即北斗。招摇，照（昭）耀也。击，指也。

《汉志》有转侯十二神。

《开元占经》卷六十七于石氏中宫引《黄帝占》，以建除十二名配北斗七星。"建"即为北斗当无疑义。

秦简730以月份配二十八宿，十一月为斗建，至十月为心。

23. 神道设教

《易经·观卦·彖辞》云："观天之神道而四时不忒，圣人以神道设教而天下服矣。"

这两句话有两层含义：

（1）观天的运行可以使四时历法不乱。

（2）圣人遵循天神的意旨设教使下人服从（"四时不失其序，风雨不降其虐，日月淑清而扬光，五星循轨而不失其行。当此之时，玄元至砀而运照。"《淮南子·本经训》）。

这两句极为有名的话，实际上透露了天文历法在政治和人文价值上对于一个古典农业社会是何等重要。

24. 四方概念起源

四方概念，本于二分二至的天文学。

乾，帛书作健，建也。建即北斗。

坤，帛书作川，川即天河。

水，顺，川同源字（顺从"页"，页，人首。像人顺水漂行）。

斗建在冬，河出在夏（北方水，当作冰）。

25. 刑德即乾坤

形，从开，古音同间、健。德，古音循，顺也。

洪泉——红泉——甘泉——丹穴——感池——咸池，死神（西王母）所在地。

"洪泉极深，何以填之？地方九则，何以坟之？"洪泉，即黄泉。九则，即九州。填，圳，坤也。坟，覆也。

古宇宙论：旧盖天说——天球地平。新盖天说——天球地弧。

日旋北极。盖天说尚北，以北为天中，上帝所在，以向为阴；浑天说尚南，以北为阴极，死神所在。

《山海经》："日下昧谷甘泉（红泉、丹穴）出于扶桑（火山）。"

旧盖天说：阴阳五行；新盖天说：七衡六间；浑天说：九曜，九道？

有虞黄帝时期《尧典》代表以太阳为季节辰星的。

太阳中心论宇宙观（"宣夜论"）。

《周髀》代表以北极为季节辰星的新一代宇宙观（"盖天论"）。

"《周髀》者，即盖天之说也。其本庖牺氏立周天历度，其所传则周公受于殷商，周人志之，故曰《周髀》。"（《晋书·天文志》）

汉代，浑天论兴起。

26. 地有四游

《尔雅·释天》：地有四游。

宋人邢昺注："地与星辰俱有四游升降。四游者，自立春地与星辰西游，春分，西游之极。地虽西极，升降正中，从此渐渐而东，至春末复正。自立夏之后北游，夏至，北游之极。地则升降极下，至夏季复正。立秋之后东游，秋分，东游之极。地则升降正中，至秋季复正。立冬之后南游，冬至，南游之极，地则升降极上，冬季复正。"

五行学说来之于天文，四季风演为五方神，地有四游，中位概念来之于大地的常位。

金木水火，是四季之象征，古代以四种图腾动物作为代表，即青龙、白虎、朱雀、玄武（鲸鱼、灵龟）。

古印度埃及及古中国（《管子》）有五季之观念。

春→夏（雨旱）秋→冬

27. 天有八风

天有八风，以直八卦。地有八方，以应八节。节有三气，气有三候。如以八节以因之成廿四气，更乘之七十二候备焉。

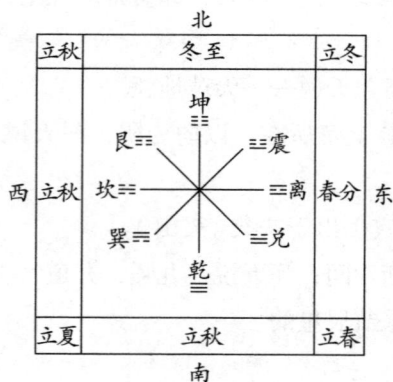

28. 四角八圭

汉代铜镜宇宙图案：

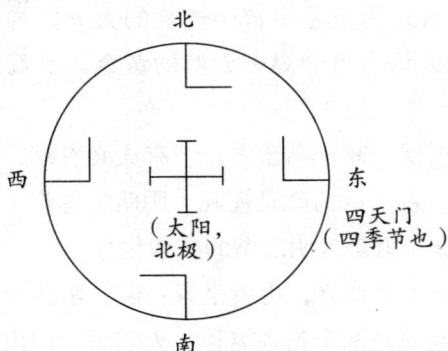

方以智《通雅》卷十二：

《易通卦验》："冬至日，置八神树八尺之表。神读作引，言八引者，树杙于地，四维四中引绳以正之，故名引。"

此八表八仪，即八卦（圭）也。

八卦八山于汉代以后，随二十四节气历法的形成，而演化为二十四山之说（《淮南子》）。沈括称廿四山为"廿四至"（节）。仍依八卦方候，"一卦管三山"。

以空间结合天文现象确立时间，确定季节，所以有八卦。

东者，鼓也，旧说日在林中。

西者，栖也，息也。即集，鸟在林中。

南者，坛也，丹也。庙堂所在。

北者，卧也，趴也，伏也。

《诗毛传》："山东曰朝阳，山西曰夕阳（首阳）。"

29. 释阴阳

《周易》一书中的最基本概念是阴阳的对立相生关系。

首先要指出，阴阳学说并不是一种二元论体系。阴阳统一于太极，太极即太一，"太极生两仪，两仪生四象"。太极一元论，分化而生成对立的阴阳，但阴阳相互转化，又是统一的。

阴、阳这两个字，从语根上考察，皆与火及光明有关。阳，古音通于焱、焰、炎（双声），即燃烧的大火。火神与日神相合为一，火神也就是阳神。而太阳，古人认为正是宇宙中燃烧的大火之神。太阳，古人认为是大火之本体。古人认为自然界中天然的黄金，也就是太阳之精的矿物化身。

阴，其古音通于烟，通于乌云之云。有火必有烟，而天空有云则呈现阴暗。云烟的结晶，古人认为就是夜晚（阴暗的总汇）天空中的月亮。自然界中自生的白玉，也就是太阴之精的矿物化身。

以上语根探讨如可以成立，也就是说：阴、阳两个古代中国哲学的基础形而上范畴，其起源是两个物理名称：火与烟。但由其引申和演化则推广而为：

火焰——炎——阳　　{ 光明 / 晴朗 / 白日 / 暑热

乌烟——烟（乌）云——阴　{ 黑暗 / 阴雨 / 夕夜 / 寒冷

阴阳概念后来发展为道家的有无概念和循环论概念。

阳，有也，两辞语音相转。

阴，隐也，暗也，乌也，与无语音相转而通。

阳，高扬，显现，即有。暗，失形，不见，即隐，即无，亦即阴。有形，显形，阳也；失形，阴也。

30. 关于阴阳二极的历代释义

（汉人）《春秋繁露·阴阳位》：

阳以南方为位，以北方为休（舍）。

阴以北方为位，以南方为休。

☰（南极，夏）☷（北极，冬）

阳至其位而大暑热，阴至其位而大寒冻。

少阳因木而起，助春之生也。太阳因火而起，助夏之养也。少阴因金而起，助秋之成也。太阴因水而起，助冬之藏也。（同上，《天辨在人》）

☳（震），少阳　☴（巽）少阴

关键问题是：帛易中的乾究竟是夏还是冬？纯阳，究竟是在北还是在南？

汉以前方位观念，尚北尚东，汉以后尚南。

冬，天地定（鼎）位。春，山泽通气。夏，水火相射。秋，雷风相薄（搏）。

（☰）乾天 （☶）艮山 （☵）坎水 （☳）震雷 （☷）坤地 （☱）兑泽 （☲）离火 （☴）巽风

31. 阴阳与易

"阴阳"的思想出于"易"，但此一名词究竟产生于何时不可详考。近代自梁任公《阴阳五行说之来历》一文以后（该文发表于1913年东方杂志20卷10号），引起学界的注意。梁任公认为阴阳五行说创始于燕、齐方士，而"建设之、传播之"的人，是邹衍、董仲舒与刘向。梁氏的说法遂开后来疑古派的先河。

实际先秦古籍中，老子、庄子、楚辞中均有阴阳合称之词。伏羲氏当初画卦的基本符号只有两个："—"与"--"，这两个符号当初如何称呼？谁也不知道，"—"与"--"这两个符号的根本含义表现在象上，无疑是"阴阳"之义。庄子便是站在思想本位上立言，说："《易》以道阴阳。"（《庄子·天下篇》）

文王八卦出自汉人，源于五行，《说卦》晚出。

32.《天问》"明暗"即"阴阳"

屈原《天问》："明明暗暗，惟时何为？"（惟，古音同季。季时，季节也）

所说明、暗，即指阴阳观念也。又问："斡维焉系？天极焉加（读作架）？八柱何当？东南何亏？"

这四个问题，体现了《周易》天象宇宙观的基础观念，实际也是古代盖天学说的基础观念。

所谓"斡维"，就是指天宇的顶端——天宇的端，悬系于宇宙的何处？（为什么宇盖不会坠落下来呢）

所谓"天极"，也就是"太一"，后世所谓"太极"[②]。是指盖天宇宙观中所见到的北天极，也就是北斗七星所围绕之旋转的太极之星——北极枢星。

这七星连作一根"大极"，大极即大楫（桨）、大柱、大梁、大木、大轴，也就是天之枢轴——屈原问道：这天之大极（轴）支点在天宇的何处呢？

所谓"八柱"，也就是八卦（圭—主—角古音相通）。何当者，"当"可读为"定"。"八柱何当"——即问这撑天的八根梁柱定位在何处？

从古盖天说的观点看，整个天宇是自西北向东南倾斜的天盖，天盖的东南隅亏缺，而整个天之宇盖均围绕着北极星为枢轴而运转。

《天官书》："斗为帝车，运于中央，临制四乡，分阴阳，建四时，均五行，移节度，定诸纪（季），皆系于斗。"

《后汉书·舆服志》："后世圣人观于天，视斗周旋。魁方杓曲，以携龙角为帝车。于是乃曲其辀……"

《鹖冠子·环流》："斗柄东指，天下皆春。斗柄南指，天下皆夏。斗柄西指，天下皆秋。斗柄北指，天下皆冬。"

轩辕（车轮）——旋斡——玄武。

璇玑玉衡，指北斗。钱玄《三礼名物通释》："车舟之端有横木曰衡。"

太极图是盖天说的抽象模拟。图中"S"纹，即北斗—太极（天轴）的抽象。两仪、日、月，也是岁星及太岁的象征。

（北斗之杓，车斗（科）也，又称"舆"，又称轩辕，非量酒之"斗"也。以之为酒斗，诗人戏言耳。）

焦循《易章句》："极，中也，太极犹言大中。大中即大极也。"

张衡《灵宪》："天有两仪，以儛道中。其可睹者，枢星是也，谓之北极。在南者不著，故圣人弗之明焉。"

33. 反者道之动

"极则必反"，即对立相（概念）的相生与转化，是宇宙存在运行的一个根本原理，亦是中国古典哲学本体论的一个核心原理。

老子云："反者，道之动。"

干宝云："反复，天道。"

又云："昔伏羲作十言之教，谓：乾坤、震巽、坎离、艮兑、消息。"消，即灭也。息，古读为滋[③]（音从自），生也。八卦之道，一消一滋，相反而相成。这正是《易经》的根本之道。

毛泽东的哲学，得之于易理，在方法论上是两点论。他说："一阴一阳之谓道（《易·系辞》），不能只有阴没有阳，或者只有阳没有阴（所谓孤阴不生，孤阳亦不生）。这是古代的两点论。"（八届二中全会讲话，《毛泽东选集》，人民出版社，1977 年 4 月第 1 版）

但这种两点论不是二元论，而是一元的两点论。毛泽东说："世界上一切事物没有不走向反面的。"（《毛泽东传 1949—1976》，中央文献出版社）两点论统一于变化，统一于"反复"之道，统一于对立面的生成与转化。

静中生动，动中生静。强变为弱，弱变为强。否极泰来，泰极否来。明乎此，则一部《易经》之道可概而明矣！

34. 洛书

甲文有字佫（怀 448）。

李实考证即佫，即洛字。洛，历，来也。

车古代称"辂"，"来"，北斗亦称"辂"。"洛书"之名本此。

洛书见于阜阳式盘，亦见于《小戴礼记》，为二十八宿之图也。

35. 释九畴、河图、洛书

九畴，即地图，即九州之图。

河图，河，天河也，星河也，星图也。

洛书，洛读来佫，佫、历古语通，即历书也。

归藏即九宫。

二十四节气，以 15 天为一节。太阳在黄道上从春分点起，每移黄经 15 度，即度一节气，故 15 乃天数也。

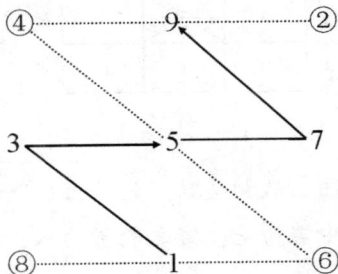

水星，河洛之星也。宋邢凯《坦斋通编》谓："河图之数，种放得之于陈抟，戴九履一，左三右七，二四为肩，六八为足，五居其中。取白黑碧绿黄赤紫配之，以定吉凶，谓之九宫。"

洛书河图之分，实牵强。钱大昕曾详考其本末④而指出："汉世河洛秘纬盛行，不闻指此图为河图，亦不闻指彼为洛书，不知汉儒何所见而凿凿言之矣。"

河图洛书本为一事，河图，天文图（天河之图）。洛书，历书，即天文历法之书。从文献记载看，是后世所谓历书在前。而新河图，则为三统历以后之撰作也。

《考工记·匠人》："置槷以悬，视以景（影）。"《周礼注疏》："槷，古文臬……中央树八尺之臬，以悬正之，视之以其景，将以正四方也。"

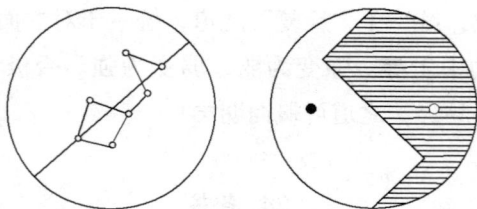

槷即极，太极之极。臬即建木。槷，古读"艺"，即"仪"。

36. 洛书

古代数字概念，以九为终极之大数：

		乾		
兑	4	9	2	巽
离	3	5	7	坎
震	8	1	6	艮
		坤		

天地之至数也，始于一而终于九。（《灵枢·九针》）

坤在冬至一所始处，故坤母为一。凡坤之一阴来交于乾阳，则成阴卦而得三女。凡乾之一阳来交于坤阴，则成阳卦而得三男。乾阳在上，坤阴在下，故坤阴从下上升交阳，从初爻始。乾从上，下降交阴，则从上爻始，故艮之少男为六，坎之中男为七，震之长男为八，乾父为九。是八卦的次序为从坤一始，至乾九而终。

根据数与卦象的关系，可推导出洛书。而令人惊讶的是，此次序与帛书卦序完全吻合。

37. 释"卦"

卦字从圭。圭从二土，与"土"为同源语。堆土为山，即"圭"。圭即社坛也。

圭，或源于金字塔。金字塔是模拟的天柱，是巨大的日晷。

卦字即圭表。以圭表（表异文即"臬"）代替山位而测日定时，是观测之进步（《周髀》），是即八卦的起源。

《周易》、《周髀》是为姐妹之书，应成于同时也，当在西周之季。

表即矩。表，标也，标尺也。圭又称大圭、度圭。

《考工记》："置槷以县（悬），视以景，为规。识日出之景（影）与日入之景。昼参诸日中之景，夜考之极星，以正朝夕。"

一卦者，一刻度，一晷也。

38. 八卦释名

孙星衍《周易集解》："易者出于河图。河图者，八卦也。"

天 ☰乾，古音干，干有奸音，与建通。闻一多《周易义证类纂》："乾为干湿之干本字。音转即旱。又与纲、罡音通。乾即天纲，天建，北斗星古名。"

地 ☷坤，古音从申，即顺，川，水，雨也（即德，循，水）。

乾，帛书作键，建即北斗（斗建在冬）。坤，帛书作川，川即天河（河水在夏）。

雷 ☳震——雷震。

风 ☴巽——齐也，霁也，气也。

山 ☶艮——岩也，圻，岸也。

泽 ☱兑——隧也，地也，低也，洞也。

火 ☲离——亮也，陆也。

水 ☵坎——坑也。

亨元利贞，亨，享，孝，好也。《广雅》释言："孝，畜也。"（蓄养也）

元，大也，利，收益也。贞，直，顺也。

《周易》所反映的史事多与游牧民族有关。

乾，坤，干与川。

天河之水下行，是为雨及雨季。

天乾（天干），太阳在北天极北陆之所居，其候有十，各约其名曰十干

（十极）。

地支，即天河之水下行之十二水道，名得其名曰十二支。

卜，大也，鞭也，辨也，别也，变也。寻征柔变，是即占卜本义。

（1）光明日报1961年6月2日高文策《试论易成书年代与发源地域》，以为乾指秋冬（旱季），坤指春夏（雨季）。

（2）闻一多《周易义证类纂》认为乾为干湿之干的本字，其繁文作"漧"。

（3）坎，字亦作坑，坑，沈也。《说文》：沈，大泽。字亦作坑。王逸：陂池坑（《七谏》注）。洪补注坑字书作冗，俗作坑。

冗即坎也。又通于抗，天河曰杭，即江。

甲骨贞字，同原卜骨作兆字。表明贞兆可通借。贞，鼎也，定也，正也，站也，占也。

39. 卦象释义

"用阴来反映阳，用阳来反映阴，这是由日光投影自身的矛盾，古人根据事实来记录，不是从观念上生发的学说。"（《考工记》注）

"度两交之间，中层之以指影，则南北至。"（同上）

（1）近人刘钰以为："八卦是根据土圭测影制作出来的，卦画就是日影。""古以土圭测日影，其结果成画，即八卦。"[⑤]

"黑线表示阳光，投出线形黑子"，黑线画得出，日线画不出，故用衬托方法，成＞＜。

（2）近人蒋介民认为：易卦之由来，来之于古人观象于月。有光则阳，是为满月（●），无光则阴，成为缺月（☾，抽象之，则●简化为"–"，☾简化为U，再简化为"－－"）[⑥]。

二说皆以为阳、阴二爻，为乃是光明与阴影的抽象符号。

（3）或说：一阳爻，八阴爻，八为八，古分字，读半。

阳—，即"一"。阴古读仪，仪，匹也，比也，偶也，伴也。

八即古文八，半，分也，伴也，比也，对也。"在许多原始语言中，二起源于一个东西的两半。"（柯斯文《原始文化大纲》）

马王堆出土帛书卦画，阳多作"–"，阴多作"八"。

八，分也，或作为"入"云。

╳即五字，亦即"又"字，是一只手的象形。

40. 八卦释义

近人郭建勋说：

（1）乾、坤、震、巽、坎、离、艮、兑八卦，每卦由三爻组成。为什么独为"三"而不是其他数呢？古人计算一个白昼的时间，依太阳的运行而划分为三个阶段。如《尚书·无逸》曰："文王卑服，即康功田功……自朝至于日中昃，不遑暇食，用咸和万民。"《国语·鲁语下》曰："是故天子大采朝日，与三公九卿祖识地德；日中考政，与百官之政事……日入监九御，使洁奉禘郊之粢盛，而后即安。"《周易》卦爻辞中也有"日中见斗"（《丰卦》九四）、"日昃之离"（《离卦》九三）的说法。由"朝"（日出）到"日中"，再到"日入"，每一个白昼都经历这样三个阶段而构成一个完整的周期。同样，每个月的"月生"、"月盈"、"月亏"，每年的"日弱"、"日强"、"日弱"也分别表现为三个较为明显的阶段。八卦之所以为三爻，就在于揭示日或月运行的一个完整周期。《说文》释"三"曰："成数也。""成数"即表示一个完整周期的数。《老子》中的"一生二，二生三，三生万物"（四十二章），恐怕也是从这个角度说的。

（2）由八卦演变成六十四卦，每卦的爻数也由三增加到六。六画卦一反我们民族的书画习惯，不由上而下，却自下而上，这是一种特殊的顺序；第一爻称"初"不称"一"，第六爻称"上"不称"六"，这是一种特殊的称谓。两个特殊均源于对日月运行的观测。地球绕着太阳转，月亮绕着地球转，但在古人的直觉中，日月最初是由下向上升起的，于是，生了相应的画卦顺序；而日月并不是永远上升的，一旦达到极致，便停止上升，显然，用"六"来表示是不适宜的，因为它会使人想到还有七、八、九……不足以恰当地表示日月的上升运动已达极限，于是称"上"不称"六"。由"初"到"上"，不仅显示了半个运转周期，而且通过"上"这个称谓，预示了另外半个周期穷上而下，返归初始的运动方向。只不过在《周易》中，这另外半个周期的运动往往是在其相对的"往来卦"中完成的（详见后文）⑦。

41. 爻词的人文意义

《比卦》上六："比之无首，凶。"

《大过卦》上六："过涉灭顶，凶，无咎。"

《晋卦》上九："晋其角，维用伐邑，厉，吉，无咎，贞吝。"

《中孚卦》上九："翰音登于天，贞凶。"

《既济卦》上六："濡其首，厉。"

"亢"、"首"、"过"、"顶"、"角"、"天"等词都有"穷极"的意义。这些爻辞配合卦画"上爻"，象征事物发展已达极致。

《履卦》上九云："视履考祥，其旋元吉。"孔《疏》曰："旋，谓旋反也。上九处《履》之极，下应兑说，高而不危，是其不坠于履，而能旋反行之，履道大成，故元吉也。"《周易本义》曰："周旋无亏，故得元吉。""其旋元吉"清楚地表明：处于极位，如果一味"亢进"，必将"有悔"；上升过头，将遭"灭顶"之灾。只有"旋转"向下，才能大获吉祥，并使其道"大成"。

由极点"旋"而向下，继续运动，其结果必然是复归起点。在《周易》中，这个阶段的运动是在其"往来卦"中完成的。

《泰卦》上六："城复于隍，勿用师，自邑告命，贞吝。"以城墙倾覆、塌入城沟为喻，象征"泰"极而"否"将来——运动达到极点；《否卦》从初六开始，"否"道渐兴，至上九"倾否，先否后喜"，否极而倾，"泰"道复兴——运动返归起点。"小往大来"（《泰卦》卦辞）、"大往小来"（《否卦》卦辞），两卦合在一起，完整地揭示了"泰（起点）——否（极点）——泰（起点）"这样一个运动变化的周期。

《晋卦》上九"晋其角"（《周易》中以动物为象则"尾"表"初始"，"角"表"极"），比喻上进已达极致，光明将"夷"；《明夷》之初六，用"垂其翼"象征"明夷"初始状态，至上九，"明夷"之道发展到极点。"初登于天，后入于地"（《明夷》上六），形象地描绘出由"初"（起点）到"天"（极点），然后复返"地"（起点）的运动轨迹。

《剥》与《复》这一组对卦，最典型地表现了《周易》"周转变易"的实质。此两卦揭示的是"阳刚"被逐渐"剥落"，又逐渐"恢复"，而复遭"剥"的过程，也即"阳刚"衰极而盛、复盛极而衰的变化过程。

《剥卦》以"剥床"为喻。初六"剥床以足"，六二"剥床以辨（床干）"，六四"剥床以肤（床面）"。从"床足"到"床干"，再到"床面"，由下而上，剥落的程度逐渐加剧，但至上九，虽达"剥"道极致，却仍留有"硕果不食"（上九爻辞），使有"复"萌基因。故李光地《周易折中》引乔中和曰："'硕果不食'，核也，仁也，生生之根也。自古无不朽之株，有相传之果，此'剥'之所以'复'也。"

《序卦上传》曰："《剥》者，剥也。物不可以终尽，《剥》穷上反下，故受之以《复》。"《复卦》描述的是"阳刚"被剥到极致以后，逐渐回复，"复"极而又归于"剥"道的情形。初九为"复"之初始，故云"不远复"；六二"休复"，六三"频复"，阳刚回复甚为顺畅，至上六"迷复"，又走向了反面。

42. 先天图

《说卦传》曰："震，东方也……巽，东南也……离也者……南方之卦也……乾，西北之卦也……坎者，水也，正北方之卦也……艮，东北之卦也。"虽然只能出了六卦的方位，"兑"、"坤"未明，但其目的显然是用八卦代表八个不同的方向，形成一个圆形的结构。后人据此画成所谓"后天八卦方位图"，宋儒又根据《说卦传》"天地定位……"一节，画成所谓"先天八卦方位图"。虽然两图中各卦所代表的方位不同，但在圆形排列这一点上却是一致的。

先天图必有所本，而据《说卦》之离为火改易坎位，殊不知阴在外是规律也。

后天八卦图　　　　　　先天八卦图

据马国翰《玉函山房辑佚书》，"十二辟（伴）卦"首见于《归藏》，而汉代《易》学家已多言之，可见产生很早。"十二辟卦图"在《说卦传》的基础上，进一步用十二支与十二卦相配，表示一年十二个月的月候，以揭示自然界"阴阳消息"的意义。十二卦组成一个严整的圆阵。"二十四方位图"则以八卦配天干地支，圆形排列，表示二十四个不同的方位。

十二辟卦方位图　　　　　　二十四方位图

43. 爻象的象征

《系辞上传》曰："是故蓍之德圆而神。"韩康伯注曰："圆者，运而不穷。"就是说，用于筮占的六画卦，其蓍数具有周转运动、循环不已的性质。按照筮法画卦，三变为一爻，十八变为六爻，每三变得出来的无外乎"七、八、九、六"四个数字。

尚秉和先生云："七、八、九、六，即南北东西，即春夏秋冬。""七"为"少阳"，阳气始升，象征春天；"九"为"老阳"，阳气盛极将衰，象征夏天；"八"为"少阴"，阴气始升，象征秋天；"六"为"老阴"，阴气盛极而衰，象征冬天。故"七"、"八"不变，"九"、"六"变。因此，这四个数字里蕴含着一周年之循环的意义。汉儒所谓"《易》数以合期为准"，实在道出了蓍数的秘密。

44. 上爻多极变

六画卦中，每卦的上爻多为极位，是事物由盛而衰的转折点。因此，六十四卦的"上爻"辞中，多忧虞之象，并常用含有"穷极"意义的形而下者显示之：《乾卦》上九："亢龙，有悔。"

李道平《周易集解纂疏》云："阳极生阴，阴极生阳，一消一息，转易相生，故谓之'易'。"《序卦下传》曰："升而不已必困……困乎上者必反下。"《周易》认为，任何事物，一旦发展到极致，必将转化为其对立面，在运动形式上则表现为不再保持其上升的趋势，穷极而反，折头向下，开始由极点向起点的"转易"。

45. 爻位与季节

《晋书·律历志》："昔伏羲始造八卦，作三画，以象二十四气。"

☶ × 8=24，每画征一气也。则卦画正是节气之象征。

《周易集解·释乾》："乾，健也，言天之体以健为用，运行不易，应化无穷。"

健，极也，轴也，北宫也。

坤宫，川宫，水宫，南宫也。

以北为天，以南为地（下），此乃盖天说之观念也。

以南为正，为天，此浑天说之观念也。

46. 主卦与客卦

八卦之主客：上卦为主，下卦为客，一卦中上爻为主，下爻为客卦，爻之运动，自下而上，即由客而主的运行。

朱熹《易学启蒙》："六爻不变，则内（上）卦为贞，外（下）卦为悔。"

乾坤，乾即干、旱也。坤即川，即水，雨也。

47. 反对与旁通

反对与旁通均为易原始义。序卦传六十四卦排列次第，即以反对卦与旁通卦为原则。杂卦传中释卦义多取反对；而说卦传"天地定位，山泽通气……"一章，显取六通。再向上数，如乾与坤、坎与离，是以旁通为象，以反对为义；剥与复、损与益，是以反对为象，以反对为义。更向上溯至最源头处，"—"与"ㄐ"两个原始符号，即以两个旁通的象代表两种相反对的作用。所以杂卦传上说："否、泰，反其类也。"《系辞传上》说："六爻发挥，旁通情也"，"旁行而不流"。都说明了反对与旁通在易中的重要性[8]。

48. 帛《易》卦序

帛书坤乾二卦，是帛《易》一书之总纲。

坤卦，代表以冬至为首的上半年，南方之雨季，即夏历11月—次年4月。

乾卦，代表以夏至为首的下半年，南方之旱季，夏历 7—11 月。

六十四卦由八卦两两相偶组成，其组成不是完全无规律的，可以考虑以下四种情况：

（1）复，即上下卦完全重复，如：☰（乾）☷（坤）☵（坎）。

（2）反，即上下两组卦每爻之阴阳相反，如：☴（否）☴（损）。

（3）比，即下卦是上卦的倒映（将上卦施转 360 度即变为下卦），如：☶（颐）☴（大过）☴（中孚）☴（小过）。

我们会注意到，复卦中的乾坤两卦乃是此卦的一种特殊情形。

（4）变卦，如：☴（姤）☴（履）。

如果考虑自下而上的阴阳消长信息，则六十四卦中可提出十六卦：

☷坤（极阴）☳复 ☱临 ☲泰 ☴大壮 ☱夬 ☰乾（极阳）

☶剥 ☴观 ☴否 ☴遯 ☴姤。

马王堆中八经卦作为纲——首宫的卦名：至者，极也。

旱季，干（乾）宫：

☰乾（全盛，夏至）☶艮（显现，立秋）☵坎（上升，秋分）

☳震（潜伏，立夏）

雨季，川宫：

☷坤（全盛，冬至）☱兑（显现，立春）☲离（上升，春分）

☴巽（潜伏，立冬）

八节二十四气，八节：冬至，立春，春分，立夏，夏至，立秋，秋分，立冬。

马王堆帛书卦序，根据阴阳消长的逻辑假设：

乾（☰）艮（☶）坎（☵）震（☳）坤（☷）兑（☱）离（☲）巽（☴）

假设一：夏至（盛阳），立春（阳在上，阳气收），春分（阳气中分），立冬（阳在下），冬至（盛阴），立秋（阴在上，阴气收），秋分（阴气中分），立夏（阴在下）。

假设二：夏至（盛阴），立秋（阴盛阳衰），秋分（阴阳中和），立冬（阴滋阳伏），冬至（盛阴），立春（阳盛阴衰），春分（阴阳中和），立夏（阴滋阴伏）。

此卦序以夏始，以夏终，体现一个循环的进程。

第一格：夏，春春，冬冬，秋秋夏。

第二格：夏，秋秋，冬冬，春春夏，阳气渐消而再生。

在以上之二格中，似当以第二格为是。

第三种可能的推测：乾，冬至，旱季（秋冬为旱），坤，夏至，水季（春夏为水）。

假定一〔（北极）旱季〕：

乾（☰）冬至　艮（☶）立秋　坎（☵）秋分　震（☳）立夏

雨季：

坤（☷）夏至　兑（☱）立春　离（☲）春分　巽（☴）立冬

第四种可能的推测：以乾为阳极，纯阳，冬至，北极。

最为可能的假定：

（1）冬至，立春，春分，立夏，冬至，阳极，纯阳：

乾（☰）　艮（☶）　坎（☵）　震（☳）

夏至，立秋，秋分，立冬，雨雨，夏至：

坤（☷）阴极，纯阴：兑（☱），离（☲）　巽（☴）

（2）冬至，立春，春分，立冬，冬至，立秋，秋分，立夏；

夏至，立秋，秋分，立冬，冬至，立春，春分，立夏。

八节：冬至，立春，春分，立夏，夏至，立秋，秋分，立冬。

由此我们可以理解《归藏》及帛书以坤宫为首，坤宫是冬至，是一年之首也。

周易是历法之书，汉人即有此论。"易者，气之节，会五精，宣律历，上经象天，下经计历。"（春秋纬说题辞）

49. 马王堆帛书卦序

帛书经文卦序以《易经·说卦》中一段话为纲：天地定位，（山泽通气），火水（水火）相射，雷风相薄，八卦相错。

（1）☰乾 ⎫
（2）☷坤 ⎭ 相反相成，天地定位

（3）☶艮 ⎫
（4）☱兑 ⎭ 相反相成，山泽通气

（5）☵坎 ⎫
（6）☲离 ⎭ 相反相成，水火相射

（7）☳震 ⎫
（8）☴巽 ⎭ 相反相成，雷风相薄

帛书六十四卦分为八组（八宫），每组上卦相同，以"乾艮坎震及坤兑离巽"为序（即前四句）。下卦的次序是先取与上卦同类，然后以"乾坤艮兑坎离震巽"为序（即八卦相错）。

设卦原理来自天文。重卦原理来自人文，即图腾分组的婚姻二分制度。

以卜筮决婚，是为卜婚。

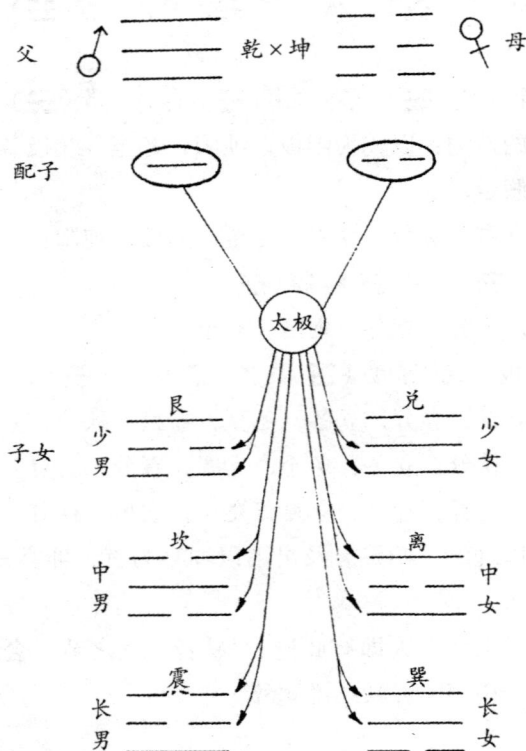

文王八卦生成图

天地定位，山泽通气，水火相射，雷风相薄

帛 书 卦 序

数字编码方式为自下而上，自左而右。例如：☷ 001

四阳卦			
震	坎	艮	乾（南）
100	010	001	111
☳	☵	☶	☰
阳生（8）	阳中（7）	阳上（6）	全阳（9）
冬至	春分	立春	立夏
四阴卦			
巽	离	兑	坤（北）
011	101	110	000
☴	☲	☱	☷
阴生（2）	阳中（3）	阴上（4）	全阴（1）
夏至	秋分	立秋	立冬

50. 八卦的二进编码

000 坤 ☷　　001 艮 ☶　　010 坎 ☵　　011 巽 ☴

100 震 ☳　　101 离 ☲　　110 兑 ☱　　111 乾 ☰

四阳卦：111 乾，001 艮，010 坎，100 震

四阴卦：000 坤，011 巽，101 离，110 兑

帛序卦序的二进制编码（此表上下卦次序当相反）

序号	古氏序	一　乾宫 111111	序号	古氏序	二　艮宫 001001
64	63	乾 111111	10	9	艮 001001
8	7	否 000111	58	57	大畜 111001
16	15	遯 001111	2	1	剥 000001
56	55	履 110111	50	49	损 110001
24	23	讼 010111	18	17	蒙 010001
48	47	同人 101111	42	41	贲 101001
40	39	无妄 100111	34	33	颐 100001
32	31	姤 011111	26	25	蛊 011001

序号	古氏序	三　坎宫 010010	序号	古氏序	四　震宫 100100
19	18	坎 010010	37	36	震 100100
59	58	需 111010	61	60	大壮 111100
3	2	比 000010	5	4	豫 000100
11	10	蹇 001010	13	12	小过 001100
51	50	节 110010	53	52	归妹 110100
43	42	既济 101010	21	20	解 010100
35	34	屯 100010	45	44	丰 101100
27	26	井 011010	29	28	恒 011100

序号	古氏序	五　巽宫 011011	序号	古氏序	六　离宫 101101
28	27	巽 011011	46	45	离 101101
60	59	小畜 111011	62	61	大有 111101
4	3	观 000011	6	5	晋 000101
12	11	渐 001011	14	13	旅 001101
52	51	中孚 110011	54	53	睽 110101
20	19	涣 010011	22	21	未济 010101
44	43	家人 101011	38	37	噬嗑 100101
36	35	益 100011	30	29	鼎 011101

序号	古氏序	七　兑宫 110110	序号	古氏序	八　坤宫 000000
55	54	兑 110110	1	0	坤 000000
63	62	夬 111110	57	56	泰 111000
7	6	萃 000110	9	8	谦 001000
15	14	咸 001110	49	48	临 110000
23	22	困 010110	17	16	师 010000
47	46	革 101110	41	40	明夷 101000
39	38	随 100110	33	32	复 100000
31	30	大过 011110	25	24	升 011000

注意：帛宫卦序充分体现了阴阳相错而成卦的排列顺序。

错卦：两卦各爻阴阳爻相反对而相对应。如：

乾 111（阳卦）——坤 000　　艮 001（阳卦）——兑 110

坎 010（阳卦）——离 101　　震 100（阳卦）——巽 011

六十四卦中，可构为三十二对"错"卦。体现了"反者道之动"的原理。

演卦卦变建立了对立统一的运动模型

所得卦：本卦，《周语》称作：贞（正）卦，阳（显）。

演变卦：之卦，悔卦（晦），阴（隐）。

51. 焦延寿"独得隐士之说"

《焦氏易林》前面附有"焦林直日"：

60 卦每卦直 6 日，共直 360 日，余 4 卦各直 1 日。

立春　雨水：小过卦　蒙卦　益卦　渐卦　泰卦。30 日 5 卦，每卦直 6 日。

惊蛰　春分：需卦　随卦　晋卦　解卦　大壮卦。震卦直 1 日。

清明　谷雨：豫卦　讼卦　蛊卦　革卦　夬卦。

立夏　小满：旅卦　师卦　比卦　小畜卦　乾卦。

芒种　夏至：大有卦　家人卦　井卦　咸卦　姤卦。夏至离卦直一日。

小暑　大暑：鼎卦　丰卦　涣卦　履卦　遁卦。

立秋　处暑：恒卦　节卦　同人卦　损卦　否卦。

白露　秋分：巽卦　萃卦　大畜卦　贲卦　观卦。秋分兑卦直一日。

寒雾　霜降：归妹卦　无妄卦　明夷卦　困卦　剥卦。

立冬　小雪：艮卦　既济卦　噬嗑卦　大过卦　坤卦。

大雪　冬至：未济卦　蹇卦　颐卦　中孚卦　复卦。冬至坎卦直 1 日。

小寒　大寒：屯卦　谦卦　睽卦　升卦　临卦。

每两节气共 30 日，管 5 卦，逐日终而复始排定，1 卦相次管 6 日。凡卜，看本日得何卦，便于本日卦内寻所卜得卦，看吉凶。

焦氏 64 卦的分配与排列都全同于孟喜。所不同的，是孟喜将 60 卦均分三百六十日后，以余下的五日又四分日之一，以每日八十分计，作四百二十分，再平均分配于 60 卦，每卦得 7 分，共计每卦得 6 日 7 分。这是孟喜采用西汉三统历的日数说，修正易卦，已远离古法。而焦延寿的直日法则将余下的五日又四分一日，在坎、离、震、兑四正卦上各分配一日，另外还有一日又四分一日，却未见着落。

注释 ☰☷

①东君，旧说多以为太阳神，谬！

②《淮南子·本经训》：太一者，牢笼天地，弹压山川，含吐阴阳，伸曳四时，纪纲八极，经纬六合，覆露照导，普泛无私。

③马王堆帛书《战国纵横家书》，"贱子"，记作"贱息"，子息相假。子、兹古音义皆同。

④《十驾斋养新录》卷一。

⑤刘钰《关于易经卦画起源之研究》，1946 年《求真》杂志第一卷第八期。

⑥蒋介民《周易源流考》，1941 年《国民杂志》第一卷。

⑦郭建勋《周易》之周发微。

⑧高怀民：《西汉易学史》。

参考文献

陆德明：《经典释文》，上海古籍出版社，2012 年版；

李鼎祚：《周易集解》，中央编译出版社，2011 年版；

李光地：《御纂周易折中》，中央编译出版社，2011 年版；

徐时仪校注：《一切经音义：三种校本合刊》，上海古籍出版社，2012 年版；

闻一多：《闻一多全集》（周易编），湖北人民出版社，1993 年版；

朱熹：《周易本义》，中华书局，2009 年版；

程颐：《伊川易传》，中华书局，1981 年版；

王夫之：《周易稗疏》，岳麓书社，2011 年版；

王引之：《经义述闻》，凤凰出版社，2000 年版；

雷学淇：《古经天象考》；

王引之：《经传释词》，岳麓书社，1984 年版；

尚秉和：《周易尚氏学》，中华书局，2008 年版；

高亨：《周易古经今注》，清华大学出版社，2010 年版；

李镜池：《周易通义》，中华书局，2007 年版；

张立文：《帛书周易注释》，中州古籍出版社，2008 年版；

于鬯：《香草续校书》，中华书局，1963 年版；

俞樾：《群经平议》，清刻本；

于省吾：《双剑誃尚书新证、双剑誃诗经新证、双剑誃易经新证》，中华书局，2009 年版；

邓球柏：《帛书周易校释（增订本）》，湖南人民出版社，2002 年版；

邓球柏：《白话帛书周易》，岳麓书社，1995 年版；

孔颖达：《周易正义》，九州出版社，2004 年版；

阮元：《周易校勘记》，中华书局，1980 年版；

徐芹庭：《周易异文考》，五洲出版社，1975 年版；

管锡华译注：《尔雅》，中华书局，2014年版；

黄侃：《黄侃手批尔雅义疏》，中华书局，2006年版；

黄侃：《说文笺识》，中华书局，2006年版；

丁福保：《说文解字诂林》，中华书局，1988年版；

张舜徽：《郑学丛著》，华中师范大学出版社，2005年版；

刘雨、卢岩：《近出殷周金文集录》，中华书局，2002年版；

宋翔凤：《过庭录》，中华书局，1986年版；

徐文靖：《管城硕记》，中华书局，1998年版；

李学勤、谢桂华：《简帛研究》，广西师范大学出版社，2005年版；

黄生：《义府》；

王念孙：《广雅疏证》，中华书局，2004年版；

陈桐生译注：《国语》，中华书局，2013年版；

左丘明著，杜预集：《春秋左传集解》，凤凰出版社，2010年版；

阮元：《经籍纂诂》，中华书局，1995年版；

顾野王：《大广益会玉篇》，中华书局，1987年版。